KB265436

인류의위대한지적유산

혁명론

한나 아렌트 지음 | 홍원표 옮김

한길사

HANGIL
GREAT BOOKS
61

Hannah Arendt
On Revolution

Translated by Hong, Won-Pyo

Published by Hangilsa Publishing Co., Ltd., Korea, 2004.

▲**1933년의 한나 아렌트** 히틀러는 집권과 더불어 좌파 인사들을 검거하는 조치를 취했다. 당시 아렌트는 좌파 인사들의 피신처를 마련했다는 혐의로 잠시 투옥되었다가 석방된 후 가족들과 함께 파리로 망명했다. 그는 이때부터 1951년 미국 시민권을 획득할 때까지 18년 동안 무국적자로서 지내게 된다.

▼▶**1950년경의 한나 아렌트** 남편인 하인리히 블뤼허와 함께 찍은 사진에서 발췌한 것이다. 그는 유대인 운동에 참여하면서 『전체주의의 기원』을 집필하고 있었는데, 1950년 한국전쟁 발발 소식을 듣고 이 책의 집필에 몰두했고 이듬해 출간해 학계의 주목을 받기 시작했다.

▼◀**1970년의 한나 아렌트** 만년의 아렌트는 정신의 삶을 이해하는 데 전념함으로써 자신의 정치철학을 완결짓는 작업을 시작했다. 그는 1970년 뉴스쿨에서 '칸트 정치철학세미나'를 담당했고, 이 강의안은 『칸트 정치철학 강의』(1982)로 출간되었다. 1973년 이후 애버딘 대학에서 '정신의 삶: 사유/의지'란 주제로 강의를 했는데, 그로부터 5년 뒤 이 강의안 역시 유고로 출간되었다.

한나 아렌트는 어머니의 영향을 받아 스파르타쿠스당의 지도자였던 룩셈부르크를
존경하게 되었다. 한나 아렌트의 남편인 블뤼허 역시 스파르타쿠스당에 참여했으며
룩셈부르크의 열렬한 독자였다. 아렌트는 『어두운 시대의 사람들』(*Men in Dark Times*)에서
카를 리프크네히트와 룩셈부르크가 체포되어 사형당한 1919년이란 시기를 독일 역사의
분수령으로 기록하고 있다.

한나 아렌트는 파른하겐 폰 엔제의 전기를 1929년에 시작하여 1938년 완성했으나
1957년에야 영어판으로 출간했다. 그는 파른하겐 폰 엔제의 삶에서 자신의 삶을 파악했으며,
여성으로서 유대인의 정체성을 확인했다. 아울러 그는 개인의 삶에 대한 이야기를 통해 공적
삶의 의미를 밝히고자 했다.

1787년 필라델피아 헌법제정회의(Philadelphia Constitutional Convention)

아메리카 식민지 전체는 독립전쟁과 독립선언에 이어 헌법제정에 참여했다. 미국 건국 선조들은 「독립선언서」의 정신에 기초해 1787년 헌법제정회의를 개최하고 연방헌법을 제정했다. 이 회의에는 각 주에서 임명된 대표 55명이 참여했다. 사진의 맨 오른쪽에 서 있는 사람이 조지 워싱턴이고, 중앙에 앉아 있는 사람이 벤저민 프랭클린이다. "인류의 역사에서 한 민족이 다른 한 민족과의 정치적 결합을 해체하고 세계의 여러 나라 사이에서 자연법과 자연신의 법이 부여한 독립과 평등의 지위를 차지하는 것이 필요해졌을 때, 아메리카 연합 모든 주의 대표는 전체 회의에 모여서 우리의 공정한 의도를 세계의 최고 심판에 호소하면서, 이 식민지의 선량한 인민의 이름과 권능으로써 엄숙히 선언한다."(「미국 독립선언서」)

바스티유 감옥 함락 장면

루이 16세는 1789년 7월 14일 밤, 파리에서 라로슈푸코 공작에게서 바스티유 감옥이 함락되어
몇몇 죄수가 해방되고, 대중이 공격하기 직전 근위병들이 변절했다는 소식을 들었다.
왕과 그의 시종 사이에 있었던 유명한 대화는 매우 짧으면서도 계시적이다.
왕이 "이것은 반란이 아닌가"라고 외치자 라로슈푸코가 "아닙니다. 폐하, 이것은
혁명입니다"라며 왕의 말을 교정했다. 왕은 바스티유 감옥의 소요가 반란이라고 선언함으로써
이를 제압할 수 있다고 생각했다. 하지만 라로슈푸코는 이미 소요가 발생한 사실을 변경할 수
없으며, 절대군주인 왕이라 해도 이를 변경하는 것은 불가능하다고 생각했다.

한길사

혁명론

한나 아렌트 지음 | 홍원표 옮김

한길사

혁명론
· 차례

'새로운 시작'과 자유를 기리는 혁명송

홍원표 한국외국어대학교 · 정치학

들어가기 — 비극 속의 희망

고대 이래로 정변 · 내란 · 소요 · 반란 · 폭동 · 정부 순환 등 무수한 정치 변동이 있었다. 그러나 혁명만큼 새로운 시작을 단적으로 드러내는 정치 변동은 근대 이전에는 존재하지 않았다. 역사적으로 새로운 시작을 알리는 정치 변동은 바로 미국 혁명과 프랑스 혁명이다. 두 대혁명은 1차적으로 해방이 아니라 자유의 확립을 목적으로 했다. 물론 미국 혁명 참가자들은 제한군주정과 해방 전쟁을 통해 시종일관 자유를 확립하고자 했지만, 프랑스 혁명 참가자들은 절대 군주정과 벌인 투쟁에서 자유를 확립하다가 사회 복지를 증진하는 문제에 역점을 두었다.

혁명에 관한 논의에서 프랑스 혁명을 모델로 상정하는 지적 전통에 익숙한 독자들은 아렌트의 특이한 해석에 당혹스러워할 것이다. 따라서 이들은 미국 혁명이 성공한 혁명이지만 프랑스 혁명은 실패한 혁명이라는 아렌트의 지적에 이의를 제기할 것이다. 일부 독자들은 또한 이 책이 역사적 사실을 연대기적으로 나열하기보다 혁명 과정의 정치적 함의를 이론적으로 밝히고 있다는 점을 파악하는 순간 실망할지도 모른다.

과연 현대인은 근대 혁명을 이해하는 데 많은 시간을 투자할 필요가 있는가. 근대 혁명들이 과연 현대 정치를 이해하는 데 많은 교훈을 제공하는가. 이러한 질문에 회의적인 독자들은 『혁명론』(*On Revolution*)에 주목하지 않을 것이다. 그러나 아렌트는 『혁명론』에서 분명히 우리 시대의 정치적 삶이 무엇을 의미하는가에 대한 근본적인 해답을 제시한다.

20세기는 혁명의 세기다.[1] 20세기 혁명의 시발점이었던 러시아 혁명은 이제 실패한 혁명으로 역사 속에 기록될 것이다. 냉전 질서의 붕괴를 전후해 민주주의의 분출을 목격한 우리는 또 다른 혁명을 목격할 수 있을 것인가. 이제 혁명은 과거의 사건으로 사라지는가. 대답하기 어려운 질문이다. 이러한 논의를 유보하고 과거에 눈을 돌릴 경우, 우리는 혁명의 역사에서 무엇을 발견할 수 있는가. 혁명은 단순히 비극적 사건인가. 아니면, 역설적으로 우리에게 무엇인가를 드러내는가. 즉 우리는 비극 속에서 희망의 빛을 찾을 수 있는가.

구체제의 억압에서 벗어나 '새로운 정치질서'를 확립하려는 정치적 열정! 그러나 혁명이 진행되는 동안 혁명 정신은 퇴색하고 혁명 독재가 반복적으로 등장했다는 역사적 비극! 아렌트는 혁명의 역사 속에서 이 역설적인 상황의 정치적 함의를 찾고 있다. 달리 표현해 폭력·독재·숙청·반혁명으로 점철된 20세기 혁명은 부정적 이미지를 유지하고 있지만, 『혁명론』은 새로운 시작의 근본적 의미를 한껏 드러낸 혁명송이다.

아렌트는 미국 혁명과 프랑스 혁명 이후 모든 혁명사상이 혁명 정신, 자유정신, 행위와 공공 영역을 유지하는 데 실패했으며, 공공 영역과 공적 자유의 원리를 지속적으로 유지하지 못했다는 사실을 낙

---

1) 이 책, 84쪽.

담한 듯 묘사한다. 그러나 『혁명론』은 어둠을 밝히는 밝은 빛을 우리에게 보여주고 있다. 혁명 과정은 새로운 것을 시작하는 인간의 능력을 극명하게 노정하고 있기 때문이다.

특히 아렌트는 1956년 헝가리 혁명에서 새로운 것을 시작하는 능력이 발현되는 것을 목격하면서 혁명에 관한 연구에 적극적으로 관심을 갖게 되었다.[2] 『혁명론』은 그의 정치사상에 대한 논리적이고 연대기적인 결론을 제공하고 있다.[3] 정치에 관한 논문인 「진리와 정치」, 「폭력에 대하여」, 그리고 저서 『공화국의 위기』(*Crises of the Republic*, 1972)가 이후 출간되기는 했지만, '순수한' 정치에 대한 열망을 담은 『혁명론』은 거짓된 정치에 대한 비판인 『전체주의의 기원』(*The Origins of Totalitarianism*)과 같은 위상을 지닌다. 『혁명론』은 자유, 행위, 새로운 시작, 공공 영역이 인간의 삶에서 차지하는 중요한 의미를 제공한다. 아렌트는 역사적 사건을 새롭게 이해함으로써 현재와 미래의 귀중한 보배를 얻을 수 있다는 점을 보여주고 있다.

이와 같이 아렌트는 과거에 눈을 돌렸지만 역사적 사건의 현재적 의미를 독자들에게 제시한다. 『혁명론』은 외형적으로는 특정한 정치현상을 다루지만 실질적으로는 정치현상의 고유성을 이해할 수 있는 통찰력을 제공한다. 아울러 이 책에는 그의 다른 저작들에서 다루었던 사항들이 모두 포함되어 있으며, 정치에 관해 풍부한 내용이 담겨 있어, 이 짧은 해제 「'새로운 시작'과 자유를 기리는 혁명송」에 모든 것을 담기란 어렵다. 따라서 이 글에서는 『혁명론』을 이해하는 데

---

2) 아렌트가 헝가리 혁명에 주목하게 된 동기는 다음의 문장에 압축적으로 표현되고 있다. 미국 혁명 이후 "어떤 혁명도 사회문제를 해결하지 않았으며 인간들을 필요의 곤경으로부터 해방하지 않았는데, 1956년 헝가리 혁명을 제외하고…… 프랑스 혁명의 전례를 따랐다……(이 책, 206쪽)."

3) Phillip Hansen, *Hannah Arendt: Politics, History and Citizenship*(Oxford: Polity Press, 1993), 170쪽.

필요한 기본 구도를 제시하는 데 역점을 두고자 한다.

아렌트는 근대 혁명을 어떠한 관점에서 이해하고 있는가. 역사적 사건의 연대기적 설명이나 거대 역사이론의 인과론적 또는 목적론적 설명'에 익숙한 독자는 그의 '이야기하기'(story-telling)에 생소함을 느낄 것이다. 그의 이야기하기는 다원주의적 역사관과 연계되어 있다. 그는 이러한 역사 이해방식에 기초해, 혁명에서 인간적 삶의 존재론적 현상을 발견한다. 혁명을 존재론적으로 이해하는 데 중요한 개념은 절대자와 새로운 시작이다. 이 문제는 국민국가가 형성되는 과정에서 공통적으로 제기되는 근본적 문제를 해결하려는 시도와 연계된다. 바로 이런 해석이 아렌트의 혁명사상에서 독창적인 부분이다. 따라서 존재론적 입장에 대한 선행적 이해에 기초해 자유의 확립과 제도화, 권력과 권위의 제도화를 고찰할 필요가 있다.

다음으로 『혁명론』에서 중요한 위치를 차지하는 사회문제를 이해하기 위해 공과 사의 문제와 관련한 독특한 해석에 주목할 필요가 있다. 아렌트는 정치적 자유와 사회복지라는 이질적인 목적이 어떻게 혁명 과정에 영향을 미치는가를 밝히기 때문에, 공과 사의 문제는 『혁명론』에서 핵심적 위치를 차지한다. 이 문제를 정치와 윤리의 관계를 중심으로 고찰할 필요가 있다.

마지막으로, 혁명 정신과 참여정치의 관계를 고찰함으로써 『혁명론』의 현대적 함의가 부각될 것이다.

아렌트의 생애—사적인 삶과 공적인 삶 사이에서

아렌트는 다른 사람 앞에 나서기를 꺼렸다. 그러나 전체주의가 등장하면서 아렌트의 이러한 행동양식은 크게 변화했다. 혁명의 세기이자 "폭력의 세기"[4] 한가운데서 살았던 아렌트는 정치적 비극에 대응하면서 인간적 공존의 가능성을 모색했다. 따라서 그의 개인적 삶과 지적 여정은 우리 시대를 이해하는 자료가 되기에 충분하다. 아렌트의 삶에 관한 이야기는 현대 정치사상에 대한 우리의 이해를 풍요롭게 하는 데 도움이 되리라고 생각된다. 여기서는 독자들의 이해를 돕고자 그의 생애와 지적 여정을 압축해 소개한다.[5]

독일에서의 삶과 학문 활동(1906~33)

한나 아렌트는 1906년 독일 하노버에서 태어나고 칸트의 고향인 쾨니히스베르크에서 어린 시절을 보냈다. 1913년 할아버지 막스 아렌트와 아버지 바울 아렌트가 사망하자 그의 어머니 마르타는 한나가 이에 충격받지 않도록 노력했다. 제1차 세계대전이 발발하자 아렌트 집안은 잠시 다른 지역으로 피신했지만 대부분 기간 쾨니히스베르크에 머물렀다. 제1차 세계대전이 끝나기 전 2년, 그리고 1918~19년 혁명 기간에 아렌트의 집은 사회민주당 당원들의 만남 장소였다. 어머니는 로자 룩셈부르크를 열렬히 존경하고 있었다.

1920년 1월 스파르타쿠스당이 총파업을 주도했을 때, 어머니는 아렌트에게 "너는 관심을 가져야 한단다. 이것은 역사적 사건이야"[6]라고 말했다. 이때 마르타 아렌트는 생계 문제를 해결하고 자식을 양육하고자 베어발트와 재혼한 덕분에 전후 독일의 경제적 난관에도 불구하고 한나 아렌트는 일상에서 안정을 유지할 수 있었다. 이 시기 아렌트는 고등학교에 다녔다. 그는 고등학교에서 탁월한 능력을 보였으나 반항한다는 이유로 2학년 때 퇴학을 당했다. 이후 그는 베를

---

4) Hannah Arendt, *Crises of the Republic*(San Diego/New York/London: Harcourt Brace Jovanovich Publishers, 1972), 105쪽.

5) 여기서는 영 브루엘이 쓴 아렌트 전기에 따라 아렌트의 전 생애를 네 시기로 구분한다. Elisabeth Young-Bruehl, *Hannah Arendt: For Love of the World* (New Haven/London: Yale University Press, 1982) 참조.

6) 같은 책, 28쪽.

린 대학에서 고전과 신학을 공부했으며(1922~23), 대학입학자격시험(Arbitur)에 합격해 1924년 마르부르크 대학에 입학했다.

하이데거가 '존재와 시간'이라는 주제로 철학을 강의하던 시기에 그는 현상학을 연구할 기회를 가졌다. 당시 그는 하이데거와 사랑에 빠지기도 했다. 그러나 1926년 하이데거와의 '개인적인 관계'[7]를 청산하고 하이델베르크 대학으로 옮겨 야스퍼스의 지도 아래 철학을 연구하면서 1929년 「아우구스티누스의 사랑의 개념」(Der Liebesbegriff bei Augustine)이라는 주제로 박사학위를 받았다(1996년 『사랑과 성 아우구스티누스』[*Love and Saint Augustine*]이라는 제목으로 출간).[8] 그는 이때 귄터 슈테른과 친밀한 관계를 유지하다가 1929년 그와 결혼했으며, 베를린으로 이주한 1930년 이후 유대인 여성인 파른하겐 폰 엔제(Rahel Varnhagen von Ense)의 전기를 집필하면서 유대인 운동에 참여했다.

그러나 1933년 히틀러가 집권하면서 좌파 인사들이 줄줄이 검거되기 시작했다. 나치의 검거를 두려워한 슈테른은 파리로 이주했지만, 아렌트는 좌파 인사들에게 은신처를 제공했다. 그는 체포되어 잠시 투옥되었다가 출감한 이후 어머니와 함께 파리로 이주하면서 무국적자로서 18년을 보내게 된다. 『전체주의의 기원』에서 언급되는 무

---

7) 이와 관련한 이야기는 Elzbieta Ettinger, *Hannah Arendt—Martin Heidegger* (New Haven/London: Yale University Press, 1995)를 참조.

8) 아렌트의 박사학위논문 「아우구스티누스의 사랑의 개념」은 철학적 연구에 기반을 두고 있다. 그는 영구적 삶에 대한 욕망을 'caritas'로, 소멸 가능한 대상에 대한 사랑을 'cupiditas'로 구분했으며, 이후 이를 정치학적 개념으로 발전시켰다. 예컨대, 1963년 이후 인간의 출생과 유한성이라는 개념을 정치 행위의 중요한 근원으로 삼았으며, 욕정이 정치 행위를 '제작'의 의미로 퇴락시킨 요인이라고 주장했다. 죽음에 대한 공포로 인한 욕정과 인간적 출생의 아름다움에 대한 애착은 엄청난 차이를 초래한다. 그러나 아렌트의 정치철학에서는 세계사랑(amour mundi)이 중요한 위치를 차지한다. Elisabeth Young-Bruehl, 앞의 책, 490~500쪽 참조.

국적성은 아렌트의 이러한 삶을 반영한 것이다.

무국적자의 삶과 학계 데뷔(1933~51)

아렌트는 프랑스로 망명한 후 1951년 미국 시민권을 획득하기까지 상당히 오랜 기간 무국적자로 지냈다. 아렌트는 자신의 이러한 특수한 상황을 정치철학 연구에 반영했다. 무국적 상태를 체험한 아렌트는 언어와 공간의 중요성을 자신의 정치철학에 반영했다. 즉 "무국적은 정치적 의견을 제시할 수 있는 공간의 상실을 의미하기"[9] 때문에, 아렌트는 언어와 공간의 상호의존성을 정치학적으로 부각하려는 열정을 갖게 되었다.

프랑스에 체류하는 동안 아렌트는 많은 지식인과 접촉했다. 1934년 그는 이야기하기를 진주조개 채취에 비유한 발터 벤야민 등 망명 지식인들을 만났으며, 첫 번째 결혼생활에 실패한 이후 평생의 반려자가 된 하인리히 블뤼허를 1936년에 만났다. 이 기간에 아렌트는 남편과 함께 유대인 단체에 참여해 동포들의 미국 망명을 주선하는 데 진력했다. 당시 그는 행동하는 여성이었다. 그러다가 독일과 프랑스가 전면전을 시작하던 1940년 5월 블뤼허와 결혼한 아렌트는 1941년 미국으로 망명해 새로운 삶을 시작했다.

아렌트는 '유대인문화재건위원회'에 참여해 유대인 문제에 관심을 가지면서도 1950년 한국전쟁 발발 소식을 듣고 『전체주의의 기원』의 출간을 서둘렀으며, 이듬해 '공개적으로' 학계에 모습을 드러냈다. 다른 사람 앞에 나서기를 꺼렸던 아렌트는 이 책을 출간한 후 학문적 관심과 논쟁의 중심에 서게 되었다. 그가 이 책을 구상하던 당시에는 책 제목으로 '불명예의 요소들: 반유대주의, 제국주의, 인

---

9) Young-ah Susannah Gottlieb, *Regions of Sorrow: Anxiety and Messianism in Hannah Arendt and W.A. Auden*(Stanford: Stanford University Press, 2003), 32쪽.

종주의'를 염두에 두고 있었다. 이 제목은 책의 방법을 명명하며, 기본적으로 '이야기하기' 형태를 취한다. '기원'이라는 용어는 인과적으로 연계된 사건들에 대한 진화론적 담론의 의미를 함축하지만, 아렌트는 이야기하기 방식에 입각해 근대성의 정치적 질병인 전체주의의 요인을 밝히고 있다.

아렌트는 학위를 마친 후 정치적인 저작을 출간하지는 않았지만, 정치적 상황으로 인해 정치에 관여하게 되었기 때문에 많은 논문과 소고를 남겼다. 초기의 짤막한 글들은 이후 그의 저작에 그대로 반영되고 있는데, 그의 조교였던 콘(Jerome Kohn)은 미출간된 글들을 모아 1993년 『이해의 에세이』(*Essays in Understanding*, 1930~54)를 유고로 출간했다.

관찰자로서 정치이론가의 삶(1951~65)

아렌트는 1951년 노트르담 대학에서 '이데올로기와 테러'라는 주제로 강의를 했으며 미국 시민권을 획득했다. 1953년에는 프린스턴 대학의 가우스 세미나에서 '카를 마르크스와 위대한 전통'이란 주제로, 1954년에는 노트르담 대학에서 '철학과 정치'라는 주제로 강의를 했다. 그리고 1955년 버클리 대학에서 전임 교수직을 받았으며, 1956년 시카고 대학 월그린 재단에서 '활동적 삶'(Vita Activa)이라는 주제로 강의를 했다. 이 강의는 1958년 『인간의 조건』(*The Human Condition*)으로 출간되었으며, 아울러 유대인 여성의 삶을 다룬 『라엘 파른하겐』(*Rahel Varnhagen: The Life of a Jewess*)이 출간되었다.

1961년 『과거와 미래 사이에서』(*Between Past and Future*)가 출간되었는데, 이 저작에는 그의 역사의식이 명료하게 드러나 있다. 또한 그는 전체주의의 잔재인 아이히만 재판을 참관하면서 『뉴욕커』에 기사를 게재했다. '악의 평범성'을 강조한 이 참관기는 많은 논쟁을 불러일으켰다. 이 때문에 유대인뿐만 아니라 아렌트를 존경했던 사람들조차 그를 비판했지만, 그는 자신의 입장을 일관되게 유지했다. 이 참관기는 1963년『예루살렘의 아이히만—악의 평범성에 관한 보고』(*Eichmann in Jerusalem: A Report on the Banality of Evil*)로 출간되었다.

『혁명론』이 출간된 것도 이때다. 아렌트가 혁명에 관심을 갖게 된 것은 1956년 헝가리 혁명이라는 역사적 사건 때문이었다. 헝가리 혁명은 소련 군대의 개입으로 좌절되었지만 공산정권을 대중적으로 전복한 결정적 사건이었다. 이를 계기로 아렌트는 건국 행위에 관심을 갖게 되었다. 아렌트가 보기에, 억압받던 국민의 자유를 쟁취하기 위한 갑작스러운 봉기는 정치혁명이었다.

혁명에 관한 연구는 1959년 봄 프린스턴 대학에서 개최된 '미국과 혁명 정신'이라는 주제의 세미나를 계기로 진행되었다. 그는 1960년 록펠러 재단의 지원을 받았으며, 1961년 위슬리언 대학 고등연구센터 연구원으로 체재하는 동안 이 주제에 관한 연구를 완성했다. 그 결과가 바로『혁명론』이다. 이후에도 정치에 관해 연구한 결과가 있기는 하지만, 이 책이야말로 그의 '정치'사상을 논리적으로 정리한 책이다.『인간의 조건』의 핵심적 개념어인 '새로운 시도로서의 행위'는『혁명론』에서 역사적 사례로서 부각된다. 이런 측면에서『혁명론』은 기존의 연구를 심화하는 데 기여했다고 할 수 있다.

정치와 철학의 심연을 극복한 만년의 삶(1965~75)

아렌트는 1967년 뉴스쿨(New School for Social Research)에서 전임 교수직을 맡게 된다. 그리고 이듬해에는『어두운 시대의 사람들』(*Men in Dark Times*)을 출간함으로써 현대의 인식론적·가치론적 위기 문제를 제기했다. 이 책은 1969년에 서거한 야스퍼스에 대한 찬사를 담고 있다. 이 시기 신좌파 학생운동은 서구 정치에 많은 영향을 미쳤다. 그는 베트남 참전 반대 운동을 지원하면서 '시민적 불복종'을 제기했고, 제3세계 혁명 이데올로기와 학생운동을 목격하면서

『폭력에 대한 성찰』(*On Violence*, 1970)을 출간했다.

그는 1970년 뉴스쿨에서 '칸트 정치철학 세미나'에 참여했다. '판단' 문제를 다루는 이 세미나의 강의안은 『칸트 정치철학 강의』(*Lectures on Kant's Political Philosophy*, 1982)로 출간되었다. 아울러 그는 정치와 거짓말의 관계를 심도 있게 분석한 『공화국의 위기』를 써 냈다.

그는 1973년 애버딘 대학 기퍼드 강의에서 '정신의 삶: 사유'를 강의했으며, 이듬해 '정신의 삶: 의지'를 강의하고자 했으나 심장질환으로 강의를 중단했다. 그는 만년에 활동적 삶(vita activa), 특히 행위와 정신의 삶(the life of mind)이 같은 원리에 기반을 둔다는 점을 밝혔으며, 결과적으로 정치와 철학 사이의 심연을 좁히는 작업을 완성했다. 이 작업의 산물인 『정신의 삶 - 사유/의지』(*The Life of the Mind: Thinking/Willing*, 1978)는 아렌트의 지적 여정을 압축하고 있으며, 이전의 저서들에서 산발적으로 제시되었던 내용들을 모두 담고 있다.

아렌트는 1975년 하이데거를 마지막으로 만난다. 그는 스승이 별세한 지 몇 개월 후인 1975년 12월 4일 심근경색으로 세상을 떠났다. 『정신의 삶 - 사유/의지』는 그의 친구이며 저작권 집행자인 메리 매카시의 도움으로 빛을 보게 되었다. 아렌트는 죽기 전 이 책의 마지막 제3부로 정신활동 가운데 '판단'에 관한 저작을 준비하고 있었으나 갑작스러운 죽음으로 이 3부작은 완성되지 못했다. 따라서 우리는 『칸트 정치철학 강의』를 통해 그의 판단 이론을 이해할 수밖에 없다. 그리고 이제 우리는 아렌트 덕택에 이념의 역사가 아닌 정신의 삶의 역사를 심층적으로 이해할 수 있게 되었다.

『인간의 조건』이 새로운 시작으로서 행위의 의미를 밝히고 고대의 전례를 강조했다면, 『혁명론』은 새로운 시작의 역사적 예를 근대적 사건, 즉 혁명에서 찾았다. 아울러 『혁명론』은 정치에 대한 아렌트의 입장을 완결한 저작이다. 특히 이 책은 전체주의의 위협을 포함해 정치적 동물로서 인간에게 가해지는 위협을 극복할 수 있는 능력, 즉 모든 출생에 내재된 새로운 시작의 가능성을 부각하고 있다. 따라서 이 책은 『인간의 조건』과 더불어 활동적 삶, 즉 공적인 삶을 통한 해결책을 제시하는 저작이다.

역사적 사건과 이야기하기 — 역사이론

아렌트는 『전체주의의 기원』에서 전례 없는 사건, 즉 전체주의의 등장을 충분히 이해하고자 새로운 인식론적·방법론적 지평을 고려하게 되었다. 아렌트는 다원성과 자유, 그리고 새로운 시작을 근본적으로 부정하는 전체주의의 지배, 즉 대재앙을 경험했다. 그의 독특한 역사 이해는 이러한 상황에서 형성되기 시작했다. 그의 저서들은 근대/현대 정치의 질곡 또는 근대성의 이론적 질병을 다룬다. 따라서 아렌트는 기존의 인식틀로는 이해할 수 없는 현대의 사건들을 '이야기하기' 방식으로 서술함으로써 기존의 학문적 지평을 뛰어넘는다. 그는 헤겔이나 마르크스의 역사이론에 의존하지 않았다.

무엇보다도 『혁명론』은 아렌트 정치철학을 특징짓는 하나의 요소를 고스란히 담고 있다. 그것은 바로 '이야기하기'다.[10] 그는 초기 저작인 『전체주의의 기원』에서부터 『정신의 삶-사유/의지』에 이르기까지 인간의 삶을 일종의 이야기하기로 이해할 수 있다는 신념을 유

---

10) 수행된 행위에 대한 이야기하기는 과거의 인간관계망을 노출하는 것을 뜻한다. 역사적 실재를 망각하는 것은 곧 인간들 사이에 존재하는 현상세계를 붕괴시키는 것과 같다. 따라서 이야기하기는 역사 속으로 사라지는 것을 다시 노출하는 역할을 한다. 물론 이야기하기는 소리나는 언어가 아닌 글로 쓰인 언어로 진행되며, '회상적' 공공 영역의 정치적 의미를 부각할 수 있기 때문에 현재와 미래를 위한 지침을 제공한다.

지한다. 따라서 이야기하기에 대한 이해 없이는 『혁명론』뿐만 아니라 그의 다른 저작들도 이해하기가 쉽지 않다. 여기서는 아렌트가 왜 『인간의 조건』의 언어 행위에서 폭력 현상에 관심을 갖게 되었는가를 밝히고, 이야기하기의 인식론적 관점을 고찰하기로 한다.

폭력의 정당화 문제―새로운 시작과 자유를 위해

"인간을 자연적 존재로 전락시키는 집단수용소는 지옥이다." 아렌트가 『전체주의의 기원』에서 한 말이다. 지옥이야 신화 속에나 등장하지만, 이 허구적 영역은 아렌트의 저작에서 현상세계의 실재가 되었다. 이러한 측면에서 아렌트는 전체주의 지배를 근본적 악으로 규정했다. 언어 행위는 인간적 특성을 드러내는 근본적 활동이지만, 이러한 활동을 근본적으로 부정하는 전체주의 지배는 아렌트의 정치사상에서 출발점이 되었다. 아렌트는 초기 저작에서 20세기의 거짓된 정치의 실체를 완전히 드러내고자 했다. 그는 이후 '진정한' 정치의 역사적 표본들뿐만 아니라 근본적 원리들을 밝힘으로써 인간적 공존을 위한 새로운 지평을 열었다.

아렌트는 『전체주의의 기원』이 출간된 이후 테러와 폭력을 특징으로 하는 한계적 정치현상에서 탈피해 인간의 잠재력을 발휘케 하는 정치에 관심을 갖게 되었다. 인간이 정치적 동물이며 동시에 언어를 사용하는 동물이라는 아리스토텔레스의 명제가 아렌트 정치철학에서 다양한 방식으로 제시된다. 즉 그는 말과 행위의 연관성을 다양한 방식으로 체계화했다. 언어는 정치를 이해하고 실천하는 데서 핵심적 위치를 차지한다. 아렌트 입장에서 볼 때, 말이 중단된 상태에서 발현되는 폭력은 정치이론에서 한계적 위치를 차지한다.

"폭력이 절대적으로 지배하는 곳에서는 법뿐만 아니라 모든 사람이 침묵을 지켜야 한다."[11] 그러나 정치학자들은 언어를 중심으로 형성되는 정치현상에 주로 관심을 가지기 때문에 폭력에 대한 논의를 "폭력 전문가에게 맡겨야"[12] 할 것이다. 정치 행위자들의 언어 행위를 원천적으로 부정하는 폭력 자체를 정당화하거나 미화하는 것은 당연히 반정치적이다. 이와 같이, 아렌트는 폭력 자체의 반정치적 특성을 밝히고 있다. 그렇다면 아렌트는 아리스토텔레스와 마찬가지로 정치와 언어 행위의 연관성을 그렇게 강조하면서도 왜 폭력 문제에 다시 관심을 갖게 되었는가.

그는 역사 속에 존재했던 폭력 현상의 이중적 측면을 명백히 파악하고 있었다. 즉 전체주의의 기원에서 분석한 테러와 혁명 과정에 수반되는 폭력은 근본적으로 다른 것을 목적으로 한다는 것이다. 테러는 폭력이 사회를 완전히 장악할 때 비로소 활개를 칠 수 있다. 테러는 온갖 종류의 조직적 반대가 사라져야만 자신의 강제력을 완전히 발휘할 수 있기 때문이다. 따라서 조직적 반대를 완전히 제거하기 위해서는 먼저 사회가 원자화되어야 한다. 이때 사회의 구성원은 정보원으로 전락한다. 정보원은 단순히 경찰에 고용된 직업적 요원이 아니라 잠재적으로 접촉하는 모든 사람이다.

따라서 테러에 기초한 전체주의적 지배는 폭력을 사용해 수립되는 전제정치 또는 독재정치와 결정적으로 차이가 있다. 전자의 경우에는 적뿐만 아니라 동지들 또는 지지자들이 서로 대립하면서, 모든 권력을 두려워한다. 어제의 사형 집행인이 오늘의 희생양이 된다. 이때 공동으로 활동하는 능력으로서 권력은 완전히 사라진다.

테러 운동은 인류의 적을 상정한다. 역사나 자연의 '객관적' 적을 제거하는 데 자유로운 반대 행위나 동조 행위는 게재될 수 없다. 죄와 무죄는 무의미한 개념이다. '열등한 인종'을 심판하는 역사 과정을 방해하는 사람은 죄인이다. 이와 같은 운동 법칙의 집행으로서 테

---

11) 이 책, 85쪽.
12) 이 책, 85쪽.

러는 인간들의 복지를 목표로 하는 게 아니라 인류의 '제작'을 목표로 한다.[13] 즉 종을 위해 개개인을 제거하고 전체를 위해 부분을 희생하는 게 주요 목적이다. 이와 같이, 테러는 궁극적으로 인간을 인간 이하의 존재로 전락시키는 주요한 수단이다.

그렇다면 아렌트는 폭력을 수반하는 혁명 과정에서 무엇을 발견했는가? 아렌트는 역사 속에서 새로이 시작할 수 있는 능력의 단초를 찾았다. 그는 1956년 헝가리 혁명이 새로운 시작을 알리는 사건이라고 생각했다. 근대 혁명은 새로운 시작과 자유뿐만 아니라 권력과 공공 영역의 형성과 밀접하게 연계되어 있다. 순수한 정치 행위의 대체 수단인 폭력은 공공 영역을 개방하거나 재구성할 수 있는 집단들에게 특별한 호소력을 갖는다.[14] 권력이 위축될 수 있는 상황 또는 자유로운 행동에 장애가 발생할 수 있는 상황에서, 폭력은 권력의 존재를 위해 행사된다. 폭력을 반정치적 현상으로 규정했던 아렌트 주장의 역설적 측면을 이해할 필요가 있다. 폭력 자체는 자체적으로 정당하지 않지만 인간다운 삶을 가능케 한다는 측면에서 정당화될 수 있을 것이다. 이러한 주장이 담고 있는 정치적 함의를 이해하지 못할 경우, 우리는 아렌트를 폭력 예찬론자로 오해할 수 있을 것이다.

아렌트는 폭력을 인간의 동물적 본능으로 규정하는 입장을 거부한다. 인간은 생존을 위해 노동과 작업(제작)에 참여하는데, 이러한 활동은 폭력을 필요로 한다. 물론 이때의 폭력이 인간을 대상으로 하지는 않는다. 그러나 정치적 차원에서 볼 때, 인간적 위상에 대한 위협

---

13) 아렌트는 『인간의 조건』에서 작업(work)을 제작(making; fabrication)과 동일한 개념으로 사용하고 있다. 제작은 기본적으로 표본의 이미지에 따라 사물에 물리적 강제력을 가하는 활동이기 때문에 폭력을 필히 수반한다. 그러나 아렌트는 이러한 이미지에 입각해 인간의 삶을 재단하려는 모든 활동은 필연적으로 반정치적일 수밖에 없다는 점을 지적하고 있다.

14) Phillip Hansen, 앞의 책, 123쪽.

에 대응하는 최후 수단은 폭력일 수밖에 없다. 즉 언어 행위가 유효하지 못할 경우 인간성을 유지하는 최후 수단은 폭력이기 때문에, 폭력은 오히려 인간적 현상이라고 볼 수 있다. 폭력은 인간적 공존이 위협받는 상황에 직면해 행사되었고, 이를 정당화하는 것은 오래된 전통이다. 이러한 예는 고대 역사에서도 발견된다. "카인이 아벨을 살해했고, 로물루스가 레무스를 살해했다. 폭력은 시작이었다."[15]

아렌트는 혁명이 시작이고, 시작이 폭력이라는 관점에서 폭력을 정당화하고 있다. 아렌트는 이러한 맥락에서 1960년대 후반 서구의 학생운동, 시민 불복종운동을 이해했을 것이다. 이러한 점을 인정하지 않을 경우, 우리는 정치적 자유의 확립을 목표로 했던 4·19 혁명과 1980년대 민주화 운동에서 불가피하게 행사한 폭력을 어떻게 정당화할 수 있겠는가? 물론 자유의 확립을 목표로 하는 혁명에서 폭력이 행사되는 과정은 대화와 논쟁을 수반한다. 즉 혁명 과정의 폭력은 언어 행위를 수반하는 정치현상이다. 물론 혁명 과정에서 행사되는 폭력이 전적으로 감정의 표출에 지나지 않을 때에는 권력을 부정하는 폭력만이 난무할 뿐이다. 로베스피에르의 공포정치는 대화와 논쟁을 근본적으로 차단해 폭력의 절대화를 야기했다.

그렇다면 아렌트는 기존의 혁명 이론과 달리 어떠한 인식론적 입장에서 과거의 역사를 이해하게 되었는가? 이제 그가 역사를 이해하는 새로운 인식론적·방법론적 관점을 고찰해야 할 것이다. 물론 이러한 인식론적 정향은 이미 그의 초기 저작에서 나타나고 이후의 저작들에서 구체화되기 시작한다. 그 궤적을 추적할 필요가 있다.

이야기하기 — 역사적 객관성과 필연성에서 공평성으로

아렌트는 전적으로 전례 없는 새로운 현상인 전체주의의 등장을

---

15) 이 책, 86쪽.

이해하기 위해 언저리 현상을 중심으로 끌어들였다. 따라서 정치현상으로서 반유대주의는 전체주의를 분석하는 데 중심적인 개념으로 등장하게 된다. 그는 사회 속에서 주변인들의 삶을 현대 정치의 중심으로 끌어들였다. 아렌트의 이야기하기는 언저리 현상을 중심으로 끌어들이는 적절한 언어 행위다.

특히, 아렌트는 전체주의를 정확히 이해하기 위해 과장법에 의존하고 있다. 집단수용소가 지옥이라는 표현은 과장법에 기반을 둔 것이다. 이러한 표현의 장점은 그것이 객관적 표현에 역점을 둔다기보다 역사적 경험의 처절함과 의미 전달에 주력하는 데 있다. 아울러 그는 기존의 역사이론에서는 늘 묻혀 있었던 역사적 사건을 부각하고자 모순법을 정치에 관한 이해에 원용한다.

그는 기존의 인식론적 틀로는 어두운 시대를 이해하는 데 한계가 있음을 경험했다. 그의 주장대로, "과거는 전통으로서 전달되는 한, 권위를 유지하고 그 권위가 역사적으로 자신을 노출시키는 한, 그것은 전통이 되지만,"16) 기존 인식틀은 전통이 붕괴된 어두운 시대에 일어난 전례 없는 사건들을 설명하기에는 한계를 지니고 있다.

그렇다면 아렌트는 역사를 이해하는 데 어떠한 인식론적 입장을 유지하고 있는가. 그는 역사의 법칙을 강조하는 역사이론이 역사적 사건들의 보편적 의미를 제대로 부각하지 못한다고 생각했다. 그는 이러한 결점을 극복하기 위해 고대의 역사이론에 관심을 가졌다. 즉 그는 고대 그리스를 연구함으로써 문제의 열쇠를 발견한다.17) 이 연

---

16) Hannah Arendt, *Men in Dark Times*(San Diego/New York/London: Harcourt Brace Jovanovich Publishers, 1968), 193쪽. 이하 *MDT*로 표기함.

17) 이 단락에서는 주로 루밴의 다음 논문 중 일부를 정리해 소개했다. David Luban, "Explaining Dark Times: Hannah Arendt's Theory of Theory?, 79~109쪽, Lewis P. Hinchman and Sandra K. Hinchman eds., *Hannah Arendt: Critical Essays*(Albany: State University of New York Press, 1994).

구에서 핵심은 위대한 행적과 불멸성 간의 연계다.

'시의 시대'(The age of Poetry)에 호메로스와 헤시오도스는 영웅의 행적을 노래하고 신과 인류를 기억함으로써 불멸화를 시도했다. '정치의 시대'에는 불멸화의 충동이 정치 공동체의 건국에 있었다. 이후 그리스인들은 공동체를 통해 그들의 행적을 영원히 기리고자 했다. 이러한 전통은 로마 건국에서도 그대로 나타난다. 로마인들은 '영원한 도시'를 건국하고자 했으며, 원로원을 통해 그 정신을 유지하고자 했다. 이후 그리스인들은 역사적 사건을 기록함으로써 불멸화를 추구했다. 루밴은 이 시대를 역사적 담화의 시대로 규정한다. 헤로도토스는, 시간이 흘러가면서 과거가 잊히지 않도록 하기 위해 역사를 저술했다. 역사는 사실들의 목록이 아니라 일반적 의미를 노정하며, 특히 위대한 사건은 헤겔의 표현대로 '구체적 보편성'을 가진다. 그러나 근대에 들어와 역사는 '일련의 사건'이 아니라 '과정'으로 바뀐다. 이제 근대는 '역사 법칙의 시대'로 바뀐다. 그러나 아렌트는 역사의 법칙에 입각해 역사를 해석하는 것이 전대미문의 사건에 대한 이해를 저해하는 장애요인으로 작용한다고 생각했다.

좀더 자세히 설명하면, 아렌트는 사유와 제작을 동일시하는 진보주의 역사관이 의사(擬似) 과학적 성격을 띤다고 생각했다. 역사를 과정의 맥락에서 고려할 때, 자연과 세계는 보편적 법칙 또는 역사의 철칙이 지배하는 총괄적인 과정으로 인식되기 때문이다. 즉 "역사는 단일의 주체가 궁극적으로 의미를 창조하는 하나의 거대한 제작 과정이므로,"[18] 여기서 역사의 주체는 추상화된 인간(Man)이지 인간들(men)은 아니다. 따라서 역사는 이제 인간들의 행위와 사건에 관한 기록으로 고려되지 않고 오히려 모든 지구적 사건을 초월하고

---

18) Margaret Canovan, *Hannah Arendt: A Reinterpretation of Her Political Thought* (London: Cambridge University Press, 1992), 76쪽.

이들에 의미를 부여하는 과정으로 이해된다. 이러한 과정적 사고가 "모든 것이 가능하다는 전체주의 신념"[19]과 직결되어 있다고 생각한 아렌트는, 전체주의적 사고와 정치를 해결하기 위해 근대적 역사의 식에서 벗어나고자 했다.

따라서 아렌트는 역사 법칙의 시대에서부터 역사적 담화의 시대로 복귀함으로써 해결책을 모색하고자 했다. '역사의 법칙'은 역사적 사건의 의미를 명백히 제시하지 못하기 때문이다. 그는 전근대성의 관점에서 역사의 이해를 위한 기본 입장을 발견하고, 이를 통해 근대 혁명에 새롭게 접근한다. 결국 다양한 사건에 내재된 보편적 의미를 드러내는 역사 이해 방식은 '이야기하기'다. 이야기하기는 인간의 근본적인 행위다. 따라서 과거를 이해하려는 이론가의 시도, 그리고 과거를 연속적이고 일관된 삶에 관한 이야기의 일부로 해석할 행동 가의 필요성 사이에는 연속성이 존재한다. 그렇다면 전통이 방향을 제시하지 못할 때, 이야기꾼의 행위를 이끄는 것은 무엇인가. 아렌트 는 셰익스피어 작품의 일부 내용을 역사적·정치적으로 해석하면서 해답을 제시한다.

> 다섯 길 물 속에 그대의 아버님이 누워 계셨다네,
> 당신의 뼈들은 산호가 되고,
> 당신의 눈은 진주가 되었다네,
> 당신의 육신은 사라지지 않고
> 귀중하고 신비한 것으로 완전히 변했다네.
> ·『폭풍』 제1막 제2장[20]

---

19) Hannah Arendt, 5th ed., *The Origins of Totalitarianism*(New York: Harcourt Brace Jovanovich, Inc., 1973), 459쪽.

20) 공기의 요정인 에어리얼의 노래. 아렌트는 이 내용을 *The Life of the Mind:Thinking*(San Diego/New York/London: Harcourt Brace Jovanovich

폭풍이 멎은 후, 이야기꾼인 이론가는 마치 진주조개를 채취하는 사람과 같다. "나의 수강생이나 독자들 중 일부가 해체의 기법에 대한 그들의 유혹을 시도하고 싶어 한다면, '풍요롭고 신비한 것', 즉 편린들로서만 간직될 수 있는 '산호와 진주'를 파괴하지 않도록 합시다"라고 주장함으로써 그는 벤야민에게서 어두운 시대를 이해하는 틀을 차용한다.

아렌트는 『어두운 시대의 사람들』에서 역사를 새롭게 이해하는 방법으로 벤야민의 입장을 소개하고 있다. 이야기꾼으로서의 이론가는 역사의 침전층에 묻힌 현상들의 본질적 의미를 발굴해야 한다. 왜냐하면 이러한 역사적 사건들은 오랜 세월의 세찬 변화 속에서 자신의 존재를 새로운 형태로 부각해줄 사람을 기다리기[21] 때문이다. 그러므로 미래에 빛을 밝혀주는 값진 역사적 사건을 새로이 발굴하는 것은 이야기하기의 궁극적 목적이다.

이제 이야기하기가 정치에 대한 이해와 어떤 관계를 갖고 있는가를 고찰해보자. 이야기하기는 기본적으로 정치에서 보이는 우연성, 시간성, 특수성, 차이에 관심을 갖고 있기에 인간적 다원성을 발현하는 언어 행위이며, 아울러 인간적 위대성을 발현하는 촉진제로서 공동체를 구성하는 요소이기도 하다. 물론 아렌트의 이야기하기는 리오타르류의 담론과 유사성을 지니지만, 양자는 실질적으로 상이하다.[22] 리오타르류의 담론은 아렌트류의, 인간적 위대성에 관한 거대한 담론이 아니다. 양자 간의 차이를 고려할 때, 아렌트는 '반근대적

Publishers, 1978), 212쪽에서 인용하고 있다.

21) Hannah Arendt, *MDT*, 193쪽.

22) 근대성이 특수성을 무시하는 반면, 해체주의적 탈근대론은 특수성을 강조한다. 그러나 해체주의적 탈근대론 역시 특수성을 일종의 보편성으로 환원하며, 이것이 체험의 구성적 틀로서 어떻게 상호 결합되는가를 제기하지 못하고 있다. Phillip Hansen, 앞의 책, 31쪽.

근대론자'로 규정되기도 한다.[23)

이야기하기는 일종의 판단이다. 헤로도토스적 의미의 역사학자는 판관이다. 판관은 정치적 공평성을 확보하는 데 관심을 가진다. 투키디데스의 저서는 객관성보다 더 중요한 것, 즉 정치적 공평성을 성취했다. 정치적 공평성은 다른 사람의 관점에서 동일한 세계를 고찰하는 능력에 좌우되는 공적 심의를 조성함으로써 확보된다. 이야기의 의미는 경험 또는 실재의 판단이다. 아렌트는 마음속에 떠올리는 것, 즉 상상력을 제고하는 방식으로 '이야기하기'를 이해한다. 여기서 '떠올리다'라는 은유는 하나의 과정으로서 비판적 이해를 투영하며, 판단의 개념을 담고 있다.[24)

이러한 이야기하기의 인식론적 입장을 이해하지 못한다면, 『혁명론』에서 역사적 사실에 관한 지식을 얻으려는 독자들은 실망할 수밖에 없을 것이다.[25) 『혁명론』은 단순한 역사적 분석의 차원을 넘어서기 때문이다. 아렌트는 역사적 사실을 기술하는 것보다는 역사적 사건의 정치현상학적 의미를 부각하는 데 역점을 둔다.

새로운 시작과 절대자 문제―정치존재론

혁명과 폭력은 새로운 시작과 밀접하게 연계되어 있다. 아렌트는 혁명에서 모든 탄생에 내재된 새로운 시작의 가능성을 찾았다. 생물학적 출생은 사적 차원의 문제이지만, 새로운 국가의 탄생은 정치적

---

23) Seyla Benhabib, "Hannah Arendt and the Redemptive Power of Narrative", *Social Research*, vol. 57, no. 1 (1990), 170쪽.

24) Lisa Jane Disch, *Hannah Arendt and the Limits of Philosophy* (Ithaca/London: Cornell University Press, 1994), 2쪽.

25) 예컨대 프랑스 혁명에 관한 역사적 사실과 전개 과정을 세밀하게 이해하고자 하는 독자는, 아렌트도 『혁명론』에서 인용한 소불의 『프랑스대혁명사(상/하)』(두레, 1994)를 읽는 편이 나을 것이다.

차원의 문제다. 근대 혁명은 바로 국민국가의 탄생과 밀접하게 연계되어 있다. 혁명은 이전 정치체제로 불가피하게 연계되어 있기 때문에, 혁명 참가자들은 폭력을 정당화하기 위해서 기존 정치체제를 정당화하는 근거보다 더 강력한 정치적 실재를 요구하게 된다. 바로 이것이 혁명 과정에서 제기되는 절대자(the absolute) 문제다. 근대 혁명은 과연 이 문제를 해결했는가. 이러한 질문은 혁명의 존재론적 근거에 대한 해답을 요구한다.

새로운 시작의 정치화—제2의 탄생

아렌트의 정치철학을 관통하는 은유는 탄생(natality)이다. 탄생에는 세 가지가 있는데 그것은 다음과 같이 나타난다. 제1의 탄생은 생물학적 출생과 연관되는 인간의 최고 능력이다.[26] 인간의 근본적 활동인 노동, 작업, 행위는 모두 삶과 연계된다. 이 가운데 제2의 탄생은 행위와 연관된다. 제3의 탄생은 정신의 삶과 연관된다. 이와 같이 아렌트는 철학과 죽음을 연계하는 철학적 전통을 해체하면서 탄생의 철학을 정립하고자 했다.

아렌트는 정치 행위론을 고찰한 『인간의 조건』에서 정치 행위와 탄생의 관계를 언급했다. 여기서는 행위자의 제2의 탄생이 강조된다. 행위자가 자신의 정체를 드러낼 수 있는 공간의 탄생을 다룬 『혁명론』은 역사적으로 존재했던 새로운 시작의 명료한 예들을 밝힌다. 마지막으로 『정신의 삶-사유/의지』는 제3의 탄생 문제를 중점적으

---

26) 제1의 탄생은 세 가지 기술을 통해 이해된다. 첫째, 우리는 제1의 탄생의 기원을 실존적·개념적 범주로 논의한다. 둘째, 제1의 탄생은 행동의 가능성을 마련하는 존재론적 기반으로 분석된다. 마지막으로, 제1의 탄생은 어린이의 유희나 교육과 연관되는 경우 사실적 내용에 의해 기술될 수 있다. Patricia Bowen-Moore, *Hannah Arendt's Philosophy of Natality*(Houndmills/London: The Macmillan Press Ltd., 1989), 21쪽.

로 다룬다. 이와 같이 아렌트 정치철학을 특징짓는 개념어는 분명히 탄생이다.

일상적 삶 속에서 우리는 삶과 죽음을 동시에 경험한다. 우리는 이미 탄생을 경험했으며 삶의 의미를 깨달아가고 있다. 또 살아가면서 가족 구성원과 영원한 이별을 경험하며 새로운 생명이 태어나는 것도 경험한다. 우리는 이를 통해 인간이 삶과 죽음 사이에서 고민하는 '중간적 존재'(the in-between being)라는 것을 깨닫게 된다.

철학자들은 인간적 실존을 자신들의 철학 속에 다양한 방식으로 표현한다. 고전적 전통에서는 철학 또는 사유(thinking)를 죽음과 연계해왔다. 흔히 철학자 또는 구도자는 진리 추구에만 몰두한 나머지 자신의 건강에는 무관심해 '피골이 상접한' 인물로 묘사된다. 반면 홉스의 정치적 쾌락주의에서는 '삶'을 선(쾌락)으로, '죽음'을 악(고통)으로 규정한다. 홉스는 쾌락을 추구하기 위한 수단으로 사회계약을 주장했다. 그렇기 때문에 근대 정치사상에서는 어떻게 하면 자신의 생명을 보존할 것인가를 기본 명제로 삼았다. 이와 같이 철학적 전통에서도 죽음은 중대한 문제였다.

그러나 아렌트는 인간의 삶에서 탄생의 존재론적 입장을 부각한 최초의 정치철학자다. 인간 세계에 항상 새로운 출발이 있듯, 새로운 시작은 인간 세계에 항상 활기를 불어넣어주는 원동력이다. 우리는 끊임없이 새로운 출발, 즉 탄생을 경험한다. 바람이 내 몸을 스칠 때 내가 살아 있다는 것을 자각하듯, 우리는 생각하는 순간에 살아 있다는 것을 자각하게 된다. 탄생을 언급하지 않고 죽음에 대해 말하기란 어렵다. 그러므로 '탄생'이 지니는 일상적·정치적 의미를 연계하려는 시도는 인간적 삶을 더 깊이 이해할 수 있게 도와준다.

행위는 제2의 탄생과 연관된다. 정치질서에 참여한다는 것은 탄생의 특권이다. 초심자(beginner)는 이를 통해 공적 세계에서 행위를 시작한다. 정치적 자유가 인정되는 장에서 행위자는 언행을 통해 자신을 개별화할 수 있는 기회를 갖는다. 그는 프라이버시의 영역에서 탈피할 때 제2의 탄생을 경험하게 된다. 이 제2의 탄생은 자유롭게 시도되며 촉진된다. 우리는 제2의 탄생을 통해 개인적 출생을 확증하게 된다.

제2의 탄생은 인간이 육아실이라는 안전한 장소에서 공공 영역으로 이동했다는 것을 의미한다. 정치 행위자는 더 이상 가상 세계에서 유희를 하는 어린이가 아니며 환상 세계에 존재하는 누군가인 체를 할 필요가 없다. 그는 동료들과 공동의 행위에 참여하고, 이 과정에서 자신을 다른 동료들과 차별화할 기회를 갖게 된다. 동료들은 새로운 참여자의 언행을 관찰한다. 따라서 그 행위자는 동료들에게 드러날 뿐만 아니라 행동하는 동안 자신을 드러낸다. 물론 행위자는 다른 사람의 직접적 권위 아래 있는 학생이 아니다. 그는 교육 연령을 넘긴 성인으로서 기존의 행위자들과 동등한 입장에서 공적 업무에 관여한다.

정치 행위자는 한때 공적 세계에서는 이방인이었다. 이 세계에서 신참은 생소함을 경험하지만 소외되지는 않는다. 왜냐하면 그는 어린 시절 정치 행위자로 활동할 수 있는 예비 작업을 했으며 세계에 친숙해지는 법을 배웠기 때문이다. 물론 정치 행위자는 시민권을 통해 제2의 탄생을 인정받게 되면, 공공 영역에 접근을 보장받게 된다. 여기서 공공 영역은 현상 공간과 경험 세계로 정의되며, 정치적 탁월성을 발휘하는 영역이다. 아울러 행위자는 공공 영역에서 불멸성(불후의 명성)을 유지할 가능성을 갖게 되며 권력을 경험할 기회를 갖게 된다.

활동적 삶 중에서 "행위만이 인간의 탄생 조건과 밀접하게 연계되어 있다."[27] 모든 인간은 출생과 함께 고유한 개인으로서 세계에 출

---

27) Hannah Arendt, *The Human Condition*(Chicago: The University of Chicago

현했고 유한성 때문에 죽음과 동시에 이 세계를 떠나야 한다. 다수의 인간이 지구에 거주하는 까닭에 다원성이라는 실재는 삶이라는 경험과 죽음이라는 경험 사이에 놓여 있다. 따라서 다원성은 정치 행위의 실행을 위해 공동 세계라는 실재를 필요로 한다. 행위는 정치적 삶을 경험하기 위한 필요조건일 뿐만 아니라 다원성을 경험할 수 있게 하는 활동이다. 다원성은 인간들이 함께 생활하는 것을 허용하는 조건이기 때문에 정치적 삶의 배경이 된다. 다원성은 인간이 정치적 삶을 실행할 공공 영역을 창조할 수 있게 해준다. 다원성이라는 경험이 없다면, 정치적 삶은 존재할 수 없다.

다원성이라는 인간 조건은 정치적 삶을 존재케 하는 조건이다. 그의 최대 조건은 인간적 탄생에 좌우된다. 인간을 정치적 존재로 만드는 것은 그의 행위 능력이다. 인간은 동료들과 더불어 공동으로 행동할 수 있으며, 새로운 것을 시작할 수 있다. 따라서 행위는 출생에 정치적 내용을 부여하며 정치 공동체를 형성한다. 공동의 '우리'가 지니는 정치적 성격은 인간 세계에서 함께 활동하는 것에 대한 상호 동의에서 유래한다. 달리 표현하면, '동의'는 어느 누구도 홀로 활동할 수 없다는 인식을 수반한다. 다원성이라는 조건은 삶과 죽음 사이에 놓인 실존적 '우리'와 일치한다. 우리는 다원성이라는 조건을 통해 다른 사람의 출생을 긍정하게 된다. 정치적 출생의 완전한 표현은 세계사랑의 태도에 따라 구체화된다.

아렌트의 경우, 탄생은 정치적인 것의 중심적 범주다. 인간적 탄생의 정치적 위상은 증명할 수 있는 사실로서 자유의 경험이다. 자유는 실제로 인간들이 정치조직에서 전적으로 함께 살게 되는 이유다. 자유가 없는 정치적 삶은 무의미하다. 정치의 존재 이유는 자유이고, 이를 경험하는 장은 행위다.

Press, 1958), 9쪽.

자유는 의지의 특권이 아니라 다원성이라는 상황에 의해 보장된다. 인간이 가시적인 실재로서 자유로운 상황을 처음에 경험하지 못했다면 내면적 자유에 대해서도 이해하지 못했을 것이다. 우리는 다른 사람과의 상호 접촉을 통해 자유를 자각하게 되었다. 그런데 자유는 해방과 달리 동일한 상태에 있는 다른 사람들의 무리를 필요로 한다. 내면적 자유와 달리, 정치적 자유는 그것이 출현하기 위해서는 다원성에, 무엇인가를 시작하기 위해서는 출생이라는 조건에 의존한다. 행위는 본질적으로 새로운 것의 시작이다. 그러므로 정치와 자유는 일치한다.

국민국가 건설과 절대자 문제

개인의 삶과 연관될 때, 탄생은 세계에 이방인으로 등장하고 공공 영역에 진입하며 정신의 삶을 영위하는 것과 밀접한 관계를 가진다. 공동체의 삶과 연관될 때, 국가 건설은 새로운 시작을 의미한다. 그런데 근대 국민국가의 건설은 혁명과 밀접하게 연계되어 있다. 따라서 『혁명론』의 저변에 깔려 있는 개념어는 새로운 시작, 탄생이다. 혁명은 새로운 시작을 극명하게 경험할 수 있는 정치적 사건이다. 아렌트는 혁명을 새롭게 이해함으로써 '새로운 시작'의 정치적 의미를 찾았다. 아렌트는 존재론적 관점에서 혁명의 근본적 동인을 새로운 시작과 연계하고 있다. 이것이 혁명에 관한 아렌트 견해의 독창적 측면이다. 국가 건설은 새로운 시작으로서 가장 차원 높은 정치 행위다.

그렇다면 혁명은 시간의 연속체에서 어떤 위상을 갖는가. 현재(nunc stans)는 더 이상 존재하지 않는 과거와 아직 존재하지 않는 미래 사이에 영원히 존재하는 틈새다. 현재는 뒤에서 밀어붙이는 과거와 앞에서 압박하는 미래가 충돌하는 전장이다. 시간적으로 보면, 혁명은 "낡은 질서의 종말과 새로운 질서의 시작 사이라는 틈새"[28]에

서 전개된다. 구체제는 뒤에서 혁명 과정을 압박함으로써 건국 과정
에 영향을 미치고, 혁명 과정을 보완하고 확산하려는 노력은 혁명 과
정에 관심을 갖게 한다. 틈새에서 전개되는 새로운 행위는 불가피하
게 절대자 문제와 연관된다. 혁명 과정은 이전 정치체제의 성격에 영
향을 받으며 미래의 국가에 대한 관심을 반영하게 되므로, 과거와 미
래에서 동시에 압력을 받기 때문이다. 혁명 과정에서 이 문제를 해결
하려는 시도는 또 다른 문제를 야기해왔다. 혁명 과정은 이러한 논리
적 악순환을 되풀이했다.

왜 혁명 참가자들은 절대자 문제를 해결하는 데 어려움을 겪게 되
었는가. "혁명 참가자들이 행동을 시작해야만 하는 바로 그 순간에
필사적으로 절대자를 찾으려 한다는 신기한 사실은 부분적으로……
오래된 사유 습관에 영향을 받았음을 보여준다."[29] 예수의 제자, 그
리고 주교와 교황들은 절대자를 이 지구상에 구현하는 문제에 관심
을 가졌다. 이러한 문제는 정치 영역에서도 나타났다. 절대군주는 교
황이 차지했던 위치를 대신하는 명분으로 초월적 권능을 요구했다.
혁명 과정에서 인민은 절대군주의 자리를 대신하게 되었다. 그리고
인민 역시 절대적 위상을 갖게 된다. 인민은 새로운 신으로 등장하
며, 권력은 절대화된 인민에서 유래한다는 논리가 정당화되었다. 이
와 같이 혁명 참가자들은 초월적 위상을 지니는 절대자를 대체하는
문제를 근본적으로 해결하는 데 한계를 보였다.

프랑스 혁명 참가자들은 절대주의 구체제의 질곡에서 벗어나기 위
해 절대군주의 위상을 넘어선 새로운 절대자를 찾고자 하는 유혹을
극복하기 어려웠다. 그러기에 프랑스 혁명 참가자들은 절대적인 왕
의 자리에 바로 인민을 앉혔으며, 법과 권력의 근원을 인민에서 찾았

---

28) 이 책, 337쪽.
29) 이 책, 339쪽.

다. "공법의 관점에서 국민은 절대군주와 같이 오류를 범할 수 없으며…… 지구상에 살고 있는, 하느님의 대리인이기 때문이다."[30]

시에예스는 국민을 무오류적인 절대군주와 마찬가지인 신적 존재로 상정한다. 로베스피에르 역시 '미덕의 공화국'을 정당화하기 위해 인간 세계의 미덕을 넘어선 '초월적 선'을 기준으로 삼았기 때문에 폭력을 정당화하는 오류를 범하게 되었다. 이와 같이 프랑스 혁명 참가자들은 구체제의 붕괴를 정당화하기 위해 새로운 절대자를 상정했다. 결과적으로 이들은 혁명 이전 시대의 유산을 극복할 수 없었다. 즉 이들은 절대자 문제를 해결하는 과정에서 논리적 악순환에 빠지게 되었던 것이다.

이러한 난관에서 자유로울 수 없었던 것은 미국 혁명 참가자들도 마찬가지였다. 물론 이들은 제한군주정과 벌인 투쟁을 통해 새로운 정치질서를 확립하고자 했기에 절대주의의 유산을 물려받은 프랑스의 경우와는 다른 해결책을 제시했다. 그러나 이들 역시 또 다른 방식으로 절대자를 상정했다. 「독립선언서」 전문에 나오는 "자연의 하느님에 대한 호소", 그리고 "우리는 이 진리를 자명하다고 주장한다"는 문구는 진리가 전제적 권력보다 더 강압적이고, 종교의 진리와 수학의 공리적 진리보다 더 강압적이라는 의미를 담고 있다.

그러나 신세계의 주민들은 구세계의 전통과 부담에서 탈피했다. 그리고 이로써 미국은 유럽 국민국가들의 발전 경로와는 다른 길을 걷게 되었다. 미국 혁명이 유럽 혁명의 길을 걷게 되었다면 실패할 수밖에 없었을 것이다. 그들은 유럽의 지적 전통에서 탈피해 새로운 길을 모색했다. 미국 혁명을 구원했던 것은 결국 건국 행위 자체였다. 미국 혁명 참가자들은 로마의 모델에서 해결책을 모색했다. 혁명 전에 존재했던 정치체제가 절대적이면 절대적일수록 혁명은 좀

---

30) 이 책, 319쪽.

더 강력한 절대자를 요구하지만, 미국 혁명은 제한군주정과의 갈등에서 등장했기 때문에 법과 권력을 동일한 기원에서 도출하지 않으려고 했다.

미국 혁명 참가자들은 국가를 건설하는 과정에서 "태초에 하느님이 하늘과 땅을 창조하셨다"는 기독교적 입장보다 로마 건국의 지혜에서 해결책을 찾고자 했다. 달리 말해, 미국 혁명 참가자들은 불멸의 입법가 또는 자명한 진리나 어느 다른 초월적 근원보다 건국 행위 자체에서 절대자 문제를 극복할 열쇠를 찾을 수 있었다.

우선 시작에 내재된 절대자 문제를 고찰할 필요가 있다. 태초에 시작이 있었고, 이후 인간 세계에는 끊임없이 시작이 되풀이되어왔다. 그렇지 않았다면, 인간 세계가 존속하지 못했을 것이다. 이러한 측면에서 인간 세계의 시작은 태초라는 절대적 시작에 근거를 두어야 할 것이다. 절대적 시작은 '프린키피움'(principium)으로, 인간 세계의 시작은 이니티움(initium)으로 표기된다. 이 개념은 인간사 영역에서 해결할 수 없는 문제의 해답을 암시한다. 시작이 곧 원리에 해당한다는 이념은 그리스어 아르케(arche)에도 나타난다.

로마에서는 건국·확장·보존이 서로 밀접한 관계를 갖고 있었다. "권위는 일종의 확장이며, 모든 개혁과 변동은 이러한 확장 덕택에 건국과 다시 연계되고 동시에 건국의 의미를 보강하고 증대시킨다. 따라서 미국 헌법의 수정조항들은 건국이 최초에 가졌던 의미를 확장하고 증대시킨다."[31] 이러한 측면에서 건국 행위 자체, 즉 시작은 원리를 담고 있다. 로마의 건국 정신을 유지하는 임무를 담당한 집단은 원로원이다. 원로원은 시작의 정신을 보완하고 확장하는 역할을 맡았다. 이러한 측면에서 권위의 근원은 원로원에 있었다. 미국의 건국 선조들 역시 '새로운 로마'를 건설하고 이 정신을 유지하는 근거

---

31) 이 책, 333쪽.

를 새로이 정립했다. 로마의 경우 건국 정신을 유지하는 권위의 근원이 원로원이지만, 미국의 경우 근원은 헌법, 그리고 대법원에 있다.

건국 행위라는 시초가 원리와 연관되기 때문에, 혁명 정신을 유지하고 확장하는 근거는 건국 행위, 즉 새로운 시작에 있다. "건국이 이루어졌던 숙명적인 몇 년 사이에 빛나게 된 원리는 상호 약속과 공동의 심의라는, 서로 연관된 원리였다." 이러한 측면에서 국가 건설이라는 시작은 건국 선조들의 합의와 심의에 기반을 둔다. 시작은 자신의 권위를 위해 초자연적 근원을 필요로 하지 않는다. 이와 같이 미국 혁명 참가자들은 혁명 과정에 제기된 절대자 문제를 초월적 영역에서 찾지 않고 자신들의 행위에서 찾음으로써 혁명이 야기하는 난관을 극복했다. 미국 혁명에 대한 아렌트의 찬사는 바로 여기에 집중된다. 아렌트는 『혁명론』에서 탄생이라는 은유의 정치적 함의를 명백히 제시함으로써 자신만의 독특한 '탄생의 철학'을 정립하게 되었다.

자유의 확립과 제도화의 문제 — 정치 행위론과 제도론

혁명 과정은 서로 완전히 다른 두 단계로 진행된다. 물론 두 과정은 거의 동시에 진행되지만 논리적으로는 구분될 수 있다. 예속에서 벗어나기 위한 투쟁, 정치적 자유를 확립하려는 투쟁은 동시에 진행될 수 있으나 근본적으로 상이한 정치 행위다. 그러나 혁명 과정에서 정치적 자유를 확보하려는 노력은 사회적 상황과 참여자들의 동기에 따라 좌절될 수 있다.

이러한 점을 고려할 때, "혁명의 목적이 자유이고, 반란의 목적이 해방"[32]이라는 점을 고려하지 않은 혁명사가들이나 정치이론가들

---

32) 이 책, 249쪽.

은 오류를 범하게 되었다. 물론 혁명가들 역시 해방과 자유를 혼동함으로써 혁명 정신을 퇴색시키는 결과를 야기하기도 했다. 그러므로 "참신성의 파토스가 현존하고 참신성이 정치적 자유의 이념과 연계된 곳에서만, 우리는 혁명에 대해 언급할 수 있게 된다.[33]

빈곤과 전제정의 굴레를 벗어남—해방

『혁명론』의 구도를 단순화하면, 사회 문제의 핵심을 경제적·윤리적 차원에서 언급한 제2장에서는 '필연성'이라는 개념어를, 제3~5장에서는 '자유'(freedom)라는 개념어를, 그리고 제6장에서는 역사속에 묻혀버렸으나 기억해야 할 '평의회'라는 개념어를 중심으로 혁명을 이야기한다. 이를 더 단순화하면, 공과 사 문제가 『혁명론』의 핵심 주제라 할 수 있다.

인간은 삶을 유지하기 위해 신체적 욕구를 충족해야 한다. 신체적 욕구의 충족이 곧 생존 유지라는 사실은 자연의 필연적 법칙이다. 따라서 빈곤 문제를 해결하는 가장 기본적인 활동은 노동이다. 『인간의 조건』에서 언급하듯, 노동 활동은 근본적으로 사적인 문제다. 그러나 인류는 역사 이래 빈곤 문제로 인해 자연적 제약에서 벗어나기어려웠다. 대다수 혁명은 바로 빈곤 문제와 직결된다.

"모든 지배는 생존의 필연성에서 자신을 해방하려는 욕구에 정당한 근거를 두고 있다. 인간들은 폭력 수단을 통해 다른 사람들에게자신의 삶에 지워지는 짐을 부담하도록 강요함으로써 해방을 성취했다."[34] 그렇기 때문에 빈곤은 정치 변동의 중요한 원인으로 작동해왔다. 이제 필연성은 정치 영역, 즉 자유의 영역에 침투하게 되었다. "혁명은 전제나 억압에 대항한 투쟁에서 빈곤과 적빈의 막강한

---

33) 이 책, 107쪽.
34) 이 책, 208쪽.

42

위력을 선용하고 악용했다."[35]

"해방과 자유는 동일하지 않다는 주장은 판에 박은 듯한 표현일지 모른다."[36] 그러나 해방은 자유의 조건이기는 하지만 결코 자동으로 자유로 이어지지는 않는다. "해방은 공적 자유의 조건이다…… 억압에서 벗어나려는 해방에 대한 단순한 욕구가 끝나고 정치적 삶의 방식인 자유에 대한 욕구가 시작되는 곳을 말하기란 늘 매우 어렵다."[37]

아렌트는 빈곤 문제가 미국 혁명에는 영향을 미치지 않았지만, 프랑스 혁명 과정에는 엄청난 영향을 미쳤다고 밝히고 있다. 프랑스 혁명은 구체제의 억압으로부터의 해방과 동시에 궁핍으로부터의 해방이라는 이중적 과제를 안고 있었다. 프랑스 혁명에서 빈자들은 역사상 처음으로 어둠의 영역에서 나와 빛의 영역으로 등장했다. 프랑스 혁명에서 빈곤 문제는 중요한 원동력이 되었다.

따라서 헤겔은 프랑스 혁명을 고찰하는 과정에서 중요한 역사적 사실을 깨닫게 되었다. 정치질서를 변화시키는 동인은 빈곤이다. 빈곤으로 인한 억압은 곧 기존 질서에 대한 도전으로 이어지기 때문에, 그는 역사 발전의 원동력으로서 필연성을 상정하게 되었다. 자유가 아닌 필연성이 역사 과정을 이해하는 주요한 개념어가 되었다. 불멸성을 향한 인간들의 열망은 이제 필연성으로 바뀌게 되었다. 필연성은 인간의 자유로운 활동을 강요하는 제약으로 작용하지만, 자유는 자신의 의도를 새롭게 시작하는 능력이다. 따라서 필연성의 속박에서 벗어날 때에야 비로소 행위는 작동될 수 있다.

프랑스 혁명은 구체제의 억압에서 벗어나려는 정치적 목적에서 시작되었다. 그러나 사회적 문제인 빈곤은 혁명 정신을 퇴색하게 만드는 요인이 되었다. 혁명 참가자들은 이러한 사회적 빈곤에서 자신들

---

35) 이 책, 206쪽.
36) 이 책, 100쪽.
37) 이 책, 105쪽.

의 행위를 정당화할 실마리를 찾았다. 빈자에 대한 연민의 미덕은 자유의 전제정을 등장시키는 요인이 되었다. 따라서 "인간의 권리를 이제 상퀼로트의 권리로 대체하는 것은 프랑스 혁명뿐만 아니라 이후 모든 혁명의 전환점이었다."[38]

전제정의 질곡에서 벗어나려는 투쟁은 해방과 자유의 확립과 직결된다. 그러나 전제정에서 해방되는 것은 단지 소수만을 위한 자유를 의미할 뿐, 빈곤으로 여전히 부담을 안고 있는 다수에게는 거의 아무런 변화도 가져다주지 못한다. 다수가 자신의 의지에 따라 공적 업무에 참여할 수 없을 경우, 정치적 자유는 확립되지 못한다. 개개인은 사적 자유를 향유할 수 있다. 그러나 이것이 곧 공적 업무에 참여할 수 있다는 것을 의미하지 않는다.

한마디로 아렌트는 프랑스 혁명이 미국 혁명과 달리 정치적 자유를 확보하는 데 실패했다고 주장한다. 그런데 불행히도, 실패한 혁명이 이후 혁명의 모델이 되었다. 대부분 혁명은 기껏해야 시민적 자유를 확보하는 데는 성공했지만 정치적 자유를 확보하는 데는 실패했다. 암담하게도 자유 대 전제정이라는 대립 구도는 20세기 혁명들에서도 그대로 유지된다.

자유와 권력의 지속적 발현

혁명 이야기는 부정적이고 비관적인 상황과 연계되는가. 인간의 삶에서 새로운 삶이 희망과 연관되듯, 새로운 시작을 단적으로 보여주는 혁명 역시 희망과 연계되어야 하지 않는가. 혁명은 항상 새로운 정치질서가 확립될 것이라는 기대를 갖게 하지만, 대부분 혁명은 이러한 기대를 충족시키지 못했다. 그 까닭은, 혁명이 인간적 위상을 발현케 하는 자유를 성취하기는커녕 오히려 자유를 근본적으로 부

---

38) 이 책, 141쪽.

정하는 '자유의 전제정'을 잉태하거나 잘해봤자 사적 자유는 보장해
줄지 모르지만 권력과 공공 영역을 지속적으로 형성하는 데는 성공
하지 못했기 때문이다.

공적(정치적) 자유와 사적 자유의 차이

『혁명론』을 구성하는 기본 축 가운데 하나는 '공과 사의 구분'이
다. 행복, 활동 유형, 활동 영역, 미덕이라는 용어 들은 공적 요소와
사적 요소를 모두 지닌다.[39] 마찬가지로 『혁명론』의 가장 중요한 개
념어인 자유 역시 공과 사를 전제한다. 자유를 개인적 차원과 공적
차원으로 구분하는 방식은 구태의연할 수도 있다. 그러나 우리는 근
대 혁명을 통해 정치적 자유의 진정한 의미를 이해할 수 있다는 아렌
트의 지적에 주목할 필요가 있다.

신체적 필요나 다른 사람들의 제약에서 벗어나는 것은 자유를 향
유하기 위한 본질적 전제조건이다. 그러나 자유는 해방과 동일하지
않다. 그에 따르면 시민적 자유(civil liberty)는 본질적으로 사적인 문
제이고, 정치적 자유는 공공 문제에 참여하는 문제와 연관된다. 자유
란 해방과 다른 무엇이다. 해방은 필연의 조건에서 벗어난 상태이며,
개인적 욕구와 욕망에 따라 선택하고 행동하는 능력을 의미한다. 따
라서 해방 속에 내재된 '개인적 자유'(liberty)는 '소극적'이다. 정치
적 자유(freedom)는 동등한 사람 사이에서 합의를 창출하는 것이며
권력을 행사하는 것이다. 그러므로 정치적 자유는 사람들이 동등한
사람들 사이에서 활동할 수 있는 공간을 필요로 한다.

아렌트는 공과 사의 관점에서 리버티와 프리덤의 차이를 명백히
밝힌다. 프리덤은 정치적·공적 자유를 의미하는 데 비해, 리버티는

---

39) 물론 활동 유형(노동, 작업, 행위)과 활동 영역(사적 영역, 사회 영역, 공공 영
   역)에 관한 이론적 고찰을 이해하기 위해서는 Hannah Arendt, 앞의 책을 참
   조하라.

시민적·사적·개인적 자유를 의미한다. 따라서 정치적 자유를 시민적 자유와 혼동해서는 안 된다. 이때 시민적 자유는 시민들의 사적 삶을 중심으로 보호막을 형성하는 권리다. 시민적 자유는 사적인 문제다. 반면 정치적 자유는 본질적으로 공적이며, 공공 문제에 참여하는 활동과 연관된다. 정치사상의 일상적 구분에 익숙한 사람들은 이러한 개념 정의에 어려움을 겪게 된다. 여기서 아렌트의 '정치적 자유'와 '적극적 자유'—이때 적극적 자유란 루소의 전통에 기반을 두고 있으며, 우리가 일반의지에 따라 자신을 규제한다는 것을 의미한다—를 동일하게 취급한다는 점에 주의해야 한다. 아렌트에 따르면, 이러한 자유는 비정치적이며 인간적 다원성을 무시하는 것이기 때문이다.

정치혁명은 공적 자유의 실현을 목표로 하지만, 사회혁명은 사적 자유의 실현에 역점을 둔다. 초기에 프랑스 혁명은 정치적 목표를 실현하는 데 주력했지만, 로베스피에르 이후에는 사회적 빈곤을 해결하는 또 다른 목표, 즉 사회복지의 증진을 실현하고자 했다. 이러한 전통은 이후 혁명의 모델이 되었다. 러시아 혁명에서 레닌은 혁명의 목표를 '소비에트와 전기 사업'으로 규정했는데, 이는 정치적 목표와 더불어 사회적 목표를 동시에 지향하는 것이었다. 그러나 레닌은 혁명에 성공한 후 권력의 분산을 부정하고 집중화를 추구했으며, 혁명의 목적을 경제적 사회주의화로 삼았다. 헝가리 혁명 이외에 대다수 현대 혁명은 프랑스 혁명을 모델로 했다.

정치적 자유는 공동 세계를 구성하기 위한 행위에 있다. 정치적 자유의 중요성은 행위가 야기하는 세 가지 좌절을 통해 증명된다. 행위는 예측하기 어려우며, 과정을 반전시킬 수 없으며, 익명성을 띨 수가 없다. 이러한 것들은 다원성이라는 상황에서 발생하는 행위의 재앙이다. 하지만 물론 그것을 치유할 방법은 있다.

자유로운 행위는 예측하기 어렵다. 이는 근본적으로 인간적 탄생

(무엇인가를 자발적으로 행하는 능력)에 근거를 두기 때문이다. 따라서 인간에게는 인간이 자유를 향유하는 대가로 이러한 예측 불가능성에 대한 치료책이 필요하며, 그 치료책은 약속을 하고 이를 준수하는 행위다. 이러한 점에서 모순적 표현인 '자유는 자유롭지 못하다'는 말은 정치적 자유의 유지가 어렵다는 것을 간접적으로 보여준다.

정치 행위는 완결되면 되돌릴 수 없다. 행위를 되돌릴 수 없다는 것은 교정할 수 없는 난관에서 기인한다. 결과를 되돌릴 수 없게 되면 그때 정치적 자유는 진정한 자유일 수 없는 위험한 상황에 처하게 된다. 이 경우에 다원성은 발휘되기 어렵다. 이를 치유하는 것이 용서다. 행위의 세 번째 재앙은 행위자의 익명성 문제와 연계된다. 정치적 출생은 행동하는 주체의 정체를 노출하는 것이다. 개개인은 세계 속에서 행위를 통해 자신의 특이성을 증명한다. 실명이 아닌 익명으로 진행되는 행위는 무의미하다. 정치 행위는 다른 사람의 존재를 요구하며, 행위자는 인간관계망에 진입하기 때문에 그는 익명으로 참여할 수 없다. 공적인 세계에서는 "당신은 누구인가"라는 질문이 지속적으로 제기된다.

행위와 자유의 연계성

아렌트의 경우, 새로운 시도와 말은 행위의 두 요소다. 그러나 말이 없는 행위는 행위가 아니다. 새로운 정치질서를 확립하려는 시도는 고귀한 행위다. 이 과정에 수반되는 언어 행위는 논쟁의 형태를 취하기도 하고, 동의, 합의, 타협의 형태를 취하기도 한다.[40] 『인간의 조

---

40) 언어 행위의 유형에 따라 공공 영역의 유형도 달라진다. 논쟁과 표현은 논쟁적 공공 영역을 형성하는 데 이바지하며, 대화와 소통은 조화적 공공 영역을 형성하는 데 기여한다. 언어 행위와 공공 영역의 관계를 이해하기 위해서는 『한국정치학회 연례학술회의 논문집』(2003)에 수록된 나의 논문 「언어 행위와 공공 영역 — 대화, 논쟁, 이야기하기를 중심으로」를 참조하라.

건』에서는 주로 전자의 형태를 강조했지만, 『혁명론』에서는 후자의
형태를 강조했다. 혁명 참가자들은 자유를 확립하고자 사후적으로
정당화되는 폭력을 행사하면서도 공동으로 활동하고자 대화를 진행
한다.

그러나 새로운 시도를 한다는 것은 자유롭다는 것을 의미한다. 아
렌트는 그리스 시민들의 정치 행위를 통해 이를 확인했으며, 인간의
탄생을 통해 이를 확인했다. 따라서 아렌트의 자유 개념은 행위론의
핵심이다. 행위의 두 가지 중심적 측면은 자유와 다원성이다. 자유란
단순히 일련의 가능한 대안들 가운데 어느 하나를 선택하는 능력을
의미하지는 않는다. 오히려 자유란 새로운 것을 시작하는 능력 — 모
든 사람이 태어나면서 부여받은 능력 — 이다. 자유의 구현으로서 행
위는 출생에 근거를 두고 있다. 그러므로 행동하는 것과 자유롭다는
것은 동일한 의미다. 자유는 행위를 통해 실재화된다. 자유롭다는 것
은 행위에 참여한다는 것을 의미한다.

따라서 자유의 근거는 모든 인간이 소유한 능력과 새롭게 시작하
는 능력이다. 그러나 이 인간적인 자발성은 일차적으로 전정치적
(pre-political)이다. 이것이 모든 사람에 의해 명백히 드러난 현실적
인 실재가 될 때만 개인적 자발성은 자유가 될 수 있다.[41] 정치는 자
유가 구체화될 수 있고 실재가 될 수 있는 장소다.

개인적인 자발성이 자유의 근거라면, 왜 자유가 정치에서 구현돼
야 하는가? 여기서 다원성에 대해 이해할 필요가 있다. 다수성은 한
개인이 무엇인가를 행하고자 할 때 다른 사람의 협조를 받아야 한다

---

41) 이와 관련된 예를 월드컵 경기 응원에서 찾을 수 있다. 응원에 참여한 500만
명 이상의 시민들 내면에 존재하는 자발적 동기가 공동의 자율적 행동으로
표출되었다. 1987년 민주화 운동에서 시민들이 자유에 대한 열망을 행동으로
표출했듯, 2002년 월드컵 경기에서도 우리는 자율적 공조가 얼마나 귀중한
것인가를 목격할 수 있었다.

는 의미를 담고 있다. 따라서 정치적 자유는 다른 사람과 협조가 필요하다.

아렌트가 자유의 패러다임을 확인할 수 있었던 정치적 사건은 미국 혁명과 헝가리 혁명이다. "혁명은 인간의 참신성에 관한 능력을 드러내는 새로운 경험이다."[42] 아울러 혁명은 예측할 수 있는 결과의 연결고리뿐만 아니라 과거와 단절할 수 있는 능력을 증명하고, 새로운 시작을 감행할 능력을 증명했다.

아렌트의 자유 개념은 공화주의적이다. "공적 자유는 사람들이 세계의 압력에서부터 마음대로 통치하려는 내적 영역이 아니며, 의지로 하여금 양자 중에 선택하도록 강요하는 자유로운 선택(liberum arbitrium)도 아니었다. 자유란 공적으로만 존재한다."[43] 그는 동료들의 도움을 얻어 전적으로 새로운 가능성을 존재하게 하는 능력을 자유로 생각했다. "자유란 재능이나 능력이 아니라 사람들이 향유하고자 창조한 것, 즉 가시적이고 세계적인 실재다."[44]

권력과 권위의 제도화

근대 혁명 이후 자유를 확립하고 이를 제도화하려는 시도는 성공했는가? 아렌트는 이와 관련해 두 가지 입장을 제시한다. 러시아 혁명과 중국 혁명은 영구적으로 진행되면서도 자유의 확립을 목표로 하지 않았다. 또한 제1차 세계대전 이후 유럽 국가들과 제2차 세계대전 이후 식민지 국가들은 혁명을 통해 시민적 자유를 보장하고 입헌 정부를 수립하는 데는 성공했으나, 역시 권력 창출에 이바지하는 자유를 확립하는 데는 성공하지 못했다. 반면 미국 혁명은 권력을 어떻게 확립하고 새로운 정부를 어떻게 구성하는가에는 관심을 가졌지

---

42) 이 책, 107쪽.
43) 이 책, 223쪽.
44) 이 책, 223쪽.

만, 정부를 제한하는 데는 신경을 쓰지 않았다.

아렌트는 제5장 「새로운 정치질서」(Novus Ordo Saeclorum)에서 자유를 지속적으로 유지하려는 혁명 활동에 대해 언급하고 있다. 또한 그는 권력과 권위를 어떻게 제도적으로 분화시키고 있는가에 대해서 언급한다. 권력과 권위의 구분은 자유의 지속적 유지와 밀접한 관계가 있다.

『혁명론』에서 관계나 수행된 이야기의 망에 포함된 언어 행위는 의사소통적 행위다. 소통 모델에 기초한 정치는 공동으로 수행하는 '대화', 심의, 합의, 동의의 중요성을 강조한다. 소통 모델에 기초한 정치는 일반 시민들에 의해 이루어질 수 있는 일종의 민주적이고 결사체적인 정치 형태다. 즉 정치는 평등과 유대에 기초한 집단적 심의나 정책 결정이라고 정의되는 것이다. 이러한 정치 모델에서 권력은 공동으로 활동하는 능력을 의미한다.[45] 공동으로 활동한다는 것은 시각과 관점의 차이에도 불구하고 합의에 도달함으로써 목적을 실현하는 것과 밀접하게 연계되어 있다. 이러한 측면에서 권력은 현상 공간을 형성하는 원동력이다.『혁명론』에서 혁명 참가자들의 자율적인 공동보조(共同步調)는 논쟁보다 구성원들 사이의 의견 조율과 연관된다. 이와 같이 아렌트는 대화와 소통이 공공 영역의 강화에 이바지하며 "우정의 대화를 통해 인간성, 즉 인간에 대한 사랑을 성취할 수 있다"고 생각한다.[46]

공동으로 활동하는 능력이 바로 권력이다. 권력과 행위가 불가분

---

45) 아렌트에게 권력은 특이한 인간적 현상이다. 공동으로 활동하는 능력은 기본적으로 행위자들의 자유를 전제하고, 새로운 시작을 행할 수 있는 능력을 의미한다. 아울러 공동으로 활동한다는 것은 언어 행위를 전제한다는 점에서, 권력은 언어 행위와 밀접한 관계가 있다. 반면 폭력과 테러는 언어 행위가 중단될 때 비로소 작동되는 한계적인 정치현상이다. 이러한 맥락에서 권력과 폭력은 대립적인 개념이다.
46) Hannah Arendt, *MDT*, 25쪽.

의 관계이듯, 자유는 새로운 것을 개시하고 시도하고 주도하는 행위가 있을 때에야 비로소 존재하게 된다. 따라서 권력 개념과 연관시켜 자유의 개념을 특징화할 수 있다. 한 개인이 독자적으로 소유하는 힘(strength: 내구력)과, 사람들이 공동으로 행동할 때만 형성될 수 있는 권력(power)은 서로 다르다. 즉 우리가 개개인으로서 지닌 능력과 구성원 사이에 존재하는 권력, 구성원들이 모일 때 형성되는 권력은 구분되는 것이다.[47]

권력의 근원을 상정할 때에는 인정법에 정당성을 부여하는 상위법을 제기하지 않을 수 없는데, 권위의 근원을 상정하고자 할 때도 그것은 마찬가지였다. 절대자를 상정하지 않을 수 없었던 것이다. "프랑스 혁명에서 인민을 신격화한 것은 법과 권력을 모두 동일한 근원에서 도출하려는 시도의 불가피한 결과였다."[48] 미국 혁명과 프랑스 혁명의 경우, 절대적 주권, 절대적 불멸성, 절대적 권위는 새로운 정치질서의 정당성을 도출하는 근원으로 상정되었다.

그러나 미국 혁명은 자유를 지속적으로 유지하는 수단을 로마의 예에서 찾았다. 로마의 경우, 권위(auctoritas)는 선조들이 수립했던 기초를 건국 정신에 입각해 키우고 확장하는 것을 의미하며, 그것은 건국 정신을 해석할 수 있는 원로원에 있었다. 물론 미국은 '새로운 로마'를 건국하면서 권위를 사법부에 부여했다. 이제 권위는 헌법 정신을 해석하는 사법부로 옮겨갔다. "미국 헌법의 진정한 권위는 수정되고 확장되는 내재적 능력에 있다." 따라서 미국 헌법 수정조항들은 "미공화국의 최초의 건국 의미를 확장하고 증대한" 결과라는 점을 고려할 때, 미국 정치체에서 건국 정신을 해석하는 능력은 사법부에 부여될 수밖에 없었다. 이러한 해석이 자의적인 것이 아니라는

---

47) "고대인들이 알고 있는 바와 같이, 인위적인 공적 공간 또는 시장은 자유가 나타나고 모두에게 가시화되는 영역이었다(이 책, 223쪽)."
48) 이 책, 308쪽.

점은 혁명 참가자들을 건국 선조라 부른다는 사실에서도 잘 드러난다. 이런 측면들은 권위의 근원이 바로 건국 행위 자체에 있다는 것을 암시한다.

반면 새로운 권력 개념은 혁명보다 훨씬 오래전에 등장했다. 물론 혁명이 발생하지 않았다면 새로운 권력 원리는 살아남을 수 없었을 것이다. 아렌트에 따르면, 권력은 공동으로 활동하는 능력이다. 따라서 미국의 경우 권력은 모든 자치체, 모든 식민지의 군, 구에서 구현되었고, 혁명 참가자들도 권력을 당연한 것으로 여겼다. 이는 정부가 국민에게 부여한 헌법과 국민에 의해 구성된 헌법의 차이를 설명하는 데 중요하다.

혁명 전 아메리카에서는 행위가 권력의 형성에 이바지했고, 권력은 약속과 서약이라는 새로 발견한 수단을 통해 유지되었다. 미국인들은 약속을 통해 권력을 지속적으로 창출했다. 또한 그들의 권력은 건국 행위와 결합되었다.

개인 윤리, 사회 윤리, 정치 윤리의 구분—윤리론

아렌트의 정치철학을 관통하는 중요한 축은 공과 사의 구분이다. 『혁명론』에서 활동 유형, 활동 영역, 자유, 행복을 논의하는 과정에도 공과 사의 문제가 기저에 깔려 있다. 아렌트는 윤리 문제에서도 이런 기준을 그대로 적용한다. 그러나 이때 아렌트는 정치 윤리론의 전통에서 벗어나고 있다.

대화편들에서 플라톤은 사람들을 도덕적으로 만들기 위해서는 정치체의 삶이 필요하다는 의심을 버리지 않았다. 정치적 결사는 본질적으로 사람들의 도덕적, 인간적 능력을 증진하는 데 이바지하는 일련의 교육 제도다. 플라톤의 이상적 시민은 활동과 사유에서 선하고 고매한 특성을 지닌다. 플라톤이 생각하기에, 훌륭한 시민은 선한 사람이다. 다시 말해 정치적 인간은 도덕적 인간이다.

그러나 아리스토텔레스의 경우는 약간 다르다. 그의 경우 시민의 탁월성은 도덕적 미덕에만 의존하지 않는다. 인간은 필히 선한 인간이 되지 않더라도 훌륭한 시민이 될 수 있다. 그는 훌륭한 시민의 자격으로 진정 선한 사람의 특징인 '단일의 절대적 위대성'을 요구하지 않는다. 즉 선한 사람과 훌륭한 시민은 단지 선한 상태에서만 동일하다.

이와 같이 아리스토텔레스는 도덕성을 희생하지 않으면서도 정치적 삶의 세계적 성격을 현실주의적으로 평가하는 입장에서 플라톤의 설명을 교정한다. 정치에 대한 아렌트의 이해는 선한 인간과 선한 시민이라는, 도덕성과 정치에 대한 아리스토텔레스의 구분에 어느 정도 기반을 두고 있다.

그러나 아리스토텔레스와 달리, 아렌트는 시민의 자격을 단순히 폴리스의 행정적·입법적·사법적 업무에 참여하는 것으로 이해하지 않았다. 아렌트는 공적·정치적 영역에서 행위, 자유, 개인적 탁월성의 현시에 더 많은 관심을 가지고 있다. 아렌트의 경우 시민은 선한 사람이 아니라 본질적으로 행위자들(행동가들), 즉 논쟁 정신을 지닌 사람들이다. 물론 아렌트의 시민은 고전적 의미의 도덕적 인간이 아닐 수도 있지만 비도덕적이지는 않다. 아렌트가 상정하는 정치체와 공적인 인간들은 도덕 공동체에 속한다.

이러한 가정을 고려하지 않는다면, 인간의 위대성을 실현하는 장소로서 공공 영역을 이해할 수 없을 것이다. 아렌트는 칸트의 정언명령이나 도덕적 삶으로서의 미덕과 선한 삶에 관한 고전적 개념을 고수하지 않았다. 이러한 것에 지나치게 애착을 가지면, 자유와 행위뿐만 아니라 공공 영역과 공적 자아까지도 파괴될 뿐이기 때문이다. 영혼을 구원하는 데 전념하는 사람은 절대적 도덕에 집착하는 까닭에 본질적으로 자체 내에서 가치 있는 정치에 결코 관심을 가질 수 없다.

분명히 아렌트는 위기의 시대에 이러한 도덕은 인간들에게 치명적인 것이라고 믿었기 때문에 전통적 도덕과 정치의 연결고리를 단절하고자 했다. 이를 위해, 공공 영역에서 도덕에 관한 자신의 새로운 견해를 보여주는 두 가지 사례를 제시한다.『혁명론』제2장「사회의 문제」에 나오는『빌리 버드』의 사례와 로베스피에르의 행적이 그것이다.[49) 아렌트는 이 두 이야기를 통해 공과 사의 근본적 차이를 부각하고 있다. 즉 활동 영역별로 미덕이 가지는 차이를 명백히 밝힌다.

활동 영역과 윤리 문제

우선 아렌트의 윤리론에 대한 일반적 입장을 고찰하기로 한다. 아렌트는 제2장「사회의 문제」에서 비정치적 또는 반정치적 미덕과 정치적 미덕을 구별하고 있다. 그는 윤리적 차원에서 공과 사의 문제에 대해 천착한다. 동정은 인간사 영역 전체가 설정되는 인간들 사이의 세계적 공간, 거리를 해소하는 비정치적 현상이지만, 정치적 미덕은 상대방과 거리를 둠으로써 다원성이 출현할 수 있게 한다. 전자는 친밀성을, 후자는 개인적 잠재력을 발휘케 하는 차이에 대한 열정——평등해지려는 욕구뿐만 아니라 우월해지려는 욕구——을 각각 기반으로 한다.

연민, 동정, 형제애, 낭만적 사랑 등은 칭찬할 만한 가치가 있는 미덕이다. 그러나 이러한 미덕들은 정치 영역을 손상시킬 수 있다. 물론 이러한 미덕과 정치를 분리해야 한다는 주장이 정치적 삶에서 증

---

49) 무사유, 즉 사유하지 않음은 특정한 상황에서 정치적 악행의 원인이 될 수 있다. 아렌트는 아이히만의 정치적 악행의 근거를 무사유에서 찾았다. 아렌트는『예루살렘의 아이히만』에서 '악의 평범성'을 밝히고 있다. 여기서는 이 문제에 대해 구체적으로 논의하지 않는다.

오, 악, 잔인함, 냉담함을 유지해야 한다는 것을 의미하지는 않는다. 아렌트는 이러한 미덕들의 비정치적 성격을 정확히 고려할 필요가 있다는 점을 인정하면서도 마키아벨리와는 달리 정치 공동체가 분명히 도덕 공동체라는 입장을 유지했다.

동정(compassion)은 고통받는 특정한 사람의 고통을 함께 나누려는 감정, 친밀성을 기반으로 한 개인적 미덕이다. "기독교가 서구 문명의 도덕적 기준을 결정한 지 오랜 시간이 지난 후에도, 동정은 정치 영역 밖에서 작동됐다."[50] 이는 동정이 공공 영역의 미덕이 아니라는 점을 의미한다. 하여튼 동정의 정념은 말로 표현될 수 있지만(물론 말로 표현되더라도 더듬는 형태로 표현된다), 대개 말보다는 몸짓이나 표정으로 나타난다. 이때 다른 사람이 고통당하는 것을 보기보다는 내가 고통당하는 게 낫겠다는 감정이 작용한다. 이와 같이 동정은 사람들 사이의 거리를 해소한다.

연민(pity)은 유대(solidarity)와 달리 다수의 고통에 대한 일반적 감정이다. "사람들은 연민에 집착한 나머지 유약한 사람들에게 이끌린다."[51] 따라서 연민은 행운과 불행, 강자와 약자를 동일한 시선으로 고려하지 않는다. "권력에 대한 욕망이 약자라는 존재에 대해 강한 관심을 가지는 것과 같이, 연민은 불행한 사람의 현존에 강한 관심을 가지고 있다."[52] 아렌트가 로베스피에르를 비판한 이유는 그가 도덕의 근원인 연민의 감정을 가졌지만 이를 정치적 수단으로 악용했다는 데 있다. 연민의 감정이 정치 영역의 기준으로 그대로 적용될 때, 이 감정은 공공 영역을 심각하게 손상시키는 결과를 초래한다.

개인적 또는 사회적 미덕을 대체하는 정치적 미덕은 정치적 우정, 즉 유대다. 유대는 연민을 대체하는 정치적 개념이며, "행위를 인도

---

50) 이 책, 153쪽.
51) 이 책, 177쪽.
52) 이 책, 177쪽.

할 수 있는 원리다."[53] 그리고 유대를 가능케 하는 공동의 관심은 인간의 존엄성이나 위엄성이다. 따라서 유대는 이성과 일반성을 공유하기 때문에 한 계급, 민족, 인민이라는 다수뿐만 아니라 인류 전체를 개념적으로 포괄한다. 유대는 고통으로 촉진되더라도 고통에 의해 인도되지 않고, 약자나 빈자 못지않게 부자와 강자를 포괄한다. 유대의 정치적 원리는 감정으로 이해되는 모든 형태의 사랑과 대립된다.

'형제애'[54]와 동정은 공적 세계의 다원성과 다양성을 정당화하지 않는다. 형제애와 동정은 기본적으로 친밀성에 기반을 두기 때문에 인간관계에서 차이를 제거한다. 그러나 정치적 우정은 기본적으로 차이에 바탕을 두기 때문에, 이것이 전제될 때 정치 영역에서 각각의 고유성이 존재할 수 있게 된다.

사랑은 정치적 우정(philia politike)의 개념과 대조된다. 사랑이 본질적으로 무정치적일 뿐만 아니라, 반정치적인[55] 낭만적 사랑은 사적이고 무세계적이다. 즉 연인들은 '세계가 마치 자신들만을 위해 존재'하는 것처럼 생각하려는 경향이 있다. 사랑은 낭만뿐만 아니라 기독교적 사랑과도 관련이 있다. 친밀한 사랑은 형제애나 동정과 같은 것으로 나타난다. 친밀성은 필연적으로 사람들 사이에 존재하는

---

53) 이 책, 177쪽.

54) 형제애는 집단 구성원 상호 간의 애정(affection)으로 이해된다. 동일한 종교를 믿는 종교 단체, 인종 집단, 동일한 철학과 취향을 지닌 결사에서는 형제애가 발현된다. 그러나 형제적 결사는 이질적 집단에 대해 배타적 정치(exclusive politics of identity)를 행할 수 있다.

55) 정치적 무관심(apolitical)은 권력 이외의 사회적 가치를 추구하는 데 열중한 나머지 정치를 등한시하는 태도를 말한다. 반면 탈정치적(depolitical) 태도는 권력 세계에 참여해 정치권력을 행사했으나 권력 과정에 환멸을 느끼고, 이 과정에서 은퇴하는 태도를 지칭한다. 반정치적(anti-political) 태도는 개인주의적 무정부주의자나 종교적 신비주의자들의 경우와 같이 자신들이 추구하는 가치가 정치와 충돌된다는 전제 아래 정치 과정을 반대하는 태도다.

공공 영역을 파괴하기 쉽다. 왜냐하면 사랑은 사람들 사이의 거리를 없애기 때문이다. 그러나 정치 행위는 사람들의 차이를 드러내는 방식으로 이들을 연계시킨다. 사랑은 위대하지만, 그것이 직접 정치화될 경우에는 재앙을 초래할 수 있다. 따라서 정치와 관련해 적절한 대안이 될 수 있는 것은 존경이다.

우정은 가정과 마찬가지로 엄격히 전정치적인 것으로 간주되어야 했다. 즉 우정은 공공 영역과 동일시될 수 없었다. 그러나 우정은 가정의 특징인 자연주의적·단일체적인 측면을 지니지 않는다. 달리 표현하면, 우정은 사적 영역의 규범적 모델과 일치하지 않는다. 따라서 우정은 공공 영역에도 사적 영역에도 속하지 않는 것 같다. 그렇다면 우정은 어디에 위치하는가.

우정이 공공 영역에 속한다고 확실히 주장할 수 없더라도, 친구들로 구성된 친밀한 동아리는 공공 영역과 정면으로 대립하지는 않는다. 우정은 자발성, 토론, 대화, 공동의 심의, 설득, 협력이 특징인 시민들의 공적 활동과 유사한 측면(analogia publicae)을 지닌다. 아렌트는 아리스토텔레스의 전통을 수용한다. 친구들로 구성된 친밀한 영역은 사적 영역도 아니고 공공 영역도 아니지만 두 영역을 매개하는 특이한 대화 영역으로 강조된다.

아리스토텔레스는 우정을 상당히 포괄적인 의미로 사용했으며, 정의보다 중요하게 취급한다. 우정의 정치적 의미는 타인과 재화를 공유함으로써 사적 이익에 대한 애착을 줄이는 데 있다. 우정은 모든 인간 공동체의 기초다. 우정은 이익, 덕, 쾌락의 동기로 형성된다. 그런데 가장 완벽한 의미의 우정은 덕에 기초한 선한 인간의 우정이다. 정의로운 것들 가운데 가장 정의로운 것은 우정과 연관된다. 그는 『니코마코스 윤리학』에서 다음과 같이 언급한다. 폴리스 시민 간의 우정은 훌륭한 입법가들이 배양하려고 노력하는 미덕이다. 우정 없이 정의란 존재할 수 없기 때문이다.

아렌트의 우정 개념은 정치적 잠재성을 띤다. 정치적 우정(philia politike)은 개인에 대한 존중을 특징으로 한다. 그러나 아렌트는 아리스토텔레스의 입장과 차별화를 시도한다. 아리스토텔레스는 기본적으로 우정을 동질적인 사람들 간의 유대로 생각하는 경향이 있다.[56] 아렌트는 아리스토텔레스에게서 기본 개념을 수용했으나 우정이 친구들의 동질성이나 유사성에 기초한 것으로 이해되어서는 안 된다고 주장한다.[57] 오히려 우정은 친구들 간의 차이 또는 이질성에 대한 인식, 합당한 존중에 기반을 두어야 한다는 것이다. 아렌트는 여기서 아리스토텔레스의 개념을 부정하기보다 그것을 순수한 정치적 형태로 발전시켰다. 우정은 이제 친구들 사이의 차이, 다양성, 이질성과 양립할 수 있게 된다.

『빌리 버드』─엄격한 절대적 선과 정치적 미덕의 차이

아렌트는 정치와 윤리 문제, 그리고 영혼의 구원에 관심을 갖는 사람과 시민의 위상, 활동 유형을 부각하기 위해 제2장 「사회의 문제」에서 멜빌(Herman Melville)의 소설 『빌리 버드』(*Billy Budd*)[58]의 내용을 소개한다. 특히 그는 이 소설에 담긴 정치적 함의를 이야기 방식으로 제시한다. 아렌트는 절대적 선(absolute goodness)의 화신인 버드가 왜 폭력을 행사했으며 어떤 상황에 직면하게 되었는가를 정치적 관점에서 해석한다.

---

56) 아리스토텔레스는 세 가지 형태의 우정을 언급한다. 상호 공리성에 기초한 우정, 상호 만족에 기초한 우정, 선 자체에 대한 공동의 관심에 기초한 우정. 여기서 아리스토텔레스는 친족의 이념을 모델로 삼으며, 친구들이란 유사한 사람들로 구성된 동질적인 동아리라는 전제를 기반으로 한다.

57) 유유상종(類類相從)이나 "The similar is a friend to the similar"와 같은 표현은 차이를 부정하는 의미가 담겨 있다.

58) 이 중편소설은 멜빌이 죽기 5개월 전에 완성됐으며, 1924년에 유작으로 출판됐다.

『빌리 버드』에는 중심인물이 세 명 등장한다. 순진무구한 젊은 선원 버드, 근본적으로 사악한 클래가트, 그리고 재판을 담당하는 베르 선장이 그들이다. 버드는 공적 문제와 정치 행위의 영역을 이해할 필요가 없을 만큼 순수한 정신의 소유자였다. 멜빌의 버드는 인간 세계에 출현한 현대의 예수다. 예수가 절대적 선의 화신이듯, 버드 역시 절대적으로 순수한 사람이다. 그의 순수한 품행에 그의 동료들은 당혹스러워하기도 하지만 그를 질시하지는 않는다. 따라서 빌리 버드는 동료들과의 관계에서 순수한 입장을 유지할 수 있었다.

그러나 클래가트와의 관계에서는 심각한 어려움을 겪었다. 천성적으로 사악함을 타고난 클래가트는 선한 인간의 존재를 인정하는 것이 자신의 존재를 부정하는 것이라고 생각했기 때문에 버드의 도덕적 품행을 철저히 부정했다. 클래가트가 선의 위력을 두려워한 나머지 버드를 파멸시키려 하자, 절대적 선을 말로 표현할 수 없었던 버드는 그에게 물리적 강제력을 행사해 결국 정치적으로 악행, 즉 살해를 하게 된다. 절대적 선과 절대적 악은 공존할 수 없었다.

그러나 아렌트는 절대적 선과 악이란 인간의 영역을 초월하는 현상이라고 이해했다. 미덕과 악덕은 정당한 인간적 현상이며, 어떠한 정치 형태도 이 가운데 어느 한쪽만을 가지지는 않는다. 아렌트는 미덕과 악덕을 정상적인 인간관계와 양립하는 도덕적 범주로 인정한다. 그러나 절대적 선과 악은 성자와 악마의 세계를 대변하는 것이지 약점과 장점을 지닌 인간의 세계를 대변하지는 않는다.

절대적 선은 엄격하고 엄밀하며 비타협적이다. 따라서 절대적 선이 비진리와 기만에 직면하게 되면, 악보다도 더 폭력적으로 대응하게 된다. 버드는 법의 영역을 초월해 순수하게 살아갈 수 있는 사람이고, 클래가트 같은 사람은 버드의 도덕적 감수성에 비추어 같이 공존할 수 없는 인물이다.

버드는 분명히 순진한 사람이다. 그러나 그의 절대적 선과 순수함을 일상적 삶에서 유지하기란 대단히 어렵다. 달리 표현하면, 선과 악 사이에 존재하는 공공 영역에서 절대적 선을 발견하기란 어렵다. 인간을 대상으로 하는 어떠한 폭력도 근본적으로 정당하지 않지만, 절대적 선은 악행에 직면했을 때 폭력으로 대응하게 된다.[59] 이와 같이, 절대적 선은 폭력으로 정치 세계의 생활을 붕괴시킬 수 있는 위험성을 안고 있다. 폭력은 반정치적이다. 폭력은 대화하는 삶을 존중하지 않으며 대립된 견해들의 다원성을 존중하지 않기 때문이다. 폭력은 하나의 의견을 강제적으로 실행하고 다른 모든 의견을 잠재움으로써 경쟁 상황을 지배하고자 한다. 아렌트에게 폭력의 근원이 절대적 선인지 아니면 다른 무엇인지는 궁극적으로 무관하다. 정치 영역에서 폭력은 정치 행위를 부정한다.

버드는 자신이 보기에 도덕적이지 못하고 도덕적일 수 없는 세계와 생기는 갈등에서 도덕적 자아의 전형을 보여준다. 그는 자신의 세계에 머물면서 오직 순수한 영혼을 유지하는 데에만 몰두하는 사적인 인간이지 정치적 인간이 아니다.[60] 그는 타락한 사람들 사이에 있는데도 영혼의 순수성을 유지한다. 그러한 순수한 정신은 완벽한 도덕적 이상을 담지 않은 규칙과 법칙에 대해 적대적이다. 범죄와 미덕 사이에 있는 법은 이를 초월하는 것을 인정하지 못한다. 버드의 행위는 법이 규칙을 초월하는 무엇을 향해 지지를 호소한다. 그러나 정치

---

59) 그런데도 아렌트가 전쟁과 혁명 등 폭력과 연관된 문제에 관심을 갖게 된 것은 그것이 폭력의 정당화와 연관되기 때문이다. 폭력은 새로운 시작을 가능케 하며 인간성을 실현하는 데 이바지하기 때문에 사후에 정당화된다. 그러나 제작 과정에는 폭력이 수반된다는 점을 고려할 때, 사물에 대한 폭력은 인간의 삶에서 부정될 수 없을 것이다.

60) 개인의 영혼을 구원하는 문제와 국가를 구원하는 문제는 별개다. 전자에 몰두하는 사람은 훌륭한 사람이지만 훌륭한 시민이 될 수는 없다. 이 문제는 양심의 문제와 관련이 있다. 개인적 차원에서 양심을 유지하려는 태도나 기독교적인 의미의 양심은 공적 차원에서 말하는 양심과 다르다.『공화국의 위기』는 시민 불복종과 양심의 관계를 밝히고 있다.

행위의 결과인 법은 버드를 선하고 도덕적인 인간이라기보다 시민으로 판단한다.

시민은 정치적 미덕을 준수함으로써 공동체에서 자신의 정체를 유지할 수 있다. 그러나 소크라테스는 내면의 자아와 일치하는 상태, 즉 양심에 따라 행동했고, 버드는 절대적 선을 유지하고자 반정치적 행위를 감행했다. 물론 두 인물은 각자 다른 방식으로 법의 명령을 수용하기는 했지만, 법에 따라 '정당하게' 처벌되었다. 절대적 선은 인간사의 공동 영역에서 벗어난 개인의 추상적 도덕이기 때문이다.

이것은 도덕의 역설적 성격이다. 도덕이 정당한 영역 밖으로 벗어날 때, 그것은 전제적이고 위험해진다. 그것의 유일한 관심은 공유된 공동체, 공동 세계가 아닌 자아의 순수성이기 때문이다. 우리는 영혼을 구원할 것인가 아니면 공동체를 구원할 것인가를 고민하면서 정치와 도덕을 분리했던 마키아벨리에게서 교훈을 찾을 수 있을 것이다.

활동적 삶(vita activa)과 관조적 삶(vita contemplativa)의 구분이라는 관점에서 판단할 때, 절대적 도덕은 명확히 후자의 영역에 존재한다. 이 영역은 공공 영역과 공적 행위와 무관하게 적용된 진리, 절대적 선, 완벽한 지식의 중심이기 때문에, 이 영역에서 삶의 언어는 절대적으로 도덕 언어다. 그러나 공공 영역은 관심, 의견, 절제와 지식의 다양성 위에 형성된다. 역설적이지만, 정치체는 이러한 기초 위에서만 도덕 공동체로서 존재할 수 있다.

물론 아렌트는 공공 영역의 엄격한 기준에 따라 버드를 판단했지만, 어떤 정치 공동체도 도덕적 정의 없이 생존할 수 없다는 것을 인정해야 했고, 이것을 이해하고 있었다. 달리 말하면, 그는 클래가트를 징벌하는 것이 정당한 만큼 마찬가지로 버드에게 사형선고를 내린 베르 선장의 정치 행위 역시 정당하다는 점을 인정했다. 아렌트는 공동 세계에서 도덕적 이상과 판단이 전적으로 무관하지는 않지만 공적 관심과 공동 세계를 고려해야 한다는 점을 부각한다.

이런 점에서 아렌트는 클래가트가 천성적으로 타락했다는 멜빌의 기술에 동의하면서도 클래가트를 은밀히 옹호하는 듯한 인상을 준다. 베르 선장의 판단을 옹호한 아렌트는 마키아벨리와 같은 입장을 유지하고 있는 듯하다. 그러나 아렌트는 버드의 순수성과 품위를 의심하지 않았으며, 클래가트보다 버드가 시민으로서의 잠재성을 더 많이 가지고 있다는 점을 인정했다. 이렇듯 아렌트는 정치와 도덕을 구별하면서도 동시에 정치 영역의 도덕성을 철저히 주장한다. 그는 분명히 마키아벨리와 반대 입장을 유지하고 있는 것이다.

인간 조건에서 도덕이 사회질서의 일부가 된다는 것은 분명하다. 절대적 도덕이 공공 영역에 적용될 수 없는 것과 마찬가지로, 추상적인 절대적 도덕은 이해되기 어렵다. 물론 아렌트는 이러한 견해가 도덕적으로 위험하다는 비판에 대항해 진정한 공공 영역이 비도덕성과 불의를 부정한다고 말하고자 했을 것이다. 이렇듯 절대적 선이 공공 영역의 도덕적 기준으로 채택되면 공공 영역은 손상될 수밖에 없다. 아렌트가 『빌리 버드』 이야기를 우리에게 소개한 이유가 바로 여기에 있다. 그러나 아렌트는 로베스피에르의 행적을 통해 사회 영역과 공공 영역의 윤리 문제를 다음과 같이 심도 있게 밝힌다.

로베스피에르의 '도덕'공화국—도덕주의자의 정치적 악행

아렌트는 혁명의 목적이 정치적인가 아니면 사회적인가를 중심으로 미국 혁명과 프랑스 혁명을 평가한다. 이러한 측면에서 혁명 과정을 이해하는 데 사회적 문제가 중요한 위치를 차지한다. 두 혁명은 공히 정치적 목적을 실현하려는 동기로 시작되었지만, 결국 다른 길을 걷게 되었다. 여기서 아렌트는 두 혁명이 다른 길을 택하게 된 사회적 배경으로 빈곤 문제를 들고 있다. 이것은 당시 프랑스의 구조적 문제, 즉 빈곤에 대한 로베스피에르의 입장과 정치적 역할을 심리학적으로 조명함으로써 프랑스 혁명에 대한 독특한 이해를 제시하는 것이다. 즉 아렌트는 프랑스 혁명 참가자들이 왜 정치적 자유의 확립보다 복지 문제 해결에 더 관심을 갖게 되었는가를 규명하면서 로베스피에르를 중심인물로 끌어들인다.

우선 아렌트가 급진공화파의 주도적 인물이었던 로베스피에르를 어떻게 이해했는가를 고찰할 필요가 있다. 당시 로베스피에르는 사회적 빈곤에 관심을 가지고 있었다. 도덕주의자인 로베스피에르와 생 쥐스트는 프랑스인들 다수가 처한 처절한 조건에서 깊은 영향을 받았다. 아렌트에 따르면, 필요와 영구적 빈곤으로 고통을 받는 사람에게 연민을 느끼는 것은 정당한 인간적 감정이다. 연민의 감정에 기초한 미덕은 사회 영역에서 정당화될 수 있다. 이 영역에서 그들은 가난한 다수의 필요를 충족하는 것이 절대적인 도덕적 우위에 있다는 점에 대해 추호의 의심도 하지 않았다.

로베스피에르는 혁명 과정에서 권력을 장악하자 곧 자유로운 국가의 건국뿐만 아니라 빈곤 문제의 해결을 혁명의 주요 목표로 삼았다. 프랑스 혁명은 전제정과 억압에 대항하는 정치 행위로 시작되었지만, 이후 빈자와 불행한 사람들에게 가해지는 억압과 착취에 대항하는, 즉 사회 문제를 해결하는 방향으로 선회했다. 아렌트는 연민과 동정에서 발생한 절대적 도덕이 1789년 프랑스의 공공 영역을 유린하고 지배하게 되었다고 주장한다. 절대적 도덕의 정치화가 바로 자유의 확립을 목표로 했던 프랑스 혁명을 공포정치로 타락하게 만든 원인이었다.

로베스피에르와 그의 동료들은 왜 공포 정치에 관여할 수밖에 없었는가. 이들은 전적으로 순수한 감정을 표출하는 데만 몰두한 나머지 정치의 한계를 제대로 이해하지 못했다. 연민의 감정은 무제한적이다. 따라서 연민의 미덕을 정치 영역에서 실현하려는 시도는 결과적으로 잔인성 자체보다 더 강력한 잔인함을 행할 잠재력을 지닌다.

빈곤이라는 잔인함을 정치적으로 제거하고자 했던 이들은 사회 전체에 훨씬 더 잔혹한 폭력을 행사했다. 이와 같이 절대적 도덕을 완벽히 구현하려는 동기는 다수의 빈자, 부자, 다수의 지도자를 희생시키는 유혈의 공포정치로 이어졌다. 로베스피에르는 자유와 순수한 도덕을 실현한다는 명분으로 자유를 거부하고 정치적 미덕을 부정하는 자유와 도덕의 전제정을 실행했다.

빈곤과 불의를 의식적으로 절멸하려 했던 로베스피에르는 정직, 헌신, 불행한 사람에 대한 연민을 도덕적 미덕으로 삼았다. 사회적 불의에 대항해 싸우는 이들에게 위선에 대한 열정적 증오는 일차적 미덕이었다. 이들은 미덕을 공개적으로 노출할 뿐만 아니라 동기의 선을 외적으로 완전히 표출하려고 했다. 따라서 사람들은 자신의 사적인 영혼과 생각을 공개적으로 드러내야만 했다. 그리고 결국 1789년 이전의 귀족적 삶의 위선은 로베스피에르와 동료들 눈에 최악의 범죄로 비치게 되었다.

로베스피에르와 동료들은 동기의 선을 강조함으로써 사적 영역과 공공 영역의 차이를 부정하고, 결과적으로 두 영역을 심각하게 손상했다. 즉 그는 공공 영역에 자신의 실체를 드러내는 사적인 인간이 되었다. 이들은 다른 사람을 신뢰할 수 없었다. 이러한 근본적인 결여는 필연적으로 도덕 공동체로서 정치적 결사를 손상시킨다. 왜냐하면 사적 자아와 동기가 신뢰받으면 자연히 공적인 자아까지도 신뢰받을 수 없기 때문이다. 이들은 위선자가 되지 않기 위해 내면적 동기를 완전히 드러내는 가시적 수단으로 동료들마저도 희생시켰다.

빈자들의 조건을 개선하고 증진하는 것은 도덕적 신념을 요구했다. 이러한 신념은 사적인 문제에 대한 사적인 도덕 판단이다. 정치의 목적은 공공 영역의 자유와 행위이지 경제적 요구를 관리하는 것은 아니다. 로베스피에르는 빈자 입장에서 이들의 이익을 정치의 중심으로 설정했다. 따라서 공적인 관심의 지배적 특성은 자유가 아니라 도덕과 절대적 선이 되었다. 이러한 분위기 속에서 빈자들의 고통에 대해 충분히 공감하지 못하는 것은 위선적이고 비도덕적인 것으로 간주되었다.

따라서 프랑스 혁명의 특이한 정치적 함의는 정치와 도덕 요구의 이중적 혼동에 있다. 로베스피에르가 공공 영역에서 필요와 빈곤을 정의의 문제로 삼았을 때, 그는 정치의 이상에 대해 엄청난 공격을 가했다. 필요와 도덕이 혁명 과정에서 결합되었다. 로베스피에르의 경우, 정치는 자연이라는 법정과 절대적 선이라는 연단 앞에서 자신을 정당화해야 했다. 절대적 선만이 위선이 없이 도덕적으로 정직하기 때문이다.

절대적 선이라는 도덕은 정치와 공공 영역의 이념—사람들이 자신들의 고유한 정체를 주장할 수 있었던 영역—을 왜곡했다. 공적 또는 정치적 자아는 자연적 인간의 안티테제로서 자연의 영역을 초월하는 인위적 자아다. 이러한 자아는 자연적 인간이 이상으로 상정될 때는 더 이상 생각될 수 없다. 비자연적인 인간은 일종의 가면을 쓴 사람이다. 그러나 로베스피에르는 모든 가면을 위선의 징표로 증오했다.

"프랑스 혁명 참가자들은 도대체 페르소나(persona)를 몰랐으며, 정치체가 부여하고 보장하는 법적 인격도 존중하지 않았다."[61] 페르소나에 대한 몰이해 또는 의도적 부정은 역사적으로 엄청난 결과를 야기한다. 제국주의 시대 유럽인들은 아프리카인들을 자연인으로 규정하고 이들의 살해를 정당화했다. 나치는 유대인들을 대량으로 학살하기 전에 희생자들에게서 개인적 특이성을 드러내는 모든 흔적을 제거해 이들을 인간 이하의 존재로 전락시켰다. 현대 세계에

---

61) 이 책, 201쪽.

서 무국적자는 정치적 가면을 지니지 않은 사람들의 예다. 간단히 말해, 정치적 가면을 지니지 않은 인간은 그들의 삶을 상실한 위험에 놓인다.

　로베스피에르가 밝힌 형태의 도덕은 공적 행위자들의 도덕적 성격에 전적으로 관심을 갖고 있다. 아렌트는 이러한 종류의 도덕을 공적 삶을 옹호하는 주장과는 다르게 사생활을 옹호하는 주장으로 이해한다. 로베스피에르와 그의 동료들은 인간 조건이 다원성의 조건이라는 것을 이해하지 못했다. 공적 삶이나 정치는 논쟁, 대화, 타협 등으로 활성화되지 가상적이거나 실재하는 절대적 진리로 활성화되지는 않는다. 세계적 관계의 타협적 성격을 멸시하는 도덕적 정의는 결국에 불의의 기초를 제공할 수도 있다. 아렌트의 경우, 절대적 도덕은 영혼을 구원할 수도 있으며 고통받는 양심에 위안을 제공할 수도 있지만, 정치가 궁극적으로 표현되는 맥락 자체는 파괴하는 것이다.

　아렌트는 분명히 프랑스인들이 겪었던 근본적인 불의에 대해 이해하고 있었다. 그러나 로베스피에르와 동료들은 이것을 이해하지 못했다. 아렌트는 '비세계적인' 자아의 절대적 도덕이 본질적으로 사적이라는 점뿐만 아니라 그것이 자유, 행위, 그리고 궁극적으로 공공 영역과 공적 자아에 적대적이라는 신념을 확고하게 유지하고 있었다. 자유, 행위, 인간적 위대성에 무관심한 공동체는 비정치적이며 비도덕적일 수 있다. 이와 같이 아렌트는 절대적 도덕이 공공 영역을 심각하게 손상시킨다는 점을 강조했다.

마무리하며—혁명 정신과 '시민 정치'의 가능성

　아렌트는 대부분의 혁명이 공적 자유를 확립하는 데 이바지하지 못했으며, 개인적 권리와 자유를 실현하는 데도 성공하지 못했다는 비관적 입장을 제시하고 있다. 또한 그는 정치적 자유의 확립, 새로운 시작의 정치적 함의가 인류에게 보여준 교훈을 망각함으로써 미국 혁명을 폄하하는 지적 전통에 대해서도 회의적이다.

유럽의 사상가들과 철학자들은 프랑스 혁명에만 이론적 관심을 집중함으로써 프랑스 혁명을 부각하는 데는 이바지했지만, 미국 혁명에 대해서는 폄하와 무시로 일관했다. 이를 두고 아렌트는 그들이 혁명 정신을 기억하려는 사상적 노력을 하지 않았기 때문이라고 지적한다. 따라서 혁명 정신이 상실된 이후 공적 자유, 공적 행복, 공공 정신은 약화되고 개인적 자유, 최대 다수의 개인 복지, 여론만이 정치 언어에서 중요한 위치를 차지하게 되었다는 것이다. 그러나 아렌트는 이러한 망각과 기억 상실에도 불구하고 중요한 정치적 경험과 의미를 부각함으로써 역사 속의 귀중한 보배를 현대인들에게 전달하고자 했다. 이것이 아마도 『혁명론』의 가장 중요한 목표이며, 혁명에 대한 찬사일 것이다.

혁명 정신은 외형적으로 모순되는 것 같은 두 가지 요소를 담고 있다. 하나는 새로운 정치구조의 안정성과 지속성을 향한 욕구이고, 다른 하나는 인간의 시작 능력에 대한 자각이다. 이 두 가지 가운데 사람들은 영구적으로 지속되는 세계를 선호하는 데 반해, 아렌트는 안정성보다는 끊임없는 변화와 무관하지 않은 '새로운 시도'의 중요성을 강조한다. 아렌트의 최대 관심사는 완전한 건국이 아니라 혁명 정신이 혁명의 목적을 생존하도록 해주는 방식을 제공하려는 노력에 있다.[62] 그러나 혁명의 역사는 이러한 것을 보여주지 않았다. 따라서 아렌트는 평의회 제도가 지속되지 못한 점을 비극으로 생각했다.

『혁명론』에 담긴 정치적 함의를 정리하면 다음과 같다. 18세기의 정치적 사건은 단순히 과거에 일어난 일이 아니라 현재의 정치적 삶에 귀중한 지침을 제공하는 사건이다. '이야기하기'에 입각해 근대

---

62) 이 책, 225쪽.

혁명을 해부한 『혁명론』은 한편 혁명에 관한 기존의 연구들과 차별성을 드러내기 때문에 주목할 만하지만, 다른 한편 정치적인 것과 사회적인 것의 구분, 다양한 은유의 사용으로 독자들의 이해를 어렵게 하기도 한다. 이러한 단점에도 불구하고, 『혁명론』은 우리에게 귀중한 정치학 교과서가 될 수 있다.

첫째, 혁명은 '새로운 시작'이다. 개시·건국·선도·탄생은 시작의 다른 표현이며 정치적 의미를 갖는 행위들이다. 이와 같이 아렌트는 '시작'이라는 일상용어를 정치 용어로 전환했다. '성공한' 혁명은 새로운 국가의 탄생으로 이어지며, 시작(arche/principium)은 원리를 담고 있다. 이러한 측면에서 아렌트는 혁명 정신이 정상적인 상황에서 유지되고 보완되어야 한다고 주장했다.

둘째, 폭력·권력·테러의 구분은 정치현상을 색다르게 이해할 수 있는 기회를 제공한다. 아렌트에 따르면, 폭력의 반대 개념은 비폭력이 아니라 권력이다. 권력은 사람들이 자발적으로 모여 공적인 문제를 논의할 때 존재하며, 언어 행위와 밀접하게 연계되어 있다. 권력은 정치 행위로서 새로운 시도를 촉진하는 원동력이다. 반면, 폭력은 '무언'의 상태에서 등장하는 현상이기 때문에 한계적인 정치현상으로서 사후에 정당화될 뿐이다. 물론 테러와 폭력은 동일하지 않다. 모든 권력을 파괴하는 테러는 통치 형태로서의 폭력이 사라지는 게 아니라 폭력이 완전히 장악할 때 존재한다. 따라서 한 정치체제에서 온갖 종류의 조직적인 반대가 사라져야만 테러의 완전한 강제력이 활개를 칠 수 있다. 이러한 구분보다 더 중요한 사실은 폭력을 수반하는 혁명이 자유를 확립하고 새로운 시도를 경험할 기회를 제공한다는 점이다.

셋째, 혁명 과정에서 해방, 자유의 확립, 그리고 자유의 제도화를 실현하는 문제를 논리적으로 제시한다. 자유를 확보하고 이를 제도화하는 정치 행위는 새로운 국가의 건설과 관계가 있다. 해방은 자유를 실현하기 위한 필요조건이지만 충분조건은 아니다. 따라서 공동으로 활동하고 정치에 참여할 권리를 확보하며, 이를 제도화하려는 노력은 혁명의 중요한 정치적 목적이다. 이 과정에서 "자유로운 행위와 살아 있는 언어를 가능케 하는 공간", 즉 공공 영역이 형성된다. 아렌트는 자유와 공공 영역의 상호의존성을 언급한다.

넷째, 혁명 정신의 지속적 발현 여부에 따라 혁명을 특징화하고 있다. 아렌트는 자유의 확립은 정치적 목표이지만, 복지 증대는 사회 문제라고 규정한다. 아렌트는 정치적 자유의 확립에서 복지 실현으로 혁명의 목표를 바꾼 혁명은 결과적으로 실패했다는 점에 주목해 20세기 혁명이 이 전철을 밟아왔다는 점을 비관적으로 부각한다. 동시에 아렌트는 시종일관 정치적 목표를 실현하고자 했다는 점에서 미국 혁명을 혁명의 본보기로 강조하지만, 국제 관계에서는 미국이 혁명 정신에 반하는 외교 정책을 추진했다는 점을 지적한다. 이것은 바로 혁명 정신의 망각과 상실을 의미한다.

다섯째, 행위의 기준으로서 미덕이 가지는 차이에 대한 지적을 주목할 만하다. 사랑, 연민, 동정은 인간관계의 친밀성을 나타내며 사적 영역이나 사회 영역의 미덕이다. 이러한 미덕이 정치 영역의 미덕으로 전용될 경우 정치 영역은 심각하게 손상된다. 따라서 그는 이성적 판단에 기초해 동료들 간의 차이를 존중하면서도 인간을 결합시키는 행위로서 자율적 공조와 '유대'를 강조했다.

여섯째, 아렌트는 참여정치에 기여하는 공공 영역론을 제시한다. 공공 영역은 언행에 의해 형성되는 현상 공간이고 공동 세계다. 언어 행위의 양태에 따라 공공 영역은 논쟁적 공공 영역과 조화적 공공 영역으로 구분되는데, 타운미팅(town-meeting), 소비에트(Soviet), 레테(Räte)와 같은 평의회는 조화적 공공 영역의 예다. 이곳에서 혁명 참가자들은 자율적으로 모여 공적인 문제를 논의하고 심의함으로써 공동으로 행동할 기회를 제공했다. 아렌트의 공공 영역론은 이제 국내 정치뿐만 아니라 국제 정치를 이해하는 정치적 통찰을 제공한다.

아렌트의 공공 영역론은 여전히 대중 정치/엘리트 정치라는 이분법에 얽매인 우리 시대의 정치가 기존의 인식 구도를 극복할 전환점을 마련해준다. 이 두 가지 정치 유형의 행위자를 포괄하는 개념으로서 시민을 상정할 때, 아렌트는 시민 정치의 가능성을 제시하고 있다. 엘리트/대중의 이분법적 구도에는, 정치 영역에서 중요한 역할을 담당하는 집단은 엘리트이고, 대중은 수동적 입장을 유지한다는 의미가 담겨 있다. 여론을 주도하는 층이 엘리트와 연관된다면, 여론 정치는 엘리트 중심의 정치이며, 민심 정치는 소리를 내지는 않지만 대중 중심의 정치를 의미할 것이다. 전자가 드러난 것을, 그리고 후자는 드러나지 않은 것을 고려할 때, 양자의 공존을 고려하지 않은 정치가 과연 가능하겠는가? 이러한 측면에서 공적인 문제에 관심을 가지고 있으나 여론 정치의 중요한 원동력인 민심을 고려할 때, 우리는 시민이 정치의 주체가 될 가능성을 염두에 두어야 할 것이다. 이와 같이 아렌트의 공공 영역은 새로운 정치 주체로서 '시민'과 연관된다.

시민 정치는 논쟁/조화, 엘리트/대중이라는 대립쌍을 포용하는 모델이 된다. 오늘날 다양하게 분출되는 정치적 의견들은 특정 집단의 소유물이 아니라 공적인 문제에 관심을 갖는 시민들에게서 나오는 것이다. 아렌트의 언어행위론과 공공 영역론은 국내 정치든 국제 정치든 정치 패러다임의 변화를 반영하는 이론적·실제적 통찰을 제공하고 있다.

마지막으로, 혁명에 관한 이야기는 한국 정치사를 이해하는 타산지석이 될 수 있다. 4·19 혁명과 1980년대 민주화 운동은 억압으로부터의 해방, 정치적 자유의 확립과 제도화를 실현하려는 정치적 사건들이다. 혁명 정신은 자유를 확보하기 위해 끊임없이 새로운 것을 시도하려는 원동력이 된다. 이러한 점에서 4·19 혁명과 한국의 민주

화 운동에서 발현됐던 혁명 정신은 이후에도 지속적으로 유지되어
야 할 것이다.

　이와 같이 『혁명론』은 비록 미국 혁명과 프랑스 혁명을 주로 다루
면서도 현재와 미래의 정치적 삶을 풍요롭게 하는 중요한 정치적 지
혜를 담고 있다는 점에서 우리에게 또 다른 시작의 기회를 제공한다.
『혁명론』은 새로운 시작의 정치적 의미를 칭송하는 이야기책이다.
그리고 나아가 폭력을 미화해서는 안 되며, 인간을 고통스럽게 했던
역사를 반복해서는 안 된다는 메시지를 전한다는 점에서 '인간에 대
한 사랑'을 말하는 책이기도 하다.

야스퍼스 부부에게 경외, 우정, 그리고
사랑의 표시로 이 책을 헌정한다.

전쟁과 혁명

마치 사건들이 레닌의 초기 예측을 실현하려고 서두르기나 한 듯, 전쟁과 지금까지 혁명은 20세기의 흐름을 결정해왔다. 그리고 전쟁과 혁명은 여전히 우리 세계의 핵심적인 정치적 쟁점을 형성한다는 점에서 19세기의 이데올로기들과 구분된다. 많은 사람이 여전히 주의·주장으로 규정하기는 하지만 우리 세계의 주요 실재들과의 접점을 상실한 민족주의와 국제주의, 자본주의와 제국주의, 사회주의와 공산주의 같은 것들은 19세기의 이데올로기다.

혁명과 전쟁은 자신을 이데올로기적으로 정당화하는 어떠한 교의보다도 오래 살아남아왔다. 각 민족들은 혁명을 계기로 세계 여러 나라 사이에서 자연법과 자연신의 법이 자신들에게 부여한 독립과 평등의 지위를 유지하겠다고 생각하게 되었다(독립선언서 - 옮긴이). 그러나 혁명이 모든 인류를 해방시킬 거라는 기대와는 반대로, 전쟁으로 완전한 절멸의 위협에 직면하게 된 구도 속에서, 우리 역사 초기부터 정치의 존재 자체를 결정했던 '*자유*'*와 전제정의 대립이라는

---

* 아렌트는 리버티(liberty)와 프리덤(freedom)을 엄격히 구분하고 있다. 전자는 사적·시민적 자유를 뜻하며, 후자는 공적·정치적 자유를 의미한다. 따라서 문

원인만이 존재하게 되었다. 이러한 대립은 가장 오래된 원인이다.

이 사실은 매우 놀라운 것이다. 실체의 비밀을 벗기는 현대 학문, 즉 심리학과 사회학의 협공(挾攻)으로 *자유*의 개념만큼이나 아주 완벽하게 묻히는 것은 실로 없다. 사람들의 주장대로 혁명가들조차도, *자유*의 개념에 대한 이해는 차치하더라도 *자유*라는 개념 없이는 거의 언급될 수 없었던 전통 속에 안전하게 심지어 무심하게 닻을 내리고 있는 그들조차 혁명의 목적이 *자유*였으며 항상 그래왔다는 것을 인정하기보다 *자유*의 위상을 중하층 계급의 선입견 수준으로 오히려 더 깎아내리고자 한다. 그런데도 어떻게 *자유*라는 용어가 혁명 어휘에서 사라질 수 있었는가를 이해하는 것이 놀랍다면, 어떻게 자유 이념이 최근 몇 년 사이에 현재의 모든 정치적 논쟁 중 가장 중대한 것, 즉 전쟁과 폭력의 정당한 사용에 관한 논의의 핵심에 포함되게 됐는가를 주목하는 것 역시 못지않게 놀라운 일이다. 역사적으로, 정확한 의미의 혁명은 근대 이전에는 존재하지 않았지만, 전쟁은 기록된 역사에서 가장 오래된 현상에 속한다. 따라서 혁명은 중요한 정치 자료 전체 가운데 가장 최근의 자료에 포함된다. 혁명과 달리, 전쟁의 목적은 진귀한 몇 가지 경우에만 *자유*의 개념과 연계되어 있었다. 그리고 외국 침략자들에 대한 호전적인 봉기가 종종 신성하게 느껴지는 게 사실이지만, 봉기는 이론에서든 실천에서든 결코 유일한 정전(正戰)으로 인정되지 못했다.

이론적 수준에서 보더라도 전쟁의 정당화는, 물론 조직화된 전투

장 중에 그 의미를 정확히 전달하기 위해서는 전자를 '사적 또는 시민적' 자유로 표현해야 하며, 후자는 '공적 또는 정치적' 자유로 표현해야 하지만, 표현의 경제성과 적절성을 고려하면 이런 식으로 표기하는 것은 적합하지 않다. 그렇다고 '리버티' 또는 '프리덤'으로 표기하는 것도 역시 적합하지 않다. 따라서 차선책이지만, 독자들이 문장 속에서 그 의미를 명료하게 이해할 수 있도록 liberty와 freedom을 똑같이 '자유'로 표기하면서, 'freedom'을 의미할 때만 이탤릭체로 표기한다.

만큼 오래되지는 않았지만 상당히 오래전부터 이루어져왔다. 정상적인 과정에서 진행되는 정치적 관계가 폭력의 영향권에 속하지 않는다는 확신도 전쟁을 정당화하는 명백한 전제조건에 포함된다. 그리고 그리스 도시국가가 전적으로 폭력보다 설득에 기반을 둔 삶의 방식으로 스스로를 명료하게 규정한 한, 우리는 고대 그리스에서 처음으로 이러한 확신을 발견하게 된다(이러한 것들이 자기기만에서 나오는 공허한 말들이 아니라는 것은 무엇보다 아테네 관습을 통해 드러난다. 즉 사형 선고를 받은 사람들로 하여금 독배를 마심으로써 자살하도록 설득하고, 어떤 상황에서도 아테네 시민들이 물리적 폭력의 분노를 자제하도록 하는 게 아테네의 관습이었다).

그러나 그리스인들의 정치적 삶은 분명히 **도시국가**의 경계 너머까지 확대되지 않았기 때문에, 헬라스 전체의 단결을 보여준 페르시아 전쟁은 예외다. 그러나 그리스인들의 대외 관계가 기껏해야 도시국가 사이의 관계와 연관된다고 하더라도, 그들에게는 폭력의 사용이 오늘날의 표현인 대외 문제 또는 국제 관계 영역에서의 정당화를 필요로 하지 않았던 것 같다. **도시국가**의 성벽 밖, 즉 그리스적 의미의 정치 영역 밖에서 "강자들은 자신들이 수행할 수 있었던 것을 수행했으며, 약자들은 자신들이 수행해야만 하는 것을 감내했다"(투키디데스).

따라서 우리는 정당한 전쟁과 부당한 전쟁이 있다는 최초의 관념과 더불어 전쟁을 처음으로 정당화한 예를 발견하기 위해 고대 로마에 눈을 돌려야 한다. 물론 로마식의 구별과 정당화는 *자유*와 연관되지 않았으며 공세적·방어적 전투를 구분하지 않았다. 리비우스(Titus Livius)가 언급한 바와 같이, "필연적인 전쟁은 정당하다. 다른 곳에는 희망이 없고 군대에만 희망이 존재할 경우 군대는 숭배된다."* 리비우스 시대 이후 수세기 동안 필연성은 오늘날 우리가 전쟁을 정당하다기보다 부당하다고 부르기에 아주 충분하다고 생각하는 여러 사항을 담고 있다. 정복, 팽창, 기득권 방어, 신흥 위협 세력의 부상이라는 관점에서 권력 보존, 기존 세력 균형의 지지 등은 모두 잘 밝혀진 권력 정치의 실재들이다. 이것들은 실제로 역사상 대부분의 전쟁이 발발하게 된 원인이었을 뿐만 아니라 전쟁의 결정을 촉진하는 정당한 동인, 즉 '필연적인 것'이기도 했다. 공격은 범죄이며 공격을 차단하거나 방지할 경우에만 전쟁을 정당화할 수 있다는 관념은 제1차 세계대전 이후에야 실천적·이론적 의미를 확보하게 되었는데, 제1차 세계대전은 현대 기술의 조건 속에서 전투의 가공할 만한 파괴적 잠재력을 보여주었다.

우리는 *자유*에 관한 논의가 오늘날 전쟁 문제에 관한 논쟁에 도입되었다는 이야기를 들을 때마다 이상하게도 불편한 감정을 갖게 되는데, 이는 아마도 *자유*에 관한 논의가 국제 정치의 최후 수단인 전쟁에 대한 전통적 논쟁에는 명백히 빠져 있기 때문일 것이다. 핵 전쟁의 유례 없는, 상상조차 할 수 없는 파괴적 잠재력에 직면해 "자유를 달라. 그렇지 않으면 죽음을 달라"는 활기찬 어조의 소리는 공허하지조차 않다. 그것은 아주 우스꽝스럽다. 실제로 조국과 후손의 생존과 자유를 위해 목숨을 거는 일이 같은 목적 때문에 인류의 생존 자체를 위태롭게 하는 것과는 아주 다르다는 것은 매우 명백하다. 따라서 잘못된 신념에서 "공산주의자가 되느니 죽는 게 낫다"든가 "노예가 되느니 죽는 게 낫다"는 구호들을 옹호하는 사람들을 의심하지 않기란 어렵다. 물론 이 말이 "죽느니 공산주의자가 되는 게 낫다"는 반대 주장을 의미하지는 않으며, 좀더 이미 권고할 만한 것을 담고 있기는 하다. 오래된 진리가 더 이상 적용되지 않을 때, 그 주장을 뒤집는다고 하여 그것이 참에 훨씬 더 가까워지는 것은 아니다.

---

* 라틴어 원문의 문장은 다음과 같다. "Iustum enim est bellum quibus necessarium, et pia arma ubi nulla nisi in armis spes est."

당연하지만, 오늘날 전쟁 문제에 관한 논의가 이러한 관점에서 이루어지는 한, 양쪽 모두의 심중은 쉽게 알 수 있다. "공산주의자가 되느니 죽는 게 낫다"고 말하는 사람들은 실제로 다음과 같이 생각한다. 사람들이 예상하는 만큼 손실이 크지 않으며, 우리 문명은 살아남을 것이다. "죽느니 공산주의자가 되는 게 낫다"고 말하는 사람은 실제로 다음과 같이 생각한다. 예속이 그렇게 나쁘지는 않을 것이며, 인간은 자신의 본성을 바꾸지 않을 것이고, *자유*는 영원히 지구상에서 사라지지 않을 것이다. 달리 말하면, 토론자들의 잘못된 신념은 그들 모두가 자신이 제안한 터무니없는 양자 택일로 교묘하게 몸을 피한다는 데 있다. 그들은 진지하지 않다.[1]

파괴 수단들이 합리적 사용을 배제할 정도의 기술 발전 국면에 도달했다는 것이 명백해진 후에야 *자유* 이념이 전쟁 문제에 대한 논의에 도입되었다는 것을 기억하는 것이 중요하다. 달리 말하면, 합리적 근거 위에서는 정당화될 수 없었던 것을 정당화하는 이러한 논쟁에서 *자유*는 절박한 해결책같이 나타나고 있다. 국제 관계에 심대한 변화가 발생하리라는 희망적 징후, 즉 국제 관계의 근본적 변혁 없이도, 그리고 인간의 마음과 정신의 내면적 변화가 없는 상태에서도 정치 무대에서 전쟁이 소멸되리라는 징조를 쟁점과 논쟁이 당면한 약간은 무기력한 혼돈으로 해석하는 것은 당치도 않은 것인가. 이 문제와 관련해 우리가 처한 현실적 난국은 전쟁의 소멸에 대한 우리의 대비 부족, 즉 그 최후 수단이 다른 수단으로 연결될 가능성을 고려하지 않은 채 외교정책의 관점에서만 생각하는, 능력 부족을 시사할 수 있지 않은가.

전멸의 위협은 '방사선 낙진이 없는' 폭탄(clean bomb)이나 요격

---

1) 핵무기의 공포와 전체주의의 위협에 감히 대면하며, 따라서 정신적 자제에서 완전히 자유롭게 전쟁 문제를 다룬, 내가 아는 유일한 논의는 Karl Jaspers, *The Future of Mankind*(Chicago, 1961)다.

미사일과 같은 새로운 기술의 발견물로 제거될 수 있었다. 그런데 이러한 위협은 그렇다 치더라도, 경향을 시사하는 몇 가지 징후가 존재한다. 첫 번째, 전면전의 근원이 일찍이 제1차 세계대전 당시 나타났다는 사실이다. 이 전쟁에서 군인과 민간인의 구분은 더 이상 중요시되지 않았다. 이 구분은 당시 사용되었던 신무기들과 어울리지 않았기 때문이다. 확실히 이 구분 자체는 비교적 현대적인 성과였다. 그리고 이 구분이 실질적으로 폐지된다는 것은 로마인들이 지구상에서 카르타고를 소멸시켰던 당시의 전쟁으로 돌아간다는 것을 의미했을 뿐이다. 그러나 현대적 조건 아래서 전면전의 발생이나 재발은, 민간인들의 보호와 방어가 군의 기능이라는 기본 가정과 모순되는 한, 매우 중요한 정치적 함의를 갖는다. 왜냐하면 정부 내 민간 부서와 군 부서 사이의 관계는 이 기본 가정에 기반하기 때문이다. 이와 반대로, 20세기 전쟁의 역사는 군이 이 기본 기능을 실현하는 능력을 점진적으로 상실해가고 있다는 이야기가 될 수 있었으며, 지금까지 군의 역할은 전쟁 억지 전략으로 인해 보호자로부터 시대에 뒤진 그리고 본질적으로 무용한 보복자로 명백히 바뀌어왔다.

두 번째 입장은 앞에서 말한 국가·군 관계의 전도(顚倒) 양상과 밀접한 관계가 있다. 이러한 양상은 거의 언급되지 않았지만 지적할 만한 사실이다. 즉 제1차 세계대전이 종식된 이후 우리는 어떤 정부나 국가도 패전 후에 살아남을 수 있을 만큼 강력하지 못할 것이라고 거의 자동적으로 예상하고 있다. 이러한 현상의 근원은 19세기로 거슬러올라간다. 당시 제2제국은 보불전쟁 후에 제3공화정으로 바뀌었다. 러일전쟁의 패배로 일어난 1905년 러시아 혁명은 확실히 군사적으로 패배한 정부를 기다리는 것이 무엇인가를 보여주는 불길한 징표였다. 패전이 정부 변동의 징표라고 하더라도, 제1차 세계대전 이후의 경우와 같이 인민들에 의해 발생했든 또는 무조건 항복의 요구와 전범 재판소 설립으로 승전국에 의해 외부로부터 강요되었든 정부의 혁명적 변동은 오늘날 패전의 ―물론 절멸의 ―가장 확실한 결과들에 포함된다. 우리의 맥락에서 볼 때, 이러한 정세가 정부 자체의 결정적 약화, 즉 당국의 권위 상실에 기인하는지 아니면 아무리 시민에 의해 형성되고 신뢰를 받고 있더라도 현대전이 전 주민들에게 가한 엄청난 폭력의 테러를 견딜 수 있는 국가나 정부는 없다는 데서 비롯되는지는 분명치 않다. 핵 전쟁의 공포 이전에도 전쟁은, 생물학적으로는 아니라 하더라도 정치적으로 삶과 죽음의 문제가 되었던 것이 사실이다. 그리고 이것은 제1차 세계대전 이후 현대전의 조건 속에서 모든 정부가 기적적으로 생존해왔다는 것을 의미한다.

세 번째 사실은 군비 경쟁의 주요 원리인 전쟁 억지 전략의 도입으로 전쟁의 성격 자체가 근본적으로 변했다는 것을 암시하는 것 같다. 왜냐하면 억지 전략은 "미래 예상되는 전쟁에 승리하기보다 오히려 실질적 전쟁을 피하는 데 목표를 두고 있기" 때문이다. 억지 전략은 행위 자체를 통해서보다는 오히려 결코 실행되지 않을 위협을 통해 목표를 성취하는 경향이 있다."[2] 확실히 평화란 전쟁의 끝이며, 따라서 전쟁이 평화를 위한 준비라는 통찰은 적어도 아리스토텔레스만큼 오래되었으며, 군비 경쟁의 목적이 평화를 보호하는 것이라는 핑계는 더 오래되었다. 즉 이러한 핑계는 거짓 선전의 발견만큼이나 오래되었다.

그러나 문제의 핵심은 오늘날 전쟁 회피를 모든 정책의 진정한 또는 가장된 목표로뿐만 아니라 군사 대비책 자체의 주요 원리로 삼아왔다는 것이다. 달리 표현하면, 군부는 정치인들이 결코 발발하지 않으리라 희망하는 전쟁을 더 이상 대비하지 않는다. 그들 자신의 목적

---

2) Raymond Aron, "Political Action in the Shadow of Atomic Apocalypse", Harold D. Lasswell & Harlan Cleveland ed., *The Ethics of Power*(New York, 1962) 참조.

은 전쟁을 불가능하게 할 무기들을 개발하는 것이 되었다.

게다가 전쟁의 양상이 '냉전'에서 '열전'(熱戰)으로 심각하게 바뀌고 있음을 국제 정치의 지평에서 분명히 감지할 수 있게 되었다는 사실은 앞의 역설적인 노력들과 완전히 일치한다. 나는 강대국들이 현재 그리고 장래에 핵 실험을 재개하는 것이 일차적으로 새로운 기술 발전과 발견을 목표로 한다는 것을 부정하고 싶지는 않다. 그러나 이러한 실험들 역시 이전의 실험들과 달리 정책적 도구라는 것은 부정할 수 없는 것 같다. 그리고 핵 실험은 그 자체로 평화시에 이루어지는 새로운 형태의 군사작전이라는 불길한 측면을 지니고 있으며, 아울러 통상적인 군사작전의 가상적들이 아니라 적어도 잠재적으로 실질적인 적들을 작전 운용에 포함시키고 있다. 핵 군비경쟁은 마치 일종의 시험 전쟁과 같이 바뀌었으며, 적대국들은 이 시험 전쟁에서 상대방에게 자국이 보유한 무기의 파괴성을 증명한다. 그리고 가정(假定)과 가상 시간을 설정하는 이 처절한 게임은 언제나 갑자기 현실로 바뀔 수 있지만, 어느날 실제로 일어나지도 않았던 전쟁이 승패가 갈리면서 종결될 수 있다는 것은 결코 상상하지 못할 일이 아니다.

이것은 단순한 환상인가? 나는 그렇게 생각하지 않는다. 적어도 잠재적으로 우리는 원자폭탄이 처음 출현한 바로 그 순간에 이러한 형태의 가상 전쟁에 직면했다. 당시에도 많은 사람은 일본 정부에 무조건 항복을 강요하기 위해 일본의 정예 과학자 집단에 신무기의 성능을 증명해 보이는 것이 매우 효과적일 거라 생각했고, 지금도 여전히 그렇게 생각하고 있다. 실체를 알고 있는 사람들에게 그러한 증명은 유동적인 행운이나 어떤 다른 요인에 의해서도 상황변화를 기대할 수 없는 절대적 우위성을 뚜렷하게 보여주기 때문이다.

히로시마에 원자폭탄이 투하된 지 17년이 지난 시점에 이르러, 파멸 수단의 기술적 통제 수준은 군대의 사기, 전략, 총체적 능력, 그리

고 단순한 기회 등과 같은 전쟁의 모든 비기술적 요인이 완전히 제거
되는 지점에 거의 접근하고 있다. 따라서 결과는 사전에 완벽하게 계
산될 수 있다. 일단 이 지점에 도달하자, 과거에는 전장, 영토 정복,
통신 시설 파괴 등이 그랬듯, 단순한 검증과 실험의 결과들이 전문가
들에게 승패의 결정적 증거가 될 수 있었다.

마지막 문제는 우리의 관점에서 가장 중요한 사항이다. 그것은 전
쟁과 혁명의 상호연관성·호혜성·상호의존성이 꾸준히 증대되어왔
으며, 이 관계에서 강조점이 전쟁에서 혁명으로 점점 더 이동해왔다
는 사실이다. 확실히 전쟁과 혁명 자체의 상호연관성은 새로운 현상
이 아니다. 상호연관성은 혁명 자체의 역사만큼이나 오래전에 형성
되었다. 즉 혁명은 미국 혁명에서 나타나듯 해방 전쟁으로 시작되고
해방 전쟁과 함께 전개되거나, 아니면 프랑스 혁명에서 나타나듯 방
어전과 공격전으로 이어졌다.

그러나 20세기에는 이러한 사례들말고도 완전히 상이한 유형의 사
건이 발생했다. 이 경우 전쟁의 광포함조차 혁명으로 분출될 폭력의
단순한 서곡이거나(이는 분명히 『의사 지바고』〔Doctor Zhivago〕에 언급
되는 러시아 혁명과 전쟁에 대한 파스테르나크의 이해다), 아니면 세계
전쟁이 혁명의 결과같이 보였다. 상당한 정도의 여론도 어느 정도 정
당화를 통해 심지어 제2차 세계대전을 지구 전역에서 발생한 일종
의 내란으로 간주하는 분위기였다. 20년이 지난 오늘날에는 전쟁의
종결이 곧 혁명이라는 사실, 그리고 아마도 이것을 정당화할 수 있
는 유일한 원인이 *자유*라는 혁명적 원인이라는 사실이 당연시되고
있다.

따라서 우리 시대의 난관이 결과적으로 무엇을 초래했든 간에, 우
리가 완전히 소멸하지 않는다면, 혁명이 전쟁과 달리 가까운 미래에
우리와 함께 존재하리라는 것은 상당히 예측하기 쉬워 보인다. 우리
가 20세기가 더 이상 전쟁의 세기가 되지 않을 수 있을 만큼 20세기

의 지형을 변화시키는 데 성공했다고 하더라도, 20세기는 혁명의 세기가 될 것이 매우 확실하다. 혁명을 이해하는 사람들은 오늘날의 세계를 양분하고 그만큼 문제가 되는 경쟁에서 아마도 승리할 것이지만, 반면에 전통적 의미로서의 권력정치에 대한 신념을 유지하거나 모든 외교정책의 최후 수단으로서의 전쟁에 대한 신념을 고수하는 사람들은 머지않은 장래에 자신들이 오히려 무익하고 진부한 거래의 주인이 되었음을 발견할 것이다.

그리고 혁명에 대한 이러한 이해는 반혁명(反革命)으로 교묘하게 반박되거나 대체될 수 없다. 왜냐하면 반작용이 작용과 연계되어 있듯이, 프랑스 혁명 과정에서 콩도르세(Condorcet)가 만들어낸 용어인 '반혁명'은 혁명과 여전히 연계되어 있기 때문이다. "반혁명은 반전의 혁명이 아니라 혁명의 반대다"라는 메스트르(Joseph De Maistre)의 유명한 진술은 그가 1796년 이 말을 했던 때 그대로, 여전히 공허한 명구로 남아 있다.[3]

물론 혁명과 전쟁의 밀접한 연관성에도 불구하고 이들을 이론과 실천 측면에서 구분하는 것이 필요하기는 하다. 그러나 우리는, 혁명과 전쟁을 폭력의 영역 밖에서는 생각조차 할 수 없는 엄연한 사실만

---

3) 따라서 드 메스트르(Joseph de Maistre)는 자신의 저서 『프랑스에 대한 고찰』(*Considérations sur la France*, 1796)에서 반혁명을 반대 의미의 혁명으로 규정했던 콩도르세에 대응했다. de Maistre, *Sur le sens mot révolutionnaire*(1793), *Œuvres,*, XII, 1847~1940 참조.

역사적으로 말해, 보수주의 사상과 반동 운동은 자신들의 매우 매혹적인 핵심과 분위기뿐만 아니라 자신들의 존재 자체까지 프랑스 혁명으로부터 도출한다. 이들은 일차적으로 논쟁적이지 않은 단일의 이념이나 개념을 거의 생산하지 않았기 때문에, 그 후로 계속 파생물로 남게 되었다. 우연하게도 바로 이것이 보수주의 사상가들이 항상 논쟁에서 탁월했던 이유다. 혁명가들은 그들의 적으로부터 협상의 일부를 터득하면서 자신들의 논쟁 방식을 명확히 발전시켰다. 자유주의 사상도 아니고 혁명적 사상도 아닌 보수주의는 기원상 그리고 실제 정의상 논쟁적이다.

으로도, 이들 양자를 다른 모든 정치현상에서 분리하기에 충분하다는 것을 지적하지 않으면 안 된다. 왜 전쟁이 그렇게 쉽게 혁명으로 전환되었으며, 왜 혁명이 전쟁을 분출하는 이러한 불길한 성향을 보였는가라는 질문에 대한 대답 중 하나가 폭력이 양자 모두에게 공통요소라는 것을 부정하기는 어렵다. 어떤 혁명 전통도 실로 존재하지 않는다 하더라도, 혁명이 이전에 발생한 적이 없다 하더라도, 제1차 세계대전 당시 표출된 폭력의 규모는 그 구체화로 인해 혁명을 야기하기에 충분했을지도 모른다.

확실히, 혁명은 말할 것도 없이 전쟁 역시 전적으로 폭력에 의해 결정되지는 않는다. 전체주의 정권의 집단 수용소에서 발생한 사례에 비추어보더라도 폭력이 절대적으로 지배하는 곳에서는, 법뿐만 아니라―프랑스 혁명에서 나타난 바와 같이, 법은 침묵을 지킨다―모든 사람과 모든 것이 침묵을 지켜야 한다. 폭력은 이러한 침묵 때문에 정치 영역에서 예외적 현상이다. 왜냐하면 인간이 정치적 존재인 한, 그는 언어 능력을 부여받았기 때문이다. 인간은 정치적 동물이며 언어 능력을 지닌 존재라는 아리스토텔레스의 두 가지 정의(定義)는 서로를 보완하며, 양자는 그리스 **도시국가**의 삶에서 이루어지는 동일한 경험과 관계가 있다. 여기서 문제의 핵심은 폭력 자체가 말을 할 수 없다는 것이지 언어가 폭력에 직면했을 때 무기력하다는 것은 아니다.

정치이론은 폭력의 이러한 무언성(無言性) 때문에 폭력 현상에 대해 거의 언급하지 않고 그 논의를 **폭력** 전문가들에게 맡겨야 한다(강조는 옮긴이 첨가). 정치사상은 오직 정치현상 자체의 세련화만을 추구할 수 있기 때문에 인간 문제의 영역에서 발생하는 것을 다루는 데 머무른다. 그리고 이러한 현상은 물리적 문제들과 달리 자신을 전적으로 드러내기 위해, 물리적 가시성뿐 아니라 단순한 청취 가능성을 넘어서는 다른 것, 즉 언어와 세련화를 필요로 한다. 그러므로 전쟁론과 혁명론은 폭력의 정당화를 취급할 수 있을 뿐이다. 정당화는 그 정치적 한계를 구성하기 때문이다. 그 대신에 이러한 정당화가 **폭력 자체**의 정당화나 미화에 도달한다면(강조는 옮긴이 첨가), 그것은 더 이상 정치적이지 않고 반(反)정치적 의미를 지니게 된다.

폭력이 전쟁과 혁명에서 지배적 역할을 하는 한, 엄격히 말해 전쟁과 혁명은 모두 기록된 역사 속에서 엄청난 역할을 했는데도 정치 영역 밖에서 발생하는 것이 되어버린다. 이러한 사실 때문에 전쟁과 혁명이라는 경험을 공유했던 17세기 사상가들은 '자연 상태'로 표현되는 정치 이전의 상태—물론 결코 역사적 사실로 의도되지 않은 상태—라는 가정에 도달하게 되었다. 오늘날에도 이러한 입장은 존재한다. 즉 인간들이 함께 사는 곳이라고 해서 어디에나 정치 영역이 자동으로 등장하지는 않는다는 인식 속에, 그리고 엄격히 역사적 맥락에서 발생한다 하더라도 실제로는 정치적이지 않고 정치와 연계되지도 않은 사건들이 존재한다는 인식 속에 이러한 입장은 존재한다. 자연 상태라는 개념은 우리가 아무리 그것을—원인과 결과의 형태로든, 가능태와 현실태의 형태로든, 아니면 변증법적 운동의 형태로든, 심지어 발생 과정에서의 단순한 일관성과 계기의 형태로든—상상한다 하더라도 적어도 19세기 발전의 이념으로 포괄될 수 없는 실재를 암시한다. 왜냐하면 자연 상태라는 가설은 마치 건널 수 없는 틈새로 나뉜 것같이, 자연 상태 이후에 나타나는 모든 것에서 분리된 시작의 존재를 함의하기 때문이다.

시작의 문제와 혁명 현상의 연관성은 명백하다. 그러한 시작이 폭력과 밀접하게 연계되었음이 틀림없다는 사실은 성서와 고전 고대가 기록한 역사의 전설적 시작에 의해 다음과 같이 증명되는 듯하다. 카인이 아벨을 살해하고, 로물루스가 레무스를 살해했다. 폭력은 시작이었다. 이처럼 시작은 폭력을 사용하지 않고 규범을 위반하지 않은 채로는 진행될 수 없었다. 전설로 알려졌든 역사적 사실로 믿어지

든, 성서와 세속적 전통에 기록된 첫 번째 행위는 수세기에 걸쳐 영
향력을 발휘해왔다.

　인간의 사상은 일관된 은유나 보편적으로 적용할 수 있는 이야기
를 생산하는 특이한 사례들에서 그 영향력을 획득한다. 이야기는 다
음과 같이 명료하게 전달된다. 인간이 지탱할 수 있는 형제애는 모
두 근친살해에서부터 성장했으며, 인간이 성취한 모든 정치조직은
범죄에 기원을 갖고 있다. 태초에 범죄가 있었다는 확신 ― ‘자연 상
태’라는 문구는 범죄를 이론적으로 정화한 부연 설명일 뿐이다 ― 은
“태초에 말씀이 있으셨다”는 성 요한의 첫 번째 문장이 구원과 관련
해 가지는 설득력 못지않게, 인간 상태에 대한 자명한 설득력을 지니
고 있다.

1 혁명의 의미

1

여기서 우리는 전쟁 문제에는 관심을 갖지 않는다. 물론 내가 언급했던 은유, 그리고 이 은유를 이론적으로 설명하고 그에 대해 장황하게 이야기를 늘어놓았던 자연 상태 이론이 종종 인간사에 근원적 악이 내재한다는 근거를 가지고 전쟁과 폭력을 정당화하고 인류 역사가 범죄와 함께 시작했다고 천명하는 데 종종 기여하기는 했다. 그러나 혁명은 우리에게 '시작'의 문제를 불가피하게 직접 대면케 하는 유일한 정치적 사건이기 때문에, 이러한 은유와 자연 상태 이론은 혁명 문제와 훨씬 더 밀접하게 연관된다. 왜냐하면 우리가 아무리 혁명들을 규정하고 싶다 하더라도, 그것들은 단순한 변동이 아니기 때문이다.

근대의 혁명은 로마 역사의 **정권 변동**(mutatio rerum) 또는 그리스 도시국가를 혼란에 빠뜨린 **내란**(στάσίς)과 어떤 공통점도 갖고 있지 않다. 우리는 한 정부 형태에서 다른 정부 형태로의 의사(擬似) 자연적 변혁, 즉 플라톤의 변동(μεταβλαί)을 혁명과 동일시할 수 없으며, 또는 항상 극단으로 치닫게 되는 인간사 때문에 이를 제약하는 일정한 반복적 주기, 즉 폴리비우스의 정치 순환(πολίτειῶν ἀναχύχλωσίς)을 혁명과 동일시할 수도 없다.[1] 고대는 정치변동과 이에 병행하는 폭력에 매우 친숙했지만, 이 중 어느 것도 완전히 새로운 것을 발현하지는 않았다. 변동은 근대가 역사라 부른 것의 과정을 중단시키지 않았다. 역사는 새로운 것으로 시작하기는커녕 그 순환의 다른 단계로 복귀하고, 인간사의 본질 자체에 의해 미리 결정되었다. 따라서 역사는 자체로 불변하는 과정을 규정하는 것으로 간주되었다.

그러나 근대 혁명에는 다른 측면이 있다. 근대 혁명을 이해하기 위해서는 선례들을 찾아보는 것이 훨씬 더 효과적인 방법이다. 사회 문제가 모든 혁명에서 담당했던 엄청난 역할을 누가 부정할 수 있었는가? 그리고 플라톤의 변동(μεταβολαί)을 해석하고 설명하기 시작했던 아리스토텔레스가 현대적 표현인 이른바 경제적 동기 ─ 부자에 의한 정부의 전복과 과두정의 수립, 또는 빈자에 의한 정부의 전복과 민주정의 수립 ─ 의 중요성을 이미 발견했다는 것을 누가 생각해내지 못하겠는가? 고대에도 잘 알려진 바와 같이, 참주들이 평민이나 빈민의 지지를 얻어 권좌에 오르고, 권력을 유지하게 될 최고의 호기는 기회의 평등에 대한 인민의 욕망에 있다.

특정 국가에서 나타나는 부와 통치 간의 연계성, 정부 형태가 부의 분배와 상호 연계되었다는 통찰, 정치 권력이 경제 권력을 추구할 뿐이라는 의혹, 그리고 마지막으로 모든 정치적 소요의 원동력은 이익이라는 결론 등 이 모든 것은 물론 마르크스의 발명품도 아니며, "통치권은 실질적 또는 개인적 소유물"이라고 주장한 해링턴(James

---

1) 고대인들은 "'혁명'이라는 우리의 용어가 '내란'(στάσίς)이나 '정치변동' (μεταβολὴ πολιτείων)과 정확히 조응하지 않는다"는 사실을 알고 있었다. W. L. Newman, *The Politics of Aristotle*(Oxford, 1887~1902). 더 자세한 논의를 위해서는 Heinrich Ryffel, *Metabolé Politeion*(Bern, 1949)을 참조하라.

Harrington)의 것도 아니다. "왕은 인민을 지배하고 이익은 왕을 지배한다"고 주장한 로앙(Rohan) 역시 이 문제에 관한 한, 해당되지 않는다. 어느 단일한 저자의 이른바 유물론적 역사관을 비판하고자 할 경우, 우리는 개인 또는 집단이나 인민에게 유용한 것, 즉 그의 표현대로 이익(συμφέρον)이 정치적 문제에서 최상의 역할을 한다고 주장한 첫 번째 사람인 아리스토텔레스로 거슬러올라가야 한다.

이해 관계로 촉진된 전복과 격변은, 새로운 질서가 형성되기 전까지는 폭력적이며 유혈로 가득 찰 수밖에 없다 하더라도, 빈부 격차에 좌우되었다. 그리고 삶이 인간 신체에 자연적이고 불가피한 것으로 생각되었듯, 정치체에서는 빈자와 부자의 구분 자체가 자연적이고 불가피한 것으로 인정되었다. 근대 이전에는 그렇지 않았지만, 근대 이후에 사회 문제는 비로소 혁명적 역할을 담당하기 시작했다. 사람들은 빈곤이 인간 조건에 내재되어 있다는 것을 점차 의심하게 되었고 상황, 힘, 기만을 통해 빈곤의 속박에서 해방되는 데 성공한 소수의 사람들과 적빈(赤貧) 상태의 다수 노동자를 구분하는 게 불가피하고 영구적이었다는 것을 점차 의심하기 시작했다.

지구상의 삶이 희소성 때문에 저주를 받는 대신 풍요로 축복을 받을 수 있을 거라는 의혹 또는 더 정확하게는 확신은 기원상으로 전(前)혁명적이고 미국적이었다. 즉 이 확신은 미국의 식민지 경험에서 직접 발생했다. 상징적으로 말하자면, 미국 혁명이 발발하기 10년도 훨씬 전에 존 애덤스가 "나는 지구상 모든 곳의 무지한 자들을 계몽하고 인류의 예속 집단을 해방시키고자 섭리에 따른 거대한 구도와 설계의 전개로서 미국의 정착을 항상 고려한다"[2]고 언명할 수 있었을 때, 사회의 완전한 변동, 즉 근대적 의미의 혁명이 등장할 무대

---

2) 존 애덤스의 저서 *Dissertation on the Canon and the Feudal Laws*(1765), *Works*, 1850~56, vol. III, 452쪽 참조.

가 마련되었다고 할 수도 있다. 이론적으로 보면, 첫째로 —어쩌면 신세계 식민지가 번영하는 상황에 영향을 받고 있었던 —로크와 그 다음으로 애덤 스미스가 다음과 같이 주장했을 때, 이 무대가 마련되었다. 스미스에 따르면 노동과 땀은 결코 빈곤의 부속물이 아니고 즉 빈곤이 무산자들에게 부과하는 활동이 결코 아니라 도리어 모든 부의 근원이다. 이러한 조건들 속에서 '인류의 노예적 부문'인 빈자들의 반란은 실제 자신들을 해방시키고 인류의 다른 집단을 예속시키는 것보다 더 많은 것을 목표로 할 수 있었다.

유례 없는 기술 발전의 시대인 근대가 항상 영구적인 것으로 인정되어왔던 극심한 궁핍의 절망적 고통을 청산할 수단들을 실제로 발견하기 훨씬 전부터 미국은 빈곤 없는 사회의 상징이었다. 그리고 그 수단이 발견되고 유럽인들에게 알려지고 나서야 비로소 사회 문제와 빈자의 반란은 진정 혁명적 역할을 수행할 수 있었다. 고대의 반영구적 순환주기는 빈부 차이는 '자연스러운' 것이라는 추측에 근거했으며,[3] 혁명이 발발하기 전 미국 사회의 사실적 존재는 이러한 순환을 단 한번에 붕괴시켰다. (유럽의 사상가들이 미국 혁명 과정 자체에 미친 결정적 영향뿐 아니라) 미국 혁명이 프랑스 혁명에 미친 영향에 대한 해박한 논의들은 상당히 많다. 그러나 이러한 연구들이 정당화되고 해명되어야 함에도 불구하고, 프랑스 혁명 과정에 미친 영향력—이를테면 프랑스 혁명 과정이 제헌의회에서 시작되었다거나 인권선언은 버지니아 권리장전을 본보기로 삼았다는 증명이 가능한 사실—은 레이널(Abbé Raynal)의 당시 표현대로 영국의 북아메리카 식민지에서 이룩한 "눈부신 번영"의 충격에 미치지 못했다.[4]

---

3) 이러한 이유로 폴리비우스는 정부 형태의 변동이 자연에 의거해($\kappa\alpha\tau\grave{\alpha}\ \varphi\acute{\upsilon}\sigma\tau\nu$) 발생한다고 말한다.

4) 미국 혁명이 1789년 프랑스 혁명에 미친 영향을 논의하기 위해 다음 문헌을 참조하라. Alphonse Aulard, "Révolution française, et révolution américaine",

우리는 여전히 미국 혁명이 근대 혁명의 과정에 미친 영향 또는 오히려 그렇지 않은 측면을 충분히 논의해봐야 할 것이다. 미국 혁명 정신이나 건국 선조들의 사려 깊고 박식한 정치이론이 유럽 대륙에 괄목할 만한 영향을 미치지 않았다는 것은 논쟁할 여지가 없는 사실이다. 미국 혁명 참가자들이 새로운 공화정의 가장 혁신적인 면으로 간주했던 것, 즉 정치체 내 권력 분리에 관한 몽테스키외 이론의 적용과 세련화는 유럽 혁명가들의 사상에 내내 아주 작은 영향을 미쳤을 뿐이다. 튀르고(Turgot)는 프랑스 혁명이 발발하기도 전에, 국민주권[5]에 대한 고찰 때문에 이러한 적용과 세련화를 거부했는데, 그가 생각한 국민주권의 '권위'(majesty) — 'majestas'는 보댕이 처음 사용했던 용어로, 그는 당시 'majestas'를 'souveraineté'(주권)로 번역했다 — 란 분리되지 않는 집중화된 권력을 요구하는 것이기 때문이다. 수세기의 절대왕정 치하에서 이해되었던 국민주권, 즉 공공 영역 자체의 권위는 공화정의 수립과 대립되는 것 같았다. 달리 표현하면, 그것은 마치, 국민국가가 출현하기도 전에, 어느 혁명보다도 훨씬 더 오래된 국민국가가 유럽의 혁명을 좌절시킨 것 같았다.

한편 다른 모든 혁명에 가장 절박하고 정치적으로 해결하기 어려운 문제를 제기했던 것, 즉 대규모 빈곤이라는 예사롭지 않은 난관의 형태로 제기되는 사회 문제는 미국 혁명 과정에서 어떠한 역할도 하

Études et leçons sur la Révolution française, vol. VIII, 1921. 미국에 관한 레이널의 설명을 이해하기 위해서는 Abbé Raynal, *Tableau et révolutions des colonies anglaises dans l'Amérique de Nord*, 1781 참조.

5) 존 애덤스의 저서 『미합중국 정부 헌법의 옹호』(*A Defense of the Constitutions of Government of the United States of America*)는 1778년 튀르고가 프라이스 박사에게 보낸 서한에서 공격한 것에 대응해 쓰였다. 주된 쟁점은, 헌법의 권력분리에 대항해서 집중화된 권력이 필요하다는 튀르고의 주장이었다. 특히 애덤스가 튀르고의 서한을 광범위하게 인용한 글 「예비적 고찰」(Preliminary Observations) 참조. 『저작집』 제4권에 실려 있다.

지 못했다. 독립선언이 있기 오래전에 형성되었기에 유럽에 잘 알려진 미국의 상황이 유럽의 혁명적 분위기를 고양했을 뿐이지 미국 혁명이 그러한 분위기를 조성한 것은 아니었다.

신대륙은 빈민들의 도피처, '은둔처', 만남의 장소가 되었다. '온건한 정부에 의해 유연하게 결합되고', '죽음보다 더 혹독한 절대적 빈곤'이 사라져 '만족스러운 균등'의 조건들 속에서 삶을 영위하는 새로운 인종들이 부상했다. 그러나 이러한 표현을 했던 크레브쾨르(Crèvecœr)는 정작 미국 혁명을 철저히 반대했다. 그는 미국 혁명을 "위대한 인사들이 평범한 사람들을 대상으로" 획책한 일종의 음모로 인식했기 때문이다.[6]

미국 혁명과 새로운 정치체, 즉 새로운 정부 형태를 수립하고자 한 것이 혁명의 관심사가 아니라, '새로운 대륙'인 미국, '새로운 인간'인 미국인, '아름다운 평등' —— 제퍼슨의 표현에 따르면 '빈자와 부자가 함께 향유하는' 평등 —— 이 처음에는 유럽에서, 다음에는 전 세계에서 인간의 정신을 혁명화했다. 프랑스 혁명의 후기 단계부터 우리 시대의 혁명에 이르기까지 정치 영역의 구조를 변경하는 것보다는 혁명 전의 미국과 같이 사회의 골격을 변화시키는 것이 혁명가들에게 더 중요하게 여겨질 정도였다.

근대의 혁명에서 사회적 조건들의 급진적 변동보다 중대한 것은 없었다는 점이 사실이라면, 실제로 미국의 발견과 신대륙의 식민화가 급진적 혁명의 원인을 형성했다고 말할 수 있을 것이다. 인류에 대한 새로운 희망의 말이 일단 구세계에 전파되자, 신대륙에서 자연스럽고도 사실상 유기적으로 성장했던 '아름다운 평등'이 구대륙에서는 폭력과 혁명의 유혈 사태를 통해서만 성취될 수 있는 듯했다.

---

6) J. Hector St John de Crèvecœur, *Letters from an American Farmer*(1782)(Dutton paperback, 1957) 중 특히 Letter III과 XII 참조.

94

이러한 견해는 종종 세련화된 많은 형태로 표출되면서, 지금까지 미국에서 혁명이란 발생한 적이 없었다는 논리적 결론을 도출해온 근대 역사가들 사이에서 어느 정도 공통된 견해가 되었다. 확실히 지적할 만한 가치가 있는 이러한 견해는 자본주의의 미래와 도래할 프롤레타리아 혁명에 대한 자신의 예언이 미국의 사회적 발전에는 적용되지 않는다고 믿었던 마르크스에 의해 다소 지지를 받고 있다. 그러나 마르크스의 유보 조건이 어떠한 장점을 갖든지 간에 — 이 장점들은 사실적 실재에 대해 마르크스 추종자들이 이해해왔던 것보다 훨씬 더 많은 이해를 확실히 보여준다 — 이러한 이론들은 미국 혁명이라는 단순한 사실들로 반박된다. 사실들이 엄연히 존재하기 때문이다. 모든 사람이 이 사실들을 망각한다면 그것은 소멸될 수 있다. 그러나 역사가들이나 사회학자들이 사실들로부터 배우기를 거부할 때는 소멸하지 않는다. 우리의 경우, 그러한 망각은 학문적이지 못하다. 그것은 완전히 문자 그대로 미공화국의 종말을 이야기하는 것이다.

모든 근대 혁명은 기원상 본질적으로 기독교적이라는 드물지 않은 주장, 심지어 혁명의 공식적 믿음이 무신론일지라도 그 근원을 기독교적인 것으로 규정하는 주장에 대해서도 잠시 언급할 필요가 있다. 이러한 주장을 지지하는 논의는 통상 하나님 앞에서 모든 영혼이 평등함을 강조하는 초기 기독교 분파의 명백한 저항적 성격, 모든 공권력에 대한 노골적 멸시, 하나님 왕국에 대한 약속 — 비록 세속화된 형태이기는 하지만 종교개혁을 통해 근대 혁명으로 연계되어왔다고 가정되는 개념과 희망 — 을 지적한다. 종교와 정치의 분리, 자체의 권위를 지닌 세속적 영역의 발생, 즉 세속화는 분명히 혁명 현상에서 중요한 요인이다. 실제로 이른바 혁명이란 결국 새로운 세속적 영역을 탄생케 하는 잠정적 국면임이 명백히 밝혀진다.

이것이 사실이라면, 기독교의 가르침이 아닌 세속화 자체가 혁명의 기원을 형성하는 것이다. 이러한 세속화의 첫 번째 단계는 절대주의의 등장이지 종교개혁은 아니다. 루터에 따르면 하나님의 말씀이 교회의 전통적 권위에서 해방되었을 때 세계를 뒤흔든 '혁명'은 영구적이며 또한 세속 정부의 모든 형태에 적용되기 때문이다. 혁명은 새로운 정치질서를 수립하지는 않으나 모든 세속적 질서를 지속적·영구적으로 뒤흔든다.[7] 루터는 궁극적으로 새로운 교회의 설립자가 되었기 때문에, 실제로 역사의 위대한 건설자 가운데 하나가 될 수 있었다.

그러나 그는 결코 새로운 정치질서(novus ordo saeclorum)를 건설하거나 그러한 것을 의도하지도 않았다. 오히려 그는 어떻게든 세속적 질서의 고찰과 고민으로부터 진정한 기독교적 삶을 좀더 근본적으로 해방시키고자 했다. 이러한 주장은 권위와 전통 간의 유대를 단절시키고 전통에서 권위를 도출하는 대신, 신의 말씀 자체에 권위의 기반을 두려는 루터의 시도가 근대의 권위 상실에 기여했음을 부정하려는 것이 아니다. 그러나 새로운 교회가 설립되지 않았다면, 루터의 시도는 중세 말 요아킴(Joachim di Fiore)*에서 종교개혁기의 지기스문디(Sigismundi)에 이르기까지 종말론적 기대나 성찰과 마찬가지로 별다른 영향을 미치지 못했을 것이다. 비록 나는 의심하고 있지

---

7) 나는 루터의 *De Sevo Arbitrio*(Weimar ed., *Werke*, vol. XVIII, 626쪽)의 다음 문장들을 인용하고 있다. "Fortunam constantissimam verbi Dei, ut ob ipsum mundus tumultuetur. Sermo enim Dei venit mutaturus et innovaturus orbem, quotiens venit." 번역하면 다음과 같다. "하느님의 말씀에서 가장 영원한 운명은 세계가 스스로 요동친다는 것이다. 하느님의 설교는 그것이 도달하는 한 전체 지구를 변화시키고 소생시키기 위해 나타났기 때문이다."

* 요아킴은 지구상의 인간의 실존을 성부, 성자, 성령의 시대로 구분했다. 그는 각 시대가 정신적 발전의 진보를 의미한다고 생각했다. 그리고 제3시대는 성령의 도래로 모든 인간에게 신성한 은총이 자유롭게 분출되는 최종적 완성을 목격할 시대라는 것이다. 이러한 종교적 역사관은 근대 계몽주의적 역사관으로 계승된다.

만, 이들은 최근에 상정된 바와 같이 근대 이데올로기의 순수한 선구
자들로 간주될 수 있다.[8]

마찬가지로 우리는 중세 종말론 운동에서 근대의 대중적 히스테
리의 전조를 발견할 수 있다. 혁명은 차치하더라도, 심지어 반란조
차 대중적 히스테리 못지않게 종말론적이다. 따라서 근대의 엄격한
종교 운동에서 아주 명료해 보이는 반란 정신은 항상 대각성 운동
(Great Awakening) 또는 부흥 운동으로 귀결되었다.* 대각성 운동이
나 부흥 운동에 사로잡혔던 사람들이 아무리 많이 '재생되었다' 하
더라도, 이 운동들은 정치적으로 아무런 결실을 맺지 못했고 역사적
으로도 쓸모없었다. 게다가 기독교의 가르침 자체가 혁명적이라는
이론 역시, 미국 혁명이 실재하지 않았다고 주장하는 이론 못지않게
사실을 통해 충분히 반박된다. 근대 이전 혁명은 단 한 번도 기독교
정신의 이름으로 발발한 적이 없었던 것이 사실이기 때문이다. 따라
서 이 이론을 옹호하기 위해서는, 명백히 문제의 핵심을 회피하는 기
독교 신앙의 혁명적 근원을 해방시킬 근대성이 필요했다.

그러나 문제의 핵심에 접근하는 또 다른 주장이 있다. 우리는 모든
혁명에 내재된 참신성이라는 요소를 강조한 바 있다. 그리고 역사의
과정은 직선적 발전을 추구하기 때문에 우리가 갖고 있는 역사의 개
념은 전체적으로 기독교에 기원을 두고 있다는 주장이 종종 제기된

---

8) Eric Voegelin, *A New Science of Politics*(Chicago, 1952); Norman Cohn, *The Pursuit of Millennium*(Fair Lawn, N.J., 1947).

* "19세기에 이르러 청교도들이 느꼈던 불안이 다른 지역과 다른 종교에도 등장
했다. 식민지인들은 경건성이 쇠퇴하고 영적 부활의 기회가 사라지고 있다고
믿게 되었다. 따라서 미국의 신앙 운동, 즉 대각성 운동이 일어났다. 이 운동은
1730년대에 시작되어 1740년대에 절정에 달했다. 이 운동은…… 새로운 종교
적 열정을 불러일으켰다…… 신앙 부흥은 사람은 누구든지 과거의 속박으로부
터 벗어나 하느님과의 관계를 새롭게 할 수 있는 잠재력을 지니고 있다고 강조
했다." 앨런 브링클리, 황혜성 외 옮김, 『미국인의 역사 1』(비봉출판사, 2000),
93~94쪽을 참조하라.

다. 확실히 참신성, 사건의 유일무이함과 같은 현상들은 직선적 시간 개념의 조건 속에서만 상정될 수 있다. 인간의 세속적 시간 속에서 예수의 탄생은 새로운 시작뿐 아니라 유일무이하고 반복할 수 없는 사건을 형성했기 때문에, 기독교 철학이 고대의 시간 개념과 단절하게 된 것이 사실이다.

아우구스티누스가 공식화한 바와 같이, 기독교의 역사 개념이, 세속적 역사의 정상적 과정에 갑자기 개입해 이를 중단시키는 범세속적 사건의 관점에서만 새로운 시작을 상정할 수 있다고 하자. 아우구스티누스가 강조했듯, 그러한 사건은 한 번 발생했으나 종말에 이르기까지 결코 다시는 일어나지 않을 것이다. 영생을 누리는 기독교인들이 고대의 영구적인 순환주기 —제국의 흥망성쇠— 를 붕괴시킬 수 있고 그것이 만들어내는 광경을 무관심하게 고찰해야만 한다는 관점을 제외하면, 기독교적 관점의 세속적 역사는 여전히 이 주기에 얽매여 있었다.

변동이 모든 유한한 것을 관장한다는 입장은 물론 특별히 기독교적 개념이 아니라 고대의 마지막 몇 세기에 걸쳐 유행했던 분위기다. 즉 이러한 주장은 로마의 공적인 것(res publica)의 정신보다는 인간사에 관한 고대 그리스의 철학적 그리고 심지어 전(前)철학적 해석과 훨씬 더 큰 친화성을 지니고 있었다. 그리스인들은 로마인들과 달리 자신이 유한한 존재인 한 인간 영역에 나타나는 변화 가능성이 바뀔 수 없다는 것을 확신했다. 왜냐하면 변화가 가능하다는 것은 동시에 '새로운 사람들'인 젊은이들(νέοι)이 현상(現狀)의 안정을 항구적으로 침해하고 있다는 사실에 기반을 두기 때문이다. 폴리비우스 역시, 그리스의 교육과 달리 신세대와 구세대를 이어주고 젊은이들을 선조들로부터 칭찬받을 만한 사람으로 육성하는 것이 로마 교육의 임무였다는 것을 알고 있었다. 그럼에도 아마도 역사를 통해 각 세대들의 결정적 요인을 자각하게 된 첫 번째 저자였던 그는 정치 영역에서

불가피하고 지속적인 세대 교체를 지적할 때 그리스인의 눈으로 로마의 문제를 고찰했다.[9]

그리스인들은 로마인들이 연속성에 대해 갖는 감정을 알지 못했다. 그들은 어떠한 기대나 위안도 고려하지 않은 채 모든 유한한 사물의 내재적 변화 가능성을 경험했다. 이러한 경험 때문에 그리스 철학자들은, 자신들이 인간사의 영역을 너무 진지하게 생각할 필요가 없으며, 사람들 역시 이러한 영역에 당치 않은 권위를 부여해서는 안 된다는 입장을 취하게 된다. 인간사는 계속해서 변화했지만 결코 전적으로 새로운 것을 생산하지는 않았다. 태양 아래 새로운 것이 있다면, 인간들이 세상에 태어나는 한, 그것은 인간 자신일 뿐이다. 아무리 새로운 젊은이들이라 할지라도 그들은 수세기를 통해 본질적으로 항상 동일한 자연적 또는 역사적 광경으로 태어났다.

2

근대의 혁명 개념은 역사의 과정이 갑자기 새로이 시작된다는 생각, 이전에는 결코 알거나 듣지 못했던 완전히 새로운 이야기가 전개될 것이라는 생각과 떼려야 뗄 수 없이 연결되어 있었다. 그러나 이 개념은 18세기 말에 일어난 두 차례 대혁명 이전에는 알려지지 않았다. 결국 혁명임이 판명된 것에 관여하기 전에는, 행위자들 어느 누구도 새로운 드라마의 구성이 어떠한 것인가에 대해 조금도 간파하지 못했다. 그러나 혁명이 일단 자신의 궤도에 따라 진행되자, 혁명에 관여했던 사람들이 자신의 활동이 승리로 끝날지 파멸로 끝날지를 알게 되기 훨씬 전에, 이야기의 참신성과 그 모험적 계획의 내재적 의미는 행위자들뿐만 아니라 관찰자들에게까지 명료해졌다.

---

9) Polybius VI. 9. 5와 XXXI. 23~25. I 참조.

그 계획과 관련해 그것은 분명히 *자유*의 출현이었다. 프랑스 혁명이 발발한 지 4년이 지난 후인 1793년 로베스피에르는 모순된 말에 대한 비난에 개의치 않고 자신의 통치를 '자유의 전제정'으로 규정했는데, 이때 콩도르세는 모든 사람이 알고 있는 것을 다음과 같이 요약했다. "'혁명적'이라는 용어는 *자유*를 목표로 하는 혁명들에만 쓸 수 있다."[10] 혁명이 완전히 새로운 시대를 선도할 것이라는 주장은 일찍이 왕을 사형시키고 공화정을 선포한 해를 첫 번째 해로 간주하는 혁명력*이 성립됨으로써 증명된 바 있었다.

따라서 *자유*의 이념과 새로운 시작의 경험이 일치해야 한다는 사실이 근대 혁명을 이해하는 데 매우 중요하다. 또한 당시 유행한 자유 세계라는 개념에 나타나듯 정의나 위대성이 아니라 *자유*가 정치체의 구성을 판단하는 최상의 기준이었기 때문에, 우리가 이러한 일치를 어느 정도까지 수용하는가는 혁명에 대한 이해뿐만 아니라 기원상 명백히 혁명적인 *자유* 개념에 좌우될 것이다. 그러므로 흔히 범할 수 있는 오해를 피하고 혁명의 근대성 자체를 살펴보고자 한다면, 우리가 여전히 역사적으로 논하고 있는 이 시점에도, 잠시 다른 일을 멈추고 당시 *자유*가 출현했던 측면들 중 하나를 고찰하는 것이 현명할지도 모른다.

해방과 *자유*는 같은 것이 아니라고 말하는 것은 진부한 표현일지

---

10) Condorcet, *Sur le sens du mot révolutionnaire*, *Œuvres*, 1847~49, vol. XII.

* 혹은 공화력(共和曆, Ca lendrier Republicain)으로 불린다. 혁명 이념에 불타는 인사들(몽주, 라카날, 푸르크루아, 드 세니에, 파브르 데그랑틴 등)이 공화정 발족을 기점으로 새로운 연력을 제정키 위한 모임을 하고 1793년 11월 데그랑틴의 초안에 입각해 제정했다. 무엇보다 혁명력은 새로운 시대의 도래를 기념할 뿐만 아니라 그레고리안력을 폐지해 기독교의 종말을 실현한다는 의지를 담고 있다…… 이 혁명력은 1805년 나폴레옹에 의해 공식적으로 폐기되었다. 소불, 최갑수 옮김, 『프랑스대혁명사 (상)』(두레, 1994), 179쪽 각주에서 인용.

도 모른다. 해방이 *자유*의 조건이기는 하지만 결코 자동으로 *자유*로 이어지지는 않는다. 해방에 내재된 자유의 개념은 소극적일 수밖에 없다. 따라서 해방의 의도 역시 *자유*에 대한 욕망과 다르다. 그런데도 이 자명한 이치가 종종 망각된다면, 그것은 해방의 의미가 항상 확대되어왔기 때문이며, *자유*의 확립이 완전히 무용하지는 않았더라도 항상 분명했기 때문이다. 게다가 *자유*는 철학 사상과 종교 사상의 역사 모두에서 중대하면서도 어느 정도 논쟁적 역할을 담당해왔다. 즉 고대의 쇠퇴에서 근대의 탄생에 이르기까지 여러 세기 동안 정치적 *자유*가 존재하지 않았으며, 사람들도 관심을 갖지 않았기 때문에 우리의 관심 역시 끌지 못하던 당시에도, 자유는 논쟁을 야기하는 역할을 담당했다. 따라서 정치이론에서조차 정치적 *자유*를 정치현상이 아니라 오히려 정치체가 이를 구성하는 사람들에게 허용하고 보장할 비정치적 활동들의 다소간 자유로운 영역으로 이해하는 것이 거의 당연해졌다.

정치 현상으로서 *자유*는 그리스 도시국가들이 형성되던 당시에 나타났다. 헤로도토스 이래 *자유*는, 지배받지 않는 조건 아래서 시민들이 함께 생활하는 정치 조직, 지배자와 피지배자를 구분하지 않는 정치 조직의 한 형태로 이해되었다.[11] '비지배'라는 개념은 '이소노미'(isonomy)라는 용어로 표현되었다. 고대인들이 설명했던 바와 같이, 지배의 개념(군주정[monarchy]과 과두정[oligarchy]의 ἄρχειν[archein]에서 유래한 archy[지배], 또는 민주정[democracy]의

---

11) 나는 헤로도토스가 세 가지 주요 정부 형태, 즉 일인 지배, 소수 지배, 다수 지배—이것은 헤로도토스가 최초로 시도한 것으로 보인다—를 규정하고 이들의 장점을 논의한 유명한 문구를 따르고 있다(Book III, 80~82쪽). 여기서 헤로도토스는 이소노미라 불리는 아테네 민주주의를 옹호하면서 그에게 제시된 왕국을 거부하고 '나는 지배하거나 지배받기를 원하지 않는다'는 이유를 대고 있다. 그는 자신의 집이 페르시아 제국 전체에서 유일하게 자유로운 집이라고 진술하고 있다.

κρατεῖν〔kratein〕에서 나온 cracy〔지배〕)이 전혀 존재하지 않는다는 것이 정부 형태들과는 다른 이소노미의 두드러진 특징이다. 폴리스는 민주정이 아니라 이소노미로 간주되었다. 당시에도 '민주정'이라는 용어는 다수 지배, 많은 사람의 지배를 의미했는데, 원래 이소노미에 반대하는 사람들에 의해 만들어진 말이다. 그들의 말에 따르면, '비지배'란 사실 또 다른 형태의 지배일 뿐이다. 그것은 최악의 정부 형태, 즉 민중의 지배다.[12]

따라서 토크빌의 통찰을 따르는 우리가 종종 *자유*에 위험한 요소로 이해하는 평등이 원래는 *자유*와 동일시되었던 것이다. 그러나 이소노미라는 용어는 법의 영역 내에서의 평등을 암시했는데, 이는 조건의 평등——이러한 평등은 정치 영역이 재산과 노예를 소유한 사람들에게만 열려 있었던 고대 세계에서 모든 정치 행위를 위한 조건이었음에도——이 아니라 공동체를 구성하는 사람들의 평등이었다. 이소노미가 평등(ἰσότης)을 보장한 것은 모든 인간이 평등하게 태어나거나 창조되었기 때문이 아니라 도리어 본질적으로(φύσει) 평등하지 않으므로 법(νόμος)을 통해 자신들을 평등하게 만들어주는 인위적인 제도, 즉 폴리스를 필요로 했기 때문이었다.

평등은 이와 같이 특별한 정치 영역에만 존재했다. 사람들은 이 영역에서 사적인 인간이 아니라 시민으로서 서로를 만났다. 이 고대적 평등 개념과 우리의 평등 개념——인간은 동동하게 태어나거나 창조되었으나 인위적 정치 제도 또는 사회 제도 때문에 불평등해졌다는

---

12) 정치사상에서 'isonomy'와 그 사용을 이해하기 위해서는 Victor Ehrenberg, "Isonomia", Pauly-Wissowa, *Realenzyklopädie des klassischen Altertums*, Supplement, vol. VII을 참조하라. 특히 투키디데스의 언급(III, 82, 8)을 주목할 만하다. 그는 파벌 싸움에서 당 지도자들이 스스로를 그럴싸한 명칭, 즉 일부는 이소노미로 일부는 온건한 귀족정으로 명명하고 싶어 한다고 지적한다. 이때 투키디데스는 전자를 민주주의, 후자를 과두정의 의미로 생각했다. (나는 시카고 대학 데이비드 그렌 교수의 친절한 관심 덕택에 이것을 인용하고 있다.)

개념—사이의 차이는 아무리 강조해도 지나치지 않다. 그리스 폴리스의 평등, 폴리스의 이소노미는 폴리스의 속성이었지 사람들의 속성은 아니었다. 당시 사람들은 출생이 아니라 시민권을 통해 평등을 획득했다. 평등이나 자유는 인간의 본질에 내재된 특성으로 이해되지 않았다. 이것들은 자연이 주고 자체적으로 증대하는 본성(φύσει)이 아니었다. 반대로 관습적이고 인위적인(νόμω) 것, 즉 인간적 노력의 산물이며 인위적 세계의 특성이었다.

그리스인들은 동료들과 함께가 아니라면 어느 누구도 자유로울 수 없다고 주장했다. 따라서 이들은 참주나 전제군주 또는 가장(家長)—그가 비록 완전히 해방되어 다른 사람의 강요를 받지 않는다 하더라도—이 자유롭지 못하다고 주장했다. 헤로도토스가 *자유*와 비지배를 동일시했던 요지는 지배자 자신이 자유롭지 않다는 것이었다. 그는 다른 사람을 지배함으로써 그 안에서 자유로울 수 있는 동료 집단을 상실했다. 달리 말하면, 그가 정치적 공간 자체를 파괴했기 때문에, 결과적으로 그가 지배하는 사람들뿐만 아니라 그 자신에게도 *자유*는 더 이상 잔존할 수 없었다.

이와 같이 그리스 정치사상에서 *자유*와 평등 간의 상호 관련성을 주장하는 이유는, *자유*는 결코 모든 인간이 아닌 특정 인간의 활동에만 나타나는 것으로 이해되며, 이러한 활동은 다른 사람들이 그 행위를 관찰하고 판단하며 기억했을 때만 드러나고 실재화될 수 있다는 견해에 있었다. 자유로운 사람의 삶은 다른 사람들의 존재를 필요로 했다. 그러므로 진정한 *자유*를 위해서는 사람들이 모일 수 있는 장소인 시장, 아고라 또는 **폴리스**, 정치적 공간이 필요했다.

근대의 관점에서 이 정치적 *자유*를 생각하되, 혁명의 목표는 *자유*이며 *자유*의 탄생은 완전히 새로운 이야기의 시작을 의미한다고 주장했던 콩도르세와 혁명가들이 마음속에 두고 있던 것을 이해해보자. 그러기 위해 우리는 우선 다음과 같은 명백한 사실을 지적해야 한다. 콩도르세와 혁명가들은 오늘날 우리가 입헌정부와 연계하고 시민권으로 적절히 명명하는 그러한 자유들만을 염두에 두지는 않았을 것이다. 왜냐하면 이러한 권리 중 어느 것도, 심지어 과세 문제의 대표로서 정부에 참여할 권리조차 이론과 실제에서 혁명의 결과는 아니었기 때문이다.[13] 시민권은 '세 가지 위대한 일차적 권리들'의 산물이었다. 즉 생명, 자유, 재산에 대해 다른 모든 권리는 "하위 권리들이며, 이 하위 권리들은 실질적이고 실체적인 자유를 완전히 획득하고 향유하기 위해 종종 사용해야 하는 치료책 또는 수단이었다."(블랙스톤)[14] 혁명의 결과는 '생명, 자유, 재산' 자체가 아니라 이들을 인간의 양도 불가능한 권리로 규정한 것이었다.

그러나 이러한 권리들을 모든 인간에게 새롭게 혁명적으로 확장하는 과정에서조차 시민적 자유는 기껏해야 부당한 제약으로부터의 *자유*를 의미했으며, 근본적으로 이동의 *자유*—"법적 절차에 의해서가 아니라면 어떤 감금이나 제약도 받지 않고…… 이동할 수 있는 힘"—와 동일했다. 따라서 고대 정치사상과 견해를 완전히 같이하는 블랙스톤은 모든 시민권 중 이동의 *자유*를 가장 중요한 것으로 주장했다. 가장 중요한 적극적 정치적 *자유*인 집회의 권리도 미국의 권리장전에서는 여전히 "평화적으로 집회할 인민의 권리, 불편 사항을 시정하기 위해 정부에 청원할 권리"(제1수정 조항)로 표현되고 있다.

---

13) 에드워드 코크 경은 1627년 다음과 같이 언급했다. "그 프랜차이즈란 무슨 말인가? 영주는 자신의 소작인들에게 어느 정도로든 세금을 부과한다. 그러나 자유인들에게 세금을 부과하는 것은 토지의 프랜차이즈에 역행하는 것이며 단지 의회 내의 동의를 통해서만 부과될 수 있다. 프랜차이즈는 프랑스어이고, 라틴어에서 그것은 '자유'(Libertas)다." Charles Howard McIlwain, *Constitutionalism Ancient and Modern*(Ithaca, 1940).

14) 이 문장과 다음 문장에서 나는 샤툭(Charles E. Shattuck)을 따르고 있다. "'Liberty'…… in the Federal and State Constitutions……", *Harvard Law Review*, 1891.

따라서 "청원권은 역사적으로 일차적인 권리"이며, 역사적으로 정확히 해석하자면 청원하기 위해 집회할 권리다.[15]

가난과 공포에서 자유롭기를 요구하는 주장을 이러한 모든 자유에 더해 넣을 수도 있다. 그런데 이러한 자유는 물론 본질적으로 소극적 자유이며, 해방의 결과이기는 하지만 *자유*의 실재적 내용, 즉 우리가 나중에 고찰할 공공 문제 참여, 공공 영역 진입은 결코 아니다. 혁명이 단지 시민권의 보장만을 목표로 했다면, 그것은 *자유*를 목표로 한 것이 아니라 오랜 시간에 걸쳐 잘 정립된 권리를 침해하는 월권 행위를 했던 정부로부터 해방됨을 목표로 한 것이다.

여기서 우리는 어려움에 직면하게 된다. 왜냐하면 우리가 알고 있는 근대 혁명은 공히 해방 및 *자유*와 항상 연관되어왔기 때문이다. 해방의 결실은 제약을 받지 않고 '이동할 수 있는 힘'을 소유한 상태이며, 해방은 실제로 *자유*의 조건이다. 제약을 받지 않은 채 움직일 수 없다면 어느 누구도 *자유*가 작동하는 장소에 도달할 수 없을 것이다. 따라서 억압에서 자유로워지려는 해방에 대한 단순한 욕구가 끝나고, 정치적 삶의 방식인 *자유*에 대한 욕구가 시작되는 곳을 말하기란 늘 매우 어렵다.

문제의 핵심을 지적하자면, 억압에서 자유로워지려는 욕구는 군주정 — 전제정은 차치하더라도 참주정 아래서도 아니지만 — 아래서 충족될 수 있었던 것에 반해, 정치적 삶의 방식인 *자유*에 대한 욕구는 새로운 또는 어느 정도 재발견된 정부 형태의 형성을 필요로 했다는 것이다. *자유*에 대한 욕구는 공화정의 수립을 필요로 했다. 실제로, "당시의 경쟁이 원리를 둘러싼 경쟁, 즉 공화정 옹호자와 왕정 옹호자 간의 경쟁"[16]이라는 주장은 혁명사가들이 불행히도 거의 전적

---

15) Edward S. Corwin, *The Constitution and What It Means Today*(Princeton, 1958), 203쪽 참조.

16) Jefferson, *The Anas, Life and Selected Writings*, Modern Library edition, 117쪽.

으로 무시해왔던 사실들 속에서 가장 정확하고 명료하게 드러난다.

그러나 해방과 *자유*를 구분하는 데 따르는 이러한 어려움은 어떤 역사적 상황에서도 해방과 *자유*가 동일하다는 것을 의미하지 않는다. 심지어 해방과 *자유*의 확립을 동시에 시도했던 사람들 또한 종종 이러한 문제들을 명확히 구분하지 않았다 하더라도, 이러한 구분의 어려움이 해방의 결과로 획득한 사적 자유가 공적 *자유*에 관한 이야기 전체를 이야기한다는 것을 의미하지는 않는다. 18세기의 혁명 참가자들은 이러한 명료성의 결여를 주장할 완벽한 권리를 가지고 있었다. 이들은 해방을 성취하는 바로 그 행위 속에서만 자신들의 능력과 제이(John Jay)가 한때 언급했던 표현인 '자유의 매력'을 향한 열망을 발견했다.

결국 그 권리는 그들 자신이 행한 모험적 활동의 본질에 속했다. 왜냐하면 혁명 참가자들은 해방을 성취하는 데 필요한 행위와 실행(實行)으로 공공 업무에 참여하게 되었기 때문이다. 혁명 참가자들은 공공 업무를 수행하는 과정에서 의도적이거나 종종 예기치 않게, 자유가 출현할 공간을 구성하기 시작했다. 이 공간에서 *자유*는 자신의 매력을 드러낼 수 있으며 가시적이고 유형적인 실재가 될 수 있다. 혁명 참가자들은 전혀 이러한 매력에 대비하지 않았기 때문에, 새로운 현상을 완전히 자각할 수 없었다. 혁명 참가자들은 기독교 전통이 그들을 내리누르던 부담 때문에, 자신들이 의무의 소명을 훨씬 벗어난 행동을 즐기고 있다는 명백한 사실을 자백하지 못했던 것이다.

미국 혁명에서 최초로 제기된 "대표 없이 과세 없다"는 주장의 장점이 무엇이든 그것은 확실히 자체의 매력만으로는 관심을 끌 수 없었다. 그러나 대화와 정책 결정, 연설과 업무, 사고와 설득, 이 주장을 논리적 결론으로 이끄는 데 필요한 실제적 행동, 즉 독립 정부와 새로운 정치체의 확립 등의 과정을 거치면서 사정이 전혀 달라졌다. 애덤스(John Adams)의 표현대로 "예상하지 않았는데 요청을 받았고 전에는 관심이 없었지만 활동해야 했던” 사람들은 이러한 경험을 통해 “우리에게 즐거움을 주는 것은 휴식이 아니라 행위”라는 사실을 깨달았다.[17]

혁명을 통해 전면에 부각된 것은 이러한 자유로움의 경험이었다. 이 경험은 고대 그리스와 로마에서는 매우 흔한 일이었기 때문에 확실히 서구인들의 역사에서는 새로운 것이 아니었지만, 로마 제국의 몰락과 근대의 등장 사이에 긴 세월이 흘러갔음을 고려한다면 새로운 것이었다. 이와 같이 비교적 새로운 경험, 그리고 어떤 식으로든 혁명에 참여했던 사람들에게도 새로웠던 경험은 동시에 새로운 것을 시작하는 인간의 능력에 대한 경험이었다. 이 두 가지 — 참신성을 발휘할 수 있는 인간의 능력을 보여준 새로운 경험 — 는 본질적으로 엄청난 파토스를 담고 있다. 우리는 유사 이래 그 숭고함과 중요성을 비교할 만한 어떤 것도 지금까지 발생한 적이 없다는 반복적인 주장, 새로운 경험을 시민권의 성공적 교화라는 측면에서 설명해야 했다면 전적으로 부적절하게 보였을 파토스를 미국 혁명과 프랑스 혁명에서 발견하게 된다.

참신성의 파토스가 존재하고 참신성이 *자유*의 이념과 연계된 곳에서만, 우리는 혁명에 대해 언급할 수 있다. 물론 이러한 주장은 혁명이 성공적인 폭동 이상의 의미를 지니고 있다는 것을 의미하며, 모든 쿠데타를 혁명이라 부르거나 심지어 내란에서 혁명을 찾아내려는 것이 정당하지 못함을 의미한다. 억압받는 사람들은 종종 폭동을 일으켰고, 고대 입법은 대부분 거의 발생하지 않지만 늘 두려움을 야기하는 노예 집단의 봉기에 대한 안전판으로서만 이해될 수 있다. 게다가 내란과 파벌 싸움이 모든 정치체에 가장 위험하다고 생각했던 고

---

17) 각기 John Adams, 앞의 책(*Works*, vol. IV), 293쪽과 “On Machiavelli”, *Works*, vol. V, 40쪽.

대인들과 마찬가지로, 아리스토텔레스는 자신이 시민들 간의 관계를 위해 요구했던 특별한 우정, 즉 '필리아'(φίλια)를 내란과 파벌 싸움에 대한 가장 신뢰할 만한 안전판으로 간주했다. 한 사람 수중에서 다른 사람 수중으로, 한 도당에서 다른 도당으로 권력이 이동하는 쿠데타와 궁중 혁명에 대한 두려움은 극히 적었는데, 그것은 쿠데타가 발생하는 정부의 형태에 따라, 그것이 초래한 변동이 정부 영역 내의 것으로 한정되고 대다수 국민에게는 최소한의 불안감만을 주기 때문이었다. 그러나 쿠데타와 궁중 혁명도 마찬가지로 충분히 알려지고 기술되어왔다.

이러한 현상들은 모두 폭력에 의해 야기된다는 점에서 혁명과 공통점이 있고, 그 때문에 종종 혁명과 동일시된다. 그러나 폭력은 변동과 마찬가지로 혁명 현상을 기술하는 데 적합하지 않다. 새로운 시작이라는 의미에서 변동이 발생하는 곳, 완전히 다른 정부 형태를 구성하기 위해 폭력을 사용하는 곳, 즉 새로운 정치체를 형성하고자 폭력을 사용하는 곳, 억압으로부터 해방되는 궁극적 목적을 적어도 *자유*의 확립으로 상정하는 곳에서만, 우리는 비로소 혁명에 대해 언급할 수 있다. 역사는 알키비아데스(Alcibiades)처럼 스스로 권력을 원했던 사람들, 카틸리나(Catilina)처럼 **새로운 것들을 열망했던**(rerum novarum cupidi) 사람들을 항상 알고 있었지만, 지난 몇 세기의 혁명 정신, 즉 해방되고자 하는 열정과 *자유*가 기거할 수 있는 새 집을 지으려는 열정은 이전 역사에서는 유례를 찾을 수 없고 비교할 수 없는 것이었다.

3

혁명과 같은—또는 국민국가나 제국주의, 전체주의 지배 등과 같은—일반적 역사 현상이 언제 실질적으로 등장했는가를 밝히는 한

가지 방법은 물론 이러한 현상에 이후 붙여진 용어가 언제 처음으로 등장하는가를 밝히는 것이다. 새로운 경험을 포괄할 수 있도록 새로운 용어를 만들든 아니면 기존의 용어를 사용하되 완전히 새로운 의미를 부여하든, 분명히 인간들 사이에 나타나는 각각의 새로운 현상은 새로운 용어를 필요로 한다. 이것은 언어가 최상의 역할을 하는 정치적 삶의 영역에서 훨씬 더 타당하다.

그러므로 우리가 발견할 수 있으리라고 생각하기 쉬운 영역, 즉 르네상스 초기 이탈리아의 역사서지학과 정치이론에조차 '혁명'이란 용어가 아직 나타나지 않았음을 지적하는 것은 고대에 대한 단순한 관심 이상의 의미를 지닌다. 특히 마키아벨리 역시 자신이 그렇게도 열정적으로 그리고 사실상 지속적으로 관심을 가졌던 정부 형태의 교체와 지배자의 강제적 타도에 관해 기술하면서 여전히 키케로식으로 정권 변동(mutatio rerum)이라든가 자기식으로 국가의 변동(mutazioni del stato)이라는 표현을 사용한다는 것이 인상적이다. 정치이론의 이 가장 오래된 문제에 대한 그의 생각은 더 이상 전통적인 대답에 얽매여 있지 않기 때문이다. 이러한 대답에 따르면, 일인 지배는 민주정으로, 민주정은 과두정으로, 과두정은 군주정으로 이어지고, 그 반대의 경우도 가능하다. 이 훌륭한 여섯 가지 가능성을 처음으로 예견한 이는 플라톤이었다. 아리스토텔레스는 이를 처음으로 체계화했으며, 보댕도 근본적으로 다른 것 없이 이를 기술하고 있다. 마키아벨리는 해석자들이 '정치변동론'에 관한 그의 가르침을 곡해할 정도로 자신의 저서를 변천(mutazioni)·변화(variazioni)·교체(alterazioni)와 같은 용어들로 가득 채우고 있다.

그러나 정확히 말해 그의 주요 관심사는 변경할 수 없는 것, 변하지 않는 것, 교체할 수 없는 것, 간단히 말해 영구적이고 지속적인 것이었다. 마키아벨리는 혁명사의 유일한 선구자였다. 이렇게 그를 혁명사와 연계하는 것은 그가 항구적이며 지속적으로 유지되는 정치체를 수립할 가능성을 최초로 고려했기 때문이다. 그가 근대 혁명의 몇 가지 두드러진 요소, 즉 음모와 파벌 싸움, 인민들의 폭력 유도, 궁극적으로 정치체 전체를 원활치 못하게 하는 소요와 무법성에 대해 그리고 그중에서도 새로운 등장인물, 즉 키케로의 "새로운 인간들"(homines novi), 마키아벨리의 "용병대장"(condottieri)처럼 낮은 신분에서 공공 영역의 화려함으로 부상하고, 과거 무명 시절에 자신들을 복종케 했던 권좌로 오른 사람들에게 혁명이 제공한 기회에 대해 잘 알고 있었다는 사실은 여기서 핵심이 아니다. 우리의 맥락에서는 마키아벨리가 순수한 세속적 영역의 등장을 가시화한 첫 번째 사람이었다는 것이 더 중요하다. 이러한 영역의 행위 법칙과 원리들은 특별하게는 기독교의 가르침, 일반적으로는 인간사 영역을 초월하는 도덕적 기준과 무관했다. 이러한 이유 때문에 그는 정치에 참여하는 사람들이 "선하지 않을 수 있는 방법", 즉 기독교 가르침에 의거해 행동하지 않는 방법을 가장 먼저 배워야 한다고 주장했다.[18]

마키아벨리가 혁명가들과 다른 점은 주로 그가 건국—통일 이탈리아, 즉 프랑스와 에스파냐의 예를 모델로 한 이탈리아 국민국가의 설립—을 혁신(rinovazione)으로 이해했다는 점이다. 혁신은 그가 생각할 수 있었던 유일하게 자비로운 변혁(alterazione a salute)이었다. 달리 표현하면, 완전히 새로운 것이 지니는 특이한 혁명적 파토스, 혁명적 사건의 해에 시간을 계산하기 시작하는 것을 정당화하려는 시작이 지니는 파토스는 마키아벨리에게 전적으로 생소했다.

그런데 이러한 측면에서조차 그는 18세기 자신의 후계자들로부터 그렇게 멀리 벗어나 있지는 않았던 것 같다. 우리는 혁명이 복고나 혁신으로 시작되며, 완전히 새로운 시도의 혁명적 파토스는 사건 자체의 과정 속에서만 형성되었다는 사실을 뒤에서 볼 것이다. 로베스

---

18) *The Prince*, chap.15.

피에르가 "프랑스 혁명의 기획이 마키아벨리의…… 책들에 대문짝만 하게 쓰여 있다"고 주장했을 때, 그는 한 가지 관점에서만 옳았던 것이 아니다.[19] 그는 다음과 같이 쉽게 덧붙일 수 있었기 때문이다. 우리는 "우리 영혼의 안전보다 우리 조국을 훨씬 더 사랑한다."[20]

실제로, 용어의 역사를 무시하고 혁명 현상의 기원을 르네상스 기간 중 이탈리아 도시국가 내의 소요에서 찾으려는 최대의 유혹은 마키아벨리의 저서들에서 처음 나타난다. 확실히 그는 정치학 또는 정치이론의 아버지는 아니었지만, 그에게서 혁명의 정신적 아버지를 목격할 수 있다는 것을 부정하기는 어렵다. 우리는 그에게서 고대 로마의 정신과 제도를 부활시키려는 이러한 의식적이고 열정적인 노력을 충분히 찾을 수 있는데, 이는 이후 18세기 정치사상의 특징이

---

19) Laponneraye ed., *Œuvres,*, 1840, vol. III, 540쪽.

20) 이 문장은 카포니(Gino Cappni)의 『기록』(*Ricordi*, 1420)에서 최초로 나온다. "자신의 안위나 생명보다 자신의 공동체를 더욱 사랑하는 경험 많은 사람들로 하여금 발리아(Balia)의 회원이 되도록 하라(Machiavelli, Pléiades ed., *Œuvres complètes*, 1535쪽 참조)." 마키아벨리는 『플로렌스 역사』(*Histories of Florence*, III, 7쪽)에서 비슷한 표현을 사용하고 있다. 여기서 그는 교황에게 과감하게 도전한 플로렌스의 애국자들을 찬양하고, 아울러 이들이 자신들의 영혼보다 국가를 얼마나 더 높게 생각하는가를 보여준다. 그는 말년에 친구인 베토리에게 보낸 서한에서 자기 자신에게도 똑같은 표현을 쓰고 있다. "나는 나 자신의 영혼보다 내 조국을 더 사랑한다." Allan Gilbert ed., *The Letters of Machiavelli*(New York, 1961), no. 225.
영혼의 불멸성을 더 이상 당연한 것으로 인정하지 않는 우리는 마키아벨리의 신조의 통렬함을 간과하기 쉽다. 그가 편지를 쓸 당시에, 그 표현은 상투적인 문구가 아니라 문자 그대로 사람들이 영구적인 삶을 포기할 준비가 되어 있거나 국가를 위해 지옥의 처벌을 감수할 준비가 되어 있다는 것을 의미했다. 마키아벨리가 보았던 바와 같이, 문제는 사람들이 세계보다 신을 더 사랑하는가가 아니라 사람들이 자신의 자아보다 세계를 더 사랑할 수 있는가였다. 그리고 이러한 결정은 실제로 정치에 생애를 바치는 모든 사람에게 항상 중대한 문제가 되어왔다. 종교에 대한 마키아벨리의 반박은 대부분 세계보다 자신, 즉 자신의 구원만을 더 사랑하는 사람들을 향한 것이었다. 이러한 반론들은 세계나 자신보다 신을 훨씬 더 사랑하는 사람들에 대한 반론이 아니다.

되었다. 아울러 이 맥락에서 볼 때 한층 더 중요한 것은 정치 영역에서 폭력의 역할에 관한 그의 유명한 주장이다. 마키아벨리의 주장은 그의 독자들에게 지속적으로 영향을 미치고 있으며, 우리 역시 프랑스 혁명 참가자들의 말과 행위에서 그의 주장을 발견한다.

두 사례 모두에서 폭력의 찬양은 이상하게도 로마적인 것들에 대한 공개적 찬양과는 어울리지 않는다. 로마 공화정에서는 폭력이 아닌 권위가 시민의 행위를 지배했기 때문이다. 그러나 이러한 유사성들이 18, 19세기가 마키아벨리에 가진 높은 관심을 설명할 수는 있지만, 훨씬 더 두드러진 차이를 뛰어넘기에는 충분치 않다. 고대 정치사상으로의 혁명적 전환은 고대 자체를 부활시키고자 하지 않았으며, 그러지도 못했다. 이러한 전환은 마키아벨리의 경우, 예술과 문학이 이탈리아 도시국가의 모든 정치발전보다 탁월했던 르네상스 문화 전체의 정치적 측면일 뿐이었으나, 오히려 혁명가들의 경우에는 반대로 근대가 시작되고 17세기 근대 과학이 발생한 이후 모든 고대의 성과들을 훨씬 능가했다고 주장했던 시대 정신과 어울리지 않는 것이었다.

그리고 혁명가들이 아무리 로마의 우아함을 존경했다 하더라도, 그들 중 어느 누구도 마키아벨리만큼 고대에 안락함을 느끼지 못했다. 그들은 다음과 같이 기술할 수가 없었다. "저녁이 찾아올 때쯤 나는 집으로 돌아와 서재로 들어갔다. 그리고 나는 문 앞에서 낮에 입었던 흙먼지로 뒤덮인 옷을 벗어던지고, 품위 있고 우아한 옷으로 갈아입었다. 그리고 옷매무시를 매만지고 고대인들의 궁정에 들어가 그들의 애정 어린 영접을 받으며, 나만의 것이며 나를 태어나게 했던 그 마음의 양식을 섭취한다."[21] 사람들이 이러한 문장들을 읽는다면, 그들은 르네상스에서 완전한 암흑 시대 직후 카롤링거가(家)

---

21) *Letters*, no. 137.

의 부흥과 더불어 시작되어 16세기에 끝나는 일련의 고대 부활의 정점만을 찾는 최근 학계의 발견을 기꺼이 따를 것이다. 같은 이유에서 사람들은 15, 16세기 도시국가들에서 발생했던 믿을 수 없는 소요가 정치적으로 끝이지 시작이 아니었다는 데 동의할 것이다. 즉 소요는 자치와 정치적 삶의 자유를 구가하는 중세 도시의 종말이었다.[22]

다른 한편, 폭력에 대한 마키아벨리의 주장은 더욱 암시적이다. 그의 주장은 그 자신이 이론적으로 발견했고 이후 혁명가들을 매우 실제적으로 옥죄게 되는 두 가지 난관의 직접적 결과였다. 그 난관은 건국 임무, 새로운 시도의 개시였다. 건국 임무 자체는 폭력과 침해, 사실상 모든 역사의 시초에 나타났던 옛 전설적인 범죄(로물루스가 레무스를 살해하고, 카인이 아벨을 살해했다)의 반복을 요구하는 것 같았다. 게다가 이 건국 임무는 법을 제정하고, 새로운 권위를 고안해서 인간들에게 부여하는 임무와 관계가 있었다.

그러나 건국 임무는 다음과 같은 방식으로 계획되어야 했다. 즉 이 임무는, 하나님이 부여한 권위에서 유래했으며 결국 세속적 질서를 무의미하게 했던 절대자를 대신해야 했다. 세속적 질서의 궁극적 제재는 전지전능한 하나님의 명령이었으며, 그 정당성의 최종적 근원은 지구상에 신이 출현한다는 개념이었다. 따라서 정치 문제에서 종교적 고려를 전적으로 거부했던 마키아벨리는 입법가들 ― 예컨대, 18세기의 계몽된 인간들, 존 애덤스와 로베스피에르 ―에게 신적인 지지와 심지어 영감을 요청하게 되었다. 신에 대한 호소는 분명히 '특별법', 즉 새로운 공동체 건설의 근거가 되는 법을 상정할 경우에

---

22) Lewis Mumford, *The City in History*(New York, 1961). 이 책은 다음과 같이 지극히 흥미롭고 암시적인 이론을 발전시키고 있다. 뉴잉글랜드 마을은 실제로 중세 도시의 '행복한 방향으로 변천한 것'이다. 중세 질서는 '식민화'를 통해 사실상 재생되었다. 그리고 구세계에서는 도시가 더 이상 늘지 않았지만, 그러한 행위는 16, 17세기에 신세계로 이전되었다(339쪽 이하와 368쪽 참조).

만 필요했다.

우리는 나중에 혁명의 임무 중 이 후자, 즉 신권(神權)의 절대성을 대체하기 위해 새로운 절대자를 찾아야 하는 임무가 해결될 수 없다는 것을 고찰할 것이다. 왜냐하면 인간적 다원성이라는 조건 아래서는 권력이 결코 전지전능해질 수 없으며, 인간의 권력에 의존하는 법은 결코 절대적일 수 없기 때문이다. 따라서 마키아벨리의 '높으신 하나님을 향한 호소'(로크의 표현)는 어떤 종교적 감정에서 나온 것이 아니라 전적으로 '현실의 난관'을 피하려는 욕구에서 나온 것이었다.[23] 마찬가지로, 폭력이 정치에서 하는 역할에 관한 그의 주장은 인간 본성에 대한 그의 이른바 현실주의적 통찰보다는 여러 인간에게서 신적인 특성들에 필적할 만한 어떤 특성을 발견할 수 있으리라는 공허한 희망에 기인했다.

물론 이러한 것은 예감일 뿐이었다. 마키아벨리의 사상은 지금까지 당대의 어떤 실제적 경험보다도 오래 지속돼왔다. 우리가 아무리 우리 자신의 경험을 이탈리아 도시국가에서 일어났던 내란에서 촉진된 것으로 해석하는 경향이 있다 하더라도, 사실상 내란을 통해 체험한 것들은 직접 활동하거나 목격한 사람들에게 오래된 용어를 재해석하거나 새로운 용어를 만들 필요성을 암시할 만큼 급진적이지 않았다(마키아벨리가 정치이론에 도입했고 그전에도 이미 사용됐던 새

---

23) *The Discourse*, Book I. 11 참조. 나는 르네상스 문화에서 마키아벨리가 차지하는 위치와 관련해 화이트필드(J.J. Whitefield)의 저서 『마키아벨리』(*Machiavelli*, Oxford, 1947), 18쪽의 지적에 동의한다. 화이트필드에 따르면, 마키아벨리는 정치와 문화 모두의 이중적 쇠퇴를 대변하지는 않는다. 그는 대신 정치적 문제가 위기에 처했기 때문에 그 문제를 자각하게 되는 인간주의에서 태어난 문화를 대변한다. 바로 이러한 이유로 그는 인간주의가 서구 정신에 부여했던 요소들로부터 문제들을 해결하고자 했다. 그러나 18세기 혁명가들에게 그것은 더 이상 정치적 문제의 해결책을 모색하기 위해 그들을 고대인들에게 보낸 인간주의가 아니다. 이 문제에 관한 세부적 논의를 이해하기 위해서는 제5장을 참조하라.

114

로운 용어는 '국가'[lo stato]였다.[24] 늘 로마의 영광에 매력을 느끼고 로마의 역사에 지속적으로 기댔음에도 불구하고, 그는 통일 이탈리아가 새로운 이름을 보장할 정도로 고대 또는 15세기 도시국가와 아주 상이한 정치체를 구성할 것임을 명백히 느꼈다).

물론 '반란'과 '반역'은 항상 등장하는 용어들이다. 이러한 용어들의 의미는 중세 말 이후 결정되고 규정되었다. 그러나 이 용어들은 결코 혁명이 해방을 이해하듯 해방을 암시하지 않았으며, 자유의 확립에 대해서는 말할 것도 없었다. 혁명적 의미의 해방은 현재 그리고 역사를 통해 개인뿐 아니라 인류 대다수의 구성원으로서 존재하는 사람들, 낮은 신분에 속한 사람들과 가난한 사람들, 현존했던 모든 권력에 예속된 채 항상 어둠 속에서 삶을 영위했던 사람들도 대지의 최고 주권자로 부상하고, 주권자가 되어야 한다는 것을 의미하기 때문이다.

우리가 명료함을 유지하기 위해 고대적 조건의 관점에서 해방을 생각한다면, 그것은 마치 로마나 아테네의 인민, 즉 낮은 계층에 속하는 시민인 **포풀루스**(populus)나 데모스(demos)가 아니라 인민에 속하지는 않지만 인구의 다수를 형성하는 노예와 외국인 거주자들이 봉기하여 평등권을 요구하는 것과 같다. 우리가 알고 있는 바와 같이, 이러한 일은 결코 일어나지 않았다. 우리가 이해하는 평등의 이념, 즉 모든 사람이 태어난다는 바로 그 사실로 인해 평등하게 태

---

24) 이 용어는 라틴어 'status rei publicae'에서 유래하며, 이에 상응하는 용어는 '정부 형태'다. 우리는 이 용어의 의미를 여전히 보댕의 사상에서 발견한다. stato(국가)가 '형태'나 정치 영역의 가능한 '상태들' 중 하나가 아니라, 정부뿐만 아니라 정부 형태의 출현과 소멸에도 생존할 수 있는 인민의 기본적인 정치적 통일을 의미하게 된 것은 특징적이다. 마키아벨리가 염두에 두었던 것은 물론 국민국가, 즉 우리에게만 당연한 것, 이탈리아, 러시아, 중국, 프랑스가 자체의 역사적 경계선 내에서 어느 특정한 정부 형태와 더불어 존재하는 것이었다.

어났으며 평등은 타고난 권리라는 이념은 근대 이전에는 전혀 인식되지 못했다.

중세 및 그 후의 이론들이 정당한 반란, 기존의 권위에 대한 반발, 공개적인 도전과 불복종에 대해 인식한 것은 사실이다. 그러나 그러한 반란의 목적은 상황 자체의 권위나 기존 질서에 대한 도전이 아니었다. 그 목적은 항상, 우연히 권위를 누리게 된 사람을 교체하는 문제였고, 찬탈자를 적법한 왕으로, 권력을 남용한 참주를 합법적 통치자로 교체하는 문제였다. 따라서 누가 인민을 통치해서는 안 되는가를 결정할 권리를 그들이 보유하고 있다는 점은 인정되었지만, 누가 통치해야 하는가를 그들이 결정한 것은 아니었다. 심지어 우리는 인민이 자신들의 통치자가 되거나 통치 업무를 위해 자신들의 계층에 속한 사람을 임명할 권리를 보유한다는 주장에 대해서도 들은 바 없다.

이탈리아 도시국가의 **용병대장**과 같이, 인민에 속한 사람들이 낮은 조건에서 공공 영역의 화려함으로 부상해 공공 업무를 담당하고 권력을 보유하게 된 것은 **정치적 역량**(virtù) 때문이다. 그들을 인민과 구별해주는 특성, 즉 사회적 출신과 출생으로 설명할 수 없는 무엇보다도 찬양되고 존경받는 특성이다. 인민의 전통적 특권과 자유에는 정부에 참여할 권리가 분명히 빠져 있었다. 그러한 자치권은 과세를 위한 유명한 대표권에도 완전히 나타나지 않는다. 통치할 자격은 시대에 따라 다른 사람에게 주어졌다. 고대에는 타고난 통치자, 자유롭게 태어난 사람에게 자격이 있었으며, 중세 유럽에서는 귀족 신분을 가지고 있어야만 그 자격을 얻을 수 있었다. 통치자에 대한 신민들의 봉기를 기술하는 전근대의 정치적 언어가 존재했다 하더라도, 신민들 자신이 통치자가 될 만큼 급진적인 변동을 기술하는 용어는 전혀 없었다.

4

전근대 역사에서 혁명 현상의 전례를 찾을 수 없다는 것은 결코 당연한 것이 아니다. 확실히 많은 사람이 동의하는 바와 같이, 참신성은 자체로 바람직하다는 확신과 결합된, 새로운 것에 대한 열의는 우리가 살고 있는 세계의 두드러진 특징이며, 근대 사회의 이러한 분위기와 이른바 혁명 정신을 동일시하는 것은 실제 매우 일반적인 현상이다. 그러나 우리가 혁명 정신을 혁명에서 실제로 발생한 정신으로 이해한다면, 어떠한 대가를 치르더라도 참신성을 확보하려는 이러한 근대적 열망을 혁명 정신으로부터 세심하게 구분해야 한다. 심리학적으로 말하면, 사람들은 새로운 이야기가 역사 속에서 전개될 것이라는 확신과 연결된 건국의 경험 때문에 혁명적이기보다는 '보수적'인 입장을 유지했으며, 아울러 종전까지 진행된 것을 보존하고, 새로운 것, 새로운 현상, 새로운 이념에 개방적이기보다 오히려 안정을 확보하는 데 더 열렬했다. 게다가 역사적으로 말하자면, 초기의 혁명 참가자들, 즉 혁명을 주도했을 뿐 아니라 정치 무대에 혁명을 끌어들였던 사람들은 새로운 것들, **새로운 정치질서**를 전혀 열망하지 않았다.

참신성에 대한 이러한 반감은 '혁명'이란 용어 자체, 즉 그 새로운 의미를 매우 천천히 획득했던 비교적 오래된 용어에도 반영되고 있다. 사실상, 용어의 용례 자체는 현대 관찰자들과 마찬가지로 전례 없는 어떤 것에 대비하지 못했던 행위자들에게 기대와 성향이 결여되어 있었음을 매우 명료하게 암시하고 있다. 문제의 핵심을 지적하자면, 우리가 거의 동일한 용어에서뿐만 아니라 프랑스 혁명과 미국 혁명을 주도했던 사람들이 언급했던 무수히 다양한 용어에서도 발견하는 새로운 시대의 엄청난 파토스는 그들이 자신의 의지와 반대로 나아간 나머지 복귀하지 못할 지점에 이르게 된 후에 비로소 전면에 드러나게 되었다.

'혁명'이라는 용어는 원래 천체 궤도의 운행(De revolutionibus orbitum celestium)이라는 코페르니쿠스의 표현을 통해 자연과학에서 점차 중요해진 천문학 용어였다.[25] 이 과학 용어에서 혁명이라는 용어는 라틴어의 의미를 그대로 유지했다. 별들의 회전 운동은 인간의 영향력을 벗어난 거역할 수 없는 것으로 인식되었기 때문에 새로움이나 격렬함이라는 특징과는 분명히 거리가 먼, 규칙적이고 합법칙적인 것을 의미했다. 오히려 그 용어가 함의한 것은 명백히 반복적이고 순환적인 운동이었는데, 역시 천문학에서 만들어졌고 정치 영역에서는 은유적으로 사용되는 용어인 폴리비우스의 $\dot\alpha\nu\alpha\kappa\acute\upsilon\kappa\lambda\omega\sigma\iota\varsigma$ (순환)를 라틴어로 그대로 옮긴 것이다. 지구에서 발생하는 인간사를 위해 이 용어를 사용한다면, 그것은 단지 다음과 같은 사실을 암시할 뿐이다. 하늘의 별들이 이미 정해진 노선을 따라 운행하는 것과 마찬가지로, 몇 가지 알려진 정부 형태 역시 유한한 존재인 인간들 사이에서 영원히 반복적으로 순환할 수밖에 없다는 사실을 말이다. 모든 혁명적 행위자가 소유했고 집착했던 이념, 즉 그들이 구질서를 종식하고 새로운 세계의 탄생을 촉진하는 과정의 행위자라는 이념은 '혁명'이라는 용어의 원래 의미에서 가장 멀리 이탈한 것이다.

근대 혁명의 사례가 교과서적 정의와 같이 명료했다면, '혁명'이라는 용어를 선택하기가 실제보다 훨씬 더 당혹스러웠을 것이다. 하늘

---

25) 나는 이 장(章) 전체에서 독일 역사가 그리방크(Karl Griewank)의 저서를 광범위하게 사용하고 있는데, 불행하게도 영어로는 아직 번역되지 않았다. 그의 초기 논문인 「르네상스와 바로크 시대의 관점에서 국가의 순환과 혁명」(Staatsumwälzung und Revolution in der Auffassung der Renaissance und Barockzeit)은 『프리드리히 실러 예나 대학 학술 잡지』(*Wissenschaftliche Zeitschrift der Friedrich-Schiller-Universität Jena*, 1952~53) 제1권에 나타나며, 그의 후기 저서인 『새로운 시대의 혁명 개념』(*Der neuzeitliche Revolutiionsbegriff*, 1955)은 이 주제에 관한 다른 문헌을 모두 대신하고 있다.

에서 내려와 지구상의 유한한 존재인 인간들 사이에서 발생하는 것을 기술하고자 이 용어를 처음으로 도입했을 때, 그 용어는 분명히 영구적·불가항력적·반복적 운동이라는 개념을 우연한 운동, 인간적 운명의 기복으로 옮긴 은유로서 나타났다. 물론 인간적 운명의 기복은 기억할 수조차 없는 오래전부터 태양, 달, 별들의 출몰에 비유되어왔다. 우리가 이 용어를 정치적 용어로서 처음 발견한 것은 17세기인데, 당시 그 은유적 내용은 용어의 원래 의미에 훨씬 더 가까웠다. 왜냐하면 그 용어는 이미 확립된 어떤 지점으로 복귀하는 운동이라는 의미로 사용되었고, 의미상으로는 미리 정해진 질서로 복귀하는 운동을 뜻했기 때문이다.

따라서 이 용어는 오늘날 우리가 혁명이라 부르는 것이 영국에서 발발하고 크롬웰이 첫 번째 혁명 독재의 권좌를 장악했을 때가 아니라 도리어 '럼프(Rump) 의회'*가 타도되고 군주정으로 복귀할 즈음인 1660년에 처음 사용되었다. 스튜어트가(家)가 축출되고 왕권이 윌리엄과 메리에게 이양된 1688년에도 그 용어는 정확히 같은 의미로 사용되었다.[26] 역설적이게도 이 용어가 정치적·역사적 언어에서 그 확실한 위치를 차지하게 된 계기인 '명예혁명'은 전혀 혁명으로 고려되지 않았고, 과거에 인정되었던 군주 권력의 정당성과 영광을 복구하는 것으로 고려되었다.

'혁명'이라는 용어가 원래 복구를 의미했다는 사실, 즉 우리가 생

---

* 1640년 찰스 1세는 스코틀랜드와 전쟁을 벌이기 위해 장기 의회와 단기 의회를 소집했다가 갈등이 일어나자 단기 의회를 해산했다. 그러나 장기 의회는 단기 의회보다 더 비타협적이었다. 장기 의회는 의원의 동의 없이 의회를 해산하는 것을 금하는 법을 통과시켰다. 1642년 내란이 발생했다. 군대가 왕과의 전투에서 승리하고(1646), 토머스 프라이드 대령은 장기 의회 의원 약 60명을 축출했다. 역사가들에 의해 럼프로 알려진 생존 집단은 찰스 1세를 재판에 회부하고 그 이듬해 사형을 집행했다. *Britannica*, vol. 7: Macropaedia, 465~466쪽 참조.
26) 옥스퍼드 영어사전의 '혁명'을 참조하라.

각하는 것과는 정반대 의미를 가졌다는 사실은 단순히 어의론의 기이함만을 나타내는 것이 아니다. 우리에게 새로운 정신, 즉 근대 정신의 모든 증거를 드러내는 듯 보이는 17, 18세기의 혁명이 복구를 의도했던 것이다. 사실, 영국의 내란은 우리가 18세기 혁명에서 본질적으로 새로운 것과 연계해왔던 여러 가지 엄청난 성향의 전조를 보여주었다. 수평파의 출현과 하층민만으로 구성된 정당의 형성 — 이들의 급진주의는 혁명 지도자들과 충돌했다 — 은 분명히 프랑스 혁명 과정의 조짐을 보여주고 있다. 또한 수평파가 제기하고 크롬웰이 호민관을 설치하기 위해 '통치 기구'를 도입했을 때 어느 정도 실현된, '정당한 정부를 위한 기초'로서 성문 헌법에 대한 요구는 미국 혁명의, 가장 중요한 성과는 아니지만, 성과들 중 하나를 미리 보여주고 있다. 사실, 이 첫 번째 근대 혁명의 단명한 승리는 공식적으로 복고를 의미했다. 즉 1651년 위대한 봉인에 찍힌 헌사가 보여주듯, 이 승리는 '하나님의 축복으로 되찾은 자유'로 이해되었다.

우리의 맥락에서는 이보다 한 세기 이상 뒤에 일어난 일을 지적하는 것이 훨씬 더 중요하다. 우리가 관심 있는 것은 여기서 혁명 자체의 역사, 혁명의 과거, 기원, 발전 과정이 아니기 때문이다. 혁명이 무엇인지 — 혁명이 정치적 존재인 인간에게 부여하는 일반적 함의, 우리가 살고 있는 세계에 제공하는 정치적 의미, 근대 역사에서 혁명의 역할 — 를 알고 싶다면, 우리는 혁명이 자체의 모습을 완전히 드러내고, 사람들의 저항을 촉진할 수도 있는 권력 남용, 학대, 자유 박탈과 무관하게 사람들의 마음을 홀리기 시작하는 역사적 순간에 관심을 가져야 한다. 달리 표현하면, 우리는 프랑스 혁명과 미국 혁명에 관심을 가져야 하며, 이 두 혁명 모두 초기에는 적어도 절대군주정의 전제 또는 식민 정부의 권력 남용으로 교란되고 침해된 구질서를 복원해야 한다고 확신했던 사람들이 일정한 역할을 했다는 점을 고려해야 한다. 이들은 자신들이 사물이 당연히 그것이 있어야 하는 대로 존재했던 과거로 복귀하길 원한다는 것을 아주 진지하게 주장했다.

이러한 주장은 특히 미국 혁명과 관련해 상당한 혼돈을 야기해왔다. 물론 미국 혁명은 자신의 결실을 파괴하지 않았다. 따라서 미국 혁명에서 '복고'를 시도했던 사람들은 혁명을 시도하고 마무리지은 이들과 같은 사람들이며, 심지어 혁명 후에는 새로운 사태의 질서 속에서 권좌에 올라 공직을 담당하기도 했다. 그들이 생각했던 복고, 즉 고대적 자유의 회복은 혁명으로 바뀌었다. 그리고 영국 헌법, 영국인의 권리, 식민지 정부의 형태에 관한 그들의 사상과 이론은 독립 선언으로 종결됐다.

그러나 혁명의 불씨가 되었던 운동은 우연한 경우를 제외하면 혁명적이지 못했으며, 어느 누구보다도 식민지에 대해 많은 직접적 정보를 가졌던 프랭클린(Benjamin Franklin)은 이후 다음과 같이 아주 진지하게 기술할 수 있었다. "나는 사람들이 대화할 때 도취해서든 침착해서든 적어도 분리에 대한 희망을 표현한다든가 또는 그러한 것이 미국에 유리하다고 암시하는 것을 한 번도 들어본 적이 없다."[27] 정치적 교의와 이데올로기로서의 보수주의가 프랑스 혁명에 이르러서야 반동으로 존재하게 되었고 19, 20세기의 역사에서만 유의미하다는 것을 망각한 채, 우리가 이러한 용어들을 역사적 맥락 밖의 일반적 용어로 사용한다면, 이들이 '보수적'인지 또는 '혁명적'인지 결정하기란 실제로 불가능하다. 그리고 조금은 명료하지 않더라도 아마도 동일한 요지가 프랑스 혁명에도 제기될 수 있다. 토크빌의 말처럼 여기서 역시 "사람들은 장래 혁명의 목적이 구체제 타도가 아니라 복고라고 믿었을지 모른다."[28]

두 혁명이 진행되는 과정에서 행위자들이 복고란 불가능하기 때문

---

27) Clinton Rossiter, *The First American Revolution*(New York, 1956), 4쪽.

28) Tocqueville, *L'Ancien Régime*(Paris, 1953), vol. II, 72쪽.

에 전적으로 새로운 모험을 시작할 필요가 있다는 것을 자각하게 되고, 이로써 '혁명'이라는 용어가 이미 그 새로운 의미를 획득했을 때조차, 페인(Thomas Paine)은 지나간 시대의 정신에 충실하게 여전히 미국 혁명과 프랑스 혁명을 '반혁명'으로 명명하자고 아주 진지하게 제안할 수 있었다.[29] 뜻밖에 그 당시 '혁명적인' 사람들 중 한 사람 입에서 나온 이 제안은 간단히 말하자면 과거로 복귀함, 즉 복고의 이념이 혁명가들의 마음과 정신에 얼마나 귀중했는가를 보여준다. 페인은 '혁명'이라는 용어의 원래 의미를 되찾고, 그 시대의 사건으로 인해, 권리와 자유를 참주정과 정복이 아직 사람들에게서 박탈하지 않은 '예전'으로 되돌아가게 되었다는 확신을 표현하고 싶었을 뿐이다. 그리고 그가 생각한 '예전'은 결코 17세기 사람들이 이해했던 가상적인 역사 이전의 자연 상태가 아니라 규정되지는 않았지만 어쨌든 역사에 존재했던 일정한 시대다.

우리가 기억하는 바에 따르면 페인은, 새롭게 유행하는 인권 이념에 반대해 오래된 관습과 역사에 의해 보장된 영국인의 권리를 강력히 옹호하려는 버크에 대응해 '반혁명'이라는 용어를 사용했다. 그러나 핵심은 버크 못지않게 페인 역시 완전한 참신성은 그러한 권리의 진실성과 정당성에 대한 옹호가 아니라 반론임을 감지했다는 것이다. 역사적으로 말하자면, 버크는 옳았으며 페인은 틀렸다고 말할 필요도 없다. 인권선언이 귀기울일 수 있었던 시대는 역사 속에 없다. 이전 몇 세기는 인간이 하나님 또는 신 앞에서 평등하다는 것을 인식했을지도 모른다. 이러한 인식의 기원은 기독교적이지 않고 로마적이기 때문이다. 로마의 노예들은 종교 결사의 충실한 구성원일 수 있었으며, 성스러운 법의 테두리 내에서 그들의 법적 위상은 자유

---

29) Thomas Paine, *Rights of Man*, 제2부, 서문.

로운 인간의 위상과 동일했다.[30] 그러나 출생하면서 획득하는 불가양도의 정치적 권리는 버크에게서도 나타났던 바와 같이 모든 시대에 나타났을 것이다. 용어상 모순되기는 하지만 말이다. 그리고 흥미롭게도 '인간'에 상응하는 라틴어인 '호모'(homo)는 원래 권리가 없기에 노예인 사람을 의미했다.

우리의 당면한 목적, 특히 파악하기는 매우 어렵지만 근대 혁명의 가장 인상적 측면인 혁명 정신을 이해하려는 우리의 궁극적 목적을 위해서는 다음과 같은 점을 기억해야 한다. 즉 참신성과 새로움 자체의 완전한 개념이 혁명 전에도 존재했음에도 불구하고 혁명의 시작 과정에는 본질적으로 빠져 있었다는 것이다. 갈릴레오와 같이 발견의 '완전한 참신성'을 강조하거나 홉스와 같이 정치철학이 자신의 저서 『시민론』 이전에는 존재하지 않았다고 주장하고, 데카르트와 같이 이전의 철학자들이 철학에 성공하지 못했다고 주장하는 17세기의 과학자 및 철학자들과 비교할 때, 혁명 참가자들은 당대의 관점에서 볼 때 확실히 구식이었다고 할 수 있다.

확실히, 내가 크레브쾨르와 존 애덤스에게서 인용했던 '새로운 인간'을 낳은 '새로운 대륙'에 대한 성찰과, 우리가 별로 유명하지 않은 다른 작가들 다수에게서 발견할 수 있었던 '새로운 대륙'에 대한 성찰은 상당히 비슷했다. 그러나 과학자나 철학자들의 주장과 달리, 새로운 대륙 못지않게 새로운 인간 역시 신의 선물이지 인간들의 창조물은 아니라고 여겨졌다. 달리 표현하면, 근대의 특징이었던 참신성의 생소한 파토스는 과학적·철학적 사고의 상대적 은둔처를 떠나 정치 영역에 도달하는 데 200년을 기다려야 했다. (로베스피에르의 말에 따르면, "모든 것은 자연의 질서 속에서 변화한다. 그리고 모든 것은 도덕 질서 또는 정치 질서 속에서 변화해야 한다.")

---

30) Fritz Schulz, *Prinzipien des römischen Rechts*(Berlin, 1954), 147쪽.

그러나 참신성의 파토스가 사건들이 소수가 아닌 다수와 연관되는 정치 영역에 도달했을 때, 그것은 훨씬 급진적 표현을 나타냈을 뿐 아니라 정치 영역에서만 유효한 실재로 변하게 되었다. 사람들은 18세기 혁명 과정에서야 새로운 시작이 정치현상일 수 있다는 것을 자각했다. 즉 사람들은 자신들이 수행했던 것, 의식적으로 수행할 수 있는 것의 결과가 곧 새로운 시작일 수 있다는 것을 자각하게 되었다. 그때부터 '새로운 대륙', 그리고 거기서 등장하는 '새로운 인간'은 새로운 사물의 질서에 대한 희망을 더 이상 주입할 필요가 없어졌다. 새로운 정치질서는 더 이상 '섭리 속에 있는 거대한 구도와 기획'이 내린 축복이 아니었다. 그리고 참신성은 더 이상 소수의 자랑스러우며 동시에 놀랄 만한 소유물이 아니었다. 새로운 것이 시장에 도달했을 때, 그것은 행위하는 사람들에 의해 —부지불식간이기는 하지만— 계속 실행되고, 후손들에 의해 계속 증대되며 구성되기 시작하는 새로운 이야기의 출발점이 되었다.

5

참신성, 시작, 폭력 등 혁명에 대한 우리의 관념과 긴밀하게 연결되어 있는 요소들은 모두 용어의 원래 의미에 들어 있지 않았을 뿐만 아니라 정치 언어로서 최초로 은유적으로 사용되었을 때에도 분명히 존재하지 않았다. 거기에는 내가 이미 간략하게 언급했으며 우리의 용어 사용 자체에도 매우 강력하게 남아 있는 천문학 용어의 다른 함의가 존재한다. 그것은 별의 순환 운동이 미리 정해진 길을 따르며 인간 능력의 모든 영향에서 벗어나 있다는 사실, 즉 불가항력성을 의미한다. 우리는 '혁명'이라는 용어가 최초로 불가항력성을 전적으로 강조하면서도 뒤로 복귀하는 운동의 의미를 지니지 않은 채 사용되었던 정확한 시기를 알고 있거나 안다고 믿고 있다. 그리고 이러한 강조는 우리가 혁명을 이해하는 데 매우 중요해 보이기 때문에, 이러한 용례를 사용한 순간으로부터 과거의 천문학 용어가 새로운 정치(학)적 의미를 갖는 시점을 밝히는 것은 공통의 관례가 되어왔다.

루이 16세가 파리에서 라로슈푸코 공작에게서 바스티유 감옥이 함락되었으며, 몇몇 죄수가 해방되었고, 대중이 공격하기 직전 근위병들이 변절했다는 소식을 들은 날짜는 1789년 7월 14일 밤이었다. 왕과 그의 시종 사이에 있었던 유명한 대화는 매우 짧으면서도 계시적이다. 우리가 듣기로, 왕이 "이것은 반란이 아닌가"라고 외치자 라로슈푸코가 "아닙니다. 폐하, 이것은 혁명입니다"라고 말하며 왕의 말을 교정했다. 여기서 우리는 하늘에서 지상으로 의미를 전달한 오래된 은유로서 그 용어를 최후로 정치적으로 듣고 있다.

그러나 여기서 아마도 최초로, 회전하고 순환하는 운동의 합법칙성에서 불가항력성으로 강조점이 완전히 옮겨간 것 같다.[31] 움직임은 여전히 '별들의 운행' 이미지 안에 머물고 있지만, 여기서 강조되는 것은 그 운동을 중단시키는 게 인간 능력의 영역을 벗어난다는 것이며, 따라서 그 운동이 자체로 향하는 법칙이 중요해진다. 바스티유의 소요가 반란이라고 선언했을 때, 왕은 음모와 권위의 도전을 자의대로 처리할 권력과 다양한 수단을 주장했다. 이에 대해 라로슈푸코

---

31) 각주 25에 인용된 논문에서 그리방크는 "이게 혁명이야"라는 문구가 프랑스의 앙리 4세, 그리고 앙리 4세가 가톨릭교로 개종하는 데 처음으로 적용되었다고 지적한다. 그는 증거로 드 페레픽스(Hardouin de Péréfixe)의 『앙리 4세 전기』(*Histoire du roy Henri le grand*, Amsterdam, 1661)를 인용하고 있다. 이 저서는 다음과 같이 1594년 봄의 사건들에 대해 논평하고 있다. "혁명이 왕과 함께 시작되고 구성되었다면, 푸아티에 주지사는 자신이 이 혁명을 방해할 수 없다는 것을 알았을 것이다." 그리방크 자신이 지적한 대로, 불가항력성이라는 개념은 여기서도 여전히 출발점으로 복귀하는 운동이라는 원래 천문학적 의미와 강력하게 연계되어 있다. 왜냐하면 하르두인은 이러한 사건들을 모두 프랑스가 '자연적 군주'로 복귀하는 것으로 생각했기 때문이다. 라로슈푸코는 이러한 종류 중 어떠한 것도 고려하지 않았다.

는 이미 일어난 것이 바뀔 수는 없으며 왕의 권능을 벗어나는 일이라고 답한다. 라로슈푸코는 무엇을 목격했는가? 이 이상한 대화에 귀를 기울이면서 우리는, 그가 거스를 수 없고 바꿀 수 없다고 생각했고 우리 역시 그렇게 알고 있는 것, 무엇을 보거나 들어야 하는가?

얼핏 대답은 간단해 보인다. 이러한 말의 이면을 들여다보면, 아직도 우리는 행진하는 대중을 목격하고 그들의 소리를 들을 수 있으며, 이들이 어떻게 당시 프랑스뿐만 아니라 문명세계 전체의 수도였던 파리의 거리로 갑자기 쏟아져 나왔는가를 알 수 있다. *자유*를 얻기 위한 인민의 봉기와 완전히 뒤범벅이 된 대도시 시민들의 봉기는 그 규모의 엄청난 힘 때문에 아무도 저지할 수 없을 정도였다. 그리고 백주에 처음으로 출현한 이 대중은 실제로 가난하고 억눌린 이들이었으며, 이전 시대에는 줄곧 어둠과 치욕 속에 몸을 숨기고 있었던 사람들이었다. 그 후 변경할 수 없었던 것, 혁명 참가자들과 관찰자들이 즉각 인지했던 것을 지적하자면, 공공 영역 —기억이 도달할 수 있는 한, 자유로웠던 사람들, 즉 삶의 필요, 신체적 필요와 관계된 온갖 고민을 염려할 필요가 없었던 사람들이 유지하는 영역— 은 일상적 필요에 쫓기는 생활 때문에 자유롭지 못한 이 절대다수에게 그 공간과 빛을 제공해야만 한다는 것이었다.

19세기가 역사적 필연성이라는 이념으로 곧 개념화했던, 거부할 수 없는 운동이라는 개념은 프랑스 혁명 전체를 통해 처음부터 끝까지 반향되고 있다. 갑작스레 완전히 새로운 상상이 과거의 은유를 중심으로 집중되기 시작하고 완전히 새로운 어휘가 정치(학) 언어로 도입된다. 우리는 혁명에 대해 생각할 때 거의 자동적으로 이 혁명에서 몇 년 동안 형성된 이러한 상상의 관점에서, 즉 데물랭(Desmoulins)*의 **혁명의 격류**라는 관점에서 —혁명가들은 혁명의 격류로 몰아치는 파도 위에서 태어났고 그 저류가 그들을 수면에서부터 빨아들이고 그들의 적, 즉 반혁명 행위자들과 함께 소멸될 때까지

도취되었다—혁명을 생각하게 된다. 로베스피에르의 말대로 혁명의 도도한 격류는 한편으로는 '참주정의 범죄'에 의해, 다른 한편으로는 '자유의 진보'에 의해 지속적으로 가속화되었기 때문이다.

참주정의 범죄와 자유의 진보는 서로를 자극할 수밖에 없기 때문에 운동과 반운동은 서로 균형을 이루거나 견제하거나 통제하지 못했으나 은밀한 방식으로 같은 방향을 따라 속도를 점점 더 내면서 '점증하는 폭력'의 한 조류에 합류하는 듯 보인다.[32] 1793년 게오르크 포르스터*가 증언한 바와 같이, 이것은 "아무것도 허용치 않으며 아무도 저지할 수 없는 혁명의 장대한 용암 흐름이다."[33] 그 광경은 지롱드당의 위대한 연설가인 베르니오(Vergniaud)가 설명한 바와 같이 자신의 결실을 파멸시키는 혁명, 즉 사투르스 신(saturn)의 징후에 속했다.

이 징후는 혁명을 진군하게 만든 '혁명의 폭풍', 로베스피에르의 **혁명적 소요**(tempête révolutionnaire), **혁명의 진전**(marche de la Révolution)이며, 망각할 수 없으며 결코 완전히 망각되지 않는 시초, 즉 "위대한 자의 사소함에 반하는 인간의 숭고함"(로베스피에르의 표현)[34], "인류

---

*　데물랭(Camille Desmoulins, 1760~94)은 로베스피에르와 루이 드 그랑 학원 동창생으로 바스티유 감옥 공략 당시 민중을 선동하는 연설을 한 것으로 유명하다. 그는 당통과 같이 임시행정위원회 법무부에 들어가 사무국장을 지내다 1794년 5월 단두대에서 처형됐다. 소불, 앞의 책, 112쪽에서 재인용.

32)　내가 문장을 바꾼, 1793년 11월 17일 로베스피에르가 국민의회에서 행한 발언은 다음과 같다. Les crimes de la tyrannie accélérèrent les progrès de la liberté, et les progrès de la liberté multiplièrent les crimes de la tyrannie…… une réaction continuelle dont la violence progressive a opéré en peu d'années l'ouvrage de plusieurs siècles. *Œuvres*, Laponneraye ed., 1840, vol. III, 446쪽.

*　게오르크 포르스터(Georg Forster)는 독일 과학자, 대학 교수로서 1792년 프랑스군이 마인츠에 진주했을 때, 마인츠 공화국 정부의 대통령이었다.

33)　Karl Griewank, 앞의 책, 243쪽.

34)　1794년 2월 5일 연설, 앞의 책, 543쪽.

의 존엄에 대한 옹호"(해밀턴의 표현)[35]를 휩쓸어가는 또는 침몰시키는 강력한 폭풍우다. 그것은 마치 인간들이 자신의 존엄을 주장하고 명예를 옹호하기 시작할 때 인간이 가진 것보다 훨씬 큰 강제력이 개입하는 것 같았다.

프랑스 혁명 이후 몇십 년 사이 처음에는 영광스러운 행적(行蹟)으로 추어올리고 나중에는 위험과 불명예로 전락시키는 강력한 저류, 즉 인간들을 휩쓰는 저류라는 이 관념이 지배적 이념이 될 수 있었다. 혁명을 인간의 산물이 아니라 불가항력적 과정으로 간주하는 다양한 은유, 즉 흐름·급류·조류와 같은 은유들은 행위자들에 의해 만들어졌다. 물론 이들은 추상적인 *자유*의 포도주에 아무리 도취되었다 하더라도, 자신들이 자유로운 행위자라는 것을 더 이상 확신하지 않았다. 그리고 취하지 않은 성찰의 순간만을 전제한다 해도 그들 자신이 자기 행위의 주인이거나 주인이었다는 것을 어떻게 믿을 수 있었겠는가. 혁명적 사건들의 거친 폭풍 이외에 무엇이 몇 년 간의 문제에서 그들과 그들의 내면적 확신을 바꾸었겠는가.

그들은 모두 1793년 (모반자일 수도 아닐 수도 있는) 특정한 왕의 사형 집행뿐만 아니라 왕정 자체가 "영구적인 범죄"(생 쥐스트*)라는 비난에도 관여한, 1789년의 왕당파들이 아니었는가? 그들은 1794년 방토스법(the laws of Ventôse)을 통해 교회뿐 아니라 이민자와 모든

---

35) Jacob E. Cooke ed., *The Federalist*(1787), Meridian, 1961, no. II.

* 생 쥐스트(Saint-Just, 1767~94)는 기병 장교의 아들로 태어나 이미 20대 초반에 혁명 이념의 열렬한 심취자가 되었다. 그는 국민공회 의원으로 진출하면서 정치 활동을 시작했으며, 고대 그리스 이상주의 국가에 바탕을 둔 평등주의적·덕치주의적 공화정을 주장함으로써 산악파 의원들에게 깊은 영향을 미쳤다. 그는 민중의 우상적 존재였으나 로베스피에르에 심취해 그의 인격에 경도되었다. 그는 정치적으로 반대파인 지롱드파, 에베르파, 당통파 등을 숙청하는 데 결정적 역할을 했으며 유명한 방토스(Ventöse)법을 성안했다. 생 쥐스트는 국민공회 회의장에서 탄핵된 로베스피에르를 옹호하다가 그와 함께 단두대에 섰다. 소불, 앞의 책, 250쪽 각주.

혐의자의 재산을 몰수하겠다고 천명하고 그 재산을 불행한 사람들에게 넘겨줘야 한다고 주장한, 사유재산권 옹호자들이 아니었는가? 그들은 급진적 분권화를 주요 목표로 하는 헌법을 정립하는 데 일조하지 않았는가? 그러나 결국 그들은 급진적 분권화를 무가치한 것으로 무시하고, 대신 구체제가 당시까지 이해하거나 감히 실천하고자 했던 어떤 것보다도 더 집중화된 평의회를 통해 혁명 정부를 설립하는 데 집착했다. 그들은 자신들이 결코 원하지도 않았고 승리할 수 있으리라 믿지도 않았던 전쟁에 관여하고 승리하지 않았는가? 그들이 시초에도 다소간 소유했던 지식, 즉 "현재의 혁명이 이전 인류의 역사 전체보다 더 위대한 사건을 며칠 사이에 창출하리라는 것"(로베스피에르가 1789년 형제에게 보낸 서한 중의 말) 이외에 결국 무엇이 존재할 수 있었는가? 그리고 결국 사람들은 이것으로 충분했음이 틀림없다고 생각하고 싶어 한다.

프랑스 혁명 이후에도, 마치 적막과 복고의 시대는 다시 표면으로 분출할 힘을 모으기 위해 물줄기가 지하로 사라지는 휴지기일 뿐이라는 양, 혁명적이든 반혁명적이든 모든 갑작스러운 봉기 ─19세기의 아주 중요한 날짜만을 언급하자면, 1830년과 1832년, 1848년과 1851년, 그리고 1871년─를 1789년에 시작된 운동의 연속선상에서 해석하는 것이 일반적이었다. 혁명의 옹호자와 반대자들은 매번 사건을 1789년의 직접적 결과로 이해했다. 마르크스가 언급한 바와 같이, 프랑스 혁명이 로마식 형태로 진행되었다는 것이 진실이라면, 10월 혁명을 포함해 이 당시까지의 모든 혁명이 각기 7월 14일부터 테르미도르 9일과 브뤼메르 18일─오늘날에도 모든 사람이 바스티유 함락, 로베스피에르의 사망과 나폴레옹 보나파르트의 등장과 직접 동일시할 정도로 프랑스 국민들의 기억 속에 매우 큰 인상을 남긴 날짜들─까지 이끌어간 규칙과 사건들에 의거해 추진되었다는 것 역시 진실이다. 이미 19세기 중반에 프루동(Proudhon)은 "영구혁명"

(훨씬 더 흥미롭게도 révolution en permanence)이라는 용어를 만들었고, 이와 더불어 여러 번의 혁명이 발생하는 경우는 결코 존재하지 않으며, 동일하면서도 영구적인 단 하나의 혁명만이 존재한다는 개념이 등장했다.[36]

'혁명'이란 용어의 새로운 은유적 내용이 처음에는 프랑스 혁명을 주도하고 다음에는 혁명을 법제화한 사람들의 경험에서 직접 발생했다면, 분명히 그것은 멋진 광경이라도 보듯 외부에서 혁명 과정을 주시했던 사람들에게 훨씬 더 큰 설득력을 발휘했을 것이다. 이 광경에서 가장 분명히 드러났던 것을 지적하자면, 어떤 혁명 참가자들도 사건의 과정을 통제할 수 없었으며, 아울러 그들이 전적으로 생존하기를 원했다면 혁명 과정은 익명의 혁명 세력이 의도한 목적 및 목표와 연관된다손 치더라도 거의 관련이 없는 방향을 택했을 것이라는 점이다. 이것은 오늘날 우리에게는 진부해 보인다. 그리고 우리는 아마도 진부함 이외에는 어떠한 것도 혁명 과정에서 도출될 수 없었다는 것을 이해하기 어려움을 알게 될 것이다.

그러나 우리는 정반대 현상이 발생한 미국 혁명의 과정을 기억해야 한다. 아울러 인간이 자신의 행위 과정에서 무기력해지는 광경이 가져다주었을 것이 뻔한 충격을 이해하기 위해, 우리는 적어도 정치적 통치와 관련해서는 인간이 자기 운명의 주인이라는 감정이 모든 혁명 참가자에게 얼마나 강렬하게 침투하고 있는가를 기억해야 한다. 1789년에서 브루봉 왕조 복고까지 숙명적인 사건들을 겪었던 유럽 세대들은 자각의 충격으로 고통을 받았는데, 이 충격은 역사 자체의 위력에 대한 경외나 두려움과 같은 감정으로 거의 바로 변형되었다. 계몽주의의 행복한 시절이었던 그 옛날 오직 군주의 전제 권력만

---

36) Theodor Schieder, "Das Problem der Revolution im 19. Jahrhundert", *Historische Zeitschrift*, vol. 170, 1950.

이 인간과 그의 행위의 *자유*를 방해하는 것 같던 자리에 전제 권력보다 훨씬 더 강력하고 인간을 마음대로 강제하는 힘이 갑작스레 등장했다. 물론 역사 및 역사적 필연성이라는 이 강제력에서 벗어나거나 도망치거나 이에 반항할 수는 없었다.

이론적으로, 프랑스 혁명의 가장 광범위한 결과는 헤겔 철학이 탄생시킨 근대의 역사 개념이었다. 헤겔은 진정한 혁명적 이념을 보여주었다. 철학자들은 오랫동안 인간적 경험의 영역이 절대적 기준들의 근원과 출생 장소가 된다는 것을 인정하지 않았던 반면, 오히려 헤겔은 인간사가 전개되는 영역에서 절대자를 도출했다. 역사 과정을 통해 드러난 새로운 모델은 분명히 프랑스 혁명이었다. 그리고 칸트 이후 독일 철학이 20세기 유럽 사상, 특히 혁명적 불안에 노출된 국가들 — 러시아, 독일, 프랑스 — 에 엄청난 영향을 미치게 된 이유는 이른바 관념론 자체에 있는 것이 아니다. 독일 철학은 단순한 사유의 영역을 포기하고, 당시의 가장 새롭고 가장 현실적인 경험에 상응하며 이를 개념적으로 포괄하는 철학을 정립하고자 시도했다. 그러나 이러한 이해 자체는 '이론'이라는 용어가 가진 옛날의 원래 의미에서 이론적이었다. 헤겔 철학은, 비록 행위 및 인간사 영역과 연관되더라도, 관조를 핵심으로 한다. 과거를 향하는 사유의 시선 앞에서 정치적이었던 것 — 행위, 말, 그리고 사건 — 은 모두 역사적인 것으로 바뀌었다. 결과적으로, 18세기 혁명으로 등장했던 새로운 세계는 토크빌이 주장했던 것처럼 "신정치학"[37]이 아니라 역사철학 — 여기서 우리의 관심 사항은 아니나 철학이 철학사로의 훨씬 중대한 변화를 보였다는 사실은 차치하더라도 — 을 수용했다.

정치적으로 보면, 새로우면서도 전형적으로 근대적인 이러한 철학의 오류는 비교적 단순하다. 그 오류는 행위자와 수행자의 관점이 아

---

37) Tocqueville, Author's Introduction, *Democracy in American* 참조.

니라 광경을 주시하는 관찰자 관점에서 인간 행위의 영역 전체를 기술하고 이해하는 데 있다. 그러나 이러한 오류는 그 자체에 내재된 진실 때문에 파악하기가 비교적 어렵다. 그 진실이란 인간들이 시작하고 수행한 모든 이야기는 종말에 도달해서야 비로소 진정한 의미를 드러낸다는 것이며, 따라서 마치 행위자가 아닌 관찰자만이 어느 특정한 행위와 사건의 연쇄 속에서 실제로 발생한 것을 이해할 수 있을 것처럼 보일 수도 있기 때문이다. 프랑스 혁명의 교훈이 역사적 필연성을 설명한다는 점, 나폴레옹 보나파르트가 '운명적 존재'가 되었다는 점은 행위자보다 관찰자에게 더 강렬하게 드러났다.[38] 그러나 문제의 핵심은, 19세기부터 20세기 후반에 이르기까지 프랑스 혁명의 발자취를 따랐던 사람들이 자신들을 프랑스 혁명 참가자들의 후계자일 뿐만 아니라 역사 및 역사적 필연성의 행위자로 이해했다는 점과, 그 결과 명백하면서도 역설적이게도 필연성이 *자유*를 대신해 정치 사상 및 혁명 사상의 주요 범주가 되었다는 점이다.

그러나 만일 프랑스 혁명이 일어나지 않았다면, 과연 철학이 인간사 영역에 관심을 갖고자 시도하고, 인간들 상호 간의 관계가 지배하는 정의상 상대적 영역에서 절대적 진리를 발견하고자 시도했을지 의문스럽다. 비록 진리가 '역사적으로' 고려되더라도, 즉 시간 속에서 전개되는 것으로 이해되므로 언제나 필연적으로 정당해야 할 필

---

38) 그리방크—각주 25에 인용된 자신의 논문에서—는 혁명 개념의 탄생에서 관찰자가 한 역할에 대해 다음과 같이 지적했다. "우리가 혁명적 변화의 의식을 그의 기원에서 추적하려 한다면, 행동 자체보다는 오히려 운동 밖에 있는 관찰자에게서 더 쉽게 파악할 수 있다." 그리방크가 비록 플로렌스의 역사서지학자들—내 생각에 이러한 역사는 플로렌스 정치가들과 정치인들에 의해 쓰였기 때문에 그리방크의 시도는 잘못된 것이다—에게 이 발견을 적용한다 하더라도, 그는 아마 헤겔과 마르크스의 영향을 받아 이러한 발견을 했을 것이다. 마키아벨리 또는 구이치아르디니(Guicciardini)는 헤겔이나 19세기의 다른 역사가들이 관찰자인 것과 같은 맥락에서 보면 관찰자가 아니었다.

요가 없다고 하더라도, 사람들이 어디에 살고 있으며 어떤 나라의 시민이 되었는가와 관계없이, 진리는 모든 사람에게 여전히 정당해야만 했다. 달리 말하면, 시민들 사이에는 다수 의견만이 존재하고, 진리의 의미는 국적에 따라, 즉 그들의 역사와 국민적 경험에 따라 다르기 때문에, 진리는 시민과 국적인(國籍人)에 무관한 것으로 상정되었다. 진리는, 세계적이고 가시적인 실재로서는 당연히 어디에도 존재하지도 않는 인간 자체와 연관되어야만 했다. 그러므로 역사가 진리를 계시하는 매개가 되었다면, 그것은 '세계역사'여야 하며, 스스로를 드러냈던 진리는 '세계정신'이어야만 했다. 물론 역사의 개념은 그것이 세계 전체와 모든 인간의 운명을 포괄한다는 가정 아래서만 철학적 권위를 얻을 수 있었지만, 세계역사라는 이념 자체는 기원상 분명히 정치적이다. 미국 혁명과 프랑스 혁명은 그 이념보다 앞선 것이었으며, 모든 인류를 위해 새로운 시대를 선도한 것을 자랑스러워했다. 또한 사람들이 어디에 살든, 그들의 상황이 어떠하든, 그들이 어떠한 국적을 소유하든 모든 인간 자체에 관심을 갖는 사건이 되었다는 것을 자랑했다. 세계역사라는 개념 자체는 세계정치에 대한 첫 번째 시도에서 탄생했으며, '인간의 권리'에 대한 미국과 프랑스의 열정이 국민국가—결국 단명하기는 했지만 이러한 정부 형태는 혁명의 결과 중 유일하게 유럽에서 비교적 오래 지속된 것이었다—의 탄생과 더불어 금방 사라졌다 하더라도, 이러저러한 형태의 세계정치는 이후에도 계속해서 정치의 부속물이었다는 것은 사실이다.

프랑스 혁명의 경험으로부터 분명히 적지 않은 영향을 받은 헤겔 사상의 다른 측면은 19, 20세기 혁명가들—그들은 모두 마르크스(헤겔의 가장 위대한 제자)로부터 교훈을 배우지 않고 헤겔을 읽는데 고민하지 않았다 하더라도 헤겔의 범주들을 통해 혁명을 고찰했던 사람들이다—에게 훨씬 직접적인 영향을 미쳤기 때문에, 우리의 맥락에서도 훨씬 더 중요하다. 이러한 측면은, 헤겔과 그 추종자들에 따르면, 변증법적이고 동시에 필연적으로 작동되는 역사 운동의 성격과 관계가 있다. 강력한 저류같이 거스를 수 없는 흐름 위에서 인간을 낳은 역사의 변증법적 운동과 반운동(反運動)은 7월 14일부터 브뤼메르 18일과 왕정 복고까지의 혁명과 반혁명(反革命)에서 태어났으며, 인간은 지구상에 *자유*를 확립하고자 하는 바로 그 순간 이 강력한 저류에 굴복해야 한다. 이것은 그 유명한 *자유*와 필연이 궁극적으로 일치하는 변증법을 의미하며, *자유*와 필연의 변증법은 근대사상 체계 전반에서 아마도 가장 무시무시하고, 인간적으로 견디기 어려운 역설일 것이다. 그런데 1789년 하늘과 땅이 조화를 이루었던 순간을 한때 목격했던 헤겔은 '혁명'이라는 용어가 담고 있는 원래의 은유적 내용의 측면에서 마치 천체의 저항할 수 없는 정당한 운동이 프랑스 혁명 중에 지구와 인간사를 급습해 필연과 규칙을 인간들에게 부여한 것처럼 생각했을지도 모른다. "우울한 우연성"(칸트)과 역사와 세계 과정의 탁월한 속성인 것같이 보였던 "폭력과 무의미성의 우울한 혼합"(괴테)을 넘어서는 듯했다. 따라서 헤겔 자신의 이해에서 *자유*가 필연의 결실이라는 역설은 하늘과 땅의 조화보다 더 역설적이지는 않았다. 게다가 헤겔의 이론에 익살맞은 구석은 없었고, *자유*와 필연의 변증법에도 공허한 재치는 없었다. 반대로, 이것들은 아직 정치적 현실의 충격 속에 있던 사람들에게 강력한 호소력을 가졌음이 틀림없다. 이러한 이론의 사그라지지 않는 설득력은 이후에도 수세기 동안 전쟁과 혁명에서 수없이 반복되는 경험 못지않게 이론적 증거에도 존재했다. 과정으로서의 역사를 그 어느 때보다도 강조하는 근대의 역사 개념은 다양한 기원을 가지고 있으며, 그중에는 특별히 과정으로서의 자연이라는 근대 초기의 개념이 있다. 인간이 자연과학에서부터 단서를 끌어내 이 과정을 일차적으로 순환적이고 회전하는, 영원히 반복하는 운동으로 생각하는 한 — 비코(Vico)도 역시 이러한 관점에서 역사 운동을 고려했다 — 필연성은 천체 운동의 경우와 마찬가지로 역사 운동에도 불가피하게 내재되어 있어야 했다. 모든 순환 운동은 정의상 필연적인 운동이다. 역사의 본질적 특성으로서 필연성이 영구적 반복의 순환에서 근대적 단절에도 생존해야만 하고, 본질적으로 직선적이고, 따라서 이전에는 알려졌던 것으로 복귀하지 않으며 미지의 미래로 확장되는 운동에서 다시 출현해야 한다는 사실은 필연성의 존재 근거를 이론적 사유가 아니라 현실적 사건의 과정과 정치적 경험의 덕택으로 돌린다.

세계를 흥분시킨 것은 미국 혁명이 아니라 프랑스 혁명이었다. 결과적으로 '혁명'에 대한 현재의 용례는 미국을 포함한 모든 곳에서 미국 내 사건의 과정이나 건국 선조들의 행위가 아닌 프랑스 혁명으로부터 그 함의와 연상을 수용했다. 북아메리카의 식민화와 미국의 공화주의 정부는 아마도 유럽인들의 가장 위대한, 확실히 가장 대담한 시도였다. 그러나 미국은 온전한 자신들만의 역사에서, 모대륙으로부터 빛나는 또는 그렇게 빛나지는 않는 독립을 성취한 지 이제 겨우 100년을 넘겼을 뿐이다. 미국은 지난 세기 말 이후 도시화, 산업화 그리고 아마도 무엇보다도 가장 중요한 대량 이주라는 삼중의 공격에 영향을 받아왔다. 그 후 이론과 개념은, 비록 불행하게도 항상 그들의 기본적 경험은 아니라고 하더라도, 구세계에서 신세계로 한 번 이상 이동했으며, '혁명'이라는 용어 역시 그 연상과 더불어 이러한 규칙에서 예외는 아니다. 미국의 학문적 견해가 유럽의 학문적 견해에서 배운 교훈을 그대로 따르지 않음에도 불구하고, 20세기 미국의 학문적 견해가 유럽의 학문적 견해보다 훨씬 더 자주 프랑스 혁명의 관점에서 미국 혁명을 해석하거나 비판하는 경향이 있다는 것은 이상해 보인다. 문제의 슬픈 진실은 재앙으로 끝난 프랑스 혁명이 세계 역사를 만들어왔고, 반면 미국 혁명은 그렇게 의기양양하게 성공했지만 기껏해야 지역적 차원에서 중요한 사건으로 남았을 뿐이라는 점이다.

20세기 정치 무대에 나타났던 모든 혁명은 프랑스 혁명 과정에서 도출된 이미지로 이해되었고, 관찰자들이 만들어낸 개념들에 기초해 이해됐으며, 역사적 필연성의 관점에서 이해되었다. 혁명을 추진했던 사람들뿐만 아니라 혁명을 목격하고 타협하고자 한 사람들이 정부 형태에 관심을 갖지 않는다는 것은 어불성설이다. 정부 형태에 대한 깊은 관심은 미국 혁명의 특징이기도 하지만 프랑스 혁명 초기에도 매우 중요하다. 프랑스 혁명 참가자들은 다수의 광경에 압도된 채 로베스피에르와 함께 "공화정인가? 군주정인가? 나는 사회 문제는 알지 못한다"고 외쳐댔다. 그리고 그들은 "공화정의 영혼"(생쥐스트)인 제도 및 헌법과 더불어 혁명 자체를 상실했다.[39] 그 후 좋든 싫든 혁명의 폭풍 때문에 불확실한 미래로 휩쓸린 사람들은, 자신들이 이해했던 과거 전체에 관한 축적된 지혜에 의존해 새집을 짓고자 했던 자랑스러운 건축가의 자리를 대신하게 되었다. 개념적 청사진—그 수명 자체가 진리를 보장한다—에 따르면, **새로운 정치 질서**가 이념 위에 형성될 수 있다는 확신에 찬 신념은 건축가들과 함께 사라졌다. 사유가 아니라 실천, 즉 적용만이 새로운 것이었다. 워싱턴의 말에 따르면, "오랜 시간 철학자·현자·입법가들의 노력으로 획득한 지식의 보고가…… 우리를 위해 열렸고 시간은 상서로웠다." 철학자·현자·입법가들의 도움을 받아 미국 혁명 참가자들은, 상황과 영국의 정책이 전적으로 새로운 정치체를 건설하는 것 외에 다른 대안을 남겨주지 않았을 때, 행위를 시작할 수 있다고 생각했다. 그리고 그들이 행위할 기회를 부여받았기 때문에, 역사와 상황은 더 이상 비난받을 수 없었다. 미국 시민들이 완전히 자유롭고 행복하지 못

---

39) 이 문제들에 관한 생 쥐스트의 입장, 그리고 덧붙여 로베스피에르의 입장을 이해하기 위해서는 다음 문헌을 참조하라. Albert Ollivier, *Saint-Just et la force des choses*(Paris, 1954).

하다면, 그 과실은 전적으로 그들 자신에게 있을 것이다.[40] 10년밖에 지나지 않아 그들이 행했던 것을 가장 예리하고 사려 깊게 관찰한 어떤 사람은 다음과 같이 결론을 내리고자 했다. "나는 한 시대에서 다른 시대, 먼 고대까지 거슬러올라간다. 그러나 나는 목전에서 전개되고 있는 것과 유사한 것을 발견하지 못하고 있다. 과거가 미래에 빛을 밝혀주지 못하기에, 인간의 마음은 혼미 속에 방황하고 있다."[41] 그러나 미국 시민들에게 이러한 상황은 결코 발생하지 않았다.

19세기 초반 이후 인간들의 정신을 사로잡았던 역사적 필연성의 마력은 10월 혁명으로 효력을 얻게 되었다. 10월 혁명은 우선 인간의 희망 가운데 가장 바람직한 것을 20세기에 구체화했고, 다음으로 프랑스 혁명이 그 당대인들에게 안겨주었던 엄청난 좌절을 깨닫게 했다는 심오한 의미를 지니고 있다. 그 마력은 이 시기에만 예기치 않게 나타나는 교훈을 명기시키는 경험은 아니지만 과거 시대와 사건의 경험을 행위과정의 의식적 본보기로 삼은 것이었다. 확실히, 인간을 내부에서 강요하는 이데올로기와 외부에서 강요하는 테러의 양면적 강요는 볼세비키 혁명의 영향 아래 있었던 모든 국가에서 혁명가들이 망하게 되는 요인인 유약성을 완전히 설명해준다. 그러나 프랑스 혁명에서 배웠을 교훈은 오늘날 혁명가들이 이데올로기적 사유를 통해 스스로 자기 자신을 강요하게 만들고 있다. 고민거리는 항상 똑같았다. 혁명 훈련에 참여한 사람들은 혁명이 택해야 할 과정을 미리 배우고 익혔다. 그들은 혁명가들이 아니라 사건의 과정을 모방했다. 자신의 본보기로서 혁명가들을 택했다면, 그들은 죽을 때까지 자신의 무지를 항변했을 것이다.[42] 그러나 그들은 다음과 같이 혁명

---

40) Edward S. Corwin, "The 'Higher Law' Background of American Constitutional Law", *Harvard Law Review*, vol. 42, 1928.

41) Tocqueville, 앞의 책(제4판), vol. II, chap. 8.

42) 이러한 태도는 1848년 혁명가들의 행위와 뚜렷하게 대조되고 있다. 미슐레

이 그 결실을 파멸해야 한다는 것을 알고 있었기 때문에 자신들의 무지를 항변할 수 없었다. 하나의 혁명은 일련의 혁명에서 과정을 취하게 되며, '혐의자들의 가면' 밑에 몸을 숨긴 적(敵)은 노출된 적을 추종하며, 혁명은 혁명 정부를 침식시키기 위해 실제로 또는 '객관적으로' 연합했던 두 극단적 파벌 — 관대한 파벌과 분노한 파벌 — 로 분열되었으며, 로베스피에르가 당통(Danton)과 에베르(Hébert)를 숙청했듯 온건하기는커녕 좌파와 우파를 숙청했던 중간파 사람들이 오히려 혁명을 지지했다. 러시아 혁명가들이 프랑스 혁명에서 배웠던 것 — 이러한 교육이 준비 작업의 거의 전부였다 — 은 행위가 아니라 역사였다. 그들은 역사의 위대한 드라마가 그들에게 양도하고자 했던 모든 역할을 수행할 기술을 획득했다. 그리고 다른 역할은 소용이 없고 악당의 역할이 필요하다면, 그들은 그 역할을 수행하지 않기보다는 오히려 적극적으로 수용하고자 했다.

역사적 필연성의 외적 노출이 아무리 우매하고 부조리하게 보이더라도 종종 비굴하게 그리고 분노로 절규하지도 않으면서도 역사적 필연성의 요구에 복종하는 이러한 사람들 — 존재하는 모든 권력과 지구상의 모든 권위에 감히 도전하는 사람, 추호의 의심도 없이 용기를 보이는 사람들 — 의 모습은 어딘가 웅장하면서도 우스워 보인다. 당통과 베르니오,* 로베스피에르와 생 쥐스트, 그리고 다른 모든 사람의 말이 그들의 귀에서 울리기 때문에 그들이 바보가 된 것은 아니다. 그들은 역사로 인해 바보가 되었고, 역사의 바보가 되었다.

(Jules Michelet)는 다음과 같이 기술하고 있다. "사람들은 이 음산한 망령들과 동일시되었다. 하나는 미라보, 베르니오, 당통이고, 다른 하나는 로베스피에르다." *Histoire de la révolution française*, 1868, vol. I, 5쪽.

* 베르니오(Vergniaud, 1753~93)는 보르도 출신의 변호사로 입법 의원과 국민 공회 의원을 지냈다. 그의 이상은 고대 그리스 철학자 플라톤의 '국가'를 실현하는 것이었다. 지롱드파 숙청 때 처형되었다.

2 사회의 문제

1

20세기 초 직업 혁명가들은 역사의 바보가 되었을지 모르지만, 그들 자신은 확실히 바보는 아니었다. 혁명 사상의 한 범주인 역사적 필연성이라는 개념은 프랑스 혁명의 단순한 광경, 이 사건의 전개 과정에 대한 사려 깊은 기억, 사건들이 이후 개념으로 압축된 것 이상으로 주목할 만한 것을 많이 담고 있다. 실재(實在)는 현상 이면에 존재했다. 이 실재는 역사의 찬란한 빛 속에 이제 처음 나타났을지도 모르지만, 역사적이지 않고 생물학적이었다. 우리가 자기 성찰에서 자각했던 가장 강력한 필연성은 항구적인 변동 상태에서 우리의 신체에 스며들고 이를 유지하는 생존 과정이다. 물론 생존 과정의 운동은 자동적이고 우리 자신의 활동들과 무관하며 거역할 수 없는 운동, 즉 철저한 절박성을 지닌 운동이다. 우리 자신이 활동을 적게 하면 할수록, 즉 우리가 덜 활동적일수록, 이 생물학적 과정은 더 강력하게 나타날 것이고, 그 내재적 필연성을 우리에게 더 많이 부과하며, 모든 인간사의 기초가 되는 단순한 사건의 숙명적인 자동 활동으로 우리를 더 두렵게 한다. 원래 순환적이고 합법칙적이며 필연적인 천체 운동의 이미지에서 드러나는 역사과정의 필연성은 모든 인간 생활에 영향을 미치는 순환적 필연성에서 그 강력한 동일 속성을 보였다. 이러한 상태가 발생했을 때, 그리고 신체의 필요에 찌든 빈자(貧者)들이 우연히 프랑스 혁명의 무대로 쏟아져 나왔을 때, 인간 운명의 기복이라는 반영구적 변동과 아주 정반대의 의미를 지닌 천문학적 은유는 오랫동안 인정된 함의를 상실하고 유기체적·사회적 역사 이론들의 기초가 되었으며 이 이론들에 스며 있는 생물학적 이미지를 확보했다. 그런데 이 이론들은 모두 초자연적이고 거역할 수 없는 '일반의지'에 의해 촉진된 초자연적 물체의 이미지로 다수 — 민족 또는 인민이나 사회라는 사실적 복수성 — 를 인식한다는 내용을 담고 있다.

이러한 근대적 상(像)과 일치하는 실재는 18세기 이후 우리가 사회 문제로 간주해왔던 것이며 빈곤의 존재로 어느 정도 알기 쉽게 생각할 수 있는 것이다. 빈곤은 박탈보다 더 심각한, 항구적인 결핍과 처절한 불행 상태다. 이러한 상태의 치욕은 빈곤이 인간성을 박탈하는 강제력을 지니고 있다는 데 있다. 빈곤은 비참하다. 왜냐하면 모든 사람이 매우 친근한 경험을 통해 온갖 사유와 관계없이 빈곤을 이해하는 것과 같이, 빈곤은 사람들을 신체의 절대 명령, 즉 필연성의 절대 명령에 굴복하게 만들기 때문이다. 다수는 이러한 필연성의 규칙 속에서 프랑스 혁명을 지원하고자 무모하게 행동했고, 이를 고무했을 뿐만 아니라 지속적으로 진행했으며, 결국 혁명을 파멸로 치닫게 했다. 왜냐하면 이 다수는 빈자들로 구성되었기 때문이다. 그들이 정치 무대에 등장하자, 필연성이 동시에 표출됐다. 결과적으로 구정권의 권력은 무기력해졌고 새 공화국은 사산(死産)되었다. 사람들은 필연성, 생존 과정 자체의 절박성 때문에 *자유*를 포기해야만 했다. 로베스피에르는 "생존을 유지하는 데 필요한 모든 것은 공유재여야 하며 잉여만이 사유재산으로 인정될 수 있다"고 천명했다. 이때 그는 시민들이 시간적 여유와 충분한 재화를 모두 향유해야 한다고 주장한 전근대적 정치이론을 뒤엎었을 뿐만 아니라 궁극적으로 자신의 발언을 통해 모든 법 중에서 가장 신성한 것인 인민의 복지, 모든 권한 가운데 부정할 수 없는 가장 귀중한 것인 필연성에 혁명 정부를 다시 예속시켰다.[1] 달리 말해 그는 *자유*의 확립 자체를 위한 독재, 자기 자신의 '자유의 전제정'을 '상퀼로트(Sans-Culottes)의 권리'에 내맡겼으며, 이 권리는 상퀼로트의 범주에 속하는 부류들이 보유한 옷이나 음식, 재생산물이었다.[2] 필연성, 즉 인민의 절박한 필수품 때문에 테러가 발생했고 프랑스 혁명은 파멸에 이르게 되었다. 로베스피에르는 결국 (자신의 마지막 연설에서) "인류의 역사 속에서 자유를 형성할 순간을 상실했기 때문에 우리는 소멸할 것이다"라는 예언으로 프랑스 혁명을 공식화했지만, 결국 그는 무슨 일이 일어났는지를 충분히 알고 있었다. 왕과 참주의 음모가 아니라 필연성과 빈곤의 가장 강력한 음모가 그들을 아주 멀리 빗나가게 했고 '역사적 순간'을 망각하게 했다. 그동안 혁명은 방향을 바꾸었다. 그것은 더 이상 *자유*를 목표로 하지 않았다. 혁명의 목표는 인민의 행복으로 바뀌었다.[3]

인간의 권리가 상퀼로트의 권리로 바뀌었다. 이러한 변혁은 프랑스 혁명뿐 아니라 이후 모든 혁명의 전환점이었다. 이것은 다음과 같은 사실에 어느 정도 기인한다. 혁명이 이제까지 배출했던 가장 위대한 이론가인 카를 마르크스는 정치보다 역사에 더 많은 관심을 가졌

---

1) Laponneraye ed., *Œuvres*, 1840, vol. 3, 514쪽.

2) '상퀼로트의 권리 선언'은 로베스피에르의 친구인 부아세가 제안한 것이다. J. M. Thompson, *Robespierre*(Oxford, 1939), 365쪽 참조.

3) 상퀼로트주의의 선언이 1793년 11월에 천명한 바와 같이, 혁명의 목표는 인간의 행복이었다. Walter Markov and Albert Soboul ed., *Die Sanskulotten von Paris. Dokumente zur Geschichte der Volksbewegung 1793~1794*(East Berlin, 1957), no. 52를 참조하라.

고, 이런 까닭에 혁명가들의 원래 의도, 즉 *자유*의 확립을 거의 전적으로 무시한 채 혁명적 사건의 겉으로 보이는 객관적 과정에 집중했다. 달리 말해 50년 이상이 지나서야 비로소 인간의 권리가 상퀼로트의 권리로 바뀌는 변혁, 즉 필연성의 명령 앞에서 *자유*의 폐기를 정당화하는 이론가가 등장한 것이다. 이러한 이론이 마르크스의 저서에 나타났을 때, 근대 혁명 이론은 돌아올 수 없는 지점에 도달한 것 같았다. 사상의 차원에서 희미하게나마 비교 가능한 특성은 미국 혁명 과정에서 도출되지 않았기 때문에, 혁명들은 일반적으로 프랑스 혁명, 특별히 사회 문제로부터 영향을 받았다(토크빌도 마찬가지로, 1789년의 사건이 단지 제1단계에 불과했던 길고도 불가피한 혁명의 결과를 미국에서 연구하는 데 주로 관심을 가졌다. 이상하게도 그는 미국 혁명 자체와 미국 건국자들의 이론에는 관심을 갖지 않았다). 마르크스의 명료한 표현과 개념이 혁명 과정에 미친 엄청난 영향은 부정할 수 없다. 20세기 마르크스주의의 부조리한 스콜라주의의 관점에서, 이러한 영향을 마르크스 저서에 존재하는 이데올로기적 요소의 탓으로 돌리는 것은 매혹적일 수 있으나, 반대로 다른 방향에서 논의하고 마르크스주의의 유해한 영향을 마르크스의 여러 가지 명확하고 독창적인 발견 탓으로 돌리는 것이 더 정확할 것이다. 하여튼 청년 마르크스는 다음과 같이 확신하게 되었다. 프랑스 혁명은 사회 문제를 해결하는 데 실패했기 때문에 *자유*를 확립할 수 없었다. 그는 이 주장을 통해 *자유*와 빈곤이 양립할 수 없다고 결론짓고 있다. 혁명의 원인을 규명하는 데 그가 가장 획기적이고 정말로 독창적으로 공헌한 것은, 정치적 관점에서 대규모적 빈곤의 처절한 요구는 빵과 부를 확보하려는 봉기가 아니라 자유를 쟁취하려는 봉기였다는 해석이다. 그가 프랑스 혁명으로부터 터득했던 교훈은 빈곤이 최상의 정치적 힘이 될 수 있다는 점이다. 그의 가르침에 내재된 이데올로기적 요소들, '과학적' 사회주의, 역사적 필연성, 상부구조, '유물론'에 대한 신념은 상대적으로 부차적이고 파생적이다. 그는 이것들을 근대 전체와 공유했고, 오늘날 다양한 이름의 우리는 사회주의와 공산주의에서뿐 아니라 사회과학 체계 전반에서 이것들을 발견한다.

마르크스는 사회 문제를 정치적 추동력으로 전환했다. 이러한 전환은 '착취'라는 용어, 즉 폭력 수단을 소유한 '지배계급'에 의한 착취의 결과가 곧 빈곤이라는 개념에 포함되어 있다. 실제로는 역사학에서 이러한 가정이 지닌 가치는 낮다. 이 가설은 주인 '계급'이 하층 노동 집단을 실제로 지배하는 노예 경제에서 그 단서를 도출하고 있다. 그런데 이것은 전례 없는 규모의 빈곤이 강제력에 의한 착취의 결과였던 자본주의 초기 단계에만 유효하다. 이 가설이 과학적이기보다는 오히려 혁명적인 내용을 담고 있지 않았다면, 1세기 이상 과학적 연구가 진행되는 상황에서 생존할 수 없었을 것이다. 마르크스는 혁명을 위해 정치라는 하나의 요소를 새로운 경제학에 도입해 경제학을 그럴싸한 것 ─ 정치경제, 즉 정치권력에 기초를 두고 있으므로 정치적 조직화와 혁명 수단에 의해 전도될 수 있는 경제 ─ 으로 만들었다. 그는 소유 관계를 필연성보다 폭력으로 인해 인간들 사이에 확립된 관계, 즉 사람들이 오랫동안 인정했던 관계로 축소했다. 따라서 그는 이러한 주장을 통해 필연성의 영향 아래 있는 것이 아니라 침해를 받는 것에서 발생하는 반항의 정신을 권유했다. 마르크스가 빈자를 해방하는 데 일조했다면, 그는 빈자들이 다소간 역사적인 또는 다른 필연성의 생생한 체현자들이라고 언급함으로써가 아니라 오히려 빈곤 자체가 회소성보다는 폭력과 침해의 결과, 즉 자연 현상이 아닌 정치 현상이라고 설득함으로써 일조한 것이다. 빈곤의 조건 ─ 필연성에 제약되는 조건이기에 정의상 결코 자유로운 정신을 지닌 인민을 생산할 수 없는 조건 ─ 이 그들을 파멸로 몰아넣기보다는 혁명을 일으킬 수 있다면, 경제적 조건들을 정치적 요인들로 전환하고 이들을 정치적 관점에서 설명할 필요가 있었기 때문이다.

마르크스의 설명 모델은 고대 노예제도였다. 노예제 사회에서는 마르크스가 명명하듯, 지배계급이 분명히 피지배계급에 삶의 고통과 부담을 강요하는 수단을 소유했다. 계급의식이라는 헤겔의 용어로 표현된 마르크스의 희망은 다음과 같은 사실에서 나타났다. 즉 근대에 이르러 피지배계급은 행위할 능력을 회복할 정도로 해방되었지만, 피지배계급의 행위는 필연성으로 인해 억제할 수 없게 되었다. 노동계급은 해방되면서 필연성의 굴레에 놓이게 되었다. 산업혁명 초기 단계에 노동자들의 해방은 실제로 어느 정도 모순적이었기 때문이다. 산업혁명은 노동자들을 훨씬 강력한 공사 감독 밑에 가두어두기 위해 이들을 주인으로부터 해방했다. 이 공사 감독은 노동자들의 일상적 필요와 욕구, 달리 말해 강제력이었다. 그런데 필연성은 이 강제력과 더불어 인간들을 몰아붙이고 강요하며 폭력보다 훨씬 더 강제적이었다. 일반적이고 종종 명확하지 않은 마르크스의 견해는 여전히 고대인들의 제도와 이론에 확고하게 뿌리를 두고 있다. 물론 그는 이것을 잘 알고 있었다. 그리고 이것이 바로 그가 헤겔과 마찬가지로 자유가 필연성에서 직접 발생하는 변증법적 과정을 열렬하게 믿으려는 가장 강력한 이유일 것이다.

인간 *자유*의 역사에서 마르크스의 위치는 항상 모호한 상태로 남아 있을 것이다. 그는 초기 저서에서 사회 문제를 정치 용어로 언급했으며, 빈곤이라는 곤경을 억압과 착취의 범주들로 해석했다. 그러나 『공산당 선언』 이후 거의 모든 저서에서는 경제 용어로 젊은 시절의 진정한 혁명적 분위기를 재규정했다. 마르크스는 처음에 다른 사람들이 인간의 조건에 내재된 필연성을 신뢰했던 곳에서 인간에 의한 폭력과 인위적 억압을 목격했지만, 나중에는 모든 폭력과 위반, 침해의 이면에서 유혹하는 역사적 필연성의 철칙을 목격했다. 그리고 자신의 근대 선구자들과 달리, 그리고 고대에 생존했던 스승들과는 아주 흡사하게, 필연성과 생존 과정의 강력한 충동을 동일시했기

144

때문에, 결국 정치적으로 매우 해로운 근대의 교의, 즉 삶이란 최고의 선이고 사회의 생존 과정이 바로 인간적 노력의 중심이라는 것을 어느 누구보다도 더 강조했다. 따라서 *자유*의 확립은 차치하더라도 혁명의 역할은 더 이상 동료 인간들의 억압으로부터 인간을 해방하는 것이 아니고 사회가 풍요의 흐름으로 부상할 수 있도록 희소성의 족쇄에서 사회의 생존 과정을 해방하는 것이었다. 이제 *자유*가 아닌 풍요가 혁명의 목적이 되었다.

그러나 마르크스의 초기 저서와 후기 저서 사이에 나타나는 이러한 차이를 심리학적 또는 전기적(傳記的) 동기 탓으로 돌리고, 그 차이를 심경의 변화로 이해하는 것은 정당하지 못하다. 만년의 마르크스는 1871년 파리코뮌의 소요가 자신의 이론이나 예측과 모순된다고 하더라도 파리코뮌을 열정적으로 환영할 만큼 충분히 혁명적이었다. 문젯거리는 다분히 이론적 성격을 띠었던 것 같다. 정치적 관점에서 경제적·사회적 조건을 공공연히 비난한 이후, 그는 자신의 범주들이 역전될 수 있으며, 정치를 경제적 관점에서 해석하는 것이나 그 반대의 경우나 똑같이 이론적으로 가능하다는 점을 곧 알게 되었음이 틀림없다(개념의 이러한 가역성은 아주 엄격한 헤겔적 사유 범주에 모두 내재되어 있다). 필연성과 폭력 사이에 실제로 존재하는 관계가 일단 정립되자, 그가 필연성의 관점에서 폭력을 생각해서는 안 될 이유도, 억압이 경제적 요인들에 의해 야기된 것으로 생각해서는 안 될 이유도 없어졌다. 비록 원래는 이러한 관계가 반대로, 즉 인위적 폭력인 필연성의 실체를 벗김으로써 발견되었다고 하더라도 말이다.

폭력을 필연성으로 환원하는 것이 훨씬 우아하다는 부정할 수 없는 이론적 장점 때문에, 이 해석은 그의 이론적 의미에 매우 강력히 부합했음이 틀림없다. 이러한 해석은 폭력과 필연성의 실제적 차이가 부차적이게 되는 지점에 이르기까지 문제를 단순화한다. 왜냐하면 폭력은 실제로 기본적이고 지배적인 필연성의 한 기능이나 표피적 현상으로 쉽게 이해될 수 있지만, 우리가 신체의 존재 자체와 이들의 욕구 속에서 끊임없이 유지하고 있는 필연성은 결코 폭력과 침해에 의해 단순히 환원되고 완전히 흡수될 수 없기 때문이다. 마르크스는 자신의 내면에 존재하는 과학자의 모습, 그리고 자신의 '학문'을 당시까지도 여전히 필연성을 주요 범주로 삼았던 자연과학 수준으로 발전시키려는 야망 때문에 자신의 범주들을 반전시키고 싶어 했다. 정치적으로, 마르크스는 이러한 발전을 위해 *자유*를 필연성에 실제로 양도했다. 그는 혁명과 관련해 스승인 로베스피에르가 과거에 실행했던 것을 되풀이했으며, 그의 가르침이 영감을 준 가장 중대한 혁명에서 그의 가장 위대한 제자인 레닌이 그를 따르려 했다.

우리가 이들 중 어느 한 사람을, 그중에서도 특히 레닌을 단순한 선구자가 아닌 그 자체로 판단하기란 쉽지 않다. 따라서 필연성에 양도하는 것들, 특히 레닌을 통해 나타나는 마지막 양도를 처음부터 뻔한 결론으로 평가하는 것은 이미 하나의 관례가 되었다(레닌이 비록 '훌륭할' 뿐 아니라 비교할 수 없을 정도로 상당히 소박한 사람이었음에도 불구하고 히틀러나 스탈린과 달리 결정적인 전기작가를 아직 발견하지 못했다는 점은 지적할 만한 가치가 있을 것이다. 이는 아마 20세기 역사에서 그의 역할이 모호하고 이해하기 어렵기 때문일 것이다). 그러나 레닌조차 그의 독단적인 마르크스주의에도 불구하고, 이러한 양도를 피할 수 있었을지도 모른다. 10월 혁명의 본질과 목표를 한 문장으로 진술하라고 요청받았을 때, 그는 흥미롭지만 오랫동안 잊혔던 표현인 "전기 사업과 소비에트"를 제시했다.

이 대답은 우선 그 내용이 생략하고 있는 것 때문에 주목할 만하다. 한편에는 당의 역할, 다른 한편에는 사회주의 건설. 그러나 우리는 이들 대신에, 마르크스주의와 전혀 달리 경제와 정치를 분리시킨 입장, 즉 러시아 사회 문제의 해결책인 전기 사업과 혁명 기간 중 모든 정당 밖에서 출현했던 새로운 정치체인 소비에트 체제 사이의 분화를 접하게 된다. 그리고 더 놀라운 것은, 마르크스주의자에게서 나온 제안이라고는 믿기 어려운 주장, 즉 빈곤 문제는 사회주의화 및 사회주의를 통해 해결되는 것이 아니고 기술적 수단을 통해 해결된다는 제안이다. 사회주의화와 대조적으로 기술은 당연히 정치적으로 중립적이기 때문이다. 기술은 특정한 정부 형태를 규정하거나 배제하지 않는다. 달리 표현하면, 전기 사업은 빈곤의 저주로부터 사람들을 해방하고, 새로운 정부 형태인 소비에트는 *자유*를 확립한다. 이것은 정치인으로서 레닌의 역량이 그의 마르크스주의적 훈련과 이데올로기적 확신을 압도할 때 심심치 않게 제기되는 사례들 중 하나였다.

그러나 이러한 가능성은 오래가지 않았다. 볼셰비키당만이 전기 사업과 소비에트를 운영하는 힘이 될 수 있다고 결정했을 때, 레닌은 *자유*를 확보하기 위한 새로운 제도의 가능성과 더불어 국가의 합리적·비이데올로기적 경제 발전을 위한 가능성을 포기한 것이었다. 그 자신은 이로써 당과 당기구가 문자 그대로 전지전능해지기 위한 전례를 확립했다. 그러나 그는 아마도 정치적 이유보다 오히려 경제적 이유 때문에, 당의 권력 자체보다는 전기 사업을 위해 자신의 초기 입장을 포기했을 것이다. 그는 낙후된 국가의 무능력한 인민이 정치적 *자유*의 조건 아래서 빈곤을 정복할 수 없다는 것, 빈곤을 극복하는 동시에 *자유*를 확립할 수 없다는 것을 확신했다. 레닌은 프랑스 혁명의 마지막 후계자였다. 그는 *자유*의 이론적 개념을 갖고 있지 않았지만, 사실적 현실에서 그것에 직면했을 때 무엇이 문제가 되는지를 이해했다. 또한 그가 빈자를 해방한다고 여겼던 당을 강화하고자 *자유*를 실현하는 새로운 제도인 소비에트를 희생시켰을 때, 그의 동기 부여와 추론은 여전히 프랑스 혁명의 전통이 담고 있는 비극적 실패와 일치했다.

2

빈자는 제약 이외에는 아무것도 잃을 것이 없기 때문에 빈곤이 인간으로 하여금 억압의 족쇄를 끊을 수 있도록 지원한다는 이념은 마르크스의 저서를 통해 아주 친숙해졌다. 따라서 우리는 프랑스 혁명의 실제적 과정 전에는 그것에 대해 듣지 못했다는 것을 망각하고 싶어 한다. 실제로, *자유*를 사랑하는 사람들의 마음에 귀중한 공통의 선입견은 18세기 인간들에게, "유럽은 과거 12세기가 넘는 시간 동안 통치자들의 억압으로부터 탈출하려는 인민들의 입장에서 그들의 지속적인 노력을 …… 평가하길 제안해왔다"고 말하고 있다.[4] 그러나 이 사람들은 인민을 빈민으로 생각하지 않았으며, 모든 혁명이 기원상 사회적이라는 19세기의 편견은 18세기의 이론과 경험에는 전혀 존재하지 않았다. 사실 미국 혁명 참가자들이 프랑스를 방문해 유럽 대륙의 사회적 조건, 즉 빈자뿐 아니라 부자의 조건을 마주했을 때, 그들은 워싱턴(Washington)이 그랬듯 "미국 혁명이…… 유럽에 살고 있는 거의 모든 국민의 눈을 뜨게 하며, 평등한 자유의 정신이 모든 곳에서 신속하게 기반을 확보해가고 있는 듯하다는 것"을 더 이상 믿지 않았다. 이들 중 일부는 이전에 미국 독립전쟁에서 함께 싸운 프랑스 장교들에게 다음과 같이 경고했다. "당신들이 이 처녀지에서 이룬 우리의 승리에 영향을 받아 희망을 갖지 않기를 바란다. 당신들은 우리의 정서를 가지고 가서 수세기 동안 타락했던 나라에 그 정서를 이식하고자 한다면, 우리보다도 더 가공할 만한 장애에 직면할 것이다. 우리는 피의 대가로 자유를 획득했으나 당신들의 자유는 그것이 구대륙에 뿌리를 내리기도 전에 조류에 휩쓸리게 될 것

---

4) 제임스 먼로(James Monroe)의 주장. J. Elliot, *Debates in the Several State Conventions on the Adoption of the Federal Constitution*, Book III, 1861.

이다".[5] 그러나 그들이 이렇게 말한 더 큰 이유는 훨씬 더 구체적이었다. (제퍼슨이 프랑스 혁명 발발 2년 전에 기술했던 바와 같이) "미국 전체의 가장 불행한 사람들보다도 더 불행하고 인간 실존의 모든 상황에서 훨씬 저주받은 사람이 프랑스 국민 2,000만 명 중 1,900만 명이나 된다." (제퍼슨 이전에 프랭클린 역시 파리에 갔을 때 뉴잉글랜드에서 누렸던 행복에 대해 종종 생각했다. "당시 뉴잉글랜드의 모든 사람은 자유롭게 부동산을 보유했고, 공공 문제에 투표권을 가지고 있었으며, 깔끔하고 온화한 집에서 살면서 좋은 음식과 연료를 넉넉히 가지고 있었다…….") 제퍼슨은 사회의 일부, 즉 안락하고 즐거운 삶을 영위하는 사람들에게서 어떠한 훌륭한 행위도 기대하지 않았다. 제퍼슨이 보기에 그들의 행위는 '풍습'에 지배되었으며, 풍습의 채택은 모든 곳에서 '완전한 빈곤'에 이르는 한 단계였다.[6] 그는 빈곤과 타락이라는 이중의 '불행을 짊어진' 사람들이 미국이 획득했던 것을 성취할 수 있으리라는 기대는 조금도 하지 않았다. 오히려 그는 이들이 "미국에서 생각하듯 자유로운 정신을 지닌 사람들이 결코 아니"라고 경고했고, 존 애덤스는 자유로운 공화주의 정부는 "베르사유 왕립 동물원의 코끼리, 사자, 호랑이, 팬더, 늑대, 곰을 대하듯 부자연스럽고 비합리적이며, 실천적이지 못하다"라는 것을 확신했다.[7] 그리고 약 25년이 지난 후 사건들이 일정 정도 제퍼슨이 생각했던 대로 나타나고, 그가 "어느 정도의 *자유*를 가진 유럽 도시의 군중들은 곧 자신들의 *자유*를 공적인 것과 사적인 것을 모두 파멸시키고 파괴하는 데 악용했다"고 회상했을 때,[8] 그는 빈자와 부자, 타락과 불행을 모두

---

5) 두 인용문의 출처는 다음과 같다. Lord Acton, *Lectures on the French Revolution* (1910), Noonday paperback edition, 1959.

6) 1785년 8월 18일 파리에서 트리스트 부인(Mrs. Trist)에게 보낸 서한.

7) 1786년 8월 13일 제퍼슨이 파리에서 위트(Mr. Wythe)에게 보낸 서한과 존 애덤스가 1813년 7월 13일 제퍼슨에게 보낸 서한.

염두에 두고 있었다.

미국 혁명의 성공을 당연한 것으로 간주하고 프랑스 혁명 참가자들의 실패를 비난하는 것은 매우 정당했다. 공화정 설립자들이 실제로 매우 지혜로웠다 하더라도, 미국 혁명의 성공이 단순히 이들의 지혜만으로 가능했던 것은 아니다. 미국 혁명은 성공했으나 아직 새로운 정치질서가 도래하지 않았다는 것, 그리고 헌법은 "사실 실질적인 존재로서…… 가시적 형태로 정립될 수 있었지만, 문법이 언어와 밀접한 관계를 유지하듯, 자유와 연계성을 유지하지는 못했다"[9]는 점은 기억해야 할 핵심적 내용이다. 성공과 실패의 이유를 들자면, 빈곤의 곤경은 미국이란 무대에는 존재하지 않았으나 세계의 다른 모든 곳에 존재했다는 것이다. 이것은 두 가지 제한을 필요로 하는 포괄적 진술이다.

미국적 현실에 존재하지 않았던 것은 빈곤이라기보다는 불행과 결핍이었다. 왜냐하면 빈자와 부자, 근면한 사람과 나태한 사람, 학식 있는 사람과 무지한 사람 사이의 논쟁은 미국적 현실에서도 상당히 많이 존재했고 건국자들의 마음을 사로잡았는데, 이들은 국가의 번영에도 불구하고 이러한 차이들 — 창세만큼 오래되었고 지구만큼 광범위한 — 이 영구적이라고 확신했기 때문이다.[10] 그러나 미국의 근면한 사람들은 가난하기는 하지만 불행하지는 않았기 때문에 영국과 대륙 여행자들의 관찰은 완전히 일치했고 똑같이 놀라움으로 표현됐다. "나는 1,200마일을 여행하는 도중에 구걸하는 사람을 단 한 명도 보지 못했다(앤드류 버나비)." 그들은 필요의 절박함으로 찌들지 않았고, 혁명이 그들에 의해 압도되지도 않았다.

그들이 제기한 문제는 사회적인 것이 아니라 정치적인 것이었으

---

8) 1813년 10월 28일 존 애덤스에게 보낸 서한.

9) Thomas Paine, *The Rights of Man* (Everyman's Library edition, 1971), 48, 77쪽.

10) John Adams, *Discourses in Davila, Works* (Boston, 1851), vol. VI, 280쪽.

며, 사회질서와 연관되기보다는 정부 형태와 연관되었다. 주민 대다수가 '끊임없이 노동을 해야 했으며' 여가가 부족했기 때문에, 이들이 물론 대표하거나 대표자들을 선택하는 데 배제되지는 않았지만, 자동적으로 정부에 적극 참여하지 못했다는 것이 문제의 요지였다. 그러나 대표성은 노동자들의 삶을 보호하고 정부의 침해에 대비해 자신들을 보호하는 데 필요한 '자기보존' 또는 자기이익에 불과하다. 이와 같은 본질적으로 소극적인 보호 수단들은 결코 다수에게 정치 영역을 개방하지 않으며, 존 애덤스의 주장대로 "자기보존 다음으로 인간 행위의 거대한 원천이 되는 차이에 대한 열정(동등하거나 닮고자 하는 욕망뿐만 아니라 우월해지려는 욕망)"[11]을 결코 부추길 수 없다.

따라서 자기보존 수단을 확보한 후 빈자들이 직면하는 곤경은 그들의 삶이 결과를 지니고 있지 않다는 것, 탁월성을 드러낼 수 있는 공공 영역의 빛으로부터 자신들이 여전히 배제되고 있다는 것이다. 그들은 가는 곳마다 어둠 속에 서게 된다. 존 애덤스는 다음과 같은 사실을 목격했다. "가난한 사람의 양심은 깨끗하다. 그럼에도 그는 부끄러워한다. ……그는 자신이 다른 사람의 시선에서 벗어나서 어둠 속을 배회하고 있다고 느낀다. 인류는 그를 주목하지 않는다. 그는 주목받지 못한 채 배회하며 방황한다. 군중 속에서도 교회에서도 시장에서도 그는 마치 다락방이나 벽장에 있는 것처럼 희미한 상태에 있다. 그는 비난받거나 견책받거나 힐난을 받지도 않는다. 그는 단지 보이지 않을 뿐이다.…… 전적으로 무시당하고 있음을 아는 것은 참기 어렵다. 무인도에 있는 크루소가 알렉산드리아의 도서관을 가지고 있더라도 자신이 사람의 얼굴을 결코 다시 보지 못한다는 확신을 가지고 있다면, 한 권의 책이라도 펴보겠는가?"[12] 사람들이 표

---

11) 같은 책, 267, 279쪽.

현하는 불의에 대한 감정, 결핍보다는 어둠이 빈곤의 저주라는 확신을 근대 문헌에서 찾아보기란 지극히 어렵기 때문에, 나는 이러한 말들을 충분히 인용했다. 물론 마르크스는 적어도 부분적으로 그 상처받은 삶이 역사에 의해 또다시 망각되는 모욕을 받았던 사람들을 사후(死後)에 복구시키고자 계급투쟁의 관점에서 역사를 다시 쓰고자 했다.

존 애덤스는 분명히, 고통이 존재하지 않는 상황을 목격했기 때문에 가난한 사람의 정치적 곤경을 발견할 수 있게 되었지만, 가난한 사람들은 결핍 때문에 인간의 삶에서 발생하는 훨씬 더 명백한 파멸과는 현저히 다르게 어둠이 초래하는 활동 불능 상태에 관한 그의 통찰에 거의 공감할 수 없었다. 그러한 통찰은 몇몇 사람만의 지식에 지나지 않았기 때문에 혁명사나 혁명 전통에 거의 영향을 미치지 못했다. 가난한 사람들이 미국이든 다른 곳에서든 부자가 됐을 때, 그들은 여가를 가지게 되었으나, 우월해지려는 욕망을 행위로 실천하지 못하고 무료한 시간의 부담에 압도되었다. 아울러 이들 역시 '다른 사람들의 관심과 축하'를 좋아하게 되었지만 가능한 한 값싸게 재화를 획득하는 데 만족했을 뿐, 세상의 밝은 빛 속에서만 만끽할 수 있는 차이와 우월성에 대한 열정은 무시했다. 그들에게 정부는 여전히 자기보존을 위한 것이었다. "(차이에 대한 열정)을 규제하는 것이 정부의 주요 목적"[13]이라는 존 애덤스의 확신은 논쟁거리조차 되지 못하고 쉽게 잊혔다. 그들은 우월성이 빛날 수 있는 시장에 참여하는 대신 '재력을 과시하고자' 자신의 개인 주택을 공개하고, 부를 과시하며, 모든 사람에게 드러내기에 본질적으로 적합하지 않은 것을 보여주고자 했다.

---

12) 같은 책, 239~240쪽.
13) 같은 책, 234쪽.

그러나 한때 가난했지만 일단 부유해진 사람들이 자신의 행태 규칙을 개발하고 이를 정치체에 부과하려는 것을 저지하기 위한 오늘날의 이러한 고민들은 18세기에는 아직 존재하지 않았다. 오늘날에도 미국의 이러한 관심은 풍요의 조건에서 아주 실질적이기는 하지만 다른 세계의 우려나 관심과 비교할 때 확실히 사치스러운 것 같다. 게다가 근대의 감수성은 세상에 드러나지 않음에 따라, 심지어 '자연적 재능'의 좌절과 '우월해지려는 욕망'의 좌절에 따라서도 영향을 받지 않는다. 존 애덤스와 다른 건국 선조들은 단순한 고통에 깊이 영향을 받았지만, 애덤스가 특히 근대적 감수성에 더 깊이 영향을 받았다는 사실은 다음과 같은 사실을 상기해볼 때 매우 충격적이다. 즉 미국 현실에 사회 문제가 존재하지 않는다는 것은 결국 완전히 기만적인 것이며, 아울러 비참하고 치욕적인 빈곤이 노예노동과 흑인노동의 형태로 도처에 존재했다는 점을 기억해볼 때말이다.

역사는 우리에게 다음과 같은 내용을 전달하고 있다. 사람들이 빈곤의 광경을 목격하면 늘 당연하게 '연민'*을 느끼게 되는 것은 결코 아니다. 자비의 종교인 기독교가 서구 문명의 도덕적 기준을 결정하고 오랜 시간이 지나는 동안에도, 동정은 종종 정치 영역 밖에서 작동되었고 교회의 기존 계서 밖에서 작동되었다. 그러나 우리는 여기서 이러한 오랜 무관심이 거의 사라지고 있는 때인 18세기의 사람들을 다루고 있으며, 루소의 표현대로 "고통받고 있는 동료 인간들을 목격하는 것에 대한 내면적 반감"이 유럽 사회의 어떤 계층 사이에

---

* 여기서 pity는 연민(憐憫)으로 표기한다. '연민'은 불쌍히 여기고 답답하며 딱해 걱정스러워함으로 정의된다. 반면 compassion은 com과 passion의 복합어로서 직역하면 '동일한 정념'이지만, 우리말 사전에서는 "남의 불행이나 슬픔 따위를 자기 일처럼 생각해 가슴 아파하고 위로함"으로 정의된다. 이때 '자기 일처럼'이란 표현은 '동일하다'는 의미를 담고 있기 때문에, 여기서는 compassion으로 표기한다. 이 장의 제4절에서 아렌트는 pity와 compassion을 비교하는데, 이러한 구분은 우리의 어의적 정의와 일치한다.

서, 정확히 프랑스 혁명을 일으켰던 사람들 사이에서 공통적으로 나타났던 때인 18세기의 인간들을 취급하고 있다. 그 후, 동정이라는 정념은 모든 혁명가 중 가장 훌륭한 사람들을 괴롭히고 자극했으며, 동정이 행위자들의 동기에 아무런 역할을 하지 않았던 유일한 혁명은 미국 혁명이었다.

만약 미국에 흑인노예가 없었다면, 사람들은 전적으로 미국의 번영을 통해, 제퍼슨의 '아름다운 평등'을 통해, 윌리엄 펜(William Penn)의 표현대로 미국이 '아주 가난한 사람의 나라'라는 사실을 통해 이 두드러진 측면을 설명하고 싶었을 것이다. 사실, 우리는 가난한 백인의 나라에서 미덕은 상당한 정도로 흑인노동과 흑인의 빈곤에 좌우되지 않았는가를 묻고 싶어 한다. 18세기 중반 미국에는 대략 185만 명의 백인과 함께 대략 40만 명 정도 흑인이 살고 있었다. 우리는 신뢰할 만한 통계자료가 없음에도 구세계의 국가들에서는 지독한 적빈(赤貧)과 빈곤 상태에 있는 사람들의 비율이 훨씬 더 낮았다는 것을 확신할 수 있다. 우리는 이를 통해 노예제도가 빈곤의 어두운 면보다 훨씬 더 암담한 면을 지녔다는 결론만을 내릴 수 있다. 가난한 사람이 아닌 노예는 '전적으로 무시되었다.' 제퍼슨이나 소수의 다른 사람들이 미국 사회의 구조가 기반을 두고 있는 원시적 범죄를 자각했다면, 또는 그들이 신이란 정의롭다고 생각했을 때 전율했다면(제퍼슨), 그것은 노예제도와 *자유* 확립의 양립 불가능성을 확신했기 때문이지 연민이나 동료 인간들과의 유대감에 감동받았기 때문이 아니다.

그리고 우리가 이해하기 어려운 이러한 무관심은 미국인들만의 것이 아니며, 따라서 마음의 타락이나 이기심에 관해서라기보다는 오히려 노예제 때문에 비판받아야 한다. 유럽의 사회 조건을 목격하고 동정하게 되었던 18세기 사람들은 다들 비슷하게 반응했기 때문이다. 그들 역시 미국과 유럽 간의 특이한 차이는 "(인류 일부의) 무지

와 빈곤을 저주하는 비참한 상태의 부재"에 있다고 생각했다.[14] 노
예제는 미국인들의 경우와 마찬가지로 유럽인들에게도 사회 문제
가 되지 못했다. 따라서 완전히 부재하든 단지 어둠 속에 숨겨져 있
든 사회 문제는 모든 실천적 문제, 아울러 혁명가들을 자극하는 가장
강력하고 아마도 가장 참혹한 정념, 즉 동정의 정념 때문에 존재하지
않았다.

오해를 피하기 위해 몇 가지를 지적하고자 한다. 혁명에서 차지하
는 역할 때문에 우리가 여기서 관심을 갖고 있는 사회 문제는 지난
몇십 년 사이에 사회과학의 주요 주제가 되어왔던 기회 평등의 결여
나 사회적 지위의 문제와 동일시되어서는 안 된다. 신분 상승을 위한
경쟁은 우리 사회의 특정 계층에서는 충분히 흔한 일이지만 18, 19세
기의 사회에는 전혀 존재하지 않았다. 어떠한 혁명가도 인류에 이러
한 경쟁을 소개하거나 경쟁의 규칙을 비특권층에 교육하는 것이 자
신의 임무라고 생각하지 않았다. 이러한 현대의 범주들이 공화국 건
국자들에게 얼마나 생소했는가는 아마도 교육 문제에 대한 그들의
태도에 가장 잘 드러날 것이다. 건국자들에게 교육 문제는 매우 중요
했는데, 그것은 모든 시민이 사회적 사다리를 올라갈 수 있도록 하기
위해서가 아니라 국가의 복지 및 정치제도의 작동이 모든 시민의 교
육에 좌우되었기 때문이다. 건국 선조들은 "모든 시민이 자기 삶의
조건 및 추구에 비례하는 교육을 받아야 한다"고 주장했다. "자연으
로부터 재능뿐 아니라 미덕을 부여받은 사람들이 부, 출생 또는 다른
우연적 조건 및 상황과 무관하게…… 동료 시민들의 권리 및 자유의
성스러운 보고(寶庫)를 보호할 수…… 있어야 공적 행복을 증진하기
쉽기" 때문에, 시민은 교육 목적상 "두 계급, 즉 노동계급과 지식계

---

14) D. Echeverria, *Mirage in the West: A History of the French Image of American
    Society to 1815*(Princeton, 1957), 152쪽.

급"으로 구분되는 것으로 이해되었다.[15] 모든 사람이 사회적 상승의 권리와 이에 따른 교육의 권리를 가지고 있다는 오늘날의 개념은 차치하더라도, 그 사람이 재능을 가지고 있기 때문이 아니라 사회가 자신의 지위를 상승시키는 데 필요한 기술 개발을 그의 몫으로 돌리기 때문에, 재능의 좌절에 내재된 불의에 대한 그들의 감수성은 재능의 숭배와 밀접한 관계가 있었다. 마찬가지로 모든 재능을 완전히 발전시킬 수 있는 개인의 권리에 대한 19세기 자유주의자들의 관심도 위와 같은 고려 사항에는 분명히 존재하지 않았다.

인간 본성의 결함에 관한 건국 선조들의 현실주의적 견해들은 악명이 높지만, 사회의 낮은 계층에 속하는 사람들이 사실상 분노·탐욕·질투를 분출할 권리를 가지고 있다는 사회과학자들의 새로운 가정들은 그들을 놀라게 했을지도 모른다. 그들은 질투와 탐욕은 그것이 어디서 있든 악이라고 주장해왔을 뿐만 아니라 그들 자신의 현실주의는 그들에게 그러한 악이 사회의 하류 계층보다는 상류 계층에 더 많이 존재한다고 말했을지 모르기 때문이다.[16] 물론 18세기 미국에서도 사회 이동은 비교적 많은 편이었으나 혁명에 의해 촉진되지는 않았다. 그리고 실제로 프랑스 혁명으로 인재들이 성공할 기회를 매우 많이 얻기는 했지만, 사회 이동은 집정부(執政部: Directory)와

---

15) 다음 내용을 참조하라. Jefferson, "A Bill for the More General Diffusion of Knowledge"(1779) and "Plan for an Educational System"(1814), Saul K. Padover ed., *The Complete Jefferson*(1943), 1048, 1065쪽.

16) 예컨대, 평등 문제에 관한 노동계급의 견해를 분석한 레인(Robert E. Lain)의 연구 — "The Fear of Equality", *American Political Science Review*, vol. 53, March 1959 —는 노동계급 입장에서 분노의 결여를 '평등의 공포'로서 평가하며, 고통스럽고 정당하지 못한 시기를 무마하기 위해 부자들이 다른 사람보다 더 행복하지는 않다고 생각하는 노동계급의 확신, 안전의 결여로서 돈을 받은 노동계급이 친구들을 무시하지 않는다는 점을 평가하고 있다. 짧은 논문은 모든 미덕을 숨겨진 악습 —실재하지 않는 최상의 동기를 찾는 힘든 일— 으로 전환하고자 한다.

나폴레옹 보나파르트 이후까지 발생하지 않았다. 즉 *자유*와 공화국의 건국이 아니라 혁명을 포기하고 부르주아지가 등장하는 것이 문제가 될 때까지 사회 이동은 발생하지 않았다. 우리의 맥락에서 볼 때는, 개인적 좌절이나 사회적 야망이 아니라 빈곤이라는 곤경이 동정을 발생시킬 수 있다는 게 문제의 핵심이다. 이제 우리는 미국 혁명을 제외한 다른 모든 혁명에서 동정이 어떤 역할을 했는지에 관심을 가져야 한다.

3

인류 대다수의 빈곤과 불행을 외면하는 것은 오늘날 일부 유럽 국가들, 다수의 라틴 아메리카 국가들, 그리고 아시아와 아프리카의 거의 모든 국가에서만큼이나 18세기 파리 또는 마르크스와 엥겔스가 프랑스의 교훈을 숙고할 수 있었던 19세기 런던에서도 불가능한 일이었다. 확실히, 프랑스 혁명 참가자들은 참주정에 대한 증오 때문에 자극을 받았고, 웹스터(Daniel Webster)의 탁월한 표현을 빌리면 "조약 전문을 위해 전쟁에 참여하고 선전포고 때문에 7년간 전쟁한" 사람들 못지않게 억압에 반발해 일어섰다. 그들은 착취와 빈곤이 아니라 참주와 억압에 대항해 인민의 권리를 주장했다. 모든 권력은 인민의 동의—고대 로마의 학교에서는 혁명 정신을 가르치고 교육했다—에서 그 정당성을 도출해야 하기 때문이다. 프랑스 혁명 참가자들 자신은 분명히 정치적으로 무기력했고 피억압자들 사이에 있었기 때문에, 자신들이 인민에 속한다고 생각했지만 인민과 어떠한 유대를 촉구할 필요는 없었다. 프랑스 혁명 참가자들이 인민의 대변자가 되었다면, 그것은 그들이 인민을 위해 중요한 것을 행했다는 의미, 즉 인민에 대한 지배를 위해서 뭔가를 했다거나 인민을 사랑했다는 의미에서는 아니다. 그들은 공동의 목적 아래 인민의 대변자로서 발언하고 행동했다. 그러나 미국 혁명 13년이란 기간을 통해 진실된 것으로 밝혀졌던 것은 프랑스 혁명 과정에서는 단순한 허구로 곧 밝혀졌다.

　프랑스에서 군주정의 몰락은 치자와 피치자, 정부와 인민 사이의 관계를 변화시키지 않았으며, 정부의 변동이 이들 간의 반목을 치유할 수 있는 것 같지도 않았다. 이러한 측면에서 혁명 정부는 예전과 다름없이 인민의 정부와 인민에 의한 정부가 아니라 기껏해야 인민을 위한 정부였고, 최악의 경우 인민과 전혀 무관하게 스스로를 규정했던, 대표를 자임한 자들에 의한 주권 찬탈이었다.[17] 문제는 국민과 모든 분파에 속한 국민 대표자 사이의 주요 차이점이, 로베스피에르 등이 기대했던 것같이 '미덕 및 천재성'과 관계 있는 것이 아니라, 혁명이 성취된 이후에야 드러나는 사회적 조건의 명백한 차이에 전적으로 존재한다는 점이다. 불가피한 사실이지만, 소수만이 참주정으로부터의 해방에 고무되어 자유에 관심을 가졌고, 빈곤으로 여전히 부담을 안고 있는 다수는 이를 거의 느끼지 못했다. 다수는 다시 한 번 해방되어야만 했다. 그리고 필연성의 속박에서 벗어나는 이러한 해방과 비교할 때, 참주정에서 벗어나는 최초의 해방은 어린아이의 장난같이 보였음이 틀림없다. 더욱이 인민을 대변했던 대혁명의 주도자들과 인민은 더 이상 해방 과정에서 공통의 목적을 실현하기 위한 객관적인 유대(紐帶)를 통해 통합하지 못했다. 대표자들은 로베스피에르가 미덕이라고 명명한 유대를 위해 특별히 노력해야만 했다. 이 미덕은 로마적이지 않으며, 공적인 것(res publica)을 목표로 하지 않았으며, *자유*와도 아무런 관계가 없었다. 미덕은 인민의 복지를 염두에 두고 있다는 것, 개인의 의지와 인민의 의지를 동일시한다

---

17) Robespiere, G. Laurent ed., *Œuvres complètes*, 1939, vol. IV; *Le Défenseur de la constitution*, 1792, vol. II, 328쪽.

는 것 ─ 하나의 의지가 존재한다 ─ 을 의미했으며, 이러한 노력은 일차적으로 다수의 행복을 지향했다. 지롱드당이 몰락한 후, "유럽에서 새로운 이념"(생 쥐스트)은 더 이상 *자유*가 아니라 행복이었다.

인민(le peuple)이라는 용어는 프랑스 혁명을 어떻게 이해하든 하나의 핵심어가 된다. 이 용어의 함의는 인민의 빈곤을 직접 목격했던 사람들에 의해 결정되었다. 물론 이 광경을 목격한 사람들 자신은 고통을 분담하지 않았다. 처음으로 이 용어는 정부에 참여하지 않았던 사람들, 즉 시민이 아닌 하층민을 포함하게 됐다.[18] 이 용어의 정의는 바로 동정에서 나왔고, 그 용어는 불운과 불행 ─ 로베스피에르가 늘 표현하고자 했듯, 인민, 불행한 사람들, 내가 찬양하는 사람들; 혁명가들 중 가장 감성적이지 않으며 침착했던 시에예스도 언급했듯, 항상 불행한 사람들 ─ 과 같은 의미를 지니게 되었다. 또한 인민을 대표하며 모든 정당한 권력을 인민으로부터 끌어내야 한다는 확신을 가졌던 사람들의 개인적 정당성은 이 **동정적인 열의**, 즉 유약한 인간들에 대한 우리의 관심을 호소하는 절박한 충동 속에만 존재할 수 있었다.[19] 간단히 말해, 개인적 정당성은 동정을 최상의 정치적 정념과 정치적 미덕의 수준으로 끌어올리는 의지를 수반하며 '수많은 빈민 계급'과 함께 고통을 공유하려는 능력에만 존재할 수 있었다.

역사적으로 말하자면, 지롱드당이 헌법을 만들고 공화정을 수립하는 데 실패한 후에야, 동정이 혁명가들의 추동력이 되었다. 로베스피

---

18) 인민은 서민(menu peuple)이나 하층민(petit peuple)과 동일하며, 중소기업인, 식료품 상인, 기능공, 노동자, 피고용자, 판매원, 하인, 일용 노동자, 룸펜프롤레타리아로 구성되며, 빈한한 예술가, 연기자, 가난한 작가 등으로 구성된다. Walter Markov, "Über das Ende der Pariser Sansculottenbewegung", *Beiträge zum neuen Geschichtsbild, zum 60. Geburstag von Alfred Meusel*(Berlin, 1956).

19) 1791년 7월 로베스피에르가 프랑수아에게 보낸 편지, J. M. Thompson, 앞의 책(1939), 176쪽.

에르가 이끌었던 자코뱅당이 권력을 장악했을 때 혁명은 그 전환점에 도달했다. 그들이 더 급진적이기 때문이 아니라 정부 형태에 대한 지롱드당의 관심을 공유하지 않았기 때문이고, 공화정보다 오히려 인민을 신뢰했으며, 제도와 헌법보다 오히려 '계급의 자연적 선을 더 신뢰했기' 때문이다. 즉 로베스피에르가 주장했던 바와 같이, "새로운 헌법 아래서 법은 '프랑스 공화정' 대신 인민의 이름으로 공포되어야 했다."[20]

이러한 강조점의 변화는 어떤 이론에 의해서가 아니라 혁명 과정에 의해 촉진되었다. 그러나 이러한 상황에서 합법 정부의 필수 요건으로 인민의 동의를 강조하는 고대 이론은 더 이상 설득력을 가질 수 없었으며, 때늦은 지혜에 비추어볼 때 루소의 이론에서 일반의지는 전체의 의지로 존재할 수도 있는 고대의 동의 개념을 대체했음이 틀림없다는 것은 거의 당연한 일이다.[21] 전체의 의지, 즉 동의는 새로운 정치체의 헌법과 정부 구성에 충분할 만큼 역동적이거나 혁명적이지는 않았다. 아울러 동의는 분명히 정부의 존재 자체를 전제했고, 이런 까닭에 특정한 결정과 특정한 정치체에서 발생한 문제들의 해결을 위해서만 충분한 것으로 간주될 수 있었다.

그러나 이러한 형식주의적 고려는 부차적인 의미를 갖는다. 세심한 선택과 신중한 의견이라는 함축적 의미를 지닌 '동의'라는 단어가 '의지'라는 용어로 대체되었다는 것이 매우 중요하다. 물론 의지라는 용어는 본질적으로 의견의 교환 과정 전체와 의견의 궁극적 일치를 전적으로 배제한다. 의지가 전적으로 기능할 수 있으려면, 그것은 실제로 하나이고 분리가 불가능해야 한다. 따라서 분리된 의지는 상정할 수 없다. 의견들 간의 매개가 가능한 것과는 달리 의지들 간

---

20) 같은 책, 365쪽. 그리고 1794년 2월 국민의회에서 한 연설.

21) *Du contrat social*(1762) G. D. H. Cole trans.(New York, 1950), Book II, 제3장 참조.

의 매개는 가능하지 않다. 강조점이 공화정에서 인민으로 바뀐 것은 미래 정치체의 지속적인 통일이 인민이 공유한 세속적인 제도 속에서가 아니라 인민들 자신의 의지 속에서 보장되었다는 것을 의미한다. 일반의지인 이 인민 의지가 지니는 두드러진 특징은 만장일치였다. 그리고 로베스피에르가 '여론'을 지속적으로 언급했을 때, 그는 다수가 공적으로 합의한 의견이 아니라 일반의지의 만장일치를 생각하고 있었다.

단 하나의 의지에 의해 촉진된 인민의 이러한 지속적 통일을 안정으로 오해해서는 안 된다. 루소는, 정체성을 상실하지 않으면서도 언제나 방향을 바꿀 수 있는 개인과 같이 인민을 하나의 의지에 의해 경영되는 조직체로 상상할 만큼, 일반의지라는 자신의 은유를 충분히 진지하고 완전히 글자 그대로 고려했다. 정확히 이러한 의미에서 로베스피에르는 다음과 같이 요구했다. "하나(UNE)의 단일 의지가 필요하다.…… 그것은 공화정이거나 왕정이어야 한다." 그러므로 루소는 "의지가 미래를 위해 자신을 속박하는 것이 불합리하다"[22] 고 주장했고, 아울러 조약이 이른바 국가 이익에 기여하는 경우에만 구속력을 가진다는 국민국가의 오래된 숙명적 확신을 정당화했을 뿐만 아니라 혁명 정부의 치명적 불안정과 비충실성을 사전에 고려했다. 이 국가이성이라는 개념은 단순한 이유 때문에 프랑스 혁명보다 더 오래전에 형성되었다. 그 이유란, 운명을 관장하고 국민 전체의 이익을 대표하는 하나의 의지라는 개념은 혁명이 폐위했던 계몽군주의 국민적 역할을 현대적으로 해석한 것이라는 사실이었다. 애덤스가 한때 지적한 바와 같이 실로 "왕의 의지 외에 어떠한 법에 대해서도 결코 알지 못했거나 생각하지 않았던 2,500만 프랑스인을 어떻게 자유로운 헌법을 중심으로 모이게 하는가"가 문제였다. 따라서

---

22) 같은 책, Book II, 제1장.

루소의 이론이 프랑스 혁명 참가자들에게 매력적이었던 것은, 대다수를 단일의 인격이라는 장소로 끌어들이는 고도의 독창적 수단을 발견했다는 점이다. 일반의지는 다수를 하나로 만드는 것 이상도 이하도 아니기 때문이다.

루소는 이러한 다두적인 하나를 구성하기 위해 믿을 수 없을 만큼 단순하고 그럴듯한 예에 의존했다. 루소는 두 가지 대립적 이익(세력)이 자신들을 동시에 반대하는 제3의 이익(세력)에 직면했을 때, 이들이 서로 결속할 것이라는 일반적 경험으로부터 자신의 단서를 도출했다. 정치적으로 말하자면, 그는 실존을 전제했고 국민 공동의 적(敵)이 지닌 통합력에 의존했다. 프랑스 민족주의와 다른 모든 민족주의의 이상, 즉 하나의 분리 불가능한 국민과 같은 것은 적의 현존 속에서만 나타난다. 따라서 국민적 통합은 적어도 잠재적 적대감을 상정하는 상황 아래서, 즉 대외 문제에서만 나타날 수 있다. 이러한 결론은 19~20세기 국내 정치에서 거의 용인되지 않는 상투적 수단이 되었다. 생 쥐스트가 이미 잘 알고 있었던 것은 아주 명백히 일반의지론의 결과다. 그는 대외 문제만이 정확히 '정치적인' 것으로 간주될 수 있으며 인간 관계 자체는 '사회적인 것'을 구성한다고 주장했다.[23]*

그러나 루소 자신은 한 단계 더 앞으로 나아갔다. 그는 국내 정치에도 타당한 민족 자체 내의 통합 원리를 발견하고자 했다. 따라서 대외 문제의 영역 밖에 존재하는 공동의 적을 어디서 발견하는가가 그의 문제였으며, 그러한 적이 각 시민들의 가슴속에, 즉 그의 특수한 의지와 이익에 존재한다는 것이 그의 해답이었다. 사람들이 가진 모든 특수의지와 이익들을 합치기만 한다면, 이 숨어 있는 특수

---

23) Albert Ollivier, *Saint-Just et la force des choses*(Paris, 1954), 203쪽.

* 프랑스어 표현은 다음과 같다. "Seules les affaires etrangeres relevaient de la 'politique', tandis que les rapports humains formaient 'le social.'"

162

한 적이 공동의 적 —내부에서 민족을 통합하는—의 반열로 부상할 수 있다는 것이 문제의 핵심이었다. 민족 내부의 공동의 적은 모든 시민의 특수의지의 총합인 것이다. 루소는 아르장송(Marquis d'Argenson)의 말을 인용하며 다음과 같이 말했다. "'두 가지 특수 이익의 일치'는 제3의 이익에 대한 반대를 통해 형성된다. (아르장송은) 모든 이익의 일치가 각자의 이익에 대한 반대를 통해서 형성된다고 덧붙였을지도 모른다. 상이한 이익들이 존재하지 않는다면, 그럴 경우 공동 이익에 대한 감각도 거의 존재하지 않을 것이다. 공동 이익은 장애에 마주치지 않기 때문이다. 모든 것은 저절로 진행되고, 정치는 더 이상 기술(art)이 될 수 없을 것이다."[24] (강조는 옮긴이)

여기서 우리는 루소 정치이론의 전반적 체계가 기초해 있는 의지와 이익의 흥미로운 등식화를 발견할 수도 있다. 루소는 『사회계약론』을 통해 두 용어를 동의어처럼 사용하며, 이익을 어느 정도 세련화한 것이 의지라고 무언중에 가정하고 있다. 따라서 일반의지는 일반이익, 즉 인민이나 민족 전체의 이익을 구체화한 것이며, 이러한 이익 또는 의지가 일반적이기 때문에 이러한 것의 존재는 일반이익이 각자의 특수한 이익 또는 의지와 대립한다는 점에 좌우된다. 루소의 구성에서 민족은 '하나의 인간처럼' 등장하고 신성한 **통일**을 촉진하기 위해 국경선을 위협하는 적을 기다릴 필요가 없다. 각 시민이 자신의 내부에 공동의 적을 지닐 뿐만 아니라 그 공동의 적이 존재케 하는 일반이익을 유지하는 한, 민족의 일원성은 보장된다. 공동의

---

24) 이 문장은 루소의 일반의지 개념의 핵심을 담고 있다. 그것이 각주(앞의 책, Book II, 제3장)에만 나온다는 사실은 단지 루소가 자신의 이론의 바탕이 된 구체적 경험을 당연한 것으로 여겼기 때문에 그것을 언급할 가치가 거의 없다고 생각했음을 보여줄 뿐이다. 이론서들을 해석할 때마다 겪는 이러한 어려움 때문에, 복잡한 일반의지 개념의 매우 경험적이고 단순한 배경은 상당히 교훈적이다. 정치이론에서 극소수 개념들은 아주 평범한 허튼소리의 신비한 분위기에 휩싸여 있기 때문이다.

적은 각 인간의 특수한 이익 또는 의지이기 때문이다. 각각의 특정한 인간들이 특수성 상태의 자신에 대해 반기를 들기만 한다면, 그는 자신 내부에서 자신의 적대자인 일반의지를 분기할 수 있을 것이며, 따라서 국민적 정치체의 진정한 시민이 될 것이다. "사람들이 (모든 특수) 의지들로부터 서로를 상쇄하는 여분과 부족을 제거한다면, 일반의지는 차이의 총합으로 남을 것이기" 때문이다. 각각의 민족은 국민적 정치체에 관여하기 위해 자신을 반대하고 영원히 저항하는 상태에 있어야 한다.

확실히 어떤 국민적 정치가는 이러한 논리적 극단에 이르기까지 루소를 추종하지 않았으며, 현재의 민족주의적 시민권 개념은 외부에 있는 공동의 적의 존재에 상당한 정도로 좌우되지만, 우리는 공동의 적이 모든 사람의 마음속에 존재한다는 가정을 어디서도 발견하지 못한다. 그러나 혁명가들과 혁명의 전통으로 말할 것 같으면 사정은 다르다. 프랑스 혁명뿐만 아니라 모든 다른 혁명에서도 그 예는 공동의 이익이 공동의 적을 위장하고 등장했으며, 로베스피에르에서 레닌과 스탈린에 이르기까지 테러 이론은 전체의 이익이 시민의 특수이익에 자동적으로, 실제로 영구적으로 적대적이어야 한다는 것을 전제한다.[25] 종종 사람들은 혁명가들의 특이한 자기 헌신에 충격을 받아왔지만, 그것을 '이상주의'나 영웅주의와 혼동해서는 안 된다. 로베스피에르가 루소에게서 차용했던 미덕을 설교한 후에도

---

[25] 공화주의적 미덕에 대한 이러한 혁명적 견해는 로베스피에르의 행정장관과 인민 대표성에 관한 이론에서 고전적으로 표현돼 있으며, 그 자신은 다음과 같이 그 내용을 요약하고 있다. "인민의 정의와 평등을 사랑하기 위해 거대한 미덕의 욕구는 없다. 자기 자신을 사랑하는 것으로 충분하다. 그러나 행정장관은 인민의 이익에 자신의 이익을 희생시켜야 하며, 권력의 오만함을 평등에 희생시켜야 한다…… 대표자들은 자신의 사적인 정념 전체를 위해 공공의 일반적 정념을 억제하지 말아야 한다." Laponneraye ed., 앞의 책, Book III, 548쪽 참조.

미덕은 실제로 헌신과 동일시되어왔다. 이러한 등식화는 사실상 혁명가와 그의 내면적 확신에 지울 수 없는 특성을 부여하고 있다. 즉 한 정책의 가치는 그것이 모든 특수이익에 대립되는 정도에 따라 측정될 수 있으며, 한 인간의 가치는 그가 자신의 이익과 의지에 반하는 행위를 하는 범위에 따라 평가될 수 있다는 것이다.

　루소 사상의 설명과 결론이 이론적으로 무엇이든 간에, 문제의 핵심은 다음과 같다. 우리는 프랑스 혁명을 미리 대비하고 그 과정에서 활동했던 사람들의 마음과 정신 속에서 동정이 수행했던 중요한 역할을 설명하지 않은 채 루소의 헌신 및 로베스피에르의 "미덕의 테러"의 기초가 되는 실제적 경험을 이해할 수 없다. 로베스피에르에게 동정은, 사회의 상이한 계급들을 하나의 민족으로 통합할 수 있으며, 통합해야 하는 하나의 추동력은 분명히 **불행한 사람들** 및 하층민과 함께 고민하지 않았던 사람들, 즉 상류 계급의 동정이었다. 루소는 동정이 다른 사람의 고통에 대한 가장 자연스러운 인간적 반응이며, 따라서 모든 진정으로 '자연스러운' 인간 상호작용의 토대 자체라는 것을 발견했기 때문에, 자연 상태에 있는 인간의 '절대적 선'(goodness)*은 그에게 자명한 것이었다.

　그것은 루소 또는 로베스피에르가 이 문제와 관련해 사회 밖에 있는 자연적 인간이 가진 내면적 미덕을 경험한 적이 있기 때문이 아니

---

*　아렌트는 절대적 도덕을 두 가지 측면에서 언급하고 있다. 하나는 "악행을 하느니 감내하는 것이 낫다"는 소크라테스적 '양심의 도덕'을 의미하고, 다른 하나는 예수의 자비를 의미한다. 따라서 이를 표현하는 개념인 'goodness'는 절대적 속성을 띠며 실질적으로는 absolute goodness로 표현될 수 있다. 여기서는 예수와 연관해 표현할 때는 'goodness'를 '자비'로 표현하고, 비종교적 의미로 표현할 때는 '절대적 선'으로 표현할 것이다. 자비 또는 절대적 선은 정치적 선과 달리 '드러나지' 않을 때 그 고유성을 유지할 수 있다. 이와 관련된 표현은 아렌트의 저서 『인간의 조건』 중 「인간 활동의 의미」를 참조하라.

다. 썩은 사과에 대한 자세한 지식을 가진 사람이 싱싱한 사과의 최초 존재를 상정함으로써 사과의 썩음을 설명할 수 있는 것과 마찬가지로, 이들은 사회의 타락으로부터 자연인의 존재를 연역했다. 그들이 내면적 경험으로부터 터득했던 것은 한편으로는 이성과 정념 사이의 영원한 유희였고, 다른 한편으로는 인간이 자신과 나누는 내면적 대화인 사유 또는 생각이었다.* 그리고 그들은 이성과 사유를 동일시했기 때문에, 이성이 정념과 동정에 똑같이 개입하며, "인간의 정신이 자신을 되돌아보게 하고 인간을 혼돈케 하거나 손상시키는 모든 것에서 인간을 분리시킨다"고 결론을 내리고 있다. 이성은 인간을 이기적으로 만든다. 이성은 자연이 고통받는 불행한 자와 제휴하지 못하게 한다. 생 쥐스트의 말로 표현하자면, "모든 정의(定義)를 양심으로 귀착시켜야 한다. 정신은 미덕 전체를 교수대로 인도하는 궤변가다."26)

우리는 이성에 대한 반역의 원인을 19세기 초 낭만주의의 탓으로 돌리는 반면, '이성의 전당'이라는 기괴한 상징을 가진 18세기를 '계몽된 합리주의'로 이해하는 데 익숙하다. 따라서 우리는 정념·마음·영혼, 특히 **둘로 분열된 영혼**(루소의 표현, âme déchirée)에 대한 이러한 초기 변명이 지닌 위력을 간과하거나 과소평가하기 쉽다. 이것은 마치 루소가 이성에 대한 반역에서 둘로 분열된 영혼을 '하나 속의 둘'의 위치로 끌어들이는 것과 같다. 하나 속의 둘은 정신이 자신과 나누는 무언의 대화로 구체화되며, 우리는 이를 사유라 표현한다. 영

---

* 소크라테스는 사유(thinking)를 하나 - 속의 - 둘로 정의했고, 플라톤은 나와 자아 간의 소리 없는 대화로 정의했다. 이러한 측면에서 사유는 내면적 대화로 표현되고 있다. 이와 관련된 내용은 아렌트의 저서 『정신의 삶: 사유』에서 자세히 소개하고 있다.

26) 루소를 이해하기 위해서는 *Discours sur l'origine de l'inégalitéparmi les hommes* (1755), G. D. H. Cole trans.(New York, 1950), 226쪽을 참조하라. 그리고 생 쥐스트에 관한 내용은 앞서 언급한 올리비에의 책 12쪽을 참조하라.

혼에서 진행되는 하나 속의 둘은 대화가 아니라 갈등이기 때문에 강렬한 고통과 열정성이라는 두 가지 의미의 정념을 발생시킨다. 루소는 고통을 수용하는 이러한 능력을 한편으로는 사회의 이기심, 다른 한편으로는 자신과 대화를 하는 정신의 침잠한 고독에 대항해 싸우게 했다. 그리고 프랑스 혁명을 주도하고 빈자들의 엄청난 고통과 대면했던 사람들의 마음에 미쳤던 자신의 엄청나고 현저한 영향을 그의 사상 중 다른 어떤 부분도 아닌 고통에 대한 이러한 강조의 탓으로 돌렸다.

이 혁명가들은 역사상 최초로 빈자들에게 공공 영역 및 그 빛으로 향하는 문을 열어주었다. 일반적인 인간적 유대를 모색한 이 위대한 노력에서 중요한 것은 능동적인 '절대적 선'이라기보다는 오히려 다른 사람들의 고통에 몰두하는 능력인 사심 없음(헌신)이었다. 그리고 아주 가증스럽고 심지어 매우 위험한 것같이 보였던 것은 사악함이라기보다는 오히려 이기심이었다. 게다가 이러한 사람들은 악(evil)보다 악덕(vice)*에 훨씬 더 친숙해 있었다. 그들은 부자들의 악덕과 엄청난 이기심을 목격했고, 미덕이란 빈자들이 지닌 "불행의 속성이며 세습물"임이 틀림없다고 결론지었다. 그들은 "쾌락의 매력이 어떻게 범죄의 비호를 받는가"를 목격했고, 빈곤의 고통이 절대적 선을 발생케 함이 틀림없다고 주장했다.[27] 동정의 마력은 그것이

---

* 아렌트는 정치가 절대적 선(the good)과 악(the evil) 사이가 아니라 일반적 미덕(virtue)과 악덕(vice) 사이에 존재한다고 지적한다. 'virtue'는 '덕' 또는 '선덕'(善德)으로 표현할 수도 있으나 여기서는 미덕으로 표현하기로 한다. 그가 the good/the evil, virtue/vice를 차별화하기 때문이다. 형이상학적 맥락에서 이야기할 때에는 전자의 대비 개념을 사용하지만, 정치 원리와 연관시킬 때에는 후자의 대비 개념을 사용한다. 물론 아렌트는 '악'에 정치적 의미를 부여하기 위해 '정치적 악', '정치적 선' 또는 '근본적 악'(radical evil) 또는 '평범한 악'(banal vil)이라는 표현을 사용한다. 그리고 정치적 차원을 넘어서는 악에 대해서는 '사악함'(wickedness) 또는 자연적 비행(natural depravity)이라는 용어를 사용하기도 한다.

다른 사람들의 수난에 괴로워하는 사람의 마음을 움직이게 하며, 부자들만이 상실했던, 인간들 사이의 '자연적' 결속을 형성하고 확인시켰다는 점이었다. 고통을 받아들이는 능력인 정념, 다른 사람과 함께 고통을 분담하는 능력인 동정이 끝난 곳에서 악덕은 시작되었다. 이기심은 일종의 '자연적' 비행(非行)이었다. 루소가 동정을 정치이론에 도입했다면, 로베스피에르는 자신의 위대한 혁명적 연설에서 열정을 표출함으로써 동정을 저잣거리로 끌어들였다.

사람들이 제도화된 종교에 호소하지 않은 채 인간적 존엄성을 주장하고 거듭 주장했던 바로 그 순간, 그들은 아마도 불가피하게 선악의 문제뿐만 아니라 선악이 인간적 운명의 여정에 미친 영향에 관한 문제 때문에 단순하고 소박한 형태로 정신적 고통을 받았을 것이다. 그러나 "동료들이 고통받는 것을 목격한 사람의 자연적·생득적 분노"(루소)를 절대적 선으로 오해했던 사람들, 이기심과 위선을 사악함의 핵심으로 생각했던 사람들은 이 문제의 심오한 의미를 거의 밝힐 수 없었다. 무엇보다 그들은 모든 행위의 촉진원리인 절대적 선을 적극적으로 사랑하는, 서구인들의 경험 중 유일하게 완전히 정당하고 확신적인 경험, 즉 나사렛 예수라는 인물을 고려하지 않고는, 적어도 서구 전통의 틀 안에서는 예사롭지 않은 선악의 문제를 결코 제기할 수 없었다. 이러한 고려는 프랑스 혁명의 여파에 나타났다. 실제로 루소나 로베스피에르는 후세대들의 의제(전자의 경우 가르침, 후자의 경우 행위)에 포함되었던 문제들을 해결하는 데 적절한 역할을 할 수 없었다.

---

27) R.R. Palmer, *Twelve Who Ruled: The Year of the Terror in the French Revolution* (Princeton, 1941). 이 책에는 로베스피에르의 발언이 인용돼 있으며(265쪽), 앞서 언급한 톰슨의 전기에도 나타나듯, 로베스피에르와 그의 주위 사람들에 대한 가장 공평하고 가장 철저하게 객관적인 연구가 담겨 있다. 팔머의 책은 특히 테러의 본질에 관한 논쟁에 탁월한 기여를 했다.

그러나 이들도 없었고, 프랑스 혁명도 발생하지 않았다면, 멜빌(H. Melville)이나 도스토옙스키가 나사렛 예수를 그리스도로 성스럽게 변신시키는 것을 포기하는 대신 그를 다시 인간 세계로 과감히 복귀시키지 — 전자의 경우 『빌리 버드』(*Billy Budd*), 후자의 경우 「종교재판소장」— 않았을 것이며, 프랑스 혁명 참가자들이 어떻게 자신도 모르게 비극적이고 자기기만적인 활동을 감행했는가를 시적이고 은유적이면서도 공개적이고 구체적으로 보여주고자 감히 시도하지 않았을 것이다. 만약 우리가 절대적 선이 (신적인 문제의 추이와 구별되는) 인간사의 여정에서 무엇을 의미하는가를 알고 싶다면, 시인들에게 눈을 돌리는 편이 나으며, 다음과 같은 사실을 기억하는 한 이것을 아주 안전하게 행할 수 있다. "시인은 기회가 주어질 때 넬슨의 본성과 같은 본성으로부터 힘을 얻어 행위로 살아나는 감정의 찬양을 운문에서 구체화할 뿐이다(멜빌)." 적어도 우리는 이들로부터 절대적 선이 절대적 악 못지않게 위험하다는 점, 종교재판소장이 아무리 사심을 갖지 않는다 해도 절대적 선(자비)이 사심 없는 것과 같지는 않다는 점, 절대적 선이 미덕, 심지어 베르(Vere) 선장의 미덕과도 차원을 달리한다는 점 등을 배울 수 있다. 루소나 로베스피에르는 근본적 악이 "탐욕적이거나 세속적인 것을 공유하지 않는다는 것(멜빌)", 악덕을 넘어서는 사악함이 존재할 수 있다는 것을 상상할 수 없었듯, 미덕을 넘어서는 절대적 선에 대해 생각할 수 없었다.

실제로, 거의 당연한 일이지만, 프랑스 혁명 참가자들은 이러한 관점에서 생각할 수 없었으며, 이런 까닭에 그들 자신의 행위가 부각했던 문제의 핵심에 결코 관여할 수 없었다. 분명히, 그들은 기껏해야 자신들의 행위를 촉진했던 원리들은 알았지만, 궁극적으로 행위에서 발생하게 되어 있던 이야기의 의미는 거의 알지 못했다. 하여튼 멜빌과 도스토옙스키가 비록 위대한 작가와 사상가가 아니었다 하더라도, 그들은 분명히 그 모든 것이 어떠했는가를 알 수 있는 좀

더 좋은 위치에 있었다. 특히 멜빌은 도스토옙스키보다 훨씬 더 풍부한 정치 경험의 영역을 접할 수 있었기 때문에 프랑스 혁명가들에게 직접 대응하는 법을 알았으며, 인간이 자연 상태에서는 선하지만 사회에서는 사악해진다는 그들의 명제에 직접 대응하는 법을 알고 있었다. 멜빌은 『빌리 버드』에서 이를 행했다. "당신이 옳고, 사회질서 밖에서 태어나 단지 '야만적' 순수함과 절대적 선만을 간직한 고아인 당신의 '자연적 인간'이 다시 지구상에 나타나야 한다고 가정해 보자―물론 그것은 복귀, 제2의 도래이기 때문이다. 당신은 이것이 과거에도 일어났던 일임을 분명히 기억한다. 당신은 기독교 문명의 건국 설화가 되었던 이야기를 망각할 수 없었다. 그러나 당신이 망각했다면, 나는 당신 자신이 처한 상황의 맥락에서 심지어 당신 자신의 용어로 당신에게 다시 이야기할 것이다."

동정과 절대적 선은 서로 관련은 있지만 동일한 현상은 아니다. 동정이 『빌리 버드』에서 중요한 역할을 하기는 하지만, 이 책의 주제는 미덕의 범주를 넘어서는 절대적 선이고 악덕의 범주를 넘어서는 악이다. 이야기는 이들 양자를 대립시키는 방식으로 구성된다. 미덕의 범주를 넘어서는 절대적 선은 자연적 선이며 악덕의 범주를 넘어서는 사악함은 탐욕적이거나 세속적인 것을 공유하지 않는 '자연적 비행'이다. 두 가지 모두 사회 밖에 있다. 절대적 선과 악을 스스로 체현한 두 사람은 사회적으로 말하자면 출신을 모른다. 빌리 버드가 고아일 뿐 아니라 그의 적대자인 클래가트(Claggart)도 마찬가지로 출신을 알 수 없는 사람이다. 대립 자체에는 비극적인 것이 없다. 자연적인 절대적 선은 더듬거리며, 자신을 들리게 하고 이해시키지는 못하지만 사악함보다 더 강렬하다. 사악함은 천성의 타락이며, '자연적인' 천성은 타락하고 왜곡된 천성보다 더 강력하다. 이야기의 이 부분에서 드러나는 위대성은 절대적 선이 '천성'의 일부이기 때문에 유약하게 행동하지 않고 우리에게 확신을 줄 정도로 강력하고, 실제로 과격하게 자신을 드러낸다는 점에 있다. 그래서 우리는 다음과 같이 확신하게 된다. 빌리 버드가 자신에게 거짓 증언을 했던 사람을 죽도록 때렸던 폭력적 행위만이, 천성의 타락을 제거하기 때문에 적절하다. 그러나 이 부분은 이야기의 끝이 아니라 시작일 뿐이다. '천성'이 제대로 작동한 후에 이야기는 전개된다. 결과적으로 사악한 사람은 죽고, 선한 사람은 승리했다. 그런데 이제 문제는 선한 사람이 악과 대적했기 때문에 악행자가 되었다는 것이다. 우리가 빌리 버드는 순수성을 잃지 않았으며, 여전히 '하나님의 천사'라고 상정하더라도, 그의 행위는 문제가 된다. 바로 여기서 베르 선장이라는 인물에서 부각된 '미덕'이 절대적 선과 절대적 악 사이의 갈등에 도입된다. 비극은 여기서 시작된다. 어쩌면 절대적 선보다 훨씬 차원이 낮지만, 영속하는 제도 속에서 구현될 수 있는 유일한 것인 미덕은 선한 사람을 희생해서라도 확산되어야 한다. 절대적·자연적 순결은 오직 격렬한 방식으로만 작동할 수 있기 때문에, "세계의 평화뿐만 아니라 인류의 진정한 복지와도 대립한다." 따라서 미덕은 악의 범죄를 중단시키기 위해서가 아니라 절대적 순결을 지키려는 의도 때문에 행사되는 폭력을 처벌하기 위해 최종적으로 개입한다. 클래가트는 "신의 천사에게 공격받았다! 그러나 천사는 교수형을 당해야 한다!" 법은 천사나 악마보다는 인간을 위해 만들어졌다는 것이 비극이다. 법과 모든 '영속하는 제도들'은 근본적인 악의 맹공격에서뿐 아니라 절대적 순결의 충격 아래서도 한계를 보인다. 범죄와 미덕 사이에서 작동하는 법은 자신의 영역 밖에 있는 것을 인식할 수 없다. 법은 근본적 악에 부과할 처벌 수단을 갖고 있지 못하다. 비록 유덕한 사람인 베르 선장이 이러한 절대적 선에서 발동되는 폭력만이 악의 타락한 힘에 대응할 수 있다는 것을 인식하고 있다 하더라도, 법은 근본적으로 절대적 선을 처벌하지 않을 수 없다. 절대자—그리고 멜빌에게 절대자는 인권에 포함되는 것이었다—는 그것이 정치 영역에 도입될 때 모든 사람에게 파멸을 의미한다.

우리는 앞에서 동정이라는 정념이 이상하게도 미국 혁명을 주도한 사람들의 정신과 마음에 존재하지 않는다는 것을 지적했다. 존 애덤스가 다음과 같이 언급했을 때 그가 옳다는 것을 누가 의심하겠는가. "부자들에 대한 빈자들의 시기와 복수는 보편적이며 단지 공포나 궁핍에 의해 제약된다. 거지는 자신이 먹을 빵을 가지고 있지 못할 때 다른 사람은 왜 마차를 타고 다니는지를 결코 이해할 수 없다."[28] 게다가 불행에 익숙한 사람은 누구나 자기 판단의 특이한 냉담함과 무관심한 객관성에 충격을 받지 않을 수 없다. 멜빌은 미국인이었기 때문에 프랑스 혁명 참가자들의 이론 배후에 놓여 있는 중요한 정열적 관심, 고통받는 다수에 대한 관심을 어떻게 설명할 것인가보다 프랑스 혁명가들의 이론적 명제—인간은 본질적으로 선하다—에 대응하는 법을 더 잘 알았다. 『빌리 버드』에서 클래가트의 질투는 부자들에 대한 빈자들의 질투가 아니라 자연적 성실에 대한 '타락한 천성'의 질투다.—빌리 버드를 시기하는 사람은 클래가트다. 동정은 목숨을 구제받은 사람이 뼛속까지 괴로워하는 사람에 대해 갖는 고통이 아니다. 그 반대로 희생자인 빌리 버드가 자신을 파멸에 이르게 한 사람인 베르 선장에 대해 동정을 느낀다.

프랑스 혁명의 다른 비이론적 측면에 관한 고전적 이야기, 즉 주요 행위자들의 언행에 숨겨진 동기에 관한 이야기는 「종교재판소장」이다. 도스토옙스키는 여기서 예수의 무언(無言)의 동정과 재판소장의 감동적 연민을 대비하고 있다. 왜냐하면 마치 감염된 듯 다른 사람의 고통에 마음 아파하는 동정과, 몸속까지 영향을 받지는 않은 채 아쉬워하는 연민은 동일한 것이 아닐 뿐만 아니라 연관조차 없기 때문이다. 동정은 본질적으로 한 계급이나 인민 전체 또는 적어도 인류 전

---

28) Zoltán Haraszti, *John Adams and the Prophets of Progress* (Harvard, 1952), 205쪽.

172

체의 고통에 의해 촉발될 수는 없다. 동정은 한 사람이 고통받은 것보다 더 많이 도달할 수 없으며 여전히 공동의 고통으로 남아 있다. 동정의 강도는 이성과 반대로 특수한 것만을 이해할 수 있는 정념 자체의 강도에 좌우되며, 일반성이란 개념과 일반화의 능력을 가지고 있지 않다. 종교재판소장의 원죄는 그가 로베스피에르와 같이 무기력한 사람들(les hommes faibles)에게 이끌렸다는 것이었다. 왜냐하면 그러한 매력이 권력에 대한 탐욕과 구분되기 때문만이 아니라 그가 고통받는 사람들을 탈인격화하고 그들을 한결같이 하나의 집합체 — 항상 불행한 사람들, 고통받는 대중 등 — 로 취급했기 때문이다. 도스토옙스키의 경우, 예수의 신성을 나타내는 징표는 모든 사람을 고통받는 하나의 인류라는 실체로 취급하지 않고 개별적 인간 모두에 대해 동정심을 나타내는 능력이었다. 신학적 함의는 차치하더라도, 이 이야기의 위대성은 매우 격렬한 연민에 관한 이상적이고 과장된 문구들이 동정과 대면하는 순간 우리는 그것이 얼마나 거짓인가를 느끼게 된다는 사실에 있다.

묘한 침묵, 적어도 말로 표현하기 어색함은 이러한 일반화할 수 있는 능력의 결핍과 밀접하게 연계되어 있다. 이 침묵은 미덕의 능변(能辯)과 대조되는 절대적 선의 징표이며, 연민의 수다스러움과 대비되는 동정의 징표다. 정념과 동정이 말을 못하는 것은 아니지만, 이들의 언어는 말보다는 오히려 몸짓이나 표정으로 구성된다. 예수는 침묵을 지키면서도 자신의 적대자가 행하는 위대한 독백의 유창한 말 속에서 드러나는 고통에 충격을 받았다. 왜냐하면 그는 동정심을 갖고 종교재판소장의 발언에 귀를 기울였기 때문이다. 너무나 열심히 귀를 기울인 나머지 독백은 대화로 전환되지만, 귀기울임은 말이 아니라 몸짓, 즉 입맞춤의 몸짓을 통해서만 종결될 수 있다. 빌리 버드는 동정에 대해 이와 똑같이 주목하는 순간 — 이때의 동정은 자신을 파멸시킨 사람이 자신에 대해 느끼는 격정적 고통을 감내하는 파멸한 인간의 동정이다—자신의 생애를 마감했으며, 선장의 판결에 대한 주장을 마감했다. "신이여, 베르 선장에게 축복을!"이란 빌리 버드의 표현은 확실히 말이라기보다는 오히려 몸짓에 훨씬 더 가깝다. 이러한 측면에서 동정은 사랑과 서로 다르지 않으며 인간의 상호작용에 항상 존재하는 거리, 중간 지대를 소멸시킨다. 만약 미덕이 자신이 악행을 하느니 악행을 당하는 것이 더 낫다고 주장하는 데 주저하지 않는다면, 동정은 다른 사람이 고통받는 것을 보느니 차라리 자신이 고통을 당하는 편이 더 마음이 편하다는 것을 너무나 순수하고 진지하게 말하면서 미덕을 초월할 것이다.

동정은 정치적 문제들, 즉 인간사 영역 전체가 발생하는 인간들 사이의 세계적 공간, 즉 거리를 해소하기 때문에, 정치적으로 말하자면 부적절하고 중요성을 갖지 못한다. 멜빌의 말에 따르면, 동정은 '지속적인 제도'를 확립할 수 없다.「종교재판소장」에서 예수의 침묵, 빌리 버드의 말 더듬기는 둘 다 똑같이, 온갖 종류의 서술적이고 논증적인 발언을 행할 수 없는 무기력(또는 주저함)을 암시한다. 서술적이고 논증적인 발언을 하는 이들은, 자신과 다른 사람 사이에 존재하기(inter hommines esse) 때문에 두 사람 모두에게 관련되는 무엇인가에 대해 다른 사람에게 말한다. 세계에 대한 이러한 수다스럽고 논증적인 관심은, 고통받는 사람에게만 유일하게 격렬하고도 직접적으로 향하는 동정에는 전적으로 생소하다. 동정은 고통을 세계에서 듣고 볼 수 있게 하는 단순한 표현주의적 소리와 몸짓에 직접 응답해야 하는 경우에만 말을 한다. 대개 동정은 인간의 고통을 완화하기 위해 세계의 조건을 바꾸려 하지는 않는다. 하지만 만약 그렇게 한다면 동정은 법과 정치의 과정인 설득·협상·타협과 같이 말로 표출되는 지루한 과정은 피할 것이며, 신속하면서도 직접적인 행위, 즉 폭력적인 수단을 지닌 행위를 요구해야 하는 고통 자체를 입 밖으로 내어 표현할 것이다.

여기서 다시 절대적 선과 동정이라는 현상의 연관성이 명백해진다. 절대적 선은 설득 및 논증의 기술을 배울 수 없기 때문이다. 절대적 선은 미덕의 범주를 초월하고, 유혹을 극복하며, 논증적 추론을 모른다. 인간은 이 논증적 추론으로 유혹을 차단하며 이 과정을 통해 사악함의 방식을 알게 된다. 죄를 입증할 책임은 항상 고소인에게 있다는, 모든 문명화된 법체계의 위대한 격언은 죄만이 반박하지 못할 정도로 입증될 수 있다는 통찰에서 유래한다. 이와 반대로, 결백함은 그것이 '무죄' 이상이라 해도 입증될 수는 없으며, 믿음에 근거해 인정되어야 한다. 그러나 이 믿음은 거짓일 수 있는 특정한 말에 기댈 수 없다는 것이 문제다. 빌리 버드는 천사의 언어로 말할 수 있었지만, 자신이 대적했던 '근본적 악'의 고소를 반박할 수는 없었을 것이다. 그는 단지 자신의 손을 들어 그 고소인을 죽도록 때릴 수 있었을 뿐이다.

분명히 멜빌은 카인이 아벨을 살해했다는 전설상의 범죄를 역전시켜놓았다. 물론 이 범죄는 우리 정치사상의 전통에서 너무나 엄청난 역할을 수행해왔다. 그러나 이러한 반전(反轉)이 자의적인 것은 아니다. 즉 프랑스 혁명 참가자들이 원죄의 명제를 원초적 선이라는 명제로 대체했기 때문이었다. 멜빌 자신이 「서문」에서 자신의 이야기에 대한 주요 의문에 관해 다음과 같이 진술한다. "구세계의 세습적인 부당 행위를 바로잡고 나자…… 곧 혁명 자체가 왕보다 더 억압적인 악행자가 되었다는 것"이 어떻게 가능한가. 절대적 선은 강하며, 어쩌면 사악함보다 더 강하지만, 모든 강제력에 내재되었으며 모든 형태의 정치제도에 해로운 근본적 폭력을 '근본적 악'과 공유한다는 점에서 멜빌은 그 해답 —사람들이 공통적으로 절대적 선을 유약함 및 취약함과 동일시한다는 점을 고려하더라도 상당히 놀라운— 을 찾았다. 그는 마치 다음과 같이 말하는 듯하다. 지금부터 우리가 영위하는 정치적 삶의 기초는 아벨이 카인을 살해했다는 것이 사실이라고 상정하자. 여러분은 일련의 동일한 악행이 이러한 폭력 행위에서 발생할 것이라는 점, 즉 인류는 이제 자신들이 범죄로 명명해야 하는 폭력이 실제로 악한 사람들만의 특징이라는 위안조차 갖지 못하리라는 것을 모르겠는가.

4

루소가 다른 사람과 함께 괴로워하는 것에서 동정을 발견했다는 것은 매우 의심스럽다. 이러한 측면뿐 아니라 거의 모든 다른 측면에서도 그가, 주변 사람들의 고통에 너무나 무관심했던 상류 사회에 저항함으로써 자신의 입장을 결정했다는 것은 충분히 개연성이 있는 것이다. 그는 상류 사회의 무관심과 이성의 '냉혹함'에 대항하며 애정의 근원들을 불러일으켰다. 물론 상류 사회와 이성은 "다른 사람들의 불행을 보게 되면 이렇게 말할 것이다. 당신이 원한다면 사라져라. 그러면 나는 안전하다."[29] 그러나 다른 사람들의 고통이 그의 마음을 고무했다 해도, 그는 다른 사람들의 고통보다는 자신의 마음에 집착하게 되었으며, 다른 사람들이 친근함의 달콤한 환희 속에서 자신들을 드러낼 때 기분과 변덕에 사로잡혔다. 물론 루소는 친밀성의 달콤한 환희를 발견한 첫 번째 사람이었다. 이 친밀성은 이후에 근대적 감수성이 형성되는 데 중대한 역할을 담당하게 되었다. 이 친밀성의 영역에서 동정은 정념 및 고통과 더불어, 새롭게 발견된 감정 영역을 활성화하는 자극제로서 기여하게 되었기 때문에 사실상 수다스러워졌다. 달리 표현하면, 동정은 감정이나 정조(情調)로 발견되었고 이해되었다. 물론 동정이라는 정념에 상응하는 감정은 연민이다.

연민은 동정이 왜곡된 것일 수도 있으나 그 대안으로 유대(紐帶)가

---

29) Rousseau, 앞의 책, 226쪽.

176

있다. 사람들이 유약한 사람들에게 끌리는 것은 연민 때문이다. 그러나 사람들은 유대에 입각해 심사숙고하며, 사실상 냉정하게 피억압자와 피착취자에 대한 관심의 공동체를 구성한다. 이때 이들이 공통으로 관심을 가지는 것은 '인간의 위엄'이나 '인류의 영광', '인간의 존엄'이다. 유대는 이성과 동시에 일반성을 함께 지니기 때문에 한 계급·민족·인민이라는 다수뿐만 아니라 궁극적으로 모든 인류를 개념적으로 포괄할 수 있다. 그러나 이러한 유대는 고통으로 촉진될 수는 있어도 고통에 의해 인도되지 않으며, 약자와 빈자들 못지않게 부자와 강자들까지 포괄한다. 유대는 연민의 감정과 비교할 때 냉담하고 추상적으로 나타날 수 있다. 그것은 여전히 사람들에 대한 어떤 '사랑'보다는 오히려 위대성·영광·존엄과 같은 '이념들'에 집착하기 때문이다. 연민은 뼛속까지 스며들지 않고 감성적 거리를 유지한다. 그렇기 때문에 연민은 동정이 작동하지 못하는 곳에서 성공할 수 있다. 연민은 다수에게 손을 뻗칠 수 있기에 유대와 같이 저잣거리로 나가게 된다. 그러나 연민은 유대와 달리 행운과 불행, 강자와 약자를 동일한 시선으로 고찰하지 않는다. 연민은 불행이 현존하지 않고는 존재할 수 없다. 따라서 권력에 대한 욕망이 약자의 존재에 강한 관심을 가지고 있는 것과 같이, 연민은 불행한 사람의 현존에 지대한 관심을 가진다. 게다가 연민은 감정이기 때문에 그 자체를 위해 향유될 수 있으며, 거의 자동적으로 다른 사람들의 고통에 대한 미화로 이어진다. 용어적으로 말하자면, 유대(紐帶)는 행위를 촉진하고 인도할 수 있는 원리이며, 동정(同情)은 정념(情念) 중 하나이고, 연민(憐憫)은 감정이다. 어쨌든 로베스피에르가 빈자를 미화하고 고통을 미덕의 근원으로 찬양한 것은 용어의 엄격한 의미에 비추어볼 때 정조적(情調的: 단순한 감정에 따라 일어나는 느낌 - 옮긴이)이었다. 따라서 우리가 의심하는 것과 같이, 이러한 미화와 찬양은 권력욕의 단순한 구실은 아니라 하더라도 상당히 위험한 것이었다.

미덕의 근원으로 간주되는 연민은 결과적으로 잔인함 자체보다도 더 잔인한 행위를 저지를 수 있는 훨씬 큰 능력을 지니고 있다. "연민을 위해, 인류에 대한 사랑을 위해 비인간적이자!"라는 구호가 파리 코뮌 한 지부의 청원에서부터 국민공회(National Convention)*에 이르기까지 거의 닥치는 대로 채택되었는데, 이러한 말들은 우연히 나온 것도 극단적으로 나온 것도 아니다. 이 말들은 연민을 표현하는 명백한 언어다. 이 말들은 연민의 잔인함을 조야하지만 그런데도 정확하고 상당히 일반적으로 합리화한다. "현명하며 유능한 외과의사는 환자의 몸을 구하기 위해 잔인하면서도 자비로운 칼로 부패한 사지를 절단한다."[30]

게다가 정념 및 원리와 구별되는 감정은 제약을 받지 않는다. 로베스피에르는 비록 동정이라는 정념으로 자극을 받기는 했지만, 그가 더 이상 특정한 고통을 향해 동정심을 발휘할 수 없고 특정한 사람에 초점을 맞출 수 없는 공개된 곳으로 동정을 끌어들였을 때, 그의 동정은 연민으로 바뀌어버렸다. 어쩌면 순수한 정념들이었을 것은 감정의 무제한성으로 바뀌었다. 그런데 이러한 무제한성은 압도적 다

---

* 국민공회(1792. 9~1793. 6)는 발미 전투가 끝난 날인 1792년 9월 21일에 개원해 프랑스에 새로운 헌법을 부여할 사명을 맡았지만, 동시에 입법의회에서 국내외적으로 위협적인 상황을 물려받았다. 국민공회는 브리소, 베르니오, 콩도르세 등 약 200명의 지롱드당이 우익을 점령하고, 당통과 로베스피에르 등 약 100명의 자코뱅당이 좌익을 차지하며 서로 대립했다. 지롱드당은 지방분권적 연방 공화국을 주장했지만, 자코뱅당은 통일 불가분적인 공화국을 주장했다. 국민공회는 지롱드당의 반대에도 불구하고 이해 12월 왕을 처형했으며, 자코뱅당은 지롱드당에 대한 민중의 증오심을 부채질해 하층민의 봉기를 유도하면서 권력을 장악했다. 1793년 6월 자코뱅당의 공포 정치가 시작되었다.

30) 파리의 지구들에 관한 문서는 각주 3에 인용된 저서에서 2개 국어(프랑스어와 독일어)로 출간되었는데, 이것들은 아주 유사한 공식들로 가득 차 있다. 나는 제57번 문서에서 인용했다. 일반적으로 연설자는 피에 많이 굶주리면 굶주릴수록 더욱더 자기 영혼의 포근함을 주장하려 한다고 할 수 있다.

178

수인 대중의 무제한적 고통에 지나치게 잘 반응하는 것 같았다. 이런 측면에서 그는 개별적인 사람들과 공감하고 그것을 유지할 수 있는 능력을 상실한 셈이다. 고통의 대양은 그를 둘러싸고 있으며, 그의 내부에는 소용돌이치는 감정의 바다가 있다. 감정의 바다는 고통의 대양을 수용하고 이에 반응하는 쪽으로 방향을 선회했고, 정치 능력과 원리에 대한 고려 못지않게 우정에 대한 고려 등 모든 특정한 것에 대한 고려를 침몰시켰다. 우리는 로베스피에르라는 인물의 어느 특정한 결점보다는 오히려 이러한 문제들에서 놀라운 불충실성의 근원을 찾아야 한다. 이 불충실성에서 우리는, 혁명 전통에서 아주 기이한 역할을 하게 될 엄청난 배신의 전조를 볼 수 있다. 프랑스 혁명 시대 이후, 아주 신기하게도 혁명가들은 감정의 무제한성 때문에 일반적으로 현실, 특별히 사람들의 현실에 둔감해졌다. 그런데 혁명가들은 자신들의 원리 또는 역사의 과정, 혁명 자체의 동인에 특정한 사람들을 희생시키는 데 대해 양심의 가책을 느끼지 못했다. 감정에 압도된 나머지 현실을 직시하지 못하는 둔감함은 이미 루소 자신의 행태, 그의 근거 없는 무책임성과 비신뢰성에서 아주 명백하게 나타난 바 있으나, 이를 혁명의 분파적 투쟁에 도입한 로베스피에르에게서만 중요한 정치적 요인이 되었다.[31]

정치적으로 말하자면, 로베스피에르의 미덕에 내재된 악은 그 미덕이 어떠한 한계도 수용하지 않았다는 점이다. 미덕도 한계를 가져야 한다는 몽테스키외의 위대한 통찰 속에서 그는 기껏해야 냉담한 마음이라는 경구를 찾았을 뿐이다. 사후적 통찰을 통한 회의적 지혜 덕택에 우리는 몽테스키외의 더 위대한 선견지명을 지각할 수 있으며, 연민이 불러낸 로베스피에르의 미덕이 어떻게 그의 지배 초기부

31) 톰슨(앞의 책, 108쪽)은 데물랭이 일찍이 1790년 로베스피에르에게 "당신은 당신의 원칙에 충실하지. 그러나 당신의 친구들에게도 충실할 수 있다네"라고 언급한 것을 환기하고 있다.

터 정의를 사정없이 파괴하고 법을 무시했는가를 되새길 수 있다.[32] 인민 대다수의 무한한 고통과 비교해볼 때, 궁중에서 자는 사람과 파리의 다리 위에서 자는 사람에게 동일한 규칙을 적용하는 것, 즉 정의와 법의 형평성을 유지하는 것은 헛수고인 것 같았다.

혁명이 정치 영역에 이르는 문들을 빈민에게 개방했기 때문에, 이 영역은 실제로 '사회' 영역이 되었다. 이 영역은, 원래 가정 영역에 속했던 관심과 배려에 잠식당했다. 관심과 배려가 정치 영역에서 허용된다 할지라도, 이것들이 정치적 수단으로 해결될 수는 없었다. 걱정과 우려는 결정과 설득이라는 이중적인 과정을 통해 해결될 수 있는 쟁점이라기보다 오히려 전문가들의 손에 맡겨야 하는 관리의 문제였기 때문이다. 사회·경제 문제들은 18세기 말의 혁명이 발발하기도 전에 공공 영역에 침투했던 것이 사실이다. 통치가 관리로 변형되고, 개인적 지배가 관료주의적 조치로 대체되었으며, 심지어 법이 포고령으로 바뀌었던 것은 절대주의의 두드러진 특징 중 하나였다. 그러나 정치적·법적 권위가 몰락하고 혁명이 일어나면서, 일반적인 경제·금융 문제보다 오히려 인민이 중요해졌다. 인민은 정치 영역에 개입하는 데 그치지 않고 갑자기 쏟아져 들어왔다. 그들의 필요는 격렬했고, 사실상 전(前)정치적이었다. 폭력만이 그들을 지탱할 만큼 강력하고 신속할 수 있는 듯했다.

게다가 당시 가장 심각한 문제였던 정부 형태를 포함한 모든 정치 문제는 대외 문제가 되었다. 루이 16세가 참주라기보다 오히려 모반

---

32) 예를 들어, 로베스피에르는 혁명 정부에 관해 다음과 같이 주장했다. "인민의 정의를 방해하든 새로운 형태의 정의를 방해하든 문제는 되지 않는다. 형법은 필연적으로 약간 모호한 점을 지닐 수밖에 없다. 왜냐하면 음모자들의 실제적 성격은 허위나 위선이기 때문에, 정의는 이들을 전체의 형태 속에 포착할 수 있다(1794년 7월 26일 국민공회에서의 연설)." Laponneraye ed., 앞의 책, Book III, 723쪽. 로베스피에르는 위선의 문제를 가지고 인민적 정의의 불법성을 정당화하는데, 이에 대해서는 뒤에 이어지는 글을 참조하라.

180

자라는 죄목으로 교수형을 당하자, 군주정과 공화정 간의 대립이라는 전반적 쟁점은 프랑스 국가에 대한 외국의 무력 침략 문제로 바뀌었다. 이러한 사태는 혁명의 전환기에 발생한, 우리가 일찍이 정부 형태로부터 '한 계급의 자연적 선'으로의 이동, 또는 공화정에서 인민으로의 이동으로 인식했던 것과 동일한 결정적 변화다. 역사적으로 보면, 혁명은 바로 이 시점에서 전쟁, 즉 내란과 대외 전쟁으로 와해되었다. 아울러 새로이 획득했지만 결코 충분히 구성하지는 못한 인민의 권력은 폭력의 혼돈으로 와해되었다. 새로운 정부 형태의 문제가 전쟁터에서 결정되어야 했다면, 권력이 아닌 폭력이 규모를 바꾸어야만 했다. 빈곤으로부터 벗어나는 해방과 인민의 행복이 대혁명의 진정한 배타적 목적이었다면, "어느 것도 위대한 범죄만큼 미덕에 가까운 것은 없다"는 생 쥐스트의 젊은이 특유의 불경한 경구는 기껏해야 일상적 관찰에 불과했다. 모든 것은 결국 "혁명적 지침에 따라 행동하는 사람들에게 허용되어야 하기"[33] 때문이다.

건국자와 해방자들, 미국 혁명 참가자들과 프랑스인들이 견해를 달리했던 쟁점을 정확히 지적한 문장을 혁명적 연설 전체에서 발견하기란 어렵다. 미국 혁명의 방향은 *자유*를 확립하고 지속적인 제도들을 설립하는 데 집중되었다. 이러한 방향에 따라 행동하는 사람들에게는 시민법의 영역 밖에 있는 어느 것도 허용되지 않았다. 반면 프랑스 혁명은 고통의 직접성 때문에 거의 처음부터 이러한 형성 과정에서 이탈해 다른 방향으로 전개되었다. 프랑스 혁명 과정은 전제정으로부터의 해방이 아닌 궁핍으로부터의 해방이라는 절박성에 의해 결정되었다. 이 과정은 인민의 고통뿐 아니라 이로써 나타나는 연

---

33) 이 문구는 리옹의 혁명법을 관리한 임시 위원회가 작성한 「입헌적 권위에 대한 지침」에서 하나의 원리로 나타난다. 특이하게도 여기서 혁명은 전적으로 수많은 빈자 계급을 위해 일어난 것이다. Markov and Soboul, 앞의 책, No. 52 참조.

민의 제약 없는 무한성을 통해 현실화되었다. "모든 것이 허용된다"
는 주장의 무법성은 여기서도 역시 마음의 감정에서 유래했으며, 감
정의 무제약성은 무제한적 폭력이 표출되는 데 기여했다.

  미국 혁명 참가자들이 시민사회의 모든 법에 대한 고의적 위반, 즉
폭력이 허용할 수 있었던 엄청난 강제력을 인식하지 못했던 것은 아
니다. 오히려 프랑스에서 들려오는 공포정치 소식에 대한 두려움과
반발은 분명히 유럽보다 미국에서 더욱 크고 통일된 형태로 나타났
으며, 우리는 식민지 국가의 사람들이 폭력과 무법성을 훨씬 더 자주
경험한다는 점을 통해 이러한 사실을 훌륭히 설명할 수 있다. 따라서
대륙의 '알려지지 않은 황야'를 통과하는 첫 번째 통로들은, 100년
이 넘는 세월 동안 개방되어 있었던 것처럼 일반적으로 가장 사악한
요소들에 의해 개방되어 있었으며, 마치 한 발자국도 내디딜 수 없을
것처럼, ……바로 앞에 있는 나무들은 심한 충격이나 갑작스러운 황
폐화가 아니고는 쓰러지지 않았다.[34] 그러나 어떠한 이유에서건 사
회로부터 벗어나 황야로 달려든 사람들이, 마치 시행 가능한 법의 영
역을 포기했던 사람들에게 모든 것이 허용되기라도 한 것같이 행동
했다 하더라도, 이 사람들 또는 이들을 목격했고 심지어 존경했던 사
람들조차 새로운 법과 세계가 그러한 행위에서 발생할 수 있다고는
생각하지 않았다. 미국 대륙을 식민지화하는 데 기여한 행적(行蹟)이
아무리 범죄적이고 심지어 야수적이었다 하더라도, 이러한 행적은
개별적인 사람들의 행동으로 남아 있었다. 이러한 행적이 일반화와
성찰을 위한 동인을 제공했다면, 그 성찰은 아마도 인간의 본능에 내
재된 다소간 야수적인 잠재성에 집중되었지, 조직화된 집단의 정치
행태에 집중되지는 않았다. 이러한 성찰은 분명히, 범죄와 범죄자들

---

34) Crèvecœur, *Letter from an American Farmer*(1782)(Dutton paperback edition,
   1957), Letter 3.

을 통해서만 진보할 수 있었던 역사적 필연성에 주목할 수 없었다.

아메리카의 미개척지에 살고 있는 사람들 역시 국민에 속했고, 새로운 정치체는 이 국민을 위해 고안되고 형성되었다. 그러나 이들도 정착지에 살고 있는 사람들도 건국자들에게 단수(單數)가 될 수는 없었다. 건국자들이 생각하기에, '인민'이라는 용어는 다수성(manyness), 즉 다수(multitude)의 무한한 다양성(variety)이라는 의미를 지니며, 다수의 권위는 그 다원성(plurality) 자체에 있다. 그러므로 여론, 즉 모든 사람의 잠재적 만장일치에 대한 반대는 미국 혁명 참가자들이 완전히 의견의 일치를 본 여러 가지 중 하나였다. 그들은 공화국에서 공공 영역이 동등한 사람들 간의 의견 교환을 통해 형성되었다는 것을 알았으며, 동등한 사람들이 모두 우연히 동일한 견해를 갖게 되었기 때문에 의견 교환이 잉여적인 것이 되는 순간 이 영역은 곧 사라진다는 것을 알았다. 로베스피에르와 프랑스 혁명가들이 그들 자신의 의견에 끊임없이 강제력을 더하고자 했을 때, 미국 혁명 참가자들은 논의 과정에서 단 한 번도 여론을 언급하지 않았다. 그들 눈에는 여론의 지배가 전제정의 형태로 보였다. 그만큼 인민에 대한 미국적 개념은 수많은 목소리 및 관심과 연계되어 있었다. 따라서 매디슨이 자신들의 규정이 '입법의…… 주요 임무를 형성하며, 정부 운영에 당과 파당의 정신을 포함시킨다'고 주장할 수 있었던 것과 같이, 제퍼슨은 '대외 문제와 관련해서는 우리(미국인)를 한 국민으로 만들며 국내 문제와 관련해서는 우리를 구별하는' 원리로서 인민의 개념을 설정할 수 있었다.[35] 파당에 대한 이 긍정적 강조는, 파당이 건국 선조들이 달리 예의 주시했던 고전적 전통과 정면으로 대립하기 때문에, 지적할 만한 가치가 있다. 매디슨은 아주 중요한 관점에서 자신의 일탈을 의식했음이 틀림없으며, 명쾌하게 그 이유를

---

35) 1786년 12월 16일 파리에서 매디슨에게 보낸 편지.

설명했다. 그것은 사회 내에 존재하는 대립적 이익들의 다양성에 대한 성찰이라기보다는 인간 이성의 본질을 통찰한 결과였다. 그에 따르면, "정부 내의 정당과 파당은 인간의 이성이 여전히 유약하고, 그가 이성을 자유롭게 행사하는 한"[36] 다양할 수밖에 없는 의견들의 목소리와 차이에 상응한다. 이러한 것은 지속적으로 유지돼야 한다.

물론 문제의 진실을 밝히자면, 미공화국 건국자들이 처음에는 대변했고 다음에는 정치적으로 구성했던 이 '다수'의 유형이, 설사 유럽에 존재했다 하더라도, 하층민들과 연관되는 순간 더는 존재하지 않았다는 점이다. 프랑스 혁명 덕택에 고통의 어둠에서 벗어났던 불행한 사람들(malheureux)은 단순히 수적인 의미에서만 다수였다. "하나의 조직에 통합된…… 다수", 하나의 의지에 의해 이끌리는 다수라는 루소의 이미지는 실제로 존재했던 그들을 정확히 기술했다. 그들은 끼니 해결이라는 절박성에 직면해 항상 한목소리로 빵을 달라고 절규했기 때문이다. 우리가 모두 빵을 절실히 필요로 할 경우 우리는 실제로 모두 동일하며, 하나의 조직으로 통합될 수도 있다.

프랑스식의 인민 개념은 애초부터 하나의 조직으로 행동하고 하나의 의지에 사로잡힌 듯 행동하는 대중, 즉 수많은 머리를 가진 괴물이라는 함의를 지니고 있었다. 이러한 내용은 단순히 오도된 이론의 문제는 결코 아니었다. 그리고 이러한 개념이 전 세계에 확산되었다면, 그것은 추상적 이념의 영향력 때문이 아니고 적빈 상태 아래서 이 개념이 갖는 명백한 설득력 때문이다. 인민의 고통이 담고 있는 정치적 난관은 다음과 같은 것들이다. 다수성은 사실 일원성이라는 허울을 쓰고 있다. 고통은 실제로 유대를 혼돈의 의미에 비유하는 분위기·감정·태도를 생산한다. 동정적 열정의 무한성(immensity)은 단순한 감정의 무제약성(boundlessness)에 상응하지만, 동정적 열

---

36) Jacob E. Cooke ed., *The Federalist*(1787)(Meridian, 1961), no. 10.

184

정이 하나의 대상—대상의 일원성이 동정의 필수조건을 충족시킨
다—을 고수할 수 있을 때 다수에 대한 연민은 한 사람에 대한 동정
과 혼동되기 쉽다. 로베스피에르는 한때 민족을 대양(大洋)에 비유했
다. 고통의 대양, 그리고 이것이 야기하는 대양 같은 감정은 *자유*의
기초를 익사시키기 위해 결합했다.

미국 건국자들의 탁월한 지혜는 이론과 실제에서 아주 이채롭고
인상적이다. 그러나 이들의 지혜는 결코 혁명 전통에서 우위를 점할
만큼 충분히 수용력과 설득력을 지니고 있지는 않다. 미국 혁명은 마
치 인간적 고통과 같은 비참한 광경, 극빈자의 절절한 목소리가 결코
꿰뚫고 들어가지 못한 일종의 상아탑 속에서 성취된 것과 같다. 그
리고 미국 혁명은 추상적인 인류(humanity)가 아닌 역사 속에 존재
하는 인류(humankind)의 광경과 목소리였으며, 오랫동안 그렇게 남
아 있었다.* 미국 혁명가들 주변에는 그들의 정념을 부추길 수 있는
고통이 존재하지 않았고, 그들이 필요에 복종하도록 유혹하는 압도
적으로 절박한 궁핍도 없었으며, 그들을 이성에서 벗어나게 하는 연
민도 없었다. 따라서 미국 혁명 참가자들은 처음부터 끝까지, 독립을
선언한 후 헌법을 기초할 때까지 행동가로 남아 있었다. 그들의 건
전한 현실주의는 동정의 시험대에 복종하지 않았다. 혁명 참가자들
의 상식은, 기독교가 주장하듯 본성적으로 원죄를 가지고 있으며 타
락한 인간이 여전히 천사가 되도록 계시될 수 있다는 우매한 희망에
결코 물들지 않았다. 정념은 결코 동정과 같이 고귀한 형태로 그들을
유혹하지 않았기 때문에, 그들은 욕망의 관점에서 정념을 생각했고,
고통받으면서도 견딘다(παθεῖν, pathos)는 정념의 원래 의미에 내재

---

* 아렌트의 저서 『어두운 시대의 사람들』에는 야스퍼스에 관한 논문 두 편 「카
  를 야스퍼스: 찬사」와 「카를 야스퍼스: 세계시민」이 수록되어 있다. 전자는 인간
  성(humanity) 문제를 분석하고 있으며 후자는 인류(mankind) 문제를 규명하고
  있다.

된 함의를 이 용어에서 추방하기가 쉽다는 것을 알았다. 미국 혁명 참가자들은 경험이 부족했던 덕택에 건전함을 유지하기는 했지만, 같은 이유에서 그들의 이론은 낙천적이고 어느 정도 경박한 분위기를 드러냈다. 이러한 양상은 이론의 지속성을 위태롭게 하기도 했다. 인간적으로 말해 인간은 인내를 통해 지속성과 연속성을 창조할 수 있기 때문이다. 그들은 통치를 개인적 이성의 이미지로 이해하는 수준을 뛰어넘고, 정념에 대한 이성의 지배라는 오래된 모델에 의거해 피치자에 대한 통치의 규칙을 해석하는 수준을 뛰어넘어 그 이상으로 사상을 발전시키지 못했다. 물론 욕망과 감정의 '비합리성'을 합리성의 통제하에 둔다는 것은 계몽주의에 귀중한 사상이다. 이러한 결점은 많은 측면에서, 특히 사유와 이성, 이성과 합리성을 쉽게 피상적으로 등식화하는 경우에 곧 드러났다.

그러나 이 문제에는 또 다른 측면이 있다. 정념과 감정이 무엇이든, 사상과 이성이 정념, 감정과 진정 어떠한 관계를 가지고 있든, 이것들은 분명히 인간의 마음속에 있다. 그리고 인간의 마음은 시선이 침투할 수 없어서 확실히 볼 수 없는 내밀(內密)하고 어두운 곳만이 아니다. 마음의 특성들은 원래 의도한 상태, 즉 공개적으로 드러낼 필요가 없는 내면적 동기로 남아 성장하기 위해, 공개된 빛을 피할 수 있는 내밀성과 보호를 필요로 한다. 아무리 절실한 동기를 느꼈다 하더라도 일단 공개적 감시에 드러나고 노출되면, 인간의 마음은 통찰보다는 오히려 의심의 대상이 된다. 세상의 빛이 동기에 닿을 때, 그것은 드러날 뿐 아니라 나아가 빛을 발한다. 그러나 드러나게 되어 있는 언행 — 언행의 실존은 드러남에 좌우된다 — 과 달리, 그 언행의 이면에 있는 동기들은 드러남 때문에 본질을 상실한다. 동기들은 겉으로 드러날 때 '가상'이 된다. 이때 다시 다른 숨은 동기들, 위선과 기만 등이 가상 이면에 잠복할 수도 있다. 이와 같이 인간의 마음에 내재한 슬픈 논리 때문에 현대의 '동기 연구'(motivational research)는 자동적으로 일종의 인간적 악덕들을 수집한 서류철, 인간적 불신을 파악하는 귀중한 연구로 발전하게 되었다. 로베스피에르와 그의 동료들은 마음의 속성과 미덕을 일단 동일한 것으로 인식했을 때, 인간 정신의 슬픈 논리로 인해 도처에서 음모와 비방, 반역과 위선을 목격하게 되었다. 프랑스 혁명에서는 혐의자 체포법이 가공할 만한 의미를 채 명백히 드러내기도 전에 의혹의 치명적인 분위기가 도처에 팽배했지만, 가장 첨예한 의견 차이를 보였던 미국 혁명 참가자들 사이에는 그런 분위기가 결코 존재하지 않았다. 그런데 이러한 분위기는 정치적 미덕의 근원인 마음(cœur), 즉 올바른 영혼과 도덕적 품성을 그릇되게 강조한 데서 직접 발생했다.

게다가 마음은 어둠 속에서 그리고 그 어둠 때문에 진행되는 끊임없는 투쟁을 통해 그 근원을 살아 숨쉬게 해야 한다. 19세기 위대한 심리학자들인 키르케고르·도스토옙스·니체 이전에도 몽테뉴에서 파스칼에 이르기까지 프랑스의 위대한 도덕가들은 이러한 점을 충분히 잘 알고 있었다. 우리가 신 외에 어느 누구도 인간 마음의 적나라함을 볼 수 없다고(어쩌면 차마 눈뜨고 볼 수 없다고) 말할 때, 그 '누구'에는 그의 자아도 포함된다. 명백한 실재에 대한 우리의 느낌은, 우리 자신만이 알고 있는 어떤 것에 대해 결코 확신할 수 없는 다른 사람의 존재와 밀접한 관계가 있다는 이유만으로도 말이다. 이러한 은폐의 결과로 우리의 전반적인 심리적 삶, 즉 영혼의 기분 변화는 의혹으로 고통받는다. 우리는 끊임없이 우리 자신과 내면적 동기에 대해 의혹을 제기해야 함을 느낀다. 로베스피에르는 다른 사람, 심지어 가장 친한 친구들까지도 이상하리만치 신뢰하지 않았는데, 그의 광적인 불신은 궁극적으로 그렇게 광적이지는 않은, 아주 정상적인 자기 의심에서 나온 것이었다. 로베스피에르는 자신의 신조에 얽매여 공적인 일상사에서 '청렴함'을 수행하고, 자신의 미덕을 드러내며, 적어도 일주일에 한 번쯤은 자신이 이해한 바대로 마음을 드러내야만 했으니, 아마도 삶 속에서 그 자신이 가장 두려워했던 것, 즉 위선자가 아니라는 것을 어떻게 확신할 수 있었겠는가. 마음은 이러한 여러 내면적 투쟁을 알고 있으며, 또한 자신을 은폐할 때는 솔직했던 것이 노출될 때에는 거짓된 것같이 보여야 한다는 것을 너무나 잘 알고 있다. 해결은 빛을 요구하고 세상의 빛은 마음의 삶을 일그러뜨린다. 따라서 마음은, 비록 어둠의 문제들에 대한 해결책을 가지고 있지 않더라도, 그 자신의 논리에 따라 그 문제들을 다루는 법을 알고 있다. 일반의지의 형성에 기여하는 기능은 차치하더라도, 루소의 '분열된 영혼'이라는 표현에는, 마음이란 분열되어 있거나 갈등으로 찢어졌을 때만 고동치기 시작한다는 진리가 담겨 있다. 그러나 이것은 영혼의 삶 외부와 인간사 영역 내에서는 작동할 수 없는 진리다.

로베스피에르는 영혼의 갈등, 루소의 분열된 영혼을 정치 영역으로 가져왔는데, 그곳에서 영혼의 갈등은 해결될 수 없었기 때문에 흉악한 것이 되었다. "위선자들을 사냥하는 것은 끝이 없으며 혼란만 초래할 뿐이다."37) 로베스피에르의 말대로 '애국심이 마음의 문제'라면, 미덕의 통치는 최악의 경우 위선의 지배이며, 기껏해야 위선자들을 색출하는 끊임없는 투쟁이었다. 물론 이러한 투쟁은 진정한 애국자와 거짓 애국자를 구별하는 것이 불가능하다는 단순한 사실 때문에 결국 패배로 끝나는 투쟁일 수밖에 없었다. 로베스피에르가 마음속으로 생각했던 애국심이나 여전히 의심스러웠던 미덕이 세상에 노출되었을 때, 이것들은 이제 더는 행동의 원리와 동기가 아니었다. 이것들은 가상으로 전락했으며 타르튀프(Tartuffe: 위선자)*가 주역을 담당하는 구경거리의 일부가 되었다. 그것은 마치 나는 생각하기

---

37) R.R. Palmer, 앞의 책, 163쪽.
* 몰리에르의 『타르튀프』(*Le Tartuffe*)의 주인공. 그는 사이비 신도이자 위선자다.

에 존재한다는 데카르트의 회의가 정치 영역의 주요 원리가 되는 것과 같았다. 로베스피에르는 데카르트가 생각을 세련화하는 순간에 수행했던 것과 똑같이 행위의 행적을 내면화했기 때문이다.

확실히 모든 행적은 목적 및 원리와 마찬가지로 동기도 가지고 있다. 그러나 행위 자체는 자신이 목적을 선언하고 자신의 원리를 명료화하더라도 행위자의 내면적 동기 유인을 드러내지는 않는다. 그의 동기들은 어두운 상태로 남아 있다. 이것들은 빛을 발하는 것이 아니라 다른 사람뿐 아니라 자신에게조차 제 모습을 드러내지 않으며 자신을 검열할 때도 드러내지 않는다. 따라서 모든 사람에게 자신의 내면적 동기 유인을 공개적으로 드러내라고 요구하고 동기를 추적한다면, 모든 행위자는 위선자로 바뀐다. 왜냐하면 이렇게 동기를 추궁하는 것은 실제로 불가능한 것을 요구하는 것이기 때문이다. 동기가 노출되기 시작하는 순간, 위선은 모든 인간관계에 해를 끼치기 시작한다. 게다가 내밀한 것과 숨겨진 것을 백주의 빛으로 끌어내려는 노력은 공개적이고 뻔뻔스럽게 위선적 행위를 드러내는 결과만을 초래할 수 있다. 위선적 행위들은 본성상 어두운 보호막을 추구하게 된다. 불행하게도, 절대적 선을 세상에 노출시키려는 모든 노력이 결국 정치무대에서는 범죄 및 범죄성이란 현상으로 종결된다. 이러한 현상은 내밀한 것과 숨겨진 것의 본질에 속한다. 우리는 다른 어느 곳에서보다 정치 영역에서 존재와 현상을 구별할 가능성을 가지고 있지 않다. 인간사 영역에서 존재와 현상은 실제로 동일하다.

5

프랑스 혁명의 후기 단계에서 위선의 가면을 벗기려는 정념과 위선이 담당했던 중대한 역할은 필연적으로 역사가를 아연실색하게 할 수밖에 없지만, 이러한 역할은 역사적 기록의 문제다. 혁명은 그 결실을 잠식하기도 전에 그 실체를 폭로했다. 주요 행위자들 중 부패·표리부동·허위로 기소되지 않거나 적어도 의심받지 않는 사람들이 더 이상 존재하지 않게 될 때까지 150여 년이 넘도록, 프랑스 역사 서지학은 이와 같이 폭로된 실체를 모두 재생산하고 문서화했다. 우리가 미슐레(Jules Michelet)와 블랑(Louis Blanc)에서 올라르(Aulard)와 마티에(Mathiez)에 이르기까지 역사가들의 박식한 논쟁과 열정적 수사에 많은 신세를 지고 있기는 하지만, 그들이 만약 역사적 필연성의 마력에 떨어지지 않았다면 그들은 마치 여전히 위선자들을 사냥하기라도 하는 것처럼 기술했을 것이다. 미슐레의 말을 빌리면, "속이 빈 우상들은 만지는 순간 깨져 노출되고, 썩은 고기를 먹는 왕들은 옷과 가면을 벗은 채 나타났다."[38] 프랑스 국민들이 전쟁에서의 모든 패배와 버림받은 우리(nous sommes trahis)와의 평화에 대응할 수 있도록 자신들을 지배했던 사람들의 모반적 음모들을 오늘날에도 아주 잘 기억하고 있듯, 역사가들은 여전히 로베스피에르의 미덕이 위선에 대해 선언했던 전쟁에 몰두했다. 그러나 이러한 경험의 적실성이 결코 프랑스 국민의 국사(國史)에만 제한되지는 않는다. 우리는 미국 혁명의 역사 서술이 아주 최근까지도, 비어드(Charles Beard)의 저서『미국 헌법의 경제적 해석』(1913)의 엄청난 영향 아래서, 얼마나 건국 선조들의 정체를 파악하고 헌법 제정의 은밀한 동기를 추적하는 데 사로잡혀 있는가를 기억할 필요가 있다. 이러한 노력은 과거의 결론을 뒷받침할 사실들이 거의 존재하지 않을 때 더욱더 중요하다.[39] 마치 미국이 20세기 초 고립에서 벗어났을 때 미국의 학자와

---

38) Lord Acton, 앞의 책, Appendix.

39) 비어드의 유명한 이론에 사실적 증거가 없다는 사실은 최근 다음과 같은 문헌들에 의해 증명되었다. R.E. Brown, *Charles Beard and the Constitution* (Princeton, 1956); Forrest McDonald, *We the People: The Economic Origins of the Constitution* (Chicago, 1958).

지식인들이 다른 국가들에서는 피로 기술되었던 것을 적어도 잉크와 인쇄로는 반복해야 한다고 느꼈던 것과 같이, 그것은 단순한 '이념사'의 문제였다.

로베스피에르는 위선과 전쟁하기 위해 독재를 공포정치(Reign of Terror)로 바꿨다. 이 시기의 두드러진 특징은 통치자들의 자기숙청이었다. 청렴한 사람들(the Incorruptible)이 일으켰던 테러가 바스티유의 함락과 여성들의 베르사유 행진으로 시작되고 3년 후 9월 대학살로 막을 내리는 인민 봉기의 결과, 즉 대공포 — 프랑스에서는 테러와 공포를 둘 다 'terreur'라고 한다 — 로 잘못 간주되어서는 안 된다. 대중 봉기가 지배계급에 가져다준 공포와 공포정치는 동일하지 않았다. 사람들은 테러의 원인을 전적으로 모든 주변 국가와 실제로 전쟁상태에 있는 국가에 필요한 긴급조치, 즉 혁명 독재의 탓으로만 돌릴 수는 없다.

혁명의 동기를 가속화하기 위해 의식적으로 사용하는 제도적 장치인 테러는 러시아 혁명 전까지는 알려지지 않았다. 분명히 볼셰비키당의 숙청은 원래 프랑스 혁명 과정을 결정했던 사건들을 모델로 하며, 이 사건들에 대한 준거를 통해 정당화되었다. 그래서 10월 혁명 주동자들은 집권 정당 내 자기숙청을 통해서만 혁명을 완성할 수 있다고 생각했던 것 같다. 은밀한 과정이 이루어지는 언어조차 단순성을 입증했다. 그것은 항상 은폐된 것을 폭로하고, 가면의 실체를 벗기며 표리부동과 허위를 폭로하는 문제였다.

그런데도 차이점은 드러난다. 18세기의 테러는 여전히 선의로 시행됐다. 그리고 18세기의 테러가 무제한적으로 진행됐다면, 그것은 위선자들에 대한 수색이 본질적으로 무제한적이기 때문이었다. 집권하기 전 볼셰비키당 내의 숙청은 주로 이데올로기적 차이 때문에 촉진되었다. 이러한 측면에서 이데올로기와 테러 간의 상호 연계성은 애초부터 명백했다. 따라서 당은 집권 후뿐만 아니라 레닌의 지도 아래서도 여전히 집권관료제에서 나타나는 권력 남용과 무능력을 견제하는 수단으로 숙청을 제도화했다.

이 두 가지 유형의 숙청은 상이했지만 그럼에도 한 가지 공통점을 지니고 있다. 이러한 숙청은 모두 역사적 필연성이라는 개념에 의해 인도되었고, 역사적 필연성의 과정은 운동과 반운동, 혁명과 반혁명에 의해 결정되었다. 따라서 죄를 범할 만한 알려진 범죄자들이 없다 하더라도 혁명에 반대하는 '범죄'는 추적되어야 했다. 볼셰비키 세계에서 숙청과 인민재판을 실행하는 데 아주 중요한 '객관적 적(敵)'이라는 개념은 프랑스 혁명 당시에는 전적으로 존재하지 않았으며, 역사적 필연성이라는 개념도 존재하지 않았다. 그런데 우리가 알고 있는 바와 같이, 역사적 필연성이라는 개념은 프랑스 혁명을 주도했던 사람들의 경험과 사고에서 유래하기보다 외부에서 일련의 사건들을 하나의 광경으로서 주목하고 이해하고 타협하고자 했던 사람들의 노력에서 발생했다. 로베스피에르의 '미덕의 테러'는 매우 끔찍했다. 그러나 '미덕의 테러'는 여전히 숨겨진 적과 악덕을 대상으로 했다. 그것은 혁명 주도자의 관점에서 보더라도 순수했던 사람을 대상으로 하지는 않았다. 그것은 변증법 운동의 유혈학살에 필요한 배우들을 만들어내기 위해 자의적으로 선정한 인민에게 반역자의 가면을 씌우는 문제가 아니라 위장한 모반자의 가면을 벗기는 문제였다.

우리는 위선을 중요하지 않은 악덕 중 하나라고 생각하는 경향이 있다. 그런데 이상해 보이기는 하지만, 위선은 다른 모든 악덕 전체보다도 더 증오되어야 한다. 위선은 미덕에 찬사를 보냄으로써 악덕을 폐지하거나 적어도 출현을 방지하고 악덕으로 하여금 부끄러워 숨게 하는 악덕이 아니었나? 왜 악덕들을 은폐하는 악덕이 악덕 중의 악덕이 되어야 하는가? 위선이 그러한 괴물인가? 우리는 (그렇다면 질투는 그러한 괴물인가라고 질문했던 것과 같이) 질문하고 싶어 한다. 이론적으로 이러한 질문들에 대한 대답은 궁극적으로 우리 전통에서 가장 오래된 형이상학적 문제들 중 한 영역, 즉 존재와 현상의 관계라는 문제영역에 있는데, 정치 영역과 관련해 이러한 문제의 함의와 당혹감은 명백해졌으며, 적어도 소크라테스에서부터 마키아벨리에게까지 성찰을 촉발했다. 우리가 두 사상가와 연계되는, 정면으로 대립되는 두 명제들을 환기함으로써 문제의 핵심은 간략히 진술될 수 있고, 우리의 목적을 위해 남김없이 진술될 수 있다.

그리스 사상의 전통 속에 있는 소크라테스는 현상의 진리에 대한 명백한 신념에서 자신의 출발점을 선택했으며, 다음과 같이 가르쳤다. "당신이 다른 사람들에게 나타나기 원하는 대로 존재하라." 그리고 그가 이를 통해 의도한 바는 다음과 같다. "당신이 다른 사람들에게 나타나고 싶은 대로 당신 자신에게 보여라." 이와 반대로 기독교 사상의 전통 속에 있는 마키아벨리는 현상 세계 이면에 존재하며, 그 밖을 넘어선 초월적 존재의 실존을 당연한 것으로 인정했으므로, 다음과 같이 가르쳤다. "당신이 존재하고 싶은 대로 나타나라." 그는 이를 통해 다음과 같은 것을 의도했다. "당신이 어떠한가에 괘념치 말라. 이것은 '진실된' 존재가 아닌 현상만이 중요시되는 세계와 정치에서 아무런 관련이 없다." 그의 조언은 우리 귀에 위선의 조언처럼 들리며, 로베스피에르가 무용하고 해로운 전쟁을 선언했던 이 위선은 실제 마키아벨리의 문제를 포함한다. 로베스피에르가 그의 이후 제자들 중 일부가 그랬던 것과 같이 자신이 진리를 만들 수 있다고 믿지는 않았다 하더라도, 그는 진리를 사냥할 만큼 충분히 근대적이었다. 마키아벨리와 마찬가지로 그 역시 현세에서든 미래의 세계에서든 더 이상 진리가 조화롭게 나타난다고 생각하지 않았다. 그리고 모든 형태의 거짓과 가장(假裝)은 진리의 계시적 능력에 대한 신념 없이 자신들의 성격을 변화시킨다. 고대에는 거짓과 가장이 의도적인 기만과 거짓 증언을 포함하고 있지 않다면 범죄로 간주되지 않았다.

 정치적으로, 소크라테스와 마키아벨리는 모두 거짓이 아니라 은
폐된 범죄의 문제, 즉 어느 누구도 목격하지 못했고 범법자 외에 다
른 모든 사람이 알지 못하는 범죄 활동의 가능성에 의해 혼란에 빠졌
다. 이 문제가 반복적인 논의 주제를 형성하는 플라톤의 초기 소크라
테스 대화편에서는 인간과 신들에게 알려지지 않은 행위가 이를 포
함한다는 점이 항상 조심스럽게 첨가된다. 이 첨가는 중요하다. 왜냐
하면 이러한 형식에서 그 문제는 마키아벨리에게 존재하지 않기 때
문이다. 그런데 마키아벨리의 이른바 도덕사상 전체는 모든 것을 알
고 있으며 궁극적으로 모든 사람을 판단할 신의 존재를 전제하고 있
다. 반대로, 소크라테스의 경우, 행위자를 제외하고 아무에게도 '나
타나지' 않은 중요한 것이 존재하는가는 명백한 문제였다. 소크라테
스의 해결은 행위자와 관찰자, 즉 행동하는 사람과 실재적이기 위해
드러나야 하는 행적을 목격하는 사람—그리스적 관점에서 후자는
나에게 나타난다(dokei moi)고 말할 수 있는 사람, 따라서 자신의 의
견(doxa)을 형성할 수 있는 사람—이 동일한 인격에 포함된다는 예
외적 발견에 포함되었다. 이러한 인격의 정체는 근대적 개인의 정체
와는 대조적으로 일원성이 아니라 '하나 속의 둘'의 변함없는 이원
성(hither-and-thither)을 통해 형성되었다. 이러한 운동은 사유의 대
화 속에서 그 최상의 형태와 가장 순수한 현실태를 발견했으며, 소크
라테스는 사유의 대화를 기껏해야 한 사람의 운영자만을 필요로 하
는 귀납·연역·결론과 같은 논리적 조작과 동일시하지 않고 나와 나
자신 간에 수행되는 대화의 형태와 동일시했다. 여기서 우리 관심을
끄는 것은 소크라테스적 행위자는 사유할 수 있기 때문에 자신의 내
부에 그가 피할 수 없는 증인을 담지하고 있다는 것이다. 그가 어디
를 가든, 그가 무엇을 하든 그는 다른 모든 관객과 마찬가지로 정의
의 법정, 즉 후세대가 양심이라고 명명한 그 법정으로서 자동적으로

구성되는 자신의 관객을 갖고 있다. 숨겨진 범죄 문제에 대한 소크라테스의 해결책은, 인간에 의해 행해졌지만 '인간과 신들'에게 알려지지 않을 수 있는 것은 아무것도 없다는 것이었다.

그러나 우리는 논의를 진행하기 전에 소크라테스의 준거틀에는 위선이라는 현상을 자각할 어떠한 가능성도 거의 존재하지 않는다고 지적해야 한다. 확실히 **폴리스**, 정치 영역 전체는 인간의 언행이 자신의 실재를 입증하고 가치를 평가하는 인위적 현상 공간이었다. 이 영역에서는 마치 인간들이 자신을 '드러내고' 노출하는 대신 다른 사람을 기만할 환상과 환영을 만드는 것처럼 변절과 사기, 거짓이 가능하다. 착시(錯視)가 대상을 덮쳐 그 드러냄을 방지하는 것과 마찬가지로, 이러한 작위적 환상들은 진정한 현상(진정한 외관, painomena)을 은폐한다. 그럼에도 위선은 기만이 아니고, 위선자의 표리부동은 거짓말쟁이와 사기꾼의 표리부동과 다르다. 용어가 의미하는 바와 같이, 위선자는 그리스에서 배우를 의미한다. 배우가 거짓으로 미덕을 행하는 체할 때, 그는 연기의 목적 때문에 자신의 역할을 일체화해야 하는 배우로서 일관되게 역할을 수행한다. 적어도 그가 행위 상태에 있지 않는 한, 그는 다른 사람 앞에 진실된 형태로 나타나지 않을 수도 있다. 그러므로 그의 표리부동은 자신에게로 다시 돌아오며, 그는 자신이 기만하려는 사람 못지않게 자기기만의 희생물이 된다. 심리학적으로 말하자면, 우리는 위선자가 너무나 야심적이라고 말할 수 있다. 그는 다른 사람 앞에서 고매한 것같이 보이기를 원할 뿐만 아니라 자신을 납득시키고자 한다. 같은 증거로, 그는 자신이 환상 및 거짓된 환영과 더불어 살았던 세계로부터 진정한 현상을 다시 발생하게 하는 순수의 유일한 핵심인 자신의 청렴한 자신을 제거한다. 왜냐하면 아마도 살아 있는 사람은 그 누구라도 행위자로서 자신이 타락하지 않았다고도 청렴하다고도 주장할 수 없으며 마찬가지로 그는 주의 깊고 증언을 하는 자신 —자신의 시선 앞에 우리 마음의 동기와 어둠은 아니더라도 적어도 우리가 행하고 말한 것은 틀림 없이 드러난다 —과 관련해 진실되지 않을 수도 있기 때문이다. 우 리는 의도가 아닌 행위의 증인으로서 거짓을 말할 수도 진실을 말할 수도 있으며, 위선자의 범죄는 그가 자신에 대해 거짓 증언을 하고 있다는 것이다. 위선이 악덕 중의 악덕이라는 가정을 그렇게 설득력 있게 만드는 것은 순수성이 실제로 위선 하나만을 제외한 다른 모든 악덕의 덮개 밑에 존재할 수 있다는 것이다. 범죄와 범죄자만이 우리 로 하여금 근본적 악이라는 난처한 것에 대면케 하는 것이 사실이지 만, 위선자만이 정말로 속속들이 썩은 존재다.

우리는 이제 "네가 존재하고 싶은 대로 나타나라"는 마키아벨리의 조언조차 왜 위선의 문제에 거의 영향을 미치지 못하는가를 이해할 수 있을 것이다. 마키아벨리는 부패, 특히 교회의 부패를 아주 잘 알 고 있었으며, 이탈리아 국민의 부패 원인을 교회 탓으로 돌리는 경향 이 있었다. 그러나 그는 세계적·세속적 문제, 즉 현상 영역에서 교회 가 담당했던 역할 속에서 부패를 목격했으며, 현상 영역의 규칙은 기 독교의 가르침과 양립할 수 없었다. 의식과 양심이 '하나 속의 둘'이 라는 소크라테스의 의미보다는 존재하는 자가 신 앞에서만 자신의 진정한 존재로 나타난다는 의미를 강조한 마키아벨리의 경우, 존재 하는 자와 나타나는 자는 여전히 분리되어 있다. 왜냐하면 누군가 세 속적 출현 영역에서 인간들 앞에 자신을 보이고자 한다면, 이미 그것 은 자신의 존재를 타락시키는 것이기 때문이다. 만약 그가 세계라는 무대에서 미덕을 가장하고 출현한다면, 그는 위선자도 아니고 세계 를 타락시키지도 않는다. 그가 보여주는 미덕은 스스로 은폐하는 과 정이 아니라 공공연히 노출되는 과정에서 그 유의미성을 가지지만, 그의 순수성은 전지전능한 하나님의 주의 깊은 시선 앞에 여전히 안 전한 상태이기 때문이다. 하나님이 아무리 그를 판단한다고 하더라 도, 그의 악덕들이 숨겨져 있는 동안에는 그의 미덕들이 세계를 발전시켰을 것이며, 그는 미덕을 가장하기 위해서가 아니라 악덕들이 보이는 것이 적합하지 않다고 느꼈기 때문에 악덕들을 은폐하는 방법을 알았을 것이다.

위선은 악덕이며, 부패는 악덕을 통해 명료해진다. 프랑스 왕들이 어리석은 행위와 음모, 허영심, 멸시, 추잡한 행위를 아주 정교하게 조작함으로써 귀족들의 마음을 끌고 그들을 즐겁게 하고 타락시키기 위해 궁정에 귀족을 소집하기로 결정한 이후에도, 위선의 내재적 표리부동은, 존재하지 않는 것을 빛나게 할 정도로, 프랑스 사회에 휘황찬란하게 그럴듯한 빛을 밝혔다. 우리가 근대 사회, 즉 18세기 상류 사회, 19세기 상류 사회, 그리고 마지막으로 우리 시대 대중 사회의 이러한 기원들에 대해 알고자 하는 모든 것은 프랑스 궁정의 기록에 "엄청난 위선"(액튼 경)이라고 대문짝만 하게 쓰여 있으며, 생시몽의 『회고록』에도 역시 충실하게 기록되어 있는 반면, 이러한 종류의 세계성에 대한 '영구적'이고 본질적인 지혜는 오늘날까지도 추월을 불허하는 라로슈푸코의 격언들에 존재하고 있다. 거기서 사의(謝意)는 실제 '영업 신용'과 같으며, 사람들은 희망을 가지는 한 약속을 하고 두려워하는 한 이를 지켰으며,[40] 각각의 이야기는 음모이고 모든 목적은 권모술수가 되었다. 로베스피에르가 부(富)에 둘러싸인 악덕들에 대해 언급하거나 "세계의 지배, 그것은 음모야!"라고—우리가 도덕주의자라고 부르는 초기 프랑스의 사회 관습과 습속 해설자의 표현 방식으로—외쳤을 때, 그는 자신이 말하고자 하는 것을 알고 있었다.

우리가 기억해야 하는바, 공포정치는 모든 정치적 결과가 루이 16세의 불행한 권모술수와 음모의 영향 아래 떨어졌던 시기 이후 발생했다. 루이 16세가 국사를 처리하는 방식과 거리를 두고 유지했던 계

---

40) La Rochefoucauld, *Maximes*(Louis Kronenberger trans., New York, 1959).

획적으로 타락된 방식이 이제 군주에게까지 영향을 미쳤다는 것을
제외하더라도, 테러의 폭력은 적어도 어느 정도는 일련의 깨진 맹세
와 준수되지 않은 약속에 대한 반발이었다. 이러한 맹세와 약속은 궁
정의 관례적 음모와 정치적으로 완전히 동일한 것으로 오히려 엉성
하게 만들어진 일종의 바람막이(frontage)였을 뿐이다. 이 바람막이
는 모든 약속과 맹세를 파기하기 위해 고안되었기에 훨씬 더 부조리
한 음모를 완전히 감추고 그 실현에 필요한 시간을 확보하는 데 이용
되었다. 이 사례에서 왕이 두려움을 느낄 경우 약속을 했으며, 희망
을 갖고 있는 경우 약속을 파기했다 하더라도, 우리는 라로슈푸코의
경구가 정확히 정반대 의미를 지닌다는 데 놀라지 않을 수 없다. 정
치행위의 가장 성공적인 양태들은 적나라한 폭력이 아닌 경우 음모·
거짓·책동이라는 전반적인 견해는 이러한 경험으로 거슬러올라간
다. 그리고 우리가 오늘날, 혁명 전통으로부터 정치적 수완을 획득한
사람들 사이에서 주로 이러한 종류의 **현실정치**를 발견하게 되는 것은
우연이 아니다. 사회가 정치 영역에 침투해 정치 영역보다 확장되고
궁극적으로 이를 흡수하는 곳이면 어디서든 사회는 자체의 **습속**과
'도덕적' 기준, 즉 상류 사회의 음모와 불성실을 부과하며, 하층민은
폭력과 잔인성을 통해 상류 사회에 대응했다.

위선에 대한 전쟁은 18세기가 이해했던 사회에 선전포고한 전쟁이
었다. 이것은 무엇보다도 프랑스 사회의 중심부였던 베르사유 궁전
에 대한 전쟁을 의미했다. 외부의 관점에서, 즉 불행과 비참함의 관
점에서 볼 때, 위선에 대한 전쟁의 특징은 냉혹함이었다. 그러나 내
부에서 주시하고, 자체의 관점에서 판단할 때, 그것은 부패와 위선의
무대였다. 빈자들의 비참한 삶이 부자들의 썩은 삶과 대립했다는 것
은 루소와 로베스피에르가 다음과 같은 것을 주장하면서 의도한 것
을 이해하는 데 중요하다. 인간은 '본질적으로' 선하지만 사회에 의
해 타락하게 되며, 하층민들은 단순히 사회에 속하지 않음으로써 항

상 '정당하고 선함'이 틀림없다. 이러한 관점에서 볼 때, 프랑스 혁명은 쇠퇴하고 악취를 풍길 만큼 노쇠한 외피를 가지고 있기는 했으나 부패하지 않았으며 순결한 내핵이 폭발한 것처럼 보였다. 그리고 이러한 맥락에서 혁명적 테러의 폭력을 낡은 것의 종말에 뒤따르는 산고 및 새로운 생명의 생성에 비유하는 당대의 은유는 한때 명료하고 강력한 의미를 지녔다. 그러나 이것은 아직 프랑스 혁명 참가자들이 사용한 은유는 아니었다. 그들이 좋아하는 암유는 이런 것이었다. 프랑스 혁명은 프랑스 사회의 얼굴에서 위선의 가면을 벗기고, 그 썩은 부분을 드러내며, 결국에 부패의 외관을 잡아떼어 벗기고, 인민의 오염되지 않은 정직한 얼굴을 드러내는 기회를 제공하는 것이다.

혁명을 기술(記述)하고 해석하기 위해 당대에 사용되었던 두 암유 중 유기체적 은유는 혁명이론가들 ─ 마르크스는 실제 '혁명의 산고(産苦)'라는 표현을 매우 좋아했다 ─ 뿐만 아니라 역사가들에게도 귀중했던 반면, 대혁명을 주도했던 사람들이 극장 언어로부터 자신의 이미지를 도출하는 편을 선호했다는 것은 매우 특이하다.[41] 극장에서 유래한 여러 가지 정치적 은유들에 내재된 심오한 의미는 아마도 라틴어 '페르소나'(persona)의 역사를 통해 가장 잘 설명할 수 있을 것이다. 페르소나는 원래 고대의 배우들이 연기할 때 쓰는 가면을 의미했다(라틴어 '극중 가면'[dramatis persone]은 그리스어의 '극중 인물'[τά τοῦ δράμαος πρòσωπα]에 해당한다). 가면 자체는 분명히 두 가지 기능을 가지고 있다. 그것은 배우 자신의 얼굴과 표정을 은폐하거나 그보다는 대체해야 하는 동시에 배우의 목소리는 들을 수 있게 하는 것이다.[42] 하여튼, 목소리가 울려나오는 가면에 대한 이러한 이

---

41) 톰슨은 한때 공포 정치 시대의 공회를 "정치행위자들의 의회"(앞의 책, 334쪽)로 명명했는데, 이러한 언급은 어쩌면 연설자들의 수사뿐만 아니라 연극적 은유의 숫자에 의해 제안되었을 것이다.

42) persona의 어의론적 뿌리가 per-zonare, 그리스어 ξωνη에서 유래하므로, 원

중적 이해에서 **페르소나**라는 용어는 은유가 되었으며 극장 언어에서 법률 용어로 이전되었다.

우리가 언급하고자 하는 바와 같이, 로마의 사적 개인과 시민 사이의 차이는 로마 시민은 **페르소나**, 즉 법적 인격을 지니고 있다는 것이었다. 즉 그것은 마치 법이 로마 시민에게 공공 무대에서 그가 맡을 것으로 기대되는 역할을 부여하는 것과 같았다. 단, 이것은 그 자신의 목소리가 완전히 울려나갈 수 있다는 단서를 수반했다. "법정에 참여하는 것이 자연적 나(Ego)는 아니라는 점이 핵심이다. 법 앞에 나타나는 것은 법에 의해 창조되고 권리와 의무를 지닌 인물이다."[43] 가면을 착용하지 않았다면, 권리와 의무를 지니지 않은 개인, 어쩌면 '자연인'만이 존재하겠지만, 그는 확실히 정치적으로 무관한 존재였다 ―즉 인간 또는 호모(homo)는 원래 법의 영역과 시민 정치체 밖에 있는 사람, 예컨대 노예를 지칭했다.

프랑스 혁명은 왕실의 음모를 폭로하고 계속해서 그 후예들의 가면을 벗겼다. 이때 프랑스 혁명은 당연히 위선의 가면을 목표로 했다. 언어학적으로 그리스어 ὑποκρίτής(위선자)는 원래 의미에서뿐만 아니라 은유적 용례에서도 배우가 쓰고 있는 가면(πρόδωπον)이 아니라 배우 자신을 지칭했다. 반대로, 원래 연극적 의미의 페르소나는 배우가 연극의 불가피한 사정 때문에 얼굴을 가려야 했던 가면이었다. 따라서 옥스퍼드 또는 케임브리지 칼리지의 재산을 소유한 '인사' ―타계한 설립자도 아니고 생존해 있는 그 후손들도 아니

래 '위장하다'라는 의미를 가지지만, 라틴어로 옮겨진 그 용어는 충분히 들리다(per-sonare)라는 의미로 들리기 쉽다. 반면 로마에서는 가면을 넘어서 들리는 목소리가 개별 연기자의 목소리가 아니라 선조들의 목소리라고 믿었다.

43) 바커가 제시한 매우 계시적인 논의는 Ernst Barker, Introduction, *Natural Law and the Theory of Society 1500~1800*, Otto Gierke trans.(Cambridge, 1950), 70쪽 이하.

다—의 경우와 같이, **페르소나**는 은유적으로 토지법이 개개인뿐만 아니라 집단과 결사, 심지어 '공동의 지속적 목적'에도 부여할 수 있는 '인격'을 의미했다.[44] 이러한 차이의 핵심과 은유의 적절성은 다음과 같은 사항에 나타난다. '인격'을 폭로하고 법적 인격을 박탈할 경우 '자연인'만이 존재한다. 반면, 위선자는 가면을 쓰지 않는 한 행위자이기 때문에, 그의 정체를 폭로하더라도 가면 뒤에는 아무것도 존재하지 않는다. 그는 가장한 배역인 체하면서도 사회의 게임에 참여할 때에는 어떠한 연기 행위도 하지 않는다. 달리 말하면, 위선자를 그렇게 가증스럽게 만드는 것은 그가 진실성뿐만 아니라 자연성까지 주장한다는 점이었다. 그리고 사회 영역—그는 이 영역의 타락을 대변하며, 사실상 그것을 담당한다—밖에서 그를 그렇게 위험하게 만드는 것은 그가 본능적으로 정치무대의 모든 가면을 마음대로 취할 수 있으며 모든 **극중** 인물의 역할을 맡을 수 있었으나 가면을 진리의 공명판과 정치적 게임 요구의 규칙으로 사용하지 않고 새로운 기만 수단으로 사용하고자 했다는 데 있다.

그러나 프랑스 혁명 참가자들은 '**페르소나**'를 전혀 몰랐으며, 정치체가 부여하고 보장하는 법적 인격도 존중하지 않았다. 집단적 빈곤의 난관이, 제3신분의 엄연한 정치적 반란—자신들이 정치 영역에 진입하고 심지어 이를 통치해야 한다는 주장—으로 시작되었던 대혁명의 길로 진입했을 때, 그들은 시민들의 해방, 즉 평등—모든 사람은 자신의 법적 인격을 동등하게 부여받고, 그것에 의해 보호되며, 동시에 거의 문자 그대로 그것을 '통해' 행동해야 한다는 의미를 갖는 평등—에 더 이상 관심을 갖지 않았다. 프랑스 혁명 참가자들은 자신들이 자연 자체를 해방했으며, 사실상 모든 인간에 내재된 자연적 인간을 해방했고, 자신이 속한 정치체를 통해서가 아니라 출생에

---

44) 같은 책, 74쪽.

의해 각자가 부여받은 인권을 자연인에게 주었다고 믿었다. 달리 말하면, 그들은 위선자들에 대한 끊임없는 추적과 사회의 실체 폭로에 대한 정념을 통해 비록 부지불식간이지만 **극중 인물**의 가면을 벗겼다. 따라서 궁극적으로 공포정치는 진정한 해방과 평등의 정반대를 의미했다. 즉 공포정치는 모든 주민을 똑같이 법적 인격의 보호 가면이 없는 상태로 노출함으로써 균등화했다.

인권선언의 난제들은 여러 가지이며, 이들에 대한 버크의 유명한 반박은 시대에 뒤지지도 반동적이지도 않다. 프랑스 인권선언은 그것이 모델로 삼고 있는 미국의 권리장전과 달리, 인간의 본연에 내재된, 인간의 정치적 위상과 구분되는 실증적 권리를 설명하고자 했으며, 따라서 이와 같이 정치를 자연으로 환원하고자 했다. 반대로, 권리장전은 모든 정치권력에 대한 영구적인 제약적 통제를 제도화하려는 의도를 담고 있으며, 따라서 정치체의 실존과 정치권력의 기능을 전제했다. 프랑스 혁명이 이해했던 바와 같이, 인권선언은 모든 정치권력의 근원을 구성하려는, 즉 통제가 아니라 정치체의 토대를 확립하려는 의도를 가졌다. 그리고 그 새로운 정치체는 인간의 자연권, 즉 단지 자연적 존재로서 누리는 권리에 기반을 두고 있으며, 음식을 먹고 옷을 입고 종(種)을 재생산할 권리, 즉 생존의 필요를 충족할 권리에 기반을 두고 있었다. 또한 이러한 권리는 정부나 정치권력이 손상을 입히거나 침해할 권리를 가지고 있지 않은 전정치적 권리로서 이해되는 데 그치지 않고 정부와 권력의 궁극적 목적뿐만 아니라 내용으로 이해되었다. 구체제는 그 신민으로부터 이러한 권리들—*자유*와 시민권의 권리라기보다는 오히려 생존과 자연의 권리—을 박탈했다는 비판을 받았다.

6

가난한 사람들이 파리 거리에 출현했을 때, '최초의 상태'에서 '실질적 욕구'를 지닌 루소의 '자연인'이 갑작스럽게 등장한 것 같았으며, 혁명은 실제로 자연인을 발견하기 위해 해야 하는 실험을 실행하는 것 같았다.[45] 왜냐하면 당시 출현했던 사람들은 사회 밖에 서 있을 때와 마찬가지로 정치체 밖에 서 있을 때에도 가면 뒤에 '인위적으로' 숨지 않았기 때문이다. 위선은 그들의 얼굴을 왜곡하지 않았고 법적 인격체도 그들을 보호하지 않았다. 그들의 관점에서 볼 때, 정치적인 것과 사회적인 것은 이기적 관심의 적나라함 또는 견디기 어려운 고통의 적나라함 속에서 똑같이 '최초의 인간들'을 은폐하는 인위적이고 그럴듯한 장치였다. 그때부터 '실질적 욕구'가 혁명의 과정을 결정했고, 결과적으로 액튼 경이 아주 올바르게 관찰한 바와 같이 제헌의회는 프랑스의 미래를 결정하는 모든 상호작용 속에서 아무런 몫을 담당하지 못했으며, 권력은 제헌의회에서 파리의 규율화된 인민으로 이전하고, 이어서 이들과 지도자들로부터 대중을 관리하는 사람들에게로 이전되었다.[46] 대중은, 루이 16세의 궁정에 등을 돌렸던 것과 마찬가지로, 일단 헌법이 빈곤을 치유하는 만병통치약이 아니라는 것을 발견하자 제헌의회로부터 등을 돌렸으며 군주의 권모술수 못지않게 대표단의 심의에서도 거짓·위선·배신의 유희를 목격했다. 프랑스 혁명 참가자들 중 대중의 대변인이 되었던 사람들 그리고 아직 형성되지 않은 정치체의 '인정'법을 대중이 복종했던 '자연'법에 양도하고, 그들을 움직였던 강제력 ── 자연 자체의 강제력이자 근본적 필연성의 강제력 ── 에 양도했던 사람들만이 살

---

45) Rousseau, 앞의 책, Preface.
46) Lord Acton, 앞의 책, chap. 9.

아남아 집권했다.

이러한 강제력이 약화되고, 적나라한 욕구와 관심만이 위선을 지니고 있지 않다는 것을 모든 사람이 확신하게 되자, 가난한 사람들은 광신자들로 바뀌었다. 분노는 실제로 불행이 활동할 수 있는 유일한 형태였기 때문이다. 따라서 위선의 가면이 벗겨지고 고통이 드러난 후, 미덕이 아닌 분노가 드러났다. 한편으로는 부패에 대한 분노, 다른 한편으로는 불행에 대한 분노가 드러났다. 프랑스 궁정의 음모는 프랑스에 대한 유럽 군주들의 동맹 결성을 촉진했다. 그리고 정책보다는 오히려 공포와 분노가 프랑스에 대한 전쟁을 촉발했으며, 버크도 전쟁에 대해 다음과 같이 주장할 수 있었다. "외국의 한 군주가 프랑스에 입국한다면, 그것은 암살자들의 나라에 들어가는 것과 같다. 문명화된 전쟁의 양태는 실현되지 않을 것이다. 당대의 체계에 따라 행동하는 프랑스인들도 그것을 기대할 자격은 없다." 혁명 전쟁에 내재된 이러한 테러의 위협은 "테러가 혁명에서 이용될 수 있다는 것을 시사했다".[47]

어쨌든 자신들을 격노한 사람들(les enragés)이라 명명하고, 복수가 모든 행위의 촉진 원리라고 공언했던 사람들은 아주 정확하게 해답을 제시했다. 에베르(Hébert) 분파의 회원이었던 루슬랭(Alexandre Rousselin)은 "복수는 자유의 유일한 근원, 즉 우리가 제물을 바쳐야 할 유일한 여신이다"라고 말했다. 이것은 인민의 진정한 목소리는 아니지만 확실히 로베스피에르도 인민과 동일시했던 사람들의 실질적 목소리다. 그리고 분노한 파리 대중으로부터 나온 이러한 목소리, 즉 위대한 목소리 ― 혁명은 그의 얼굴에서 위선의 가면을 벗겼다 ― 와 '자연의 목소리', '최초의 인간'(루소)의 목소리를 모두 들었던 사람들은 가면이 벗겨진 인간 본성의 절대적 선과 인민의 무오

---

47) 같은 책, chap. 14.

류성을 믿는 것이 어려움을 발견했음이 틀림없다.

폭로된 부패에 대한 분노와 적나라한 불행에 대한 분노 사이에서 일어나는 분노들의 불평등한 경쟁은 '점진적 폭력의 지속적인 반발'을 생산했다. 로베스피에르는 이에 대해 다음과 같이 언급했다. "이것들은 여러 세기가 걸릴 작업을 몇 년 안에 성취하기보다 오히려 완전히 제거했다.[48] 왜냐하면 분노는 정의상 무기력할 뿐만 아니라 결정적인 좌절의 최종 단계에 작동하는 양태이기 때문이다. 그러나 파리코뮌 각 지구들 안팎의 분노한 사람들은 고통을 제거할 수도 경감시킬 수도 없게 되자 더 이상 그 고통을 견뎌내기를 거부했다. 그리고 파멸 경쟁에서 분노한 사람들은 결국 더 강력한 분파가 된다. 왜냐하면 그들의 분노는 그들 자신의 고통과 연계되어 있으며 그것으로부터 직접 발생하기 때문이다. 인내가 장점이자 미덕인 고통은 자신이 더 이상 유지할 수 없을 때 분노로 폭발한다. 이 분노는 분명히 성취하는 데는 무기력하지만 진정한 고통의 계기를 담지하고 있다. 고통의 파괴력은 월등하며, 사실상 단순한 좌절의 광포함보다 더 오래갔다. 실제로 고통받는 인민 대중은, 당시 자신들의 조직자와 대변인이었던 사람들이 시키지도 부르지도 않았는데 거리로 쏟아져나왔다. 그러나 혁명가들, 어느 다른 사람보다도 특히 로베스피에르의 열정은 이 고통을 미화하기 시작했고, 아울러 노출된 고통을 최선의 것으로 심지어 미덕의 유일한 보장으로 찬양하게 되었다. 이 결과, 비록 그것이 실현되지는 못했다 하더라도, 혁명가들은 개별 시민이 아닌 가난한 사람들로서의 인민을 해방시키기 시작했다. 그리고 대중이 드러낸 고통은 가난한 사람들을 분노한 사람들로 바꾸었다. 그러나 그것이 인민을 해방시키는 대신 고통받는 대중을 해방시키는 문제

---

48) 1793년 11월 17일 로베스피에르의 국민공회 연설, Laponneraye ed., 앞의 책, vol. III, 336쪽.

였다면, 대혁명 과정은 분명히 고통에 내재된 강제력의 분출, 즉 격렬한 분노의 강제력에 좌우되었을 것이다. 또한 무기력에 대한 분노가 결과적으로 대혁명을 파멸시키긴 했지만, 고통이 분노로 변형되면 그것은 엄청난 강제력을 발휘하는 것이 사실이다. 혁명이 *자유*의 확립으로부터 고통받는 인간의 해방으로 방향을 전환하게 되자, 그 혁명은 인내의 장벽을 붕괴시켰고, 불행과 고통의 파괴력을 대신 해방시켰다.

인간의 삶은 아득한 옛날부터 빈곤에 시달렸으며, 인류는 서반구 밖의 모든 국가에서 이러한 저주 아래 끊임없이 노동을 해왔다. 지금까지 어떤 혁명도 '사회 문제'를 해결하지 못했으며 인간을 궁핍의 곤경으로부터 해방시키지 못했지만, 1956년 헝가리 혁명[49]을 제외한 모든 혁명이 프랑스 혁명의 전례를 따랐으며 전제나 억압과 벌인 투쟁에서 불행과 빈곤의 막강한 강제력을 선용하고 악용했다. 그리고 과거 혁명에 관한 전체 기록이 정치적 수단으로 사회 문제를 해결하려는 모든 시도는 테러를 초래한다는 것, 혁명을 파멸로 이끄는 것은 테러라는 것을 분명히 증명했더라도, 혁명이 대량 빈곤의 조건 아래서 발생했을 때 이 숙명적 오류를 피하기란 거의 불가능하다는 것을 부정할 수는 없다. 프랑스 혁명의 미리 운명 지어진 길을 항상 따르게끔 아주 강하게 유혹했던 것은, 그 절박성 때문에 궁핍으로부터의 해방이 *자유*의 확립보다 항상 선행하게 마련이라는 사실일 뿐 아니라 부자들에 대한 빈자들의 봉기가 억압자들에 대한 피억압자들의 반란과는 완전히 다른, 더 커다란 계기를 가지고 있다는 훨씬 더 중요하고 위험스러운 사실이다. 이 분노의 강제력은 생물학적 삶 자체의 필연성으로부터 생존하고 영양을 공급받기 때문에 거의 저항

---

49) 헝가리 혁명은 게티즈버그 연설이 저항 기간 중에 국민들에게 방송되었다는 점에서 특이하다. Janko, Musulin, introduction, *Proklamationen der Freiheit, von der Magna Charta bis zur ungarischen Volkshebung*(Frankfurt, 1959) 참조.

할 수 없는 것 같을 수도 있다(반란의 동인으로서 '불만족'과 '빈곤'을 논의한 프랜시스 베이컨이 설명한 바와 같이, 식욕 때문에 발생한 봉기는 최악의 경우다). 베르사유 거리를 행진한 여성들은 분명히 "누추한 집에서 아사(餓死) 직전에 있는 자식을 둔 어머니들로서 순수한 역할을 했으며, 자신들이 공유하거나 이해하지 못했던 동기를 드러내도록 아무것도 거역할 수 없는 조각용 다이아몬드 칼이라는 보조 기구를 제공했다."[50] 생 쥐스트가 이러한 경험에서 "가난한 사람들은 대지의 저주다"라고 외쳤을 때, 우리는 이러한 거창하고 예언적인 용어들을 문학적 의미로 듣는 편이 나을 것이다. 그것은 정말 마치 지구의 강제력이 이 봉기의 자비로운 음모에 가담한 것처럼 보인다. 물론 이 봉기의 끝은 무기력이며, 그 원리는 분노이고, 그 의식적 목적은 *자유*가 아니라 생존과 행복이다. 전통적 권위의 붕괴가 지구의 빈자들을 행진케 하는 곳, 그들이 불행의 어둠을 벗어나 저잣거리로 달려가는 곳에서 그들의 분노는 별들의 운행처럼 거역할 수 없는 것 같았으며, 자연력(自然力)을 가지고 앞으로 돌진하면서 전 세계를 삼키는 조류와 같았다.

　(마르크스가 등장하기 몇십 년 전에 그리고 어쩌면 헤겔의 역사철학을 알지 못한 채 썼을 유명한 문장에서) 토크빌은 "필연성에 관한 교의가 민주 시대에 역사를 기술한 사람들에게 강한 매력을 주는" 이유를 생각한 첫 번째 사람이었다. 그가 믿기로 그 이유는 개인의 행위가 국가에 남긴 흔적이 사라진 평등주의적 사회의 익명성에 있으며, 따라서 사람들은…… 어떤 우월한 강제력이 그들을 지배하고 있다고 믿게 된다. 평등주의 사회에서 개인의 무기력은 자신의 운명을 결정하는 우월한 강제력에 대한 경험을 설명할 수도 있다. 이것은 필연성에 관한 논의에 내재된 운동의 요소를 거의 설명하지 못하며,

---

50) Lord Acton, 앞의 책, chap. 9.

이 필연론은 그러한 요소 없이는 역사가에게 쓸모가 없다. "인류를 결속시키고 묶으며 세계가 형성되었을 때부터 존재하는 엄청난 사슬"[51]로서 작동하는 필연성은 미국 혁명이나 평등주의적 미국 사회의 경험 영역에는 전적으로 존재하지 않았다. 여기서 토크빌은 자신이 프랑스 혁명으로부터 터득한 중요한 사실을 미국 사회를 이해하는 데 적용했다. 로베스피에르는 프랑스 혁명에 대한 헤겔의 해석과 반대로, 여전히 자유롭게 흐르는 조류가 인간적 미덕의 장점에 의해 인도될 수 있다고 믿었지만, 이미 프랑스 혁명에서는 저항할 수 없는 익명적 폭력의 조류로 인간들의 자유롭고 신중한 행위를 대체했다. 그러나 폭력의 불가피성에 대한 로베스피에르의 신념과 필연의 불가피성에 대한 헤겔의 신념 —폭력과 필연성은 모두 운동 상태에 있으며 모든 것과 모든 사람을 조류적 운동으로 끌어들인다 —이면에 존재하는 이미지는 혁명기 동안 파리 거리에서 쉽게 찾을 수 있는 견해였으며, 거리로 쏟아져 나온 빈민들의 견해였다.

이 빈민의 홍수 속에서 우리가 '혁명'의 원래 의미와 아주 친밀하게 연계시킨 불가항력성이란 요소가 구현되었다. 은유적인 용례에서 불가항력성은, 다시 우리가 자연 과정의 일부로 보는 필연성과 연계되었을 때 더욱더 설득력을 갖게 되었다. 그것은 자연과학이 필연적 법칙의 관점에서 과정을 기술해왔기 때문이 아니라 우리가 유기체적 몸체로서 필연적이고 불가항력적인 과정에 예속되어 있다는 것을 아는 한 우리는 필연성을 경험하기 때문이다. 모든 지배는 원래 생존의 필연성으로부터 자신을 해방하려는 인간의 욕구에 그 가장 정당한 근원을 가지고 있으며, 인간은 폭력 수단을 통해, 다른 사람들에게 자신의 삶의 짐을 부담하도록 강요함으로써 그러한 해방을 성취했다. 이것이 예속의 핵심이었다. 폭력과 다른 사람에 대한 지배

---

51) Tocqueville, 앞의 책, vol. II, chap. 20.

만이 몇몇 인간을 자유롭게 할 수 있다는 과거의 무시무시한 진리를 거부한 것은 근대 정치이념 자체의 발생이 아니라 기술의 발전일 뿐이었다. 어느 것도 더 무용하고 더 위험할 수 없었다. 필연성에서 해방된 인간들 사이에 발생하는 폭력은 인간들이 필연성과 싸우는 데 행사하는 원초적 폭력, 그리고 근대에 처음 역사적으로 기록된 정치적 사건 속에 완전히 그 모습을 드러낸 원초적 폭력과는 다르며, 덜 잔인한 것은 아니지만 덜 끔찍하기 때문이다. 그 결과 필연성은 정치 영역, 즉 인간들이 진정으로 자유로울 수 있는 유일한 영역에 침투하게 됐다.

프랑스 혁명은 빈민 대중, 즉 전체 인간의 압도적 다수를 가난한 사람으로 명명했고, 이들을 분노한 사람으로 변화시켰는데, 이들을 방치했을 뿐만 아니라 19세기 당시 사람들의 표현대로 비참한 사람들(les misé rables)의 상태에 다시 빠지게 내버려두었다. 이들은 필연성을 지니고 있었으며, 기억이 도달할 수 있는 매우 오래전부터 필연성에 예속되어 있었으며, 아울러 필연성을 극복하기 위해 항상 사용되어왔던 폭력을 담지하고 있었다. 양자 모두, 즉 필연성과 폭력이 모두 그들을 불가항력적으로 보이게 만든다―그것이 지구의 강제력이다(la puissance de la terre).

3 행복의 추구

필연성과 폭력. 폭력은 필연성을 위해 행사되기 때문에, 우리는 이것을 정당화하고 미화한다. 우리는 해방을 획득하려는 최고의 노력 속에서 필연성을 반박하거나 경건한 체념 속에서 필연성을 수용하지 않는다. 오히려 우리는 루소의 말대로 사람들을 "확실히 자유롭게 할" 아주 강력한 힘으로서 필연성을 숭배하고 있다. 필연성과 폭력이 박식한 사람과 무식한 사람에게 똑같이 모든 혁명적 사건의 두드러진 특징일 정도로, 우리는 필연성과 폭력, 양자 간의 상호관계가 어떻게 20세기 성공적 혁명의 이정표가 되어왔는가를 알고 있다. 그리고 슬픈 일이지만, 우리는 또한 당국의 상황이 아무리 포악하더라도 지금까지 혁명이 발발하지 않은 나라들에서 *자유*가 더 잘 유지되고 있다는 사실뿐만 아니라 혁명이 성공을 거둔 나라들보다 좌절된 나라들에 시민적 자유가 더 많이 존재하고 있다는 사실도 알고 있다.

우리는 나중에 이 문제에 관심을 가져야 하지만 여기서 이 문제를 역설할 필요는 없다. 그러나 혁명가들이 담당해야 할 역할 때문에 이들을 고무하고 대비케 했을지도 모르는 원리들을 일별하려면, 우리는 논의를 진행하기에 앞서 현대의 직업 혁명가들과는 다른 이른바 혁명 참가자들에게 관심을 가져야 한다. 그 이유를 들자면, 특정 국가에서 불만 심지어 음모가 아무리 광범위하게 확산되었더라도 혁명은 반란의 결과가 아니듯, 마찬가지로 혁명이 빈민 대중에게 문을 아무리 활짝 개방했더라도 이들이 혁명을 개시하지는 않았기 때문이다. 일반적으로 말하자면, 우리는 정치체의 권위가 심각하게 손상되지 않은 곳에서는 혁명이 가능하지 않다고 말할 수 있다. 그리고 이곳은 현대의 조건으로는 무장 군대가 정책 당국에 복종하리라고 기대될 수 있는 곳을 의미한다. 혁명은 항상 초기 단계에는 놀랄 정도로 용이하게 성공하는 것같이 보인다. 왜냐하면 혁명을 시도했던 사람들이 처음에는 완전히 분열 상태에 있는 정권의 권력을 장악하기 때문이다. 혁명은 정치적 권위 몰락의 결과이지 결코 원인은 아니다.

그러나 이러한 입장을 고려하더라도 우리는 정부가 권위를 행사하고 존경을 요구할 수 없는 곳에서 항상 혁명이 발생한다고 결론을 내릴 자격도 없다. 도리어, 폐물이 된 정치체가 때때로 불가사의하게 오래 지속되는 경우도 있다. 이러한 사실은 실제로 제1차 세계대전 이전 서구 정치사의 두드러진 특징이었다. 확연히 보일 정도로 권위가 사라진 곳이라 하더라도, 정권의 붕괴에 대비하고, 동시에 집권하려는 의지가 있으며, 공동의 목적을 위해 함께 열렬하게 조직하고 행동하고자 하는 사람들의 수가 충분히 존재할 경우에만 혁명은 발발하고 성공할 수 있다. 이러한 사람들의 수가 많을 필요는 없다. 미라보(Mirabeau)*가 한때 언급했던 바와 같이, 함께 행동하는 사람 열 명이 서로 떨어져 있는 사람 10만 명을 전율케 할 수 있다.

---

* 자유주의적 사상을 가진 귀족인 미라보(Comte de Mirabeau, 1749~91)는 삼부회에 귀족 대표로 진출하려 했으나 귀족들의 반대 때문에 뜻을 이루지 못하고 제3신분으로 선출됐다. 그는 혁명 초기에는 국민의 옹호자로 비쳤으나 급격한 변화의 위험을 두려워한 나머지 제한 절대 군주정의 지지자로 변모했다. 소불, 최갑수 옮김, 『프랑스대혁명사 (상)』(두레, 1994), 151쪽 각주 참조.

212

어느 누구도 프랑스 혁명 기간 중 빈민이 정치 무대에 출현하리라
는 것을 예측하지 못했다. 그러나 빈민의 출현과는 반대로 정치체의
권위 상실은 17세기 이후 유럽과 식민지에서 이미 잘 알려진 현상이
었다. 대혁명이 발발하기 40년도 훨씬 전에 몽테스키외는 폐허가 서
구 정치구조의 토대를 완만히 잠식해가고 있다는 것을 충분히 인식
했으며, 독재의 복구를 두려워했다. 왜냐하면 유럽인들은 그들이 비
록 습관과 관습에 지배를 받고 있다 해도 정치적으로 더 이상 편안
함을 느끼지 않았으며, 그들의 삶을 지켜주는 법을 더 이상 신뢰하지
않았고, 아울러 그들을 지배하는 사람들의 권위도 더 이상 믿지 않았
기 때문이다. 몽테스키외는 새로운 *자유* 시대를 예견하지 않고 도리
어 *자유*가 당시까지 기반을 두고 있던 유일한 보루 속에서 고사되고
있지 않은가를 두려워했다. 몽테스키외는 관습·습관·풍습 —간단
히 말해 정치체에는 관련이 없지만 사회적 삶에 아주 중요한 습속과
도덕 —이 긴급한 상황이 되면 갑작스레 소멸할 것임을 확신했기 때
문이다.[1] 그리고 그러한 평가는 결코 구체제의 부패가 사회적인 것
뿐 아니라 정치체의 구조에까지 퍼져 있었던 프랑스에만 국한되지
는 않았다. 거의 같은 시기에 흄(Hume)이 언급한 바에 따르면, "영국
에서는 왕이라는 이름만으로 존경을 받지는 못한다. 왕을 지구 위에
있는 신의 부섭정(副攝政, vice-regent)으로 표현하고, 이전에 인류를
현혹했던 유의미한 자격 중 어느 하나를 그에게 부여하는 것은 모든
사람에게서 비웃음을 살 뿐이다." 흄은 영국의 평온 상태를 신뢰하

---

1) 『법의 정신』(*Esprit des lois*)의 제8권 제8장에 나오는 다음 문장을 옮긴 것이다.
"La plupart des peuples d'Europe sont encore gouvernés par les moeurs. Mais
si par un long abus du pouvoir, si, par une grande conquête, le despotisme
s'établissait à un certain point, il n'y aurait pas de moeurs ni de climat qui
tinssent; et, dans cette belle partie du monde, la nature humaine souffrirait, au
moins pour un temps, les insultes qu'on lui fait dans les trois autres."

지 않았으나 몽테스키외와 거의 같은 용어를 사용하면서 "자그마한 이변의 충격에도…… 사람들의 안정된 원리와 견해에 의해 더 이상 지지를 받지 못하는 왕권은 곧 해체될 것"이라고 믿었다. 버크는 본 질적으로 당시 유럽에 존재했던 상황에 대한 주저와 불안이라는 동 일한 이유 때문에 미국 혁명을 아주 열정적으로 찬양했다. "유럽 국 가들은 한때 자유를 확보함으로써 그 위상을 스스로 부각했는데, 이 제 지구를 그 중심까지 흔들리게 할 진정한 이변으로 그 자유를 복구 할 수 있다. 서구 세계는 더 서구적인 다른 세계가 발견될 때까지 *자 유*의 중심이었다. 그리고 *자유*의 중심지가 모든 곳에서 억압당할 때, 그 다른 세계는 아마도 *자유*의 은둔처가 될 것이다."[2]

　따라서 정부가 믿을 수 없을 정도로 쉽게 전복될 것이라는 점은 예 측될 수 있었다. 몽테스키외는 이것을 유일하게 맨 먼저 명백히 예측 했다. 그리고 그는 상속된 모든 정치구조가 점차로 권위를 상실한다 는 것을 염두에 두었는데, 18세기에 들자 점점 더 많은 사람이 어디 서든 이 현상을 명료하게 파악하게 되었다. 이 당시에 확실해진 또 다른 사실은, 이러한 정치 발전이 근대의 더 일반적인 발전의 일부 라는 사실이었다. 가장 넓은 의미에서 우리는 이 과정을 고대 로마 의 삼위일체, 즉 종교·전통·권위가 붕괴되는 과정으로 기술할 수 있 다. 삼위일체의 심층적 원리는 로마 공화정이 로마 제국으로 변동하 는 과정에도 존속했고, 로마 제국이 신성 로마 제국으로 변동하는 과 정에도 존속했다. 그러나 이제 로마적 원리는 근대의 습격 이전에 산 산이 분해되었다. 정치적 권위가 붕괴되기 전에 전통이 상실되고 제 도화된 종교적 신념이 약화되었다. 전통적·종교적 권위의 감소는 아

---

2) 흄의 입장은 다음 문헌에서 인용했다. Wolfgang H. Kraus, "Democratic Community and Publicity", *Nomos*(Community), vol. II, 1959. 버크의 입장 은 다음 문헌에서 인용했다. Lord Acton, *Lectures on the French Revolution*, 2nd lecture.

214

마도 정치적 권위를 침식시켰을 뿐만 아니라 그 파멸의 전조가 되었을 것이다. 로마의 역사가 시작된 이래로 내내 전통적·종교적·정치적 권위는 상호 조화를 유지하면서 인간들의 세속적·정신적 문제를 전적으로 결정했는데, 그 가운데 정치적 권위가 맨 나중에 사라졌다. 즉 정치적 권위는 전통에 따라 좌우되었고, "미래를 밝혀주는"(토크빌) 과거 없이 견고할 수 없었으며, 종교적 제재가 약화된 이후에는 존속할 수 없었다. 우리는 종교적 제재의 소멸로 인해 특별히 새로운 권위가 확립될 때 제기되었던 엄청난 난관들, 여러 혁명에 참여했던 수많은 사람이 혁명 전에는 무시했던 신념들에 의존할 수밖에 없거나 적어도 이것들을 환기해야만 했던 당혹스러운 일들에 대해서는 나중에 논의해야 할 것이다.

대서양의 양쪽, 즉 유럽과 아메리카에서 혁명에 대비했던 사람들이 자신들의 삶을 결정하고 자신들의 확신을 구체화했으며, 결과적으로 자신들을 분리시켰던 사건들에 앞서 어떤 것을 공유했다면, 그것은 몽테스키외나 버크가 언급했던 방식과 흡사한 공적 *자유*에 대한 열정적 관심이었다. 그리고 아마도 이러한 관심은 중상주의 시대뿐만 아니라 분명히 매우 점진적인 절대주의 시대 당시에도 어느 정도 낡은 것이었다. 게다가 그들은 혁명에 집착하지 않았지만 존 애덤스의 표현대로 "예기치 않게 주목받게 되었고 사전에 성향을 형성하지도 못한 채 억지로 관여하게 되었다". 토크빌이 프랑스를 옹호하는 증언을 한 바와 같이, "폭력혁명이라는 개념 자체는 (그들의) 마음속에 자리 잡고 있지 않았다. 폭력혁명은 고려되지 않았기 때문에 이에 대한 논의도 없었다."[3] 따라서 "전쟁이 발발하기 전에 혁명이 시작되었다"[4]는 토크빌의 증언은 애덤스의 말과 배치된다. 그 이유를

---

3) Tocqueville, *L'Ancien Régime et la Révolution*(1856), *Œuvres complètes*(Paris, 1952), 197쪽.
4) 나일스(Niles)에게 보낸 1818년 1월 14일자 편지.

들자면, 식민지 주민들은 "법에 따라 결사 또는 정치체에 참여했고, 읍민회관(town hall)에서…… 집회할 권리를 보유했으며, 공공 문제들을 심의할 권리를 보유했기" 때문에 혁명에 참여했지 어떤 특별한 혁명 정신이나 저항 정신으로 혁명에 참여하지는 않았다는 것이다. "주민들의 정서는 이러한 마을 집회 또는 지구(district) 집회에서 처음으로 형성되었다."5) 그리고 '취미' 또는 '공적 *자유*에 대한 열정'을 강조한 애덤스의 입장도 토크빌의 지적과 대립됐다. 애덤스가 발견한 바에 따르면, 공적 *자유*에 대한 열정 또는 취미는 어떤 혁명인가에 대한 개념을 갖고 있지 않았고 자신들의 역할에 대한 예감도 갖고 있지 않았던 사람들의 마음속에 뚜렷하게 자리 잡고 있었으며, 혁명이 발발하기도 전에 프랑스 전역으로 확산되어 있었다.

이때도 유럽인과 미국인들의 차이는 명백하고 중요한데, 이들의 정신은 거의 동일한 전통에 의해 형성되고 영향을 받았다. 그러나 프랑스인들이 생각했던 정념과 '취미'는 미국에서는 분명히 하나의 경험이었다. 특히 18세기에 프랑스인들이 '공적 *자유*'를 언급했던 곳에서 '공적 행복'을 언급했던 미국적 용례는 이러한 차이를 아주 적절하게 암시하고 있다. 문제의 핵심을 지적하자면, 미국인들은 공적 *자유*가 공공 업무에 참여하는 데 있다는 것을 알고 있었으며, 이 업무와 연관된 활동이 부담을 주는 것이 아니라 이 활동을 공개적으로 수행한 사람들에게 다른 곳에서는 얻을 수 없는 행복감을 준다는 것을 알고 있었다. 미국인들은 그 사실을 매우 잘 알고 있었으며, 존 애덤스는 다음과 같은 사실을 대담할 만큼 거듭하면서 명료하게 밝혔다. 즉 국민의 대표자들이 후에 그 유명한 헌법 제정 회의(Conventions)에 참가하고자 했던 것과 같이, 주민들은 전적으로 의무 때문도 아니고 자신들의 이익에 봉사하려는 것은 더더욱 아니며 대부분 논의·

---

5) 1782년 마블리(Abbé Mably)에게 보낸 편지.

216

심의·정책 결정에 참여하는 것을 기꺼이 즐겼기 때문에 마을 집회에 참가했다. 그들을 모이게 했던 원동력은 "세계이며, 자유에 대한 공적인 관심"(해링턴)이었다. 존 애덤스의 주장대로 어느 다른 인간적 능력보다도 "더 본질적이고 괄목할 만한 것", 즉 "차이에 대한 정념"이 그들을 감동시킨 것이었다. "남자든 여자든 어린아이든 누군가 보이는 곳이면 어디서든지, 그들이 부자이건 빈자이건, 고귀한 사람이건 미천한 사람이건, 현명한 사람이건 우매한 사람이건, 배운 사람이건 배우지 못한 사람이건 관계없이 자기가 아는 범위 내에서 주변 사람들의 눈에 띄고, 발언이 경청되고, 언급되고, 인정받고 존경받고자 하는 욕망으로 강렬한 자극을 받는 듯 보였다." 존 애덤스는 이 정념의 미덕을 "경쟁", "다른 사람을 능가하려는 욕망"으로 표현했고, 차이의 수단인 권력을 목표로 하는 야망을 이 정념의 악덕으로 표현했다.[6] 심리학적으로 표현하면 이것이 실제로 정치인의 주요 미덕과 악덕이다. 왜냐하면 차이에 대한 어떠한 정념과도 무관하게 전제적인 사람의 특징이기는 하지만, 권력 자체에 대한 욕망과 탐욕은 더 이상 전형적으로 정치적 악덕이 아니라 모든 정치적 삶을 파괴하는 특성이기 때문이다. 그 이유를 정확히 말하자면, 전제군주는 우월해지려는 욕망을 갖고 있지 않으며 모든 사람의 무리보다 우월해지는 것이 기쁘다는 것을 알게 되는 차이에 대한 정념을 전적으로 결여하고 있다. 역으로, 사람들은 우월해지려는 욕망 때문에 세계를 사랑하게 되고 동등한 사람들의 무리를 수용하게 되며 공공 업무에 참여하게 된다.

이러한 미국적 경험과 달리, 대혁명을 주도하려고 했던 프랑스 문필가들의 준비 작업은 극도로 이론적이었다.[7] 분명히 프랑스 의회

---

6) John Adams, *Discourses on Davila, Works*(Boston, 1851), vol. VI, 232~233쪽.

7) 존 애덤스는 '프랑스 혁명의 자기 중심적 철학자들이 수도승처럼 세상 물정에 어두웠다는 사실'에 충격을 받았다. 다음 문헌을 참조하라. *Letters to John Taylor*

의 '배우들'은 미국적 경험을 거의 인정하지 않았으며, 성찰 없이는 지루했을 업무의 측면을 성찰할 시간을 확실히 갖지 못했다고 하더라도 그들 역시 즐겼다. 그들은 의지해야 할 경험을 갖고 있지 못했고, 자신들을 인도하고 분기시킬 실재에 의해 검증되지 않은 이념과 원리만을 지니고 있었을 뿐이다. 이러한 것들은 모두 대혁명 이전에 고려되고 공식화되었으며 논의되었다. 따라서 그들은 고대의 기억에 훨씬 더 의존했으며, 경험과 구체적 관찰보다는 언어나 문헌에 나타나는 제안으로 고대 로마의 용어들을 채웠다. 그 결과 그들은 공적인 것(res publica, la chose publique)이라는 용어 자체를 통해 군주의 지배 아래서는 공공 업무 같은 것이 존재하지 않는다고 생각하게 되었다. 그러나 이러한 용어들뿐만 아니라 이 이면에 숨어 있는 꿈들이 대혁명 초기 몇 달 사이에 드러나기 시작했을 때, 그 명료화는 심의나 논의, 결정의 형태로 나타나지 않았다. 그것은 오히려 도취였다. 도취의 주요 요소는 군중이었다. 대중의 박수와 애국적 희열은 로베스피에르가 경험한 테니스코트 선언에 '찬란함' 못지않게 많은 매력을 더해주었다. 분명히 "로베스피에르는…… 루소주의(Rousseauism)의 계시가 현실에서 실현되는 것을 경험했다. 그는 인민의…… 목소리를 듣고 그것을 신의 목소리로 생각했다. 그의 임무는 이 순간 시작되었다"[8]는 역사의 첨언은 옳은 것이다. 그러나 로베스피에르와 그 동료들의 정서가 고대에서는 전례를 찾아볼 수 없는 경험에서 아무리 강력한 영향을 받았다 하더라도, 그들의 의식적인 사유와 언어들은 로마의 언어로 완강히 복귀했다. 우리가 순수한 언어학적 의미로 선을 긋고자 한다면, 좀더 늦게 발생한 용어인 '민주주의'를 주장했을 것이다. 물론 민주주의는 '공화정'이라는 용어와

---

on the American Constitution(1814), *Works*, vol. VI, 453쪽 이하.

8) J. M. Thompson, *Robespierre*(Oxford, 1939), 53~54쪽.

반대로 객관적 제도에 역점을 두고 인민의 지배와 역할을 강조한다. 프랑스에서는 '민주주의'라는 용어가 1794년에 이르러서야 비로소 사용되었다. 왕의 사형 집행도 여전히 '공화국 만세!'라는 절규 속에서 이루어졌다.

따라서 로베스피에르의 혁명 독재론은, 비록 그것이 혁명을 경험함으로써 촉진되었다 해도 잘 알려진 로마 공화주의 제도에서 그 정당성을 찾았다. 이것을 제외하면 이 몇 년 동안 18세기 사상 체계에 첨가된 이론에 새로운 것은 아무것도 없다. 잘 알려진 바와 같이, 건국 선조들은 자신들의 모험이 새로운 것이라는 것을 깊이 이해했지만 오래전에 발견되었던 것을 대담하고 편견 없이 적용했다는 것만으로도 얼마나 자랑스러워했는가. 그들은 과거의 축적된 지혜를 대담하게 적용하면서도 그 방법을 알고 있었기 때문에 자신들을 정치학의 대가(大家)로 생각했다. 18세기 사람들이 이해하고 있던 정치학의 여러 규칙과 진술을 적용한 결과가 곧 대혁명이었다는 주장은 미국에서도 기껏해야 반쯤의 진실 정도로, 프랑스에서는 그보다도 못한 정도로 인정되었다. 물론 프랑스에서는 헌법 및 영속적인 제도의 확립이 일찍이 예기치 않았던 사건들 때문에 중단되었고 궁극적으로 좌절되었다. 그럼에도 건국 선조들이 정치이론에서 열정적이고 때로는 약간 희화적인 박식함—존 애덤스는 고대 및 근대 저자들의 저서에서 발췌한 풍부한 초록을 자신의 저서들 중 수많은 부분에 기록하고 있으며 다른 사람들이 우표를 수집하듯 헌법을 수집한 것같이 보였다—을 보이지 않았다면, 어떤 혁명도 실행되지 못했을 것이라는 점은 사실이다.

18세기에 집권에 대비했고 무엇보다도 연구와 사유를 통해 터득한 것을 적용하고자 했던 사람들은 **문필가**(hommes de lettres)라고 불렸다. 이러한 표현은 '지식인'이라는 우리 식의 표현보다 훨씬 더 훌륭하다. 그런데 우리는 습관적으로 전문적인 저술가와 작가 부류를 지식인의 범주에 포함시키고 있다. 근대의 행정이나 경영에서 지속적으로 확장되고 있는 관료제뿐만 아니라 대중사회에서 거의 같은 속도로 늘어나고 있는 향락에 대한 요구는 이들의 노력을 필요로 한다. 근대에 들어와 이 계급의 성장은 불가피했고 자동적이었으며, 모든 상황에서 나타났을 것이다. 그리고 우리가, 동양의 정치적 전제정에서 이 계급이 발전할 수 있었던 더할 나위 없는 조건을 고려한다면, 이 계급의 성장 기회는 자유로운 국가들의 입헌적 지배 아래서보다 전제정과 절대주의의 지배 아래서 훨씬 더 많았다는 점이 논의될 수도 있다. 문필가와 지식인의 차이는 결코 질(質)의 명백한 차이에 좌우되지 않는다. 우리의 맥락에서 더 중요한 것은 두 집단이 18세기 이후의 사회에 대해 보였던 근본적으로 상이한 태도다. 이때 사회란 근대에 들어와 한편 공적이거나 정치적인 훨씬 오래되고 더 순수한 영역과 다른 한편 사적인 것의 영역 사이에 불쑥 끼어들었던 신기하고 다소간 혼성된 영역이다. 실제로 지식인들은 사회의 중요한 부분이고 항상 그러했다. 하나의 집단으로서 지식인들도 사회 덕택에 자신들의 존재와 탁월성을 부각했다. 18세기 유럽의 혁명 이전(以前) 정부들은 모두 "전반적인 수준에서 점증하는 정부 운영에 필수적이며, 정부 활동의 은밀한 성격을 강조하는 데 필수적인 일련의 전문적 지식과 절차를 구축하기 위해"[9] 지식인들을 필요로 했고 이용했다. 반면 문필가들은 기껏해야 공공 업무의 비밀에 대해 분노했다. 그들은 이러한 종류의 통치 업무에 봉사하기를 거부하고 사회에서 물러나, 즉 처음에는 궁중의 사교계와 관료의 삶에서 벗어나고 이어서 살롱의 사교계에서 벗어남으로써 자신들의 삶을 시작했다. 그들은 자유롭게 선택한 은둔지에서 스스로를 교육하고 정신을 배양했다. 따

___

9) Wolfgang H. Kraus, 앞의 책 참조. 나는 이 탁월하고 해명적인 책의 초판이 언제 나왔는지 모른다.

라서 그들은 사회적인 것뿐만 아니라 정치적인 것으로부터도 계산된 거리를 유지했다. 그들은 사회적인 것과 정치적인 것을 모두 올바르게 고찰하고자 어떠한 경우에도 이 두 영역에서 벗어났다. 우리는 18세기 중반경부터 그들에게서 사회 및 사회적 편견에 대한 공개적 저항을 발견하게 된다. 몽테뉴(Montaigne)의 지혜의 근원이었으며, 파스칼(Pascal) 사상의 깊이를 심화했고, 몽테스키외 저서들의 많은 부분에 여전히 그 흔적을 갖고 있는 사회에 대한 차분하지만 적잖이 예리하고 사려 깊으며 신중한 멸시는 혁명 이전의 도전보다 먼저 존재했다. 이것은 물론 분위기와 양식에서 귀족에 대한 경멸적 혐오와 이를 따르고자 하는 평민들의 분노에 찬 증오 사이의 엄청난 차이를 거부하는 것은 아니다. 그러나 우리는 멸시와 증오의 대상이 적잖이 동일하다는 것을 기억해야 한다.

게다가 문필가들은, 어떠한 '신분'에 속하더라도, 빈곤의 부담으로부터 자유로웠다. 그들은 구체제의 국가나 사회가 그들에게 부여했던 모든 명성에 불만을 가지고 있었기 때문에 여가를 축복이라기보다 부담으로 느꼈다. 아울러 그들이 생각하는 여가는 고대 이래 사람들을 공공 업무에 관여케 하는 활동보다 더 상위에 있다고 생각되는 활동을 추구하기 위해 철학자들이 스스로 주장했던 정치로부터의 *자유*라기보다는 오히려 진정한 *자유* 영역에서 강요된 추방이었다. 달리 표현하면, 그들의 여가는 로마식의 **오티움**(otium)이었지 그리스식의 **스콜레**(schole; σχολή)는 아니었다. 그들의 여가는 철학이 어떤 "고통의 치료약"(a doloris medicinam)[10]을 전달해주는 강요된 비활동, 즉 '한가한 은둔지에서의 나태함'이었다. 그들은 18세기에 라틴어를 글자 그대로 옮겨와 공공 영역이라고 명명했던 '레스 푸블리카'(res publica, la chose publique)를 위해 이러한 여가를 향유하

---

10) Cicero, *De Natura Deorum* I, 7 and *Academica* I, 11.

기 시작했을 때도 여전히 로마식 스타일을 유지했다. 따라서 그들은 저서 자체가 포함하고 있을지도 모르는 영구적인 지혜나 불멸의 아름다움을 위해서가 아니라 ─ 이것은 결정적이다 ─ 거의 전적으로 그들이 목격했던 정치제도에 대해 배우고자 그리스와 로마의 저자들에게 눈을 돌렸다. 그들은 진리 탐구가 아니라 정치적 *자유*에 대한 모색을 통해 고대에 관심을 갖게 되었다. 그들은 독서 덕택에 그러한 *자유*에 대해 생각하고 상상할 구체적인 요소들을 확보하게 되었다. 토크빌의 말로 표현하면, "각각의 공적 정념은 철학으로 변신한다." 그들이 만약 공적 *자유*가 개별 시민에게 무엇을 의미했는가를 실제 경험에서 터득했다면, 그들 역시 자신의 미국 동료들과 똑같은 견해를 가졌을 것이며 '공적 행복'에 대해 언급했을 것이다. 왜냐하면 사람들은 공적 행복에 관한 어느 정도 공통된 미국적 정의(定義) ─ 예컨대, 1772년 워런(Joseph Warren)이 제시한 정의 ─ 가 자유로운 헌법에 대한 고매하고 안정된 애착에 좌우된다는 것을 상기하기만 하면 되고, 겉보기엔 다른 표현들이 그 실질적 내용에서는 얼마나 밀접하게 연계되어 있는가를 인식하기만 하면 되기 때문이다. 공적 또는 정치적 *자유*와 공적 또는 정치적 행복은 당시에 자신이 행하리라고 결코 기대하지 않았던 것을 행했던 사람들의 정신을 대비케 하는 원리였으며, 종종 이전에 갖지 않았던 성향에 따라 행동하게 하는 원리였다.

프랑스에서 정신적으로 준비를 하고 도래할 혁명의 원리를 공식화한 사람들은 계몽주의 철학자들로 알려져 있다. 그러나 그들이 주장하는 철학자라는 명칭은 다소 잘못된 것이었다. 왜냐하면 철학사에서 그들의 의미는 무시될 수 있으며, 정치사상사에서 그들이 한 공헌은 17세기와 18세기 초 그들의 위대한 선구자들이 보였던 독창성에 미치지 못하기 때문이다. 그러나 혁명의 맥락에서 그들의 중요성은 엄청나다. 이들은 아우구스티누스 이후 철학자들이 알고 있었으며 논의했던 자유로운 의지나 자유로운 사유와는 매우 다른 무엇으로 자유를 이해했다. 그것은, 그들이 당시까지 거의 알려지지 않았던 새로운 개념인 **공적** *자유*를 강조하면서 *자유*라는 용어를 사용했다는 사실에서 드러난다. 그들의 공적 *자유*는 사람들이 세계의 압력에서 마음대로 도피하려는 내적 영역이 아니며 의지로 하여금 양자 중에 선택하도록 강요하는 **자유로운 선택**(liberum arbitrium)*도 아니었다. 그들의 경우 *자유*란 공적으로만 존재할 수 있었다. 즉 *자유*란 재능이나 능력이라기보다 오히려 사람들이 향유하고자 창조한 것, 즉 가시적이고 세계적인 실재였다. 고대인들이 알고 있는 바와 같이, 인위적인 공적 공간 또는 시장은 *자유*가 나타나고 모두에게 가시화되는 영역이었다.

18세기 계몽적 절대주의의 지배 아래서 정치적 *자유*(freedom)의 부재는 상층 계급의 구성원들에게는 확실히 해당되지 않는, 특정한 개인적 자유(liberties)의 부정을 의미하는 것이 아니라 "공공 문제의 세계가 그들에게는 거의 알려지지 않았을 뿐만 아니라 비가시적이었다는 사실을 의미했다."[11) 빈민의 고통에 대한 연민은 완전히 별

---

* 아우구스티누스가 자유의지(free will) 개념을 정립하기 전에는 아리스토텔레스의 자유로운 선택이 자유의지와 비슷한 의미로 사용되었다. 그러나 '의지'가 현상 세계에서 이탈한 상태에서 진행되는 데 반해, '자유로운 선택'은 현상 세계에 의해 제약된다는 점이 자유의지와 자유로운 선택의 차이다. 이와 관련해서는 아렌트의 『정신의 삶: 의지』를 참조하라.

11) 조건과 실천에…… 대한 작가들의 끝없는 반감에 대해 토크빌은 다음과 같이 주장하고 있다. "모든 정치적 자유가 완벽히 부재한 상황에서 그들은 문제의 세계를 불완전하게 인식할 뿐 아니라 비가시적인 세계로 본다." 그리고 이러한 경험 부족이 어떻게 그들의 이론을 더 급진적이게 했는가를 기술한 후, 그는 다음과 같이 명료하게 강조한다. "그와 같은 무지는 군중들로 하여금 귀와 가슴을 그들에게 열도록 했다(Tocqueville, 앞의 책, 195쪽)." 크라우스는 자신의 책(앞의 책)에서 '공공 문제에 관한 새로운 호기심'이 서부 및 중부 유럽 전체에 걸쳐 지식인 엘리트들뿐만 아니라 하층의 인민들 사이로까지 확산되었다는 것을 보여주고 있다.

문제로 하고, 연민을 표출하기 전에도 문필가들은 빈민과 더불어 내밀함(the obscurity)을 공유했다. 이 내밀함은 그들이 공공 영역(public realm)을 목격하지 못했다는 것을 의미하며, 자신들을 드러낼 수 있고 돋보이게 할 수 있는 공적 공간(public space)을 갖지 못했다는 것을 의미한다. 문필가들은 출생과 상황 덕택에 정치적 의미의 사회적 대체물인 배려의 차원에서 주목받았다는 점이 빈민들과 구별됐다. 그리고 그들의 개인적 특성은 정확히 그들이 '배려의 땅'(헨리 제임스는 사회 영역으로 명명한다)에 거주하기를 거부하고 오히려 적어도 중요성(존재 의미)과 *자유*에 대한 자신들의 열정을 향유하고 배양할 수 있었던 프라이버시의 격리된 내밀함을 선택했다는 사실에 있다.

확실히, *자유* 자체에 대한 이러한 정념, 즉 "말하고 행동하며 숨쉴 수 있는 유일한 즐거움"(토크빌)에 대한 정념은 사람들이 주인을 모시지 않는다는 의미에서 이미 자유로운 곳에서만 발생할 수 있다. 그리고 공적 또는 정치적 *자유*에 대한 이러한 정념은 하인이 주인에 대해 갖는 아마도 훨씬 더 격렬하지만 정치적으로 본질상 단조롭고 열정적인 증오, 피억압자의 해방에 대한 갈망으로 아주 쉽게 왜곡되고 있다는 것이 문제다. 이러한 증오는 분명히 기록된 역사만큼이나 오래되었고 어쩌면 그것보다 더 오래되었다. 증오는 결코 혁명을 초래하지 못한다. 왜냐하면 증오는 *자유*의 확립, 즉 *자유*가 나타날 수 있는 공간을 보장하는 정치체의 형성이라는 혁명의 핵심 이념을 실현하는 것은 고사하고 이를 수용할 수도 없기 때문이다.

근대의 조건에서 건국 행위는 헌법의 기초 작업과 동일하다. 그리고 「독립선언서」가 아메리카 각 주들의 헌법을 구성하는 작업—이것은 연맹헌법, 즉 미국의 건국을 준비하고 완성했다—을 촉진하고 후에도, 제헌의회의 소집은 아주 정확히 혁명의 이정표가 되어왔다. 이러한 미국의 전례는 아마도 그 유명한 테니스코트 선언을 앞당겼을 것이다. 이 선언에서 제3신분은 헌법을 마련하고 왕권이 이를 정당하게 수용하기 전에는 해산하지 않기로 맹세했다. 그러나 첫 번째 헌법을 기다리는 프랑스의 비극적 운명 역시 혁명들의 특징으로 남아 있다. 1791년 헌법은 왕에 의해 수용되지도 않고 국민에 의해 위임되지도 비준되지도 못한 채, 만약 사람들이 국민의회 심의를 참관한 방청객들의 야유와 환호를 인민의 헌법 제정권이나 심지어 동의권에 대한 유효한 표현이라 주장하지 않는다면, 종잇조각으로 남을 상황이었으며, 인민보다는 박식한 사람들과 전문가들에게 더 관심거리가 되었다. 헌법이 발효되기도 전에 그 권위는 붕괴되었으며, 곧바로 다른 헌법들로 연속적으로 교체되었다. 그리고 그것은 우리 세기에도 지속되는 헌법의 대홍수 속에서 헌법 개념 자체가 인식의 범위를 벗어나 해체될 때까지 계속되었다. 따라서 프랑스 의회 대표자들은 자신들을 항구적인 조직체라고 선언하면서도 자신들의 결의안과 심의안을 국민들에게 다시 가지고 가는 대신 자신들의 헌법 제정권과의 관계를 끊었으며, 결국 건국자 또는 건국 선조가 되지 못하고 헌법 제정을 즐겨 하는 소일거리로 삼은 정치인이나 전문가 세대의 선조들에 불과했다. 그들은 권력을 보유하지도 않았거니와 사건의 형성을 공유하지도 않았기 때문이다. 이러한 과정에서 헌법 제정 행위는 그 의미를 상실했고, 헌법의 개념은 실재 및 실재론(realism)의 결여, 즉 법률주의와 형식성에 대한 지나친 강조와 연계되었다.

오늘날 우리는 여전히 이러한 역사적 발전의 영향 속에 살고 있다. 따라서 우리는 한편으로는 혁명, 다른 한편으로는 헌법과 건국이 상관 관계를 갖고 동시에 발생하는 사건들과 같다는 것을 이해하기 어렵게 되었다. 그러나 18세기 사람들은 당연히 새로운 정치 영역의 경계를 설정하고 내부의 규칙을 규정하는 헌법이 필요했다. 또한 그들은 자신들의 혁명 정신이 혁명이 실질적으로 종말을 맞은 후에도 생존할 수 있도록, '공적 *자유*에 대한 정념'이나 '공적 행복의 추구'가 미래 세대를 위한 자유로운 유희를 수용할 새로운 정치 공간을 당연히 형성, 구축해야만 했다. 그러나 새로운 정치체의 건국을 성공시키고 그 결과 어떤 의미에서는 혁명이 실질적 목표를 성취한 미국에서 조차, 건국 행위를 실현케 했던 정신의 생존을 보장하고, 그것을 고무했던 원리를 실현하는 혁명의 두 번째 임무——우리가 알고 있는 바와 같이, 제퍼슨이 새로운 정치체의 생존 자체를 위해 특히 중시했던 임무——는 애초부터 거의 좌절되었다. 그리고 이러한 실패는 '행복 추구'라는 용어에서 암시되고 있다. 제퍼슨 자신이 「독립선언서」에서 '생명·자유·재산'——당대에는 이것을 정치적 권리와 구별되는 시민적 권리로 규정했다——이라는 과거의 공식적 표현 중 한 항목인 '재산' 대신 '행복 추구'라는 항목을 포함시킨 바 있다.

제퍼슨의 용어 교체가 그렇게 암시적인 이유는 그가 당시의 정치 문헌에서 아주 빈번하게 발견되는 '공적 행복'이라는 용어를 사용하지 않았다는 점이다. 왜냐하면 공적 행복은 왕의 칙령에 나타나는 관례적 문구의 중대한 미국적 변형이기 때문이다. 물론 왕의 칙령에서 '우리 백성의 복지와 행복'은 명백히 신하들의 사적인 복지 행복을 의미했다.[12] 따라서 제퍼슨 자신은 여러 측면에서 미국 독립선언을 예견했던 1774년 버지니아 헌법을 위한 자료에서 '우리 선조들이 유럽 내 영국의 영토'를 떠날 때 권리를 행사했다고 선언했는데, 이러한 "권리는 자연이 모든 인간에게 부여한…… 새로운 사회를 건설할 권리이며, 사회와 관련한 그러한 법과 규정 아래서 공적 행복을 촉진

---

12) 왕의 신민들이 향유하는 '행복'은 아버지가 자기 가족을 돌보듯 왕이 자기 왕국을 돌본다는 것을 전제한다. 이와 같이, 블랙스톤의 말에 따르면 행복은 "복종의 규칙을 '인간은 자신의 행복을 추구해야 한다'는 이 아버지의 격언으로 우아하게 환원했던…… 창조주로부터 유래됐다." Howard Mumford Jones, *The Pursuit of Happiness*(Harvard, 1953). 지상의 아버지에 의해 보장된 이 권리는 분명히 공화정으로 정치체가 변형된 후에는 생존할 수 없었을 것이다.

할 가능성을 상당히 많이 지니고 있는 것 같았다."[13] 제퍼슨이 옳았고 '영국령의 자유로운 주민들'이 '공적 행복'을 추구해 미국으로 이주했다면, 신세계의 식민지는 애초부터 혁명가들의 번성 근거지였음이 틀림없다. 게다가 생각해보면 그들은 당시에도 영국인들의 권리와 자유에 대해 일종의 불만을 느꼈고, 모국의 '자유로운 주민들'이 향유하지 못했던 어떤 형태의 공적 *자유*를 추구했기 때문에 미국 이주를 결심한 것이다.[14] 그들은 이 *자유*를 맛보았을 때 이 *자유*를 후에 '공적 행복'이라 표현했다. 이 *자유*는 시민이 공공 영역에 접근하는 권리이며, 공권력을 공유하는 것, 즉 제퍼슨의 매혹적인 문구로 표현하자면 통치 업무의 참여자가 되는 것이다.[15] 이 *자유*는 심지어 공권력에 대항해 사적 행복을 추구하는 과정에서 정부가 보호해주는 일반적으로 인정된 권리와 다르며, 전제적 권력만이 폐지하려고 하는 권리와도 다르다. 행복이라는 용어가 공권력을 공유한다는 주장에서 선정되었다는 바로 그 사실은 혁명 이전에 '공적 행복'과 같은 실재가 미국에 존재했다는 점, 그리고 사람들이 자신의 행복을

---

13) Jefferson, *A Summary View of the Rights of British America*(1774), *The Life and Selected Writings*, Modern Library, 293~294쪽.

14) 스코틀랜드 도덕철학자인 퍼거슨(Adam Ferguson)은 이 측면에 관심을 보이는데, 시민 사회의 적합한 질서를 언급한다는 점에서 존 애덤스와 상당히 유사하다(*Essay on the History of Civil Society*, 3rd ed., 1768). 그가 언급한 바와 같이, 질서의 개념은 "살아 있지 않은 죽은 주체의 유비에서 도출되었기에 종종 기만적이다. ……벽을 구성하고 있는 벽돌들이 훌륭하게 배열된다는 것은 위치에 맞게 다듬어진 채 그 장소에 적절하게 고정되는 것이다. 벽돌들을 옮기면, 건물은 무너질 것이다. 그러나 사회 속에서 인간들의 질서는 그들이 행동할 수 있는 적절한 자격을 부여받은 곳에 있다는 점이다. ……우리가 단순한 비행위와 평정의 질서를 사회 속에서 추구할 때, 우리는 우리 주체의 성격을 망각하고 자유로운 사람들의 질서가 아닌 노예들의 질서를 발견한다." Wolfgang H. Kraus, 앞의 책(강조는 첨가).

15) 케이벨(Joseph C. Cabell)에게 보낸 '구 단위 자치체'(the republics of the wards)에 관한 편지(1816년 2월 2일), 같은 책, 661쪽.

사적 생활에서만 주장하고 향유하기만 한다면 전적으로 '행복할' 수 없다는 것을 이해하고 있었다는 점을 강력하게 암시한다.

그러나 「독립선언서」가 공적 행복이 아니라 '행복 추구'에 대해 언급한 것은 역사적 사실이며, 제퍼슨 자신이 행복 추구를 인간의 양도할 수 없는 권리 중 하나로 삼고자 했을 때, 그가 자신의 마음속에서 어떠한 형태의 행복을 생각하고 있었는가를 확신하지 못했던 것은 우연한 일이다. ('재산'을 '행복 추구'로 바꾼) 변경의 중요성이 제헌의회의 논쟁에서 지적되지도 않았다는 결과와 더불어, 그의 유명한 '펜의 적절한 표현'은 '사적 권리와 공적 행복'[16]의 차이를 희석했다. 확실히 대표자들 중 어느 누구도 이 '행복 추구'의 놀랄 만한 내력을 의심하지 않았다. 그런데 이것은 다른 어느 것보다도 특별히 미국적인 이데올로기, 즉 멈퍼드 존스(Howard Mumford Jones)의 말대로 사람들이 "환영을 추구하고 환상을 포용할 무서운 특권"[17]을 가지고 있다고 주장하는 무시무시한 왜곡에 기여할 수 있었다. 우리가 알고 있는 바와 같이, 그 용어는 18세기의 환경에서 아주 친숙했다. 이후 각각의 세대들은 제한 형용사 없이 제멋대로 하는 것을 행복으로 이해했다. 그러나 사람들이 가정하길, 의회의 대표자들이 '식민지 정치 평론가들'의 일반적 신념을 확고하게 고수하고 있고, "공적 미덕과 공적 행복 사이의 분리할 수 없는 연계성이 존재하며", 자유가 행복의 본질이라고 하더라도 공적 행복과 사적 복지를 혼동할 위험

---

16) James Madison, *The Federalist*, no. 12 참조. 제퍼슨이나 위원회가 행복 추구를 어떠한 의미로 사용했는가를 알기란 결코 쉽지 않다는 사실은 제외하더라도, 제퍼슨의 필치가 얼마나 교묘했는가는 그가 새롭게 발견한 '권리' 개념이 '1776년과 1902년 사이에 주헌법들의 3분의 2 정도에' 포함되었다는 사실을 통해 알 수 있다. 나는 존스(Howard Mumford Jones)가 자신의 저서에서 내린 결론에 동의하고 싶다. "미국에서 행복을 추구할 권리는 사실상 정신의 부재 상태에서 성장했다……."

17) Howard Mumford Jones, 앞의 책, 16쪽.

성은 당시에도 존재했다.[18] 왜냐하면 제퍼슨 ─ 가능하다면 존 애덤스만은 예외로 하더라도 다른 사람들과 마찬가지로 ─ 은 다음과 같은 차이를 결코 자각하지 못했기 때문이다. 즉 공적 행복이라는 새롭고 혁명적인 이념과, 당시에도 "진부하다고"(존 애덤스) 생각하거나 기껏해야 "주체의 상식"(제퍼슨)을 대변하는 것으로 생각했던 선한 정부라는 인습적 개념은 명백히 대별되었다. 이러한 인습에 따르면, '통치 업무에 참여하는 사람들'은 행복하지 않고 부담 속에서 일한다고 여겨졌으며, 행복은 18세기가 정부 영역과 동일시했던 공공 영역에 설정되지 않았으나, 정부는 "선한 정부의 유일하게 정당한 대상"[19]인 사회의 행복을 증진하는 수단으로 이해되었다. 따라서 만약 참여자들 자신이 행복을 느낀다면 그것은 전적으로 그들이 권력에 대한 엄청난 열정을 가지고 있기 때문이며, 단지 인간 본성의 이러한 '정당화할 수 없는' 성향을 제어하고 통제하기 위해서만 피치자의 참여에 대한 욕구가 정당화될 수 있었다.[20] 제퍼슨이 역시 주장했듯, 행복은 공공 영역 바깥에 존재한다. 즉 "가정의 품 안과 사랑에 있으며, 이웃 사촌 사이와 책 속에 있고, 내 농장과 업무에 건실하게 종사하는 데 있으며,"[21] 간단히 말해 공중이 요구하지 못하는 가정 생활

---

18) Clinton Rossiter, *The First American Revolution*(New York, 1956), 229~230쪽.

19) 패링턴(Vernon L. Parrington)은 그것을 "제퍼슨 정치철학의 제1원리, 즉 인간 생활과 행복의 파괴가 아닌 배려가 훌륭한 정부의 첫 번째이며 유일하게 정당한 목적"이라고 규정하고 있다. *Main Currents in America Thought*, Harvest Books edition, Book I, 354쪽.

20) 이는 디킨슨(John Dickensen)의 말이지만, 이 주제와 관련해 미국 혁명 참가자들 사이에는 이론에서 일반적인 합의가 존재했다. 따라서 존 애덤스조차 "개인의 행복이 인간의 목적이듯이 …… 사회의 핵복은 정부의 목적"이라고 주장했으며("Thoughts on Government", *Works*, 1851, vol. IV, 193쪽), 이들은 모두 다음과 같은 매디슨의 유명한 발언에 동의하고 있다. "인간이 천사라면, 정부는 필요치 않았을 것이다. 천사들이 인간들을 통치한다면, 정부에 대한 외적 또는 내적 통제는 필요치 않았을 것이다(*The Federalist*, no. 51)."

의 프라이버시에 있었다.

  이러한 종류의 성찰과 권고는 건국 선조들의 저작에 상당히 보편적으로 나타나고 있다. 그런데도 나는 이러한 권고와 성찰이 저작들에서 그다지 상당한 비중 — 제퍼슨의 저서에서도 그렇고, 하물며 존 애덤스의 저서에서도 거의 큰 비중을 차지하고 있지 못하다 — 을 차지하고 있지 않다고 생각한다.[22] 평범한 일 이면의 진정한 경험 — 공공 업무는 부담이며, 기껏해야 "모든 개개인이 동료 시민에게 의당 봉사해야 하는 의무 수행" — 을 검토해야 한다면, 우리는 18세기 문명보다 기원전 4, 5세기의 그리스에 관심을 갖는 편이 나을 것이다. 제퍼슨과 미국 혁명 참가자들이 관련되는 한 — 가능하면 존 애덤스는 다시 제외하고 — 이들 경험의 진실은 이들이 일반론으로 언급할 때 나타난다. 이들 중 일부는 실제로 '플라톤의 허튼소리'에 대해 분개했을 것이다. 그러나 개념어로 자신들을 표현할 때마다, 그들은 이러한 분노 때문에 자신들의 생각이 경험보다 오히려 플라톤의 '시대

---

21) 매디슨에게 보낸 1793년 6월 9일자 편지, 앞의 책, 523쪽.

22) 따라서 존 애덤스는 1780년 파리에서 자기 아내에게 보낸 편지에서 오래된 계서적 질서를 다음과 같이 흥미롭게 비틀었다. "나는 우리 자식들이 수학과 철학을 공부할 자유를 갖도록 하기 위해 정치와 전쟁을 연구해야 한다오. 그리고 우리 자식들은 그 자식들에게 그림, 시, 음악, 건축, 조각술, 태피스트리, 도자기를 연구할 권리를 주기 위해 수학과 철학, 지리학, 자연사, 조선 기술, 항해, 상업, 농업을 연구해야 한다오(*Works*, vol. II, 68쪽)."
버지니아 권리장전의 주요 작성자인 메이슨(George Mason)은 훨씬 더 확신에 차서 자신의 자식에게 다음과 같은 사항을 권고했다. 공적 문제에 대한 관여와 야망, 영광을 향한 사랑을 거부하는 전통과 인습의 엄청난 무게 때문에 결코 완전히 확신할 수 없었음에도, 그는 "공공 업무의 노고와 고민거리보다는 사적 지위의 행복을 선호하라"는 최종 결단으로 자신의 자식들에게 권고했다. '사적 지위의 축복'이란 진부한 표현을 헤쳐나가고 자신의 매우 상이한 경험을 자백하기 위해서는 아마도 존 애덤스와 같은 정신과 인격의 대담성이 필요했을 것이다. Kate Mason Rowland, *The Life of George Mason 1725~1792*, vol. I, 166쪽 참조.

에 뒤떨어진 정신'에 의해 미리 결정되는 것을 가로막지는 못했다.[23] 그럼에도 불구하고 그들의 심오한 혁명적 행위와 사고가 평범한 의 견들로 변질됐던 유산의 외피를 해체했을 때, 그리고 그들의 언사가 행적의 위대성과 참신성에 필적했을 때, 사례들은 적지 않게 존재한 다. 「독립선언서」는 이러한 사례에 속하며, 그 위대성의 원인은 자연 법 철학—「독립선언서」는 자연법 철학과 관련해 '깊이와 섬세함'을 결여하고 있다[24]—에 기인하는 것이 아니라 "인류의 의견에 대한 존경", 즉 "정당화를 위해…… 세계의 법정에 호소"하는 데 있다.[25] 아울러 이것이 바로 문서의 작성을 촉진하고, 특정 왕에 대한 매우 특이한 일련의 불만 사항들이 군주정과 왕정 일반의 원리에 대한 거 부로 점차 발전하게 되었을 때, 그 위대성이 드러나게 되었다.[26] 왜 냐하면 「독립선언서」의 기저가 되는 다른 이론들과 반대로 이러한 거부는 완전히 새로운 것이었으며, 미국 혁명과 프랑스 혁명 과정에 서 드러난 바와 같이, 군주론자들과 공화주의자들의 골이 깊고 심지 어 폭력적이기까지 한 적대감은 혁명 발발 전에는 실제로 알려지지 않았기 때문이다.

고대 말 이후 정치이론은 공통적으로 법치정부와 전제정을 구별해 왔다. 이 이론에서 전제정은 통치자가 자신의 의지대로 이익을 추구

---

23) 제퍼슨이 존 애덤스에게 보낸 1814년 7월 5일자 편지. L. J. Cappon ed., *The Adams-Jefferson Letters*, Chapel Hill, 1959.

24) Carl L. Becker, *The Declaration of Independence*, 2nd edition, New York, 1942 참조.

25) 제퍼슨이 1825년 5월 8일 리(Henry Lee)에게 보낸 서한을 참조하라.

26) 혁명이 공화국의 설립과 함께 소멸된다는 것은 지나간 결론이 아니었으며, 1776년 새뮤얼 애덤스에게 보낸 편지에서도 여전히 찾아볼 수 있다. "우리 는 이제 우리가 적절하다고 생각하는 어떤 정부 형태라도 선택할 수 있는 공 평한 기회를 가졌으며, 우리를 통치하는 왕을 위해 기꺼이 어느 국가와도 계 약을 체결한다." William S. Carpenter, *The Development of American Political Thought*(Princeton, 1930), 35쪽 참조.

하며 통치하고, 결국 피치자의 사적 복지와 합법적·시민적 권리를 침해하는 정부 형태로 이해되었다. 어떠한 상황에서도 일인 지배인 군주정이 전제정과 동일시되지 않았다. 그러나 혁명은 곧 군주정과 전제정을 정확히 동일하게 취급하는 방향으로 기울게 된다. 혁명이 이해했던 바와 같이, 전제정은 통치자가 영역의 법에 따라 통치하더라도 행위의 권리를 자신을 위해 독점하고, 시민들을 공공 영역에서 추방해 가정이라는 프라이버시의 영역으로 내몰며, 시민들에게 사적 일에만 몰두하라고 강요하는 정부 형태다. 달리 말하면, 전제정은 사적 복지를 반드시 박탈하지는 않더라도 공적 행복은 박탈했다. 반면, 공화정은 모든 시민에게 '국정 운영의 참여자'가 될 권리, 즉 행위로 드러나게 되는 권리를 인정했다. '공화정'이라는 용어는 분명히 아직 등장하지 않았다. 비공화주의적 정부들은 모두 혁명 후에야 전제정으로 인지되었다. 그러나 공화정을 설립하는 원리는 생명, 행운, 그리고 신성한 명예라는 '상호 맹세'에 충분히 존재했던 데 비해, 군주정에서는 신민들이 이 모든 것을 서로에게 맹세하는 것이 아니라 영역 전체를 대표하는 왕에게만 맹세했다. 「독립선언서」에는 분명히 장엄함이 있는데, 그 장엄함은 그 철학에 있는 것이 아니며 「독립선언서」가 '행위를 옹호하는 주장'이라는 데 있는 것이 아니라 말로 드러나는 행위를 위한 완벽한 길이라는 사실에 있다(제퍼슨 자신이 이해한 바와 같이, "「독립선언서」는 원리나 감성의 독창성을 목표로 하지 않았고, 어느 특정한 이전의 저서를 모방하지도 않았고, 미국 정신의 표현을 담고자 했으며, 그때 요구되는 적절한 색조와 정신을 그 표현에 부여하고자 의도되었다"[27]). 그리고 우리는 여기서 말로 표현된 언어가 아니라 글로 쓰인 언어를 다루기 때문에, 역사 속에서 행위의 힘이 그 기념비를 설립할 만큼 증대했던 귀중한 계기와 대면하게

---

27) 각주 25에 인용한 편지를 참조하라.

된다.

공적 행복이라는 주제에 직접 영향을 미친 또 다른 사례는 진지하지 않은 성격을 띤 것은 아니지만 심각한 성격을 띠고 있지도 않다. 그 사례는 제퍼슨이 만년에 밝혔던 흥미로운 희망 속에서 볼 수 있다. 당시 제퍼슨과 애덤스는 진담 반 농담 반으로 사후의 가능성을 논의하기 시작했다. 분명히 우리가 내세적 삶의 이미지에서 종교적 함의를 제거한다면, 그러한 이미지는 기껏해야 인간적 행복의 다양한 이상을 보여줄 뿐이다. 그리고 행복에 관한 제퍼슨의 진정한 생각은 (전통적 정부 형태의 구조보다 더 해체하기 어려운 개념의 전통적 틀로 어떻게도 왜곡하지 않은 채) 다음과 같은 상황에서 나타났다. 그는 즐겁고 탁월한 역설의 분위기에 휩쓸려, 애덤스에게 보낸 서한에서 "우리 다시 그곳 의회에서 옛 동료들과 함께 만나세. 그리고 그들과 함께 '잘했소, 훌륭하고 충실한 공복들이여'라는 승인의 봉인을 수령합시다"라고 마무리지었다.[28] 우리는 반어법으로 표현한 이 문장에서 다음과 같은 사실을 솔직하게 인정하게 된다. 즉 관조의 환희가 중세적 경건을 위한 영원한 축복의 전조였던 것 못지않게 제퍼슨에게는 의정 생활, 토론하고 입법 활동을 하며 업무를 처리하고 설득하고 설득되는 과정에서 누리는 기쁨이 결론적으로 다가올 영원한 축복의 전조였다. 왜냐하면 '승인의 봉인'은 결코 미래 국가에서 미덕에 주어지는 일반적 보상이 아니기 때문이다. 승인의 봉인은 찬사, 환호의 증거, '세계의 존경'이며, 여기서 제퍼슨은 승인의 봉인이 "세계의 모든 것보다 내 눈에 더 귀중한" 때가 있었다는 것을 다른 맥락에서 언급하고 있다.[29]

공적·정치적 행복에서 영원한 축복의 이미지를 찾는 것이 우리 전

---

28) L. J. Cappon ed., 앞의 책, 1823년 4월 11일자 편지, 594쪽.
29) 각주 21에 인용된 매디슨에게 보낸 서한을 참조하라.

통의 맥락 속에서 얼마나 예외적인 일인지를 이해하자면 다음과 같은 내용을 환기해보는 것이 좋을 것이다. 예컨대, 토마스 아퀴나스의 경우 **영원한 행복**(perfecta beatitudo)은 전적으로 하나님에 대한 완벽한 이해에 있었으며, 이러한 이해에 동료들의 존재는 필요하지 않았다.[30] 이 모든 것은 우연하게도 불멸적 영혼의 삶에 대한 플라톤의 생각과 완전히 일치한다. 그러나 이와 반대로, 제퍼슨은 자기 동료들의 동아리를 확장함으로써만 자신의 생애 중 가장 훌륭하고 행복한 순간들을 누릴 수 있었다. 따라서 그는 '동료' 중 가장 훌륭한 사람들과 '의회에' 앉아 있을 수 있었다. 우리는 사후의 삶에 대한 즐거운 기대 속에 반영된 인간적 행복의 진수(眞髓)와 비슷한 상(像)을 발견하기 위해 소크라테스로 되돌아가야 한다. 소크라테스는 『변명』이라는 대화편의 유명한 문장에서 다음과 같이 솔직하고 명랑하게 고백했다. 그가 요구할 수 있었던 것도 말하자면 거의 똑같았다. 즉 행복의 진수는 축복받은 사람의 땅도 아니고 유한한 인간의 삶과 전적으로 상이한 불멸적 영혼의 삶도 아니다. 오히려 소크라테스는 지상에서는 만날 수 없었지만 사유의 대가(大家)로서 그들의 끊임없는 사유의 대화를 함께하고 싶었던 사람들, 즉 오르페우스·무제우스·헤시오도스·호메로스와 같은 고대 그리스의 유명한 사람들을 포함해 지하에 있는 사람들에 이르기까지 자신의 동료 집단을 확장하는 것을 행복의 진수로 생각했다.

하여튼 우리는 적어도 한 가지를 확신할 수 있다. 「독립선언서」는 사적 행복과 공적 행복의 차이를 희석했지만 사적 복지와 공적 행복 추구권, 복지 추구와 '공공 문제의 참여자'가 되는 것이라는 두 가지 의미에서 우리에게 '행복의 추구'라는 용어에 귀를 기울이라고 말하

---

30) 아퀴나스(Thomas Aquinas)를 이해하기 위해서는 다음 문헌을 참조하라. *Summan Theologica*, I qu. 1, 4 c and qu. 12, IC. 또한 같은 책, I 2, 9u. 4, 8 o.

고 있다. 그러나 두 번째 의미(공적 행복)를 망각하는 속도와 이 용어가 원래의 의미를 제한하는 형용사 없이 사용되고 이해되는 속도는 프랑스 혁명 못지않게 미국 혁명에서도 역시 최초 의미가 얼마나 손실됐는지와 그 정신이 얼마나 망각됐는지를 측정하는 기준이 될 수 있다. 이러한 상실과 망각은 대혁명에서 명백히 드러났다.

우리는 프랑스에서 어떤 거대한 비극이 일어났는지를 알고 있다. 자신의 주인에게서 해방되거나 주인 중의 주인인 필연성으로부터 해방되기를 필요로 했고 바랐던 사람들은 공적 *자유*를 위한 공간을 확립하고자 바랐던 사람들을 성급하게 지원했다. 그리고 불가피한 결과가 발생했다. 혁명 참가자들은 해방에만 우선적으로 관심을 가졌지 애초에 가장 중요한 임무라고 생각했던 것, 즉 헌법의 기초에는 점차 소홀해진 것이다. 대혁명을 대비했던 모든 이념과 정념들 가운데, 엄격히 말해 공적 자유(liberty)의 개념과 취미가 가장 먼저 사라지게 될 것들이라고 한 토크빌의 판단은 옳았다.[31]* 그런데도 결코 혁명을 종결할 생각이 없었던 로베스피에르의 입장은 "입헌정부는 시민적 자유에 주로 관심을 가지고 있고, 혁명 정부는 공적 자유에 관심을 가지고 있다"는 확신에 기인하지 않았는가?[32] 그는 혁명 권력의 종결과 입헌정부의 시작이 '공적 *자유*'의 종말을 부르지 않을까 두려워했음이 틀림없지 않은가? 다시 말해 새로운 공적 공간이 삶 속으로 분출하고 *자유*의 포도주와 사실상 다를 바 없는 행위의 포도주로 그들 모두를 도취시키고 나면 그 공간이 고사하지 않을까 두

---

31) Tocqueville, *Ancien Régime*, ch. 3.

* 아렌트는 여기서 'public liberty'라는 표현을 사용하고 있다. 이러한 표현은 여기서 유일하게 나타난다.

32) "혁명 정부의 원리"에 관한 국민의회에서의 연설. Lapponeraye ed., 앞의 책, vol. III 참조. 나는 영어 번역판으로 Robert R. Palmer, *Twelve Who Ruled* (Princeton, 1958)를 사용했다.

려워했음이 틀림없지 않은가.

이러한 질문들에 적절한 대답이 무엇이든 간에, 시민적·공적 자유에 대한 로베스피에르의 구분은 '행복'이라는 용어가 미국에서 애매하고 개념적으로 모호하게 사용되는 것과 명백한 유사점을 지니고 있다. 혁명 이전, 대서양 양안에서 활동하던 문필가들은 시민적 해방과 공적 *자유*의 관점에서 또는 인민의 복지와 공적 행복의 관점에서 정부의 목적이 무엇인가라는 오래된 질문에 대답하려고 노력했다. 그리고 이 질문은 이제 혁명의 충격 속에서, 혁명과 혁명 정부의 목적이 무엇인가라는 질문이 되었다. 비록 프랑스에서만 제기된 문제였다 하더라도 그것은 아주 자연스러운 것이었다. 혁명 참가자들은 이러한 질문에 적합한 해답을 이해하기 위해 전제정이라는 현상—신민으로부터 시민적 자유와 공적 *자유*를 박탈하고, 사적 복지와 공적 행복마저도 박탈하며, 따라서 양자 간의 구분선을 망각하는 경향을 띤 정부 형태—에 관심을 가졌다. 무엇보다도 이들이 사적인 것과 공적인 것, 그리고 사적 이익과 공공 이익의 예리한 차이를 두 가지 원리가 서로 충돌하게 되는 혁명 과정에서만 발견할 수 있었다는 사실을 간과하지 않는 것이 중요하다.

이러한 갈등은 상이한 형태로 표현되지만, 프랑스 혁명과 미국 혁명의 갈등은 동일한 것이었다. 미국 혁명의 경우, 이러한 갈등은 새로운 정부가 시민들의 '공적 행복'을 위해 자체의 영역을 구성하려고 하는가 또는 단지 과거의 정부보다 더 효율적으로 사적 행복의 추구에 기여하고 이를 보장하기 위해서만 고안되었는가를 둘러싼 문제였다. 그리고 프랑스 혁명의 경우, 이러한 갈등은 혁명 정부의 목적이 시민적 자유와 권리를 보장함으로써 공적 행복의 우세를 중단시키는 '입헌정부'의 성립에 있는가, 아니면 혁명이 '공적 *자유*'를 위해 영원히 천명되어야 하는가를 둘러싼 문제였다. 시민적 자유와 사적 행복 추구의 보장은 오랫동안 통치자들이 법의 테두리 내에서 지배를 행사하는 비전제적 정부에 본질적인 것으로 간주되어왔다. 어느 것도 더 이상 중요하지 않다면, 정부의 혁명적 변동, 즉 군주정의 폐지과 공화정의 성립은 기껏해야 구정권들의 탈선으로 야기된 우연한 사건들로 간주되어야 한다. 이 지적이 타당하다면, 혁명이 아닌 개혁, 정부의 변동보다는 오히려 나쁜 통치자를 훌륭한 통치자로 교체하는 것이 제기된 질문에 적합한 해답이 되어야 한다.

사실, 영국과 갈등을 빚기 이전에 이미 미국인들은 '공적 행복'의 영역에서 상당한 경험을 했음이 틀림없다 하더라도, 두 혁명의 어느 정도 점잖은 출발은 그 원래의 의도가 입헌군주정으로 향하는 개혁이었음을 암시하고 있다. 그러나 프랑스 혁명이나 미국 혁명이나 모두 공화정의 성립으로 방향을 급선회하게 되었다. 이러한 주장은 군주론자와 공화론자의 새로운 극한 대립과 더불어 혁명 자체에서 발생했다는 것이 핵심이다. 어쨌든 혁명 참가자들은 '공적 행복'과 대면하게 되었고, 이러한 경험의 충격은 그들이 거의 모든 상황에서—불행하게도 대안은 그러한 관점에서 그들에게 제시되어야 했다—시민적 자유보다 공적 자유를, 사적 복지보다 공적 행복을 선호할 정도로 심대했다. 로베스피에르의 이론은 영구적으로 선언된 혁명의 전조가 되는데, 그의 이론 뒤에는 이후 거의 모든 유능한 혁명가들을 혼돈에 빠뜨렸던 불편하고, 경악스러운 문제들이 도사리고 있다. 혁명의 종결과 입헌정부의 도입이 공적 자유의 종말을 가져왔다면, 혁명을 종결시키는 것이 과연 바람직했는가.

미국 혁명은 결코 시민권을 심각하게 손상시키지 않았다. 그리고 아마 이러한 이유 때문에 미국 혁명은 프랑스 혁명이 실패한 곳에서 건국 임무를 성공적으로 마칠 수 있었을 것이다. 게다가 가장 중요한 것은 바로 이러한 맥락에서 미국의 건국자들이 통치자가 되었다는 점이다. 그 결과 혁명의 종말이 '공적 행복'의 종말을 가져오지는 않게 되었다. 로베스피에르가 이 새로운 미국 정부의 발전을 목격할 정도로 오래 살았다면, 그의 의혹은 확인될 수 있었을지도 모른다. 왜냐하면 강조점이 헌법의 내용(권력의 형성과 분리), 그리고 매디슨의 말대로 "야망을 야망으로 견제되는"33) ─ 출세하려는 야망이 아니라 우월해지고 의미를 가지려는 야망 ─ 새로운 영역의 부상으로부터 정부에 가해져야 하는 입헌적 제재를 포함한 권리장전으로 거의 동시에 이동했기 때문이다. 달리 말하면, 강조점은 공적 *자유*에서 사적 자유로, 공적 행복을 추구하기 위한 공공 업무의 분담에서 사적 행복의 추구가 공권력에 의해 보호되고 장려된다는 보장으로 이동했다. 제퍼슨의 새로운 표현 ─ 처음에는 아주 신기할 만큼 모호하게도, (공공 문제로부터 인민의 배제를 함축하고 있는) 인민의 사적 복지와, 혁명 이전 당시 유행했던 '공적 행복'이라는 문구를 강조하는 왕의 선언에 대한 보장을 모두 환기하고 있다 ─ 은 그 이중적 의미를 거의 바로 제거했으며, 개인적 이익을 추구할 뿐만 아니라 사적 자기 이익의 규칙에 따라 행동할 수 있는 시민권으로 이해되었다. 그리고 이러한 규칙들은 마음의 음험한(dark) 욕망에서 유래하든 가정의 내밀한 필요 사항에서 유래하든 결코 뚜렷이 '명료화되지' 않았다.

우리는 미국에서 일어났던 일을 이해하기 위해 아마도 크레브쾨르(Crèvecœur)*의 분노를 상기할 필요가 있을 것이다. 그는 농부로서 누리는 사적 행복이 전쟁과 혁명의 발발로 중단되었을 때 혁명 전 미

---

33) 매디슨의 이러한 말들이 '차이에 대한 정념'이 정치체에서 수행해야 하는 역할에 대한 존 애덤스의 자각을 반영하고 있는 듯하다는 점은 건국 선조들 사이에서 합의의 영역이 얼마나 넓은가를 보여주는 징표에 불과하다.

* 크레브쾨르(1735~1813)는 프랑스계 미국 작가이며 자연주의자다. 그는 1765년 신세계에서 시민권을 획득했고, 오렌지 카운티에서 농부가 되었다. 미국 혁명이 발발하자, 그는 견디기 어려운 상황에 처하게 되었다. 그의 부인은 왕당파 집안 출신이었고, 그의 친구들과 이웃 사람들은 반대파에 속해 있었다. 양쪽 모두의 박해를 받은 그는 미국을 떠났다. 그는 1782년 런던에서 『미국 농부로부터 온 편지』를 출판했고, 이로 인해 저술가로 이름을 날리게 되었다. 귀국 후 그는 미국에 관한 저서를 집필했다.

국의 평등과 번영을 열렬히 옹호한 사람이었다. 그는, '보통 사람들의 위상을 훨씬 넘어섰던 훌륭한 인사들'이 농부와 가장(家長)들의 이익보다 독립과 공화국의 건국에 더 많은 관심을 가진 나머지 전쟁과 혁명이라는 '악마'를 '우리에게서 해방시켰다'고 생각했다.[34] 사적 이익과 공적 문제 사이의 이러한 갈등은 두 혁명에서 엄청난 역할을 했으며, 일반적으로 말해 혁명 참가자들은 자기 희생적인 이상주의보다는 공적 *자유*와 공적 행복에 대한 순수한 사랑의 발로로 공적 문제의 차원에서 일관되게 사유하고 행동한 사람들이라고 할 수 있다. 처음에는 국가의 존재가 원리의 경쟁에 좌우되었고, 경제적 의미가 미약했던 조치들에 저항해 인민들이 봉기한 미국에서, 헌법은 심지어 사적 이익의 관점에서 많은 것을 상실했던 사람들 — 헌법은 영국 상인들의 제소에 따라 연방법원을 개정(開廷)했기 때문에 이들에게 신세를 지고 있다 — 에 의해 비준되었으며, 이것은 건국자들이 적어도 전쟁과 혁명을 통해 인민 대다수의 지지를 받고 있었다는 것을 시사한다.[35] 그러나 이 기간에도 시종일관 공적 행복의 지위에 대

---

34) Letter XII, "Distresses of a Frontier Man", *the Letters from an American Farmer*(1782)(Dutton paperback edition, 1957 참조).

35) 무법성, 폭력, 그리고 무정부 상태의 경향은 다른 식민 국가들에서와 마찬가지로 미국에서도 강하게 나타났다. 존 애덤스가 자신의 자서전(*Works*, vol. II, 420~421쪽)에서 연관시킨 유명한 이야기가 있다. "그는 항상 법의 영역 내에 있으면서도 거의 모든 법정에서 수없이 기소당했던…… 평범한 기수 한 사람을 만났다. 그는 나를 보는 순간 나에게 다가와서 '오! 애덤스 선생님, 당신과 동료들께서 우리를 위해 훌륭한 일을 하셨더군요! 그 지역에는 지금 정의의 법정이 없으며, 저는 결코 다른 것이 없기를 희망합니다'라고 말하면서 처음으로 경의를 표했다. ……이것이 내가 얻고자 투쟁해왔던 대상인가? 나는 나 자신에게 말했다. ……이러한 것들이 그러한 사람들의 정서이며 그러한 사람들이 이 나라에는 얼마나 많은가? 내가 알기로는 반쯤은 된다. 그 이상은 아니라면 국민의 반쯤은 채무자이기 때문이며, 이러한 것들은 나라 전체에서 채무자들의 감정이 되어왔기 때문이다. 국력이 그들 수중에 들어간다면, 그것이 초래할 엄청난 위험이 존재한다면, 우리는 무슨 목적에 우리의 시간과 건

한 제퍼슨의 의욕과 존 애덤스의 '경쟁심'에 대한 정념, 그의 행위 현시(spectemur agendo) —— '행동으로 보이자, 우리가 보이고 행동할 수 있는 공간을 갖자' ——가 모든 공적 배려와 의무를 제거하려는 냉혹하고 근본적으로 반정치적인 욕망과 어떻게 대립되는가를 명백히 알 수 있다. 사람들이 자신들의 지배자를 통제할 수 있고 군주제적 정부의 장점을 그대로 향유할 수 있게 하는 정부의 관리 기제를 확립하는 것, 그들 자신의 대리 기관 없이 지배를 받는 것, 전적으로 자신들의 사적 이익에 관심을 집중할 수 있도록 공적 행위자들의 감독이나 선택 또는 법의 집행에 요구되지 않는 시간을 갖는 것이 곧 반정치적 욕망들이다.[36]

미국 혁명의 결과는 그 처음의 목적과 달랐고 항상 모호했으며, 정부의 목적이 번영이나 *자유*가 될 수 있는가의 문제는 결코 해결되지 않았다. 새로운 세계를 위해 이 대륙에 왔던 사람들 또는 새로운 세계를 건설하기 위해 이 대륙에 왔던 사람들과 더불어, 새로운 '생활방식' 그 이상도 이하도 바라지 않았던 사람들도 항상 존재했다. 후자의 입장에 속하는 사람들이 전자의 경우에 속하는 사람들보다 수적으로 많았다는 것은 전혀 놀라운 일이 아니다. 18세기를 보자면, "명예혁명 이후 영국의 유력 인사들이 더 이상 미국으로 이주하지 않았다"는 점이 결정적 요인이다.[37] 건국 선조들의 언어에서 "추

<hr>

강, 그리고 그밖의 것을 희생해야 하는가. 확실히 우리는 이러한 정신과 원리로부터 우리의 행위를 보호해야 하거나, 아니면 우리의 행위를 회개해야 한다." 이 이야기는 1775년에 발생했으며, 이 정신과 이러한 원리들이 전쟁과 혁명 때문에 소멸되었으며, 이 쟁점에 관한 최고의 시금석은 채무자들에 의한 헌법의 비준이었다는 것이 문제의 핵심이다.

36) James Fenimore Cooper, "on the Advantages of a Monarchy", *The American Democrat*, 1838 참조.

37) Edward S. Corwin, *Harvard Law Review*, no. 42, 395쪽.

구해야 할 최상의 대상"이 "거대한 인민 조직체의 실질적 복지,"[38] 즉 최대 다수의 최대 행복인지 아니면 그보다는 "정부의 원리 수단이 되는 [우월해지고 드러나고자 하는 정념]을 규제하는 정부의 주요 목적인지"가 문제였다.[39] 우리가 오늘날 알고 있는 바와 같이, *자유*와 번영 사이의 이러한 대안은 미국 건국 선조들이나 프랑스 혁명가들의 마음속에서 결코 명료한 쟁점은 아니었으나 그렇다고 해서 존재하지 않았던 것은 아니다. 토크빌의 말에 따르면 "자유를 사랑하는 것 같으면서도 단지 자신의 주인을 증오할 뿐인" 사람들과 "자유 속에서 자유 그 자체 이외의 것을 찾음으로써 스스로 복종하도록 길들여진"[40] 사람들 사이에는 차이뿐 아니라 적대감도 항상 존재해 왔다.

혁명의 모호한 성격은 혁명을 주도했던 사람들의 마음속에 존재하는 다의성에서 유래하는데, 그 모호함은 아마도 로베스피에르가 '혁명 정부의 원리'로 발표했던 아주 자기 모순적인 표현에서 잘 설명될 것이다. 그는 우선 입헌정부의 목적이란 혁명 정부가 공적 *자유*를 확립할 목적으로 창설한 공화국을 보존하는 것이라고 정의했다. 그러나 그는 입헌정부의 주요 목적을 공적 *자유*의 보존으로 규정하는 순간 사실상 마음을 바꾸어 다음과 같이 정정했다. "입헌적 지배 아래서는 공권력의 남용으로부터 개인을 보호하는 것만으로도 거의 충분하다."[41] 이 두 번째 문장에서 권력은 여전히 공적이며 정부의 수중에 있지만, 개인은 무기력해지고 정부로부터 보호를 받아야 한다. 다른 한편, *자유*의 위치가 바뀌었다. *자유*는 더 이상 공공 영역에 존재하지 않고 시민들의 사적 영역에 존재하게 되어 공중과 그 권력으

---

38) 매디슨의 주장, *The Federalist*, no. 45.

39) John Adams, *Discourse on Davila, Works*(1851), vol. VI, 233쪽.

40) Tocquville, *Ancien Régime*, loc. cit.

41) 각주 32를 참조하라.

로부터 보호를 받아야 한다. *자유*와 권력은 분리되었다. 그 결과, 권력과 폭력은 숙명적으로 같은 것이 되었고, 정부와 정치적인 것, 그리고 정부와 필요악이 같은 것으로 인정되기 시작했다.

우리는 미국의 저자들로부터 간명하지는 않지만 비슷한 결론을 도출할 수도 있었다. 이것은 물론 프랑스 혁명 과정에서도 그러했듯 미국 혁명 과정에도, 사회 문제가 극적이지는 않지만 적잖이 예리하게 개입했다는 것을 말하는 다른 방식일 뿐이다. 그러나 그 차이는 여전히 심대하다. 그 국가(미국)는 결코 빈곤에 압도당하지 않았기 때문에, 건국 선조들을 방해한 것은 필연성이라기보다는 오히려 일확천금을 향한 숙명적 열정이었다. 팬들턴(Pendleton) 판사의 말에 따르면, 항상 "정치적·도덕적 의무의 모든 감정을 소멸시키는"[42] 경향이 있는 이러한 특별한 행복 추구는 적어도 토대를 전복하고 새로운 건물을 세우기에 충분할 만큼 오랫동안—그곳에 거주하는 사람들의 마음을 바꿀 정도로 오래는 아니지만—정지된 상태로 유지될 수 있었다. 공적 행복과 정치적 *자유*라는 혁명적 개념들이 미국의 무대에서 결코 완전히 사라지지는 않았다는 것은 유럽의 현상과 반대되는 결과였다. 이것들은 바로 그 공화국이라는 정치체의 구조의 일부가 되었다. 이 구조가 풍요와 소비를 열망하는 사회의 무용한 병충해를 견딜 수 있을 만큼 단단한 화강암 구조를 갖고 있는가, 아니면 유럽 공동체가 처절함과 불행의 압력 아래 굴복했던 것과 같이 부(富)의 압력에 굴복하고 말 것인가의 문제는 미래만이 말할 수 있다. 공포를 불러일으키는 징조가 있듯 희망을 정당화하는 징조도 오늘날 많이 존재한다.

이러한 맥락에서 문제의 핵심은 미국이, 좋든 나쁘든 유럽인들의 기획이었다는 점이다. 미국 혁명뿐만 아니라 이전과 이후의 모든 것

---

42) Niles, *Principles and Acts of the Revolution* (Baltimore, 1822), 404쪽.

들은 "전체 대서양 문명 내의 사건이었다."[43] 따라서 빈곤이 미국에서는 극복되었다는 사실이 유럽에서 심각한 반향을 일으켰듯, 빈곤이 그렇게 오랫동안 유럽 하층 계급의 상태로 남아 있었다는 사실 역시 혁명 후 미국 내 사건들의 과정에 심대한 영향을 미쳤다. *자유*를 확립하기 전에 이미 미국은 빈곤으로부터 해방을 성취했다. 왜냐하면 혁명 전 초기 미국의 번영 —19세기 말 20세기 초 대량 이민으로 적빈 계급의 유럽인 수십만, 수백만 명이 매년 미국 해안으로 몰려들기 몇백 년 전 이룩되었던 번영 —은 적어도 부분적으로 빈곤 해방을 위한 심사숙고와 집중적인 노력의 결과였다. 그것은 구세계 국가들 내에서는 한번도 이루어진 적이 없는 노력이었다. 반영구적인 것으로 보이는 빈곤을 극복하려는 이 초기의 결정, 즉 이러한 노력 자체는 확실히 서구 역사상, 그리고 인류 역사상 최대의 성과였다. 문제는, 유럽으로부터의 지속적인 대량 이민의 충격 속에서 빈곤을 퇴치하려는 투쟁이 점점 더 빈민들 자신의 영향을 받게 되었으며, 이 결과 *자유*의 형성을 촉진했던 원리와는 다른, 빈곤에서 벗어나려는 이상(理想)의 지도 아래 놓이게 되었다는 것이었다.

풍요와 무한한 소비는 빈자들의 이상이기 때문에, 빈곤의 사막에서는 신기루다. 이러한 의미에서 풍요와 처참함은 동전의 양면일 뿐이다. 필연의 속박이 반드시 철로 만들어질 필요는 없으며 비단실로 만들어질 수도 있다. *자유*와 사치는 항상 양립할 수 없는 것으로 생각되어왔으며, 현실 세계의 환희에 대한 청교도적 멸시의 원인을 "생활 방식의 검소함과 소박함"(제퍼슨)을 주장한 건국 선조들에게서 찾는 경향이 있는 현대의 평가는 그들이 편견으로부터 *자유*로웠다기보다는 오히려 *자유*를 이해하는 능력이 부족했음을 훨씬 더 분

---

43) Robert R. Palmer, *The Age of the Democratic Revolution*(Princeton, 1956), 210쪽 참조.

명히 입증하고 있다. '일확천금을 향한 숙명적인 열정'은 결코 속물적인 사람들의 악이 아니라 빈자의 꿈이었기 때문이다. 이 정념은 이미 식민지 시대 초기부터 거의 미국 전역에 퍼져 있었다. 그 까닭은, 미국이 18세기에도 '자유의 땅, 미덕의 중심지, 그리고 피억압자의 은둔처'였을 뿐 아니라 자유나 미덕에 무지한 조건에 처해 있던 사람들에게 약속의 땅이었기 때문이다. 유럽의 빈곤은 여전히 파괴의 맹위를 떨치며 복수를 해왔고, 그 와중에도 미국의 번영과 대중사회는 점차 전체 정치 영역을 위협하고 있었다. 가난한 사람들의 숨겨진 소망은 "각자의 필요에 따라 각자에게"가 아니라 "각자의 욕망에 따라 각자에게"였다. 그리고 필요를 성취한 사람들에게만 *자유*가 나타나는 것이 사실인 만큼, *자유*란 자신의 욕망만을 좇는 사람들을 회피한다는 것도 마찬가지로 진실이다. 대량 이민의 충격 속에서 18, 19세기가 이해한 바와 같이, 미국인들의 꿈은 미국 혁명의 꿈인 *자유*의 확립도 아니고 프랑스 혁명의 꿈인 인간의 해방도 아니었다. 그것은 불행하게도 젖과 꿀이 흐르는 '약속의 땅'에 대한 꿈이었다. 그리고 근대 기술의 발전이 곧 모두의 가장 무모한 기대 이상으로 이 꿈을 실현할 수 있게 되었다는 사실은 자신이 모든 가능한 세계들 중에서 가장 훌륭한 세계에 살고 있다고 생각하는 몽상가들에게 아주 자연스럽게 확신을 주었다.

결론적으로, 사람들은 크레브쾨르가 다음과 같이 예측했을 때 그가 옳았다는 것을 거의 부정할 수 없다. "그 남자는 시민보다 더 나아질 것이며, 그의 정치적 격언은 사라질 것이고, '내 가족의 행복이 내 유일한 소망'이라고 아주 진지하게 말하는 사람들은 거의 모든 사람에게서 박수를 받을 것이다." 그때 사람들은 민주주의의 이름으로, 열망이 사적 행복을 극복하고자 했기에 보통 사람들의 반열 위로 올라선 위대한 사람들에 대해 분노를 토로한다. 그리고 분명히 농사꾼의 미덕이 아닌 공적 미덕은 단순한 야망일 뿐이라고 비난하며, (가난한 존 애덤스의 경우에 나타나는 바와 같이) 자신들 덕분에 *자유*를 얻게 되었다고 믿는 사람들을 '엄청난 허영심'에 사로잡힌 '귀족주의자'라고 매도한다.[44] 혁명에 참여한 시민이 19세기 사회의 사적 개인으로 바뀐 것은 일반적으로 시민과 **부르주아**에 대해 언급했던 프랑스 혁명의 관점에서 종종 기술되어왔다. 좀더 세심한 수준에서, 우리는 이렇게 '정치적 *자유*에 대한 취미'가 소멸한 것을 개인이 내면적 의식 영역 — 이곳에서 개인은 인간적 자유의 유일하게 적절한 영역을 발견한다 — 으로 물러난 것으로 간주할 수도 있다. 마치 무너지는 성채와 같은 이 영역에서 개인은 '개체성을 극복하는' 사회로부터 자신을 보호할 것이다.[45] 이 과정은 혁명 이상으로 19세기의 지형을 결정했으며, 아울러 부분적으로는 20세기의 지형까지 결정했다.

---

44) 이러한 것은 패링턴의 칙령이었다. 그러나 클린턴 로시터의 탁월한 논문 「존 애덤스의 유산」—『예일 리뷰』(*Yale Review*, 1957)에 게재—이 있다. 이 논문은 사람에 대한 통찰력과 사랑으로 쓰였으며, 혁명의 이 가장 이상한 인물을 상당히 정당화하고 있다. 정치 이념의 영역에서 그는 건국 선조들 중에서 그를 따라갈 사람—동등한 사람이 없다고 생각된다—이 없다.

45) John Stuart Mill, *On Liberty*, 1859.

4 건국 I: 자유의 확립

1

구세계에는 공적 *자유*를 꿈꾸는 사람들이 있었고, 신세계에는 공적 행복을 경험했던 사람들이 있었다. 이러한 사실이 궁극적으로, 과거의 권리와 자유를 복구하고 회복하려는 운동을 대서양 양편의 혁명으로 발전시켰다. 그리고 사건과 상황이 아무리 이들의 성공과 실패를 확연히 갈라놓았다 해도, 미국인들은 혁명의 궁극적 목적인 *자유*의 확립이나, 혁명 정부의 실질적 업무인 공화국의 설립에 대해 로베스피에르와 같은 견해를 가졌을 것이다. 아니, 상황은 어쩌면 정반대였다. 로베스피에르가 그 유명한 '혁명 정부의 원리'를 공식화했을 때, 그는 이미 미국 혁명 과정으로부터 영향을 받았다. 왜냐하면 아메리카의 열세 개 식민지 전체가 무장 봉기와 독립선언에 이어 헌법 제정을 동시에 — 애덤스의 말을 빌리면, "마치 열세 개의 시계가 한 개의 시계처럼 치듯" — 자발적으로 추진했기 때문이다. 따라서 *자유*를 위한 조건인 독립 투쟁, 즉 해방 전쟁과 신생 주들의 헌법 제정 사이에 시간적 격차와 충돌은 없었고, 중지 기간도 거의 없었다. 미국 혁명이 종결되기 전에 '위대한 드라마의 첫 번째 장', 즉 '마지막 미국 전쟁'이 종결되었다 하더라도,[1] 완전히 상이한 혁명 과정의 두 단계가 거의 동시에 시작되었고, 전쟁 기간 내내 나란히 진행된 것도 사실이다.

이러한 전개 과정의 중요성은 아무리 높게 평가해도 지나치지 않다. 미국 혁명을 지켜주었던 기적은 식민지 개척자들이 영국과의 전쟁에서 승리할 만큼 충분히 강력한 무력을 보유했다는 사실이 아니다. 도리어 디킨슨이 정말 두려워했듯, "많은 '주들'(Commonwealths)*이 범죄와 재앙으로 고통을 받고, 쇠잔한 영민지(領民地)들이 운 좋은 정복자의 지배 아래 노예 상태로 전락함으로써"[2]** 개척자들의 승리가 종결되지 않았다는 점이 기적이었다. 혁

---

1) 해방이 성취되고 모든 독립 전쟁에 내재된 소요와 폭력이 종결될 때 혁명 과정이 종결된다는 일반적인 가정보다 혁명의 이해에 더 해로운 것은 아마도 없을 것이다. 이러한 견해는 새로운 것이 아니다. 1787년 러시(Benjamin Rush)는 다음과 같이 불평했다. "미국 혁명이란 용어와 이후 미국 전쟁이란 용어를 혼동하는 것보다 더 일반적인 것은 없다. 미국 전쟁은 끝났다. 그러나 미국 혁명의 경우에 이러한 표현은 맞지 않는다. 반대로, 위대한 연극의 제1막만이 종결되었다. 우리의 새로운 정부 형태를 확립하고 완성하는 것은 아직 남아 있다." Niles, *Principles and Acts of the Revolution*(Baltimore, 1822), 402쪽. 우리는 해방의 노고와 자유의 확립을 혼돈하는 것보다 더 일반적인 것은 아직 없다고 덧붙일 수 있다.

* 매사추세츠, 펜실베이니아, 버지니아, 캔터키, 매릴랜드주에 대해 'state'라는 표현 대신 'Commonwealth'라는 공칭을 사용했다.

2) 이러한 공포는 1765년 윌리엄 피트에게 보낸 서한에서 표현되었으며, 디킨슨은 이 서한에서 식민지가 영국과의 전쟁에서 승리하리라는 자신의 확신을 언급했다. Edmund S. Morgan, *The Birth of the Republic 1763~1789*(Chicago, 1956), 136쪽을 참조하라.

** 이 문장을 이해하기 위해서는 디킨슨 피트 수상에게 편지를 보낸 시대적·정치적 상황을 이해해야 한다. 영국은 대륙 식민지와 프랑스, 프랑스령 서인도제도의 불법 설탕 거래를 막기 위해 1764년 설탕법(the Sugar Act)을 제정했고, 식민지 의회의 지폐 발행을 금지하는 화폐법(the Currency Act)을 제정했으며, 가장 중요한 법령으로 인지세법(the Stamp Act)을 1765년에 부과했다. 이와 관련해 식민지 연합 의회가 소집되었고, 「인지세법 회의의 결의」가 채택되었으나, 여

명을 수반하지 않은 반란은 공통적으로 이러한 운명에 직면했으며, 대부분의 이른바 혁명이 공통적으로 이러한 운명에 직면했다.

그러나 혁명의 목적이 *자유*의 확립이고 반란의 목적은 해방이라는 것을 염두에 둔다면, 정치학자는 최소한, 훨씬 조용하게 진행되는 제2단계의 혁명과 헌법 제정을 손상시켜가면서 제1단계의 갑작스러운 반란과 해방 운동, 전제정에 대한 봉기를 강조하기 쉬운 역사가의 함정을 어떻게 피할 것인지 알아야 할 것이다. 역사가가 부각하는 이야기의 극적 측면들은 모두 제1단계에 포함되는 것같이 보이기 때문이며, 아마도 해방 운동의 소요가 아주 종종 혁명을 좌절시켜왔기 때문이다. 역사가는 이야기하는 사람이기 때문에 이러한 유혹에 빠지게 쉽고, 그 유혹은 훨씬 더 유해한 이론과 긴밀한 관계를 가진다. 이 이론이 담고 있는 내용에 따르면, 반동 세력에게서 나온 헌법과 헌법을 제정하려는 열기는 그 국가의 혁명 정신을 진정으로 표현하기는커녕 실제로는 혁명을 좌절시키거나 혁명의 완전한 발전을 저해했다고 한다. 그 결과─충분히 논리적이게도─혁명 과정의 진정한 정점인 미국 헌법은 반혁명의 실질적 결과로 이해된다. 근본적 곡해는 해방과 *자유*를 구분하지 못한 데 있다. 반란과 해방 운동이 새롭게 획득한 정치적 *자유*를 헌법에 담지 못한다면, 반란과 해방보다 더 무익한 것은 아무것도 없다. 왜냐하면 "도덕, 재산, 군대의 규율은 모두 헌법이 부재한 상황에서는 실효를 갖지 못할 것이기 때문이다(존 애덤스)."

러 곳에서 반란이 발생했고, 부총독인 허친슨과 '영국편' 귀족들이 습격을 받았다. 그렇기 때문에, 일부 저서에서도 이러한 상황을 '반란'으로 표기하고 있다. 미국사연구회 엮어 옮김, 『미국 역사의 기본사료』(소나무, 1987)와 브링클리, 황혜성 외 옮김, 『미국인의 역사』(비봉출판사, 2000) 참조. 그러나 아렌트는 이 점에 주목해 '반란'과 '혁명'의 차이를 명백히 밝히고 있으며, 영국과 벌인 전쟁이 단순한 반란이 아니라 혁명으로 지속되었다는 점을 밝히고자 했다.

그러나 비록 사람들이 혁명을 *자유*의 확립과 같은 것으로 취급하지 않고 해방 투쟁과 혁명을 동일시하려는 유혹을 떨쳐버렸다 해도, 새로운 혁명 헌법의 형식과 내용에는 혁명적인 것은 차치하더라도 참신한 것조차 거의 없다는 부차적인, 그러나 우리의 관점에서 볼 경우는 훨씬 심각한 난점이 있다. 물론 입헌정부의 개념은 내용이나 기원의 측면에서 결코 혁명적이지 않다. 다양한 권리장전이 밝히고 있는 바와 같이, 입헌정부의 개념은 기껏해야 법에 의해 제한되는 정부, 시민적 자유를 헌법적 보장을 통해 보호하는 것을 의미한다. 새로운 헌법들에 통합되었으며 종종 이들의 가장 중요한 일부로 간주되는 다양한 권리장전은 결코 인민의 새로운 혁명적 권력을 밝히려는 의도를 담고 있지 않았고 도리어 새로이 형성된 정치체에서도 정부 권력을 제한하기 위해 필요하다고 간주되었다. 제퍼슨이 지적한 바와 같이, "국민이 지구에 존재하는 모든 (일반적인 또는 특정한) 정부들에 맞서 제기할 수 있는 것, 정당한 정부도 거부해서는 안 되는 것, 즉 추론에 의존해서는 안 되는 것"[3]이 곧 권리장전이었다.

달리 말해, 18세기의 '제한군주정'은 권력을 행사하는 데 법의 제한을 받는 군주정이었다는 의미에서 보면, 입헌정부는 18세기 당시와 마찬가지로 오늘날에도 여전히 제한정부다. 사적 복지뿐 아니라 시민적 자유도 제한정부의 범주에 속하며, 이들을 보호하는 수단은 정부 형태에 좌우되지 않는다. 정치이론에 따르면, 비정상적 정부 형태인 전제정만이 헌법적, 즉 합법적 통치를 폐지한다. 그러나 입헌정부의 법이 보장하는 자유는 모두 소극적 형태를 띠고 있으며, 나중에 투표권으로 바뀌었던 과세 목적의 대표권을 포함하고 있다. 이러한 부류의 자유란 실제 "저절로 권력이 되지 못하며 단지 권력 남용에서 벗어나는 것일 뿐이다".[4] 이러한 자유는 통치 과정에 공동으로 참

---

3) 1787년 12월 20일 매디슨에게 보낸 서한.

여하기를 요구하지 않으며 단지 정부로부터 보호해줄 장치만을 주장한다. 이러한 입헌주의 개념의 근원을 마그나 카르타, 즉 왕과 정치 세력 사이에 체결된 협약, 봉건적 권리, 특권으로 규정할 것인가는 우리의 관점에서 볼 때 비교적 중요하지 않다. 또한 반대로 "효율적인 중앙정부가 등장하기 전까지는 어디서도 근대적 입헌주의를 발견할 수 없다"[5]고 상정할 것인가도 역시 마찬가지다. 만약 이러한 종류의 입헌주의가 혁명에서 가장 중대한 문제였다면, 혁명이 아직 '고대의' 자유를 복구하려는 시도로 이해될 수 있었던 때, 그것은 출발 당시의 참신한 정신에 충실했을 것이다. 그러나 그렇지 않았다는 것이 문제의 진실이다.

우리가 헌법 제정에서 진정 혁명적인 요소를 찾기 어렵다고 생각하는 또 다른 이유, 어쩌면 훨씬 더 잠재적인 이유가 있다. 우리가 18세기의 혁명에 의거하지 않고 18세기 혁명 이후 19, 20세기의 일련의 대변혁에 따라 태도를 취한다면, 우리는 아무래도 두 가지 형태의 대안을 마주하게 되는 것과 같다. 하나의 대안은 영구적이어서 종결되지 않으며, 따라서 그 목적인 *자유*의 확립을 실현하지 못하는 혁명

---

4) 그것을 우드로 윌슨의 말로 표현하자면 "권력이란 적극적인 것이고, 소극적인 것을 통제한다", 그리고 "이 두 가지를 동일한 명칭으로 표현할 경우 그것은 단 하나의 용어로 다양한 의미에 기여하도록 함으로써 언어를 빈곤하게 만들 따름이다"라는 주장은 거의 인정되지 않았고 중요하게 취급되지도 않았다 (*An Old Master and Other Political Essays*, 1893, 91쪽). 행동하는 능력과 '주도권을 담당한 조직'을 통제하는 권리를 이렇게 혼동하는 것은 앞서 언급한 바와 같이 해방과 자유를 혼동하는 것과 약간 비슷한 성격을 띠고 있다. 내용은 James Fenimore Cooper, *The American Democrat*, 1838에서 인용했다.

5) 후자는 Carl Joachim Friedrich, *Constitutional Government and Democracy*, revised edition, 1950에 나온 견해다. 전자의 경우——"우리 미국 헌법에 있는 조항들은…… 마그나 카르타 제39조를 단순히 모방한 것이다"——를 이해하기 위해서는 Chrales E. Shattuck, "The True Meaning of the Term 'Liberty' in the Federal and State Constitutions", *Harvard Law Review*, 1891을 참조하라.

이다. 다른 하나는 상당한 정도의 시민적 자유를 보장하며, 군주정이든 공화정이든 제한정부라는 명칭을 부여받을 만한 가치가 있는 약간 새로운 '입헌'정부가 혁명적 대변혁 속에 존재할 경우에 상정할 수 있는 혁명이다. 이 중 첫 번째는 러시아와 중국의 혁명에 분명히 적용되는데, 그 집권자들은 이 사실을 인정할 뿐만 아니라 혁명 정부를 무한히 유지하는 것을 자랑스러워한다. 두 번째 대안은 제1차 세계대전 이후 거의 모든 유럽 국가를 휩쓸었던 혁명적 대변혁뿐만 아니라 제2차 세계대전 이후 유럽의 지배로부터 독립을 쟁취한 다수의 식민지 국가들에 적용된다. 이 국가들의 경우 헌법은 결코 혁명의 결과가 아니었다. 반대로, 헌법은 혁명이 실패한 이후 부과되었다. 따라서 헌법에 기초해 삶을 영위하는 사람들의 눈에는 헌법이 혁명의 승리가 아닌 패배의 징표로 보였다.

그러한 헌법은 글래드스턴(Gladstone)의 관점에서는 아니지만 영 (Arther Young)의 관점에서 볼 때 일반적으로 전문가들의 작품이다. 글래드스턴은 미국 헌법을 "인간의 두뇌와 목적이 지금까지 그려냈던 작품들 중 가장 경이로운 것"이라고 표현했지만, 아서 영은 1792년에도 프랑스인들이 새로운 용어를 택했다고 느꼈는데, "그들은 헌법이 일종의 처방용 과자(a pudding)인 것처럼 그 용어를 사용했다."[6] 헌법의 목적은 혁명의 물결을 저지하는 것이었다. 그리고 헌법이 권력을 제한하는 데 기여했다면, 그것은 정부의 권력일 뿐만 아니라 헌법이 성립되기 전에 구체적으로 표명되었던 인민의 권력이기

---

6) Charles Howard McIlwain, *Constitutionalism, Ancient and Modern*, Ithaca, 1940. 역사적 시각에서 이 문제를 고찰하려는 사람들은 캐롤라이나주를 위한 로크의 헌법이 처했던 운명을 환기할 수도 있다. 이 헌법은 아마도 전문가에 의해 기초되고 이어서 주민들에게 제안된 최초의 헌법이었다. "그것은 무에서 창조되었고, 곧 무로 소멸된다"는 윌리엄 모레이의 언명은 그들 대부분에게도 타당했다("The Genesis of a Written Constitution" in *American Academy of Politics and Social Science*, Annals I, April 1891).

도 했다.[7]

이러한 문제들에 대한 논의를 불편하게 하는 골칫거리 중 하나는 단지 표현상 문제일 뿐이다. 이것은 어쩌면 조금도 문제가 되지 않을 수도 있다. 헌법이 성문화된 문서로 구체화되든, 영국 헌법처럼 제도나 관습, 선례로 이해되든, 입법 행위뿐만 아니라 정부와 관련된 '제정된' 법 또는 규칙을 의미한다는 점에서, '헌법'이라는 용어는 분명히 모호하다. 인민과 인민 혁명이 자신들의 정부를 구성할 수 없었기 때문에 비혁명적 정부가 선택한 '헌법들'과, 글래드스턴의 문구대로 한 민족의 "진보적 역사에서 발생했거나" 새로운 정치체를 설립하려는 전체 인민이 심사숙고하며 시도했던 결과인 다른 '헌법들'을 동일한 명칭으로 부르고, 이것들로부터 동일한 결과를 기대하는 것 역시 분명히 불가능하다.

페인(Thomas Paine)이 제시한 용어에 관한 유명한 정의(定義)에는 차이 짓기와 혼동이 아주 명백하게 드러난다. 그는 다음과 같은 정의에서 미국인들의 헌법 제정에 대한 열정이 그에게 일깨워주었던 것을 요약하고 추론해냈다. "헌법은 정부의 행위가 아니라 정부를 구성하는 인민의 행위다."[8] 따라서 미국뿐 아니라 프랑스에서도 헌법 초안 작성을 전담할 제헌의회와 특별 회의의 필요성이 제기되었으며, 그 헌법 초안을 주민들에게 회부해 주민 위원회에서 연맹의 조항

---

7) 이러한 종류의 헌법 제정에 관한 가장 탁월한 연구는 카를 뢰벤슈타인의 "헌법 제정권과 헌법 실재"다. 『국가사회학에의 기여』(*Beiträge zur Staatssoziologie*, Tübingen, 1961). 아쉬운 것은 이 책의 원판을 참조하지 못한 것이다. 뢰벤슈타인의 논문은 제2차 세계대전 이후 '헌법의 분출'을 취급하고 있는데, 이들 중 소수만이 인민에 의해 비준되었다. 그는 이러한 헌법에 대한 '인민의 심각한 불신'을 강조하고 있다. 비교적 소수 집단인 전문가와 전공자의 수중에서 이 헌법들은 대부분 '목적을 성취하기 위한 수단', 즉 '자신들의 이익에 기여하는 다양한 집단이나 계급의 특권을 획득하거나 유지하기 위한 도구'가 되었다.

8) 또는 약간 다르게 표현하면, "헌법은 정부 이전에 존재하는 것이며, 정부는 단지 헌법의 피조물일 뿐이다"다. 두 문장은 『인간의 권리 선언』 제2부에 나온다.

을 축조 심의하도록 하며 그 후에는 주의회에서 심의하게 할 필요가 생겨났다. 그것은 열세 개 식민지의 주의회가 적절하고 충분히 권력의 행사를 제한받는 주 정부를 설립할 능력이 없었기 때문은 아니다. 오히려 인민이 정부에 헌법을 부여하는 것(그 반대는 아니다)을 선거구민들의 원칙으로 삼았다는 것이 문제의 핵심이었다.[9]

영미 국가들과 그 세력권 외부에 있는 입헌정부들의 다양한 운명을 간단히 일별해보면, 우리는 정부가 인민에게 부여하는 헌법과 인민이 정부를 구성하기 위해 마련한 헌법 사이에 나타나는 권력과 권위의 엄청난 차이를 충분히 파악하게 된다. 전문가들이 작성한 헌법들—제1차 세계대전 이후 유럽은 이 헌법 속에서 살게 되었다—은 모두 미국 혁명 모델에 상당히 의존했으며, 독자적으로 작성되었을 경우 이 헌법들은 훌륭히 실현되어야 했다.

그러나 그들이 이 헌법에 기초해 삶을 영위하는 사람들에게 불어넣었던 불신은 역사적으로 기록된 사실이다. 유럽 대륙의 국가 절반 이상이 군주정 몰락 이후 15년 동안 일종의 독재 체제 아래서 삶을 영위했다. 스칸디나비아 국가들과 스위스는 분명히 예외였지만, 남아 있던 입헌정부들은 불행히도 권력의 부족, 권위의 결핍, 안정의 결여—이러한 양상은 당시 프랑스 제3공화정의 명백한 특징이었

---

9) 모건의 앞의 책에 따르면, "대부분의 주들은 지역 의회로 하여금 헌법을 기초하고 발효시키는 임무를 맡게 한다. 매사추세츠 주민들은 이러한 절차의 위험성을 인식한 첫 번째 사람들인 것 같다. ……따라서 특별 집회가 1780년에 개최되었고 헌법은 정부와 무관하게 행동하는 주민들에 의해 확립되었다. ……이 시기에 이르면 주들이 헌법을 이용하기에 너무 늦었지만, 이 새로운 방법은 미국을 위한 정부를 형성하는 데 곧 채택되었다"(9쪽). "헌법이 입법부의…… 책동을 극복해야만 한다면…… 비준은 훨씬 더 어렵기" 때문에, 주의회는 상황에 좌우되고 비준회의는 선출되어야 한다고 주장한 포레스트 맥도널드도 각주에서 다음과 같은 점을 인정한다. "법 이론의 관점에서 볼 경우 주의회는 다른 어느 법보다도 더 구속력이 없으며 후속 의회에 의해 무효화될 수 있다." *We the People: The Economic Origins of the Constitution*(Chicago, 1958), 114쪽 참조.

다—로 어려움을 겪었다. 권력의 부족과 이에 따르는 권위의 결여는 절대군주정의 폐지 이후 거의 모든 유럽 국가의 입헌정부에 닥친 불행이었다. 1789~1875년 사이에 존재했던 프랑스의 열네 개 헌법은 20세기 전후(戰後) 헌법의 폐지 이전까지도 헌법이라는 용어 자체를 웃음거리로 만드는 원인이 되었다.

마지막으로, 우리는 입헌정부의 시대가 (제1차 세계대전 이후 독일과 제2차 세계대전 이후 프랑스에서) '제도'의 시대라는 별명으로 불렸다는 것을 기억할 수 있다. 당시 이 나라들의 국민에게 '제도'란 합법성 자체가 반쯤 타락한 묵인의 체제 안에 함몰되어 있는 사태로 이해되었다. 물론 제도에 반발해 봉기하는 것조차 가치 있는 것 같지 않았기 때문에 올바른 정신을 가진 사람들은 모두 이러한 묵인 제도로부터 자신을 변호해야만 했다. 존 애덤스의 주장을 빌려 간단히 표현하자면, "국민이 헌법을 이해하고 용인하며 존중할 때, 그것은 기준이고 기둥이며 맹약이다. 그러나 이러한 이해와 애착이 없을 경우, 헌법은 공중에 떠 있는 연이나 풍선 정도에 불과하다."10)

정부의 행위로 제정된 헌법과 인민이 정부를 구성하는 과정에서 제정한 헌법 사이에는 아주 명백한 차이가 있다. 그런데 이러한 차이와 긴밀한 관계가 있음에도 지각하기는 훨씬 더 어려운 또 다른 차이가 있다. 19, 20세기 헌법 제정자들이 18세기 미국의 선조들과 어떤 것을 공유했다면, 그것은 권력 자체에 대한 불신이다. 이러한 불신은 어쩌면 구세계 국가들보다 신세계 국가에서 훨씬 더 현저했다. 인간은 그 자신의 본성 때문에 '무제한적 권력을 위임받기에 부적합'하고, 권력을 행사하는 사람들은 '굶주린 맹수'로 변하기 쉬우며, 정부는 인간과 권력에 대한 그의 충동을 제약하기 위해 필요하다는, (매

---

10) *Zoltan Harszti, John Adams and the Prophets of Progress*(Cambridge, Mass., 1952), 221쪽.

디슨이 설명한 바와 같이) '인간 본성'에 대한 성찰이 19세기뿐만 아니라 18세기에도 일반적으로 받아들여졌다. 이러한 것들은 건국 선조들의 마음속 깊이 각인되어 있었다. 이 모든 것 때문에 권리장전이 지지되고, 제한정부라는 의미의 입헌정부가 절대적으로 필요하다는 입장에 대한 일반적 합의가 형성됐다. 물론 그것이 미국의 발전에 결정적이지는 않았다. 정부의 과도한 권력에 대한 건국 선조들의 두려움은 사회 내부에서 발생하게 되는 시민적 권리와 자유의 엄청난 위험성을 자각하게 되면서 해소됐다. 매디슨에 따르면, "공화국 통치자들의 억압으로부터 사회를 보호할 뿐만 아니라 사회 한 부분의 불의로부터 다른 부분을 보호하는 것, 즉 개개인의 권리 또는 소수의 권리를 다수의 이해관계의 결합체로부터 보호하는 것은 공화국에서 대단히 중요하다".[11] 이것은 비록 다른 것이 없다손 치더라도 공권력, 정부 권력의 구성을 필요로 했다. 그런데 유럽의 헌법 제정자들과 입헌주의자들이 비록 미국 헌법의 축복을 가능케 하는 본질을 제한정부에서 찾았다 하더라도, 이러한 권력 구성의 본질은 결코 단순한 소극 정부, 즉 입헌적 제한정부로부터 도출될 수 없었다. 그들이 존경했던 것은 사실 영국 역사로부터 유기적으로 발전했던 '온건 정부'의 축복이었고, 유럽 역사의 관점에서 볼 때 이것은 올바른 것이었다. 이러한 축복은 신대륙의 모든 헌법에 흡수되었을 뿐만 아니라 모든 사람의 불가양도의 권리로서 매우 역점을 두고 설명되었기 때문에, 그들은 다음과 같은 내용을 이해하는 데 실패했다. 즉 그들은 한편으로는 공화국 건국의 엄청나고 중대한 유의미성을, 다른 한편으로는 헌법의 실제적 내용은 결코 시민적 자유의 보호가 아니라 완전히 새로운 권력체계의 성립이라는 사실을 이해하는 데 실패했다.

이러한 측면에서 미국 혁명의 기록은 매우 명료하고 명확한 언어

---

11) *The Federalist*, no. 51 참조.

로 표현되었다. 건국 선조들의 마음을 사로잡았던 것은 '제한'정부, 합법 정부라는 의미의 입헌주의가 아니었다. 건국 선조들은 논의나 심지어 명료화에 대한 필요성을 넘어 이 문제에 대해 합의했다. 심지어 영국의 왕과 의회에 대한 반감이 미국 내에서 최고조에 달했던 시기에도, 그리고 자신들이 여전히 절대군주정이 아니라 '제한군주정'을 취급하고 있다는 사실을 자각하던 시기에도, 그들은 그 견해에 동의했다. 그들이 제한군주정으로부터 독립을 선언했을 때, 그리고 그들이 왕에 대한 충성을 맹세코 부인한 후에, 그들에게 중요한 문제는 확실히 권력을 어떻게 제한하는가의 문제가 아니라 권력을 어떻게 확립하는가의 문제였으며, 정부를 어떻게 제한하는가의 문제가 아니라 새로운 정부를 어떻게 수립하는가의 문제였다. 독립선언 이후 곧 국가 전체를 사로잡았던 헌법 제정의 열병은 권력 공백을 차단하는 데 기여했으며, 새로운 권력의 확립은 본질적으로 항상 소극적 권력을 정당화했던 권리장전에 기반을 둘 수 없었다.

이러한 전반적인 문제는 「인간 및 시민의 권리선언」이 프랑스 혁명 과정에서 수행했던 중대한 역할 때문에 너무나 쉽게 빈번히 잘못 이해되고 있다. 프랑스 혁명 과정에서는 이러한 권리들이 실제 모든 합법 정부의 제한을 의미하는 것으로 상정되지 않고 반대로 정부 자체의 기초로 상정되었다. "모든 인간은 평등하게 태어났다"는 선언은 사회적·정치적 조직이 여전히 봉건적인 국가에서는 진정으로 혁명적인 함의를 지니고 있지만 신대륙에서는 그렇지 않았다는 사실은 차치하더라도, 시민권 항목이 가진 전적으로 새로운 측면에 관한 강조점에는 훨씬 더 중요한 차이가 있다. 이러한 권리들은 이제 어디 사는 누구든 모든 인간이 가진 권리라고 진지하게 선언되었다. 미국인들이 영국에 주장한 것이 '영국인들의 권리'였다는 것을 매우 확신했음에도 불구하고, 그들이 더 이상 "핏줄 속에 *자유*의 피가 흐르는 한 민족"(버크)이라는 관점에서 자신들을 생각할 수 없게 되었을 때, 이러한 강조점의 차이가 나타났다. 그들의 피 속에 잉글랜드와 영연방이 아닌 혈통의 자그마한 흔적만으로도 그들이 다음과 같은 사실을 상기하기에 충분했다. "여러분이 잉글랜드인이든 아일랜드인이든 독일인이든, 아니면 스웨덴인이든, 영국인들이 향유한 모든 시민적 자유와 이 헌법에서 보장하는 공적 *자유*를 누릴 자격을 갖고 있습니다."[12] 그들이 말하고 천명하는바, 사실 지금까지 영국인들만이 향유했던 것을 미래에는 모든 사람이 향유해야 한다는 것이었다.[13] 달리 표현하면, 모든 사람은 입헌정부, '제한'정부 아래서 삶을 영위해야 한다.

반대로, 프랑스 혁명에서 발표된 인권선언은 말 그대로 모든 사람이 태어남과 동시에 여러 권리의 소유자가 되었다는 것을 의미했다. 이러한 강조점이 변화한 결과는 이론 못지않게 실제에서도 엄청났다. 미국식 견해는 실제로 기껏해야 모든 인류에게 문명화된 정부의 필요성을 선언하고 있다. 그러나 프랑스식 견해는 정치체와 무관하게 그 외부에 있는 권리의 존재를 선언하고, 이어서 이른바 이러한 권리, 즉 인간 자체의 권리와 시민의 권리를 등식화하고 있다. 우리의 맥락에서 볼 때, 우리는 인권 개념 자체에 내재된 난관을 주장하거나 실정법, 지상의 법에 직접 흡수되지 않고 우연히 그곳에 살고 있는 사람들에게 적용되었던 인권에 관한 모든 선언, 천명, 아니면 조목의 애처로운 비효율성을 주장할 필요는 없다. 이러한 권리들이 국민의

---

12) 이러한 것들은 펜실베이니아 주민들의 용어이며, "펜실베이니아, 즉 가장 완전한 범세계적 식민지는 함께 모인 다른 모든 국적의 국민들과 거의 같은 숫자의 영국 후예들로 구성되었다." Clinton Rossiter, *The First American Revolution*(New York, 1956), 20, 228쪽 참조.

13) 1960년대 초반조차 "오티스(James Otis)는 영국 헌법에서 영국인들의 불문법 권리가 인간의 자연권으로 변형될 것을 예견했으나, 또한 자연권을 정부의 권위에 대한 제한으로 인식하기도 했다." William S. Carpenter, *The Development of American Political Thought*(Princeton, 1930), 29쪽.

258

권리가 되지 않을 수 없다는 것, 시민으로서 정상적인 권리를 상실했던 사람들에 의해 최후의 수단으로서만 환기되었다는 것이 항상 문제였다.[14] 우리는 프랑스 혁명 과정에서 암시된 숙명적인 왜곡, 즉 인권선언이나 시민권 보장이 어쩌면 혁명의 목적이거나 내용이 될 수 있었다는 것을 고려 대상에서 제외할 필요가 있다.

주의회가 기초했든 제헌의회가 기초했든(매사추세츠의 경우), 연맹헌법보다 먼저 존재했던 주 헌법은 독립선언이 영국 왕관과 의회의 권력과 권위를 폐지한 이후 새로운 권력 중심을 창조하는 것을 목적으로 했다. 건국 선조들과 혁명 참가자들은 그들 자신이 '정치학'이라 명명한 병기고 전체를 새로운 권력의 창출이라는 임무에 집중시켰다. 왜냐하면 정치학은 그들 자신의 말대로 "공화국 내에서 권력의 형태와 결합"[15]을 발견하는 데 목적을 두었기 때문이다. 그들은 이 주제에 대한 자신들의 무지를 깊이 깨닫고 거의 학구적일 정도의 세심한 태도로 공화주의 헌법의 모든 사례 ─ 고대와 근대의 사례, 실재했던 사례와 허구적인 사례 ─ 를 수집하면서 역사에 관심을 돌렸다. 무지를 추방하기 위해 그들이 배우고자 했던 것은 결코 시민권의 보호장치 ─ 그들은 이전의 어떠한 공화정보다도 이 주제에 대해 확실히 더 많이 알고 있었다 ─ 가 아니라 권력의 구성이었다.

이것은 또한 몽테스키외가 그들에게 엄청난 매력을 가졌던 이유였는데, 미국 혁명에서 그가 한 역할은 루소가 프랑스 혁명 과정에 미친 영향력과 거의 맞먹었다. 몽테스키외의 위대한 저서는 프랑스 혁명이 발발하기 10년 전에 정부에 관한 권위적 저서로서 연구되고 인용되었는데, 그 주요 주제는 실제로 "정치적 *자유*의 구성"[16]이었다.

---

14) '인간의 권리'에 내재된 역사적·개념적 난관에 대해서는 아렌트의 저서 『전체주의의 기원』 수정판(New York, 1958), 290~302쪽을 참조하라.
15) 이 용어들은 앞서 언급한 나일스의 책 402쪽에 있는 벤저민 러시의 것들이다.
16) '위대한 몽테스키외'의 '신성한 저술들' 중 다른 어느 문장도 영국에 관한

하지만 이 맥락에서 '구성'이라는 용어는 권력의 제한과 부정, 소극
성이라는 함의를 완전히 상실했다. 반대로, 이 용어는 '연방적 자유
의 거대한 전당'*이 권력의 확립 및 정확한 배분에 기초해야 한다는
것을 의미하게 됐다. 그 이유는 정확히, 몽테스키외가—그 이러한
측면에서 건국 선조들에게 정치적 지혜를 제공하는 근원들 중에서
특이한 위치를 차지하는데 — 권력과 *자유*가 합쳐져 전체를 이룬다
고 주장했다는 점에 있다. 개념적으로 말하자면 정치적 *자유*는 '나
는 의지한다'(the I-will)에 있지 않고 '나는 할 수 있다'(the I-can)에
있으며, 그러기에 정치 영역이란 권력과 *자유*가 결합되는 방식으로
해석되고 구성되어야 한다. 우리는 헌법에 관한 모든 실제적 논쟁에
서 그의 이름이 환기되는 것을 발견하게 된다.[17] 몽테스키외는 건국
선조들이 식민지 경험으로부터 옳다고 인식했던 것, 즉 자유란 "우
리가 마음에 두고 있는 모든 것을 행하거나 행하지 않는 자연적 능
력"이라는 것을 확인시켰다. 그리고 우리는 식민지 시대 최초의 문

다음과 같은 유명한 언급만큼 논쟁에 자주 인용되는 것은 없다. "헌법의 직
접적 목적을 위해 정치적 자유를 지니고 있는 하나의 국가가 세계에 존재한
다(*Esprit des lois*, XI, 5)." 몽테스키외가 미국 혁명 과정에 미친 엄청난 영향
을 이해하기 위해서는 특별히 다음 문헌들을 참고하라. Paul Merrill Spurlin,
Montesquieu in America 1760~1801(Baton Rouge/Louisiana, 1940); Gilbert
Chinard, *The Commonplace Book of Thomas Jefferson*(Baltimore/Paris, 1926).

* 여기서 'federal liberty'라는 용어를 '연방적 자유'로 번역했다. 'federal'이
라는 용어는 경우에 따라 '연맹' 또는 '연방', '중앙'(federal government의 경
우)으로 표기할 수 있지만, 여기서는 '연방'으로 표기한다. 아울러 아렌트는
liberty와 freedom을 구별하지만, 이 문맥으로 보면, 'liberty'는 권력의 구성
과 연계되어 있기 때문에 'freedom'과 동일한 의미로 사용되고 있다. 표현상
불일치는 문구를 그대로 인용한 데서 비롯되는 것 같다.

17) 몽테스키외는 '의지의 행사'(앞의 책, XII, 2)인 철학적 자유와 사람들이 의도
하는 것을 행할 능력(앞의 책, X, 3)인 정치적 자유를 구분하는데, 여기서 강
조점은 능력에 있다. 정치적 자유에서 권력의 요소는 권력과 '할 수 있는 것'
을 의미하는 'pouvoir'라는 프랑스어를 통해 강하게 암시된다.

서들에서 "그렇게 선출된 대표단이 임명할 **권력**과 **자유**를 보유해야 한다"는 말의 의미를 간파했을 때, 인민들이 이 두 가지 용어를 거의 동의어처럼 사용하는 것이 얼마나 자연스러운가를 알 수 있다.[18]

이미 잘 알고 있듯, 어떠한 질문도 이러한 논쟁에서 권력의 분리나 균형 문제보다 더 큰 역할을 담당하지 못했다. 결코 몽테스키외만이 그러한 분리 개념을 발견한 것이 아니라는 사실은 의심할 여지가 없다. 사실 이념 자체—최근에 상정되었던 바와 같이 기계론적이고 뉴턴적인 세계관의 산물은 결코 아닌—의 역사는 아주 오래되었다. 이 이념은 적어도 암시적으로 혼합 정부 형태에 관한 전통적 논의에서 나타난다. 따라서 이 역사는 아리스토텔레스까지 거슬러올라가거나 상호 견제와 균형에 내재된 장점들 중 일부를 자각한 첫 번째 사람인 폴리비우스까지 거슬러올라갈 수 있다. 몽테스키외는 이 역사적 배경을 자각하지는 못했던 것 같다. 그는 자신이 영국 헌법의 특이한 구조라고 믿었던 것을 통해 자신의 입장을 선택했다.

그러나 그가 이 헌법을 정확히 해석했는가는 오늘날 그다지 중요하지 않으며 18세기에도 큰 의미를 갖지 못했다. 몽테스키외의 발견은 실제로 권력의 본질과 연관되었기 때문이다. 미국에서 공화국 건국은 몽테스키외의 발견에 의해 촉진되었음에도 불구하고, 이 발견은 권력의 본질에 관한 문제에서 모든 인습적 개념과 아주 예리하게 대립하기 때문에 거의 잊혀왔다. 이 발견은 권력 분리의 전체적 구조의 기저가 되는 이 잊힌 원리를 다음과 같이 한 문장으로 똑똑히 설명하고 있다. 우리는 권력을 파멸시키지 않은 채, 권력을 무력화하지 않은 채 "권력이 권력을 제약한다"는 내용을 덧붙여야 한다.[19] 왜

---

18) Rossiter, 앞의 책, 231쪽; "The Fundamental orders of Connecticut"(1639), Henry Steele Commager ed., *Documents of American History*(New York, 1949), 5th edition 참조.

19) 이 문장은 XI, 4에 나타나며 다음과 같이 쓰여 있다. "Pour qu'on ne puisse

냐하면 권력은 당연히 폭력에 의해 파멸될 수 있기 때문이다. 이것은 한 사람의 폭력이 다수의 권력을 파괴하는 전제정에서 발생하는 것이다.

---

abuser du pouvoir, il faut que, par la disposition des choses, le pouvoir arrête le pouvoir." 언뜻 보면 몽테스키외의 문장에서도 이것은 법의 권력이 인간들의 권력을 견제해야 한다는 것 정도를 의미하는 것 같다. 그러나 이러한 첫 번째 인상은 잘못된 것이다. 왜냐하면 부과된 기준과 명령이라는 의미로 법을 이해하지 않고 로마의 전통에 완전히 부합하는 측면에서 최상의 이성과 상이한 존재 사이에 존재하는 관계, 그리고 상이한 것들 상호 간의 관계로 법을 이해하기 때문이다(*Esprit des lois*, I, 1). 달리 말하면, 법은 연관되는 것이다. 따라서 종교법은 인간과 신을 연결하는 것이며, 인정법은 인간과 인간을 연결하는 것이다. (전체 저서의 첫 번째 단락을 상세히 취급하고 있는 XXVI 또한 참조하라.) 신법이 없을 경우 인간과 신의 관계는 없으며, 인정법이 없을 경우 인간 사이의 공간은 사막이거나 아니면 중간 공간이 전혀 없을 것이다. 이 관계 영역, 또는 합법성 내에서 권력은 행사된다. 권력의 비분리는 합법성의 부정이 아니라 자유의 부정이다. 몽테스키외에 따르면, 사람들은 권력을 남용할 수도 있고 법의 테두리 안에 머무를 수도 있다. 따라서 한계의 필요성 ─ 가치 자체는 한계의 필요성을 갖는다(앞의 책, XI, 4) ─ 은 인간 능력의 본성에서 발생하지 법과 권력의 대립에서 발생하지는 않는다.
몽테스키외의 권력 분리는 견제와 균형 이론과 아주 밀접하게 연계되어 있기 때문에, 그것은 당시 과학 정신, 뉴턴의 정신에 입각해 종종 비판받았다. 그러나 근대 과학의 정신보다 몽테스키외에게 생소한 것은 없다. 실제로 이 정신은 홉스에게서도 나타나듯 제임스 해링턴과 그의 '재산 균형'에 나타난다. 과학에서 차용한 이 용어는 분명히 당시에도 상당한 설득력을 지녔다. 당시에 존 애덤스는 기계론에서 작용과 반작용이 동일한 것과 마찬가지로 해링턴의 주장이 정치에서 무오류적 격언이라고 찬양했다. 사람들은 여전히 몽테스키외의 영향력은 순전히 그의 정치적·비과학적 언어에서 비롯했다고 의심할 수도 있다. 하여튼 제퍼슨이 비과학적·비기계론적 정신에서, "우리가 싸워서 얻고자 했던 정부는 자유로운 원리(그는 제한정부의 원리를 생각했다) 위에 건국되어야 할 뿐만 아니라, 그 정부의 권력은 여러 행정 조직 사이에 분리되고 균형을 유지해야 하며, 어떤 다른 사람에 의해 효율적으로 견제되고 제재를 받지 않은 채 자신들의 법적 한계를 넘어설 수는 없다"고 주장한 것은 아주 명백히 몽테스키외의 영향을 받은 것이다." *Notes on the State of Virginia*, query XIII.

262

그러므로 몽테스키외에 따르면, 전제정은 내부에서 파괴된다. 전제정은 권력 대신 무기력을 조성하기 때문에 소멸한다. 그러나 권력은, 우리가 흔히 생각하는 바와 반대로, 법에 의해 적어도 믿을 수 있을 만큼 견제될 수 없다. 왜냐하면 입헌·제한·합법 정부에서 제한되는 통치자의 이른바 권력은 사실 권력이 아니라 폭력이기 때문이다. 그것은 다수의 권력을 독점했던 사람의 배가된 내구력(strength)과 같다. 반대로, 법은 항상 다수의 권력에 의해 폐지될 위험을 안고 있으며, 법과 권력 간의 갈등 속에서 법은 거의 승자로서 등장하지 못할 것이다. 물론 법이 권력을 견제할 수 있다고 상정하더라도—그리고 진정 민주적인 정부 형태가 모두 최악의 가장 자의적인 전제정으로 타락하지 않으려면, 이 가정에 기반을 두어야 한다—법이 권력에 설정한 제한은 그 잠재력의 쇠퇴만을 초래할 수 있다. 권력은 권력에 의해서만 중단되고 그리고 유지될 수 있기 때문에, 권력 분리의 원리는 정부의 일부에 의한 권력 독점을 방지하는 장치를 제공할 뿐만 아니라 실제로 정부의 핵심에 뿌리 박힌 일종의 기제를 제공하기도 한다. 그리고 권력의 다른 중심부나 근원을 손상할 정도로 과대하게 성장하고 팽창할 수 없도록 새로운 권력은 그 기제를 통해 항구적으로 창출된다. 미덕도 한계를 필요로 하며 이성의 과잉 또한 바람직하지 않다는 몽테스키외의 탁월한 통찰은 권력의 성격에 관한 그의 논의에 나타난다.[20] 그의 경우 미덕과 이성은 단순한 능력(faculties)이라기보다 오히려 권력(power)이었기 때문에,* 이들의 보존과 증대는 권력의 보존과 증대를 통제하는 조건에 똑같이 예속되

---

20) Montesquieu, 앞의 책, XI, 4&6.

* 여기서 아렌트는 faculty와 power를 구분하고 있다. 전자는 한 인간에 내재된 본질적 힘이지만, 후자는 인간 관계망 속에서 형성되는 것이다. 이런 맥락에서 보면, 몽테스키외는 이성과 미덕이 본질적으로 존재하는 것이 아니라 인간 관계 속에서 발현되는 것이라고 규정하고 있다.

어야 했다. 몽테스키외가 미덕과 이성을 덜 원했기 때문에 권력의 제한을 요구했던 것은 확실히 아니다.

문제의 이러한 측면은 항상 무시된다. 우리는 정부의 삼권 분립이라는 측면에서만 권력 분리를 생각하기 때문이다. 그러나 건국 선조들은 주로 열세 개 '주권국', 즉 정식으로 구성된 공화국으로부터 연맹을 어떻게 구성하는가의 문제에 관심을 가졌다. 대외 문제에서 군주정의 장점들과 국내 정책에서 공화주의의 장점들을 조화시키는 당시 용어로 몽테스키외에게서 차용한 '연맹 공화국'(confederate republic)의 건국이 이들의 임무였다.[21] 당시 정체를 구성하는 이러한 임무에서 권리장전이 수정 조항, 필요한 부칙으로 흡수되었다 하더라도, 시민권이라는 의미에서 입헌주의에 관한 어떠한 문제도 더 이상 제기되지 않았지만 대신 연맹 또는 그 일부인 정식으로 구성된 주들의 권력을 약화시키거나 상호 파괴하지 않는 방식으로 견제하고 균형을 유지하는 권력체계를 정립하는 문제가 제기되었다.

몽테스키외의 가르침 중 이 부분은 공화국을 건국할 당시에 얼마나 잘 이해되었는가! 이론 차원에서 공화국 건국의 최대 옹호자는 존 애덤스이며, 그의 정치사상 전체는 권력 균형으로 방향을 전환했다. 그리고 "이성은 이성과, 우아함은 우아함과, 정념은 정념과 서로 대립한다. 마찬가지로 권력은 권력과, 강제력은 강제력과, 내구력은 내구력과 각기 대립해야 한다"고 애덤스가 기술했을 때, 그는 자신이

---

21) 따라서 제임스 윌슨은 다음과 같이 주장한다. "정부의 한 유형으로서…… 연맹 공화국(Federal Republic)은 공화국의 모든 내재적 장점을 확보한다. 그리고 동시에 이것은 군주정의 외재적 권위와 강제력을 유지한다(Spurlin, 앞의 책, 206쪽)." 해밀턴은 *Federalist*, 9에서 "공화정부에 필요한 계약된 영토에 관한 몽테스키외의 관찰을 인용하고 유행시킨 신헌법 반대자들을 공박하면서, 몽테스키외가 인민 정부의 영역을 확장하기 위한 편의 수단으로 연맹 공화국을 아주 명료하게 취급하며, 군주정의 장점과 공화주의의 장점을 조화시키고 있다는 것"을 보여주기 위해 『법의 정신』을 길게 인용했다.

이러한 대립 자체에서 권력·내구력·이성을 폐지하는 것이 아니라 이러한 것들을 더 많이 창출하는 수단을 발견했다고 분명히 믿고 있었다.[22]

실천과 제도 설립의 수준에서 우리는 연방정부와 주 정부 사이의 권력의 비율 및 균형 잡기에 관한 매디슨의 주장에 관심을 가질 수 있다. 그가 권력의 분리 불가능성 —분리된 권력은 권력이 되지 못한다[23] — 이라는 당대의 개념을 믿었다면, 연맹의 새로운 권력은 주들이 양도한 권력에 기반을 두어야 한다고 결론을 내렸을 것이다. 이 경우 연맹은 더욱 강력해지고, 그 구성 부분들은 더 약해질 수밖에 없었다. 그러나 연맹의 설립 자체가 각 주들의 희생을 대가로 성립되지 않았기 때문에 어떠한 방식으로도 주들의 권력에서 내구력을 도출하지 않는 권력의 새로운 근원을 정립했다는 것이 그의 요지였다. 따라서 그는 다음과 같이 주장했다. "각 주들이 중앙정부에 권력을 양도할 필요는 없고 오히려 중앙정부의 권력이 많이 확장되어야 한다. ……권력의 새로운 근원은 중앙정부의 권력과 함께 여전히 존재해야 하는 주 정부들의 상당한 권력 행사에 대한 통제 장치로 설정되어야 한다."[24] 따라서 "특정 주 정부가 폐지되었다면, 중앙정부는 자

---

22) Haraszti, 앞의 책, 219쪽.

23) 물론 이러한 개념들은 미국에서도 널리 유행했다. 따라서 버지니아주의 테일러(John Taylor)는 존 애덤스에 대해 다음과 같이 비판했다. "애덤스 씨는 우리의 권력 분리를 자신의 권력 균형과 동일한 원리로 생각하고 있습니다. 우리는 이러한 원리들이 서로 정반대인 것들이고 대립한다고 생각합니다…… 우리의 분리 원리는 권력을 저주가 아닌 축복이 될 수 있을 정도로 축소하기 위해 사용됩니다…… 애덤스 씨는 권력이 마치 권력에 대한 안전한 파수꾼, 아니면 루시퍼를 뛰어넘는 악마나 되듯 질서를 유지하는 정부를 옹호합니다……(William S. Carpenter, 앞의 책 참조)." 테일러는 권력을 불신했고, 이 때문에 제퍼슨식의 민주주의 철학자로 간주되어왔다. 그러나 애덤스나 매디슨 못지않게 제퍼슨 역시 권력 분리가 아니라 권력 균형이 전제정의 적절한 해결책이라고 역설했다는 것이 문제의 진실이다.

기보존의 원리에 따라 고유한 관할권으로 이들을 복구하지 않으면 안 된다."[25]

이러한 관점에서 볼 때, 미국의 정치 혁신이 가진 한 위대한, 나아가 장기적으로 봤을 때 가장 위대한 핵심은 공화국이라는 정치체 내 주권의 지속적 폐지, 인간사 영역에서 주권과 전제정이 동일하다는 통찰이었다. 연맹국(Confedercy)은 '중앙정부와 지방 정부 간의 권력을 분할'하지 않는 결점을 지니고 있었다. 말하자면 연맹국은 하나의 정부라기보다는 동맹의 중앙 기구로 활동했다. 경험이 보여주는 것처럼, 연합 세력들 사이에는 상호에 대한 견제 세력으로서 활동하는 것이 아니라 서로를 제거하려는, 즉 무기력을 야기하는 위험한 경향이 존재했다.[26] 건국 선조들이 실제로 두려워했던 것은 권력이 아니라 무기력이었으며, 이들의 두려움은 이러한 논의에서 인용된 몽테스키외의 견해, 즉 공화주의 정부는 비교적 소규모 영토 내에서만 효율적이라는 주장에 의해 심화되었다. 따라서 논의의 방향은 공화주의 정부 형태의 생존 자체에 집중되었고, 해밀턴과 매디슨은 몽테스키외의 다른 견해에 관심을 가졌다. 이 견해에 따르면, 공화국의 연맹은 구성 조직들, 즉 소규모 공화국들이 단순한 동맹에 자신들을 양도하는 대신 새로운 정치체, 즉 연맹 공화국을 구성할 수 있다는 조건 아래서 대규모 국가들의 문제를 해결할 수 있었다.[27]

미국 헌법의 진정한 목적은 분명히, 권력을 제한하는 것이 아니라

---

24) Edword S. Corwin, "The Progress of Consitutional Theory between the Declaration of Independence and the Meeting of the Philadelphia Convention", *American Historical Review*, 제30호(1925) 참조.

25) *The Federalist*, no. 14.

26) 매디슨이 1787년 10월 24일 제퍼슨에게 보낸 서한. Max Farrand, *Records of the Federal Convention of 1787*(New Haven, 1937), Book III, 137쪽.

27) 해밀턴을 이해하기 위해서는 각주 21을 참조하고, 매디슨의 입장을 이해하기 위해서는 *Federalist*, no. 43을 참조하라.

연맹 공화국을 보충할 완전히 새로운 권력 중심을 확립하고 정당하게 구성하는 것이었다. 물론 연맹 공화국의 권위는 영국 왕관과 식민지의 분리를 통해 상실된 권력 때문에 대규모로 확장된 영토에 행사되어야 했다. 이 복잡하고 섬세한 체계는 전적으로 혁명의 소산인데, 공화국의 잠재 권력을 손상시키지 않도록 신중하게 구성되었으며, 어떠한 복수권력의 근원도 지속적인 팽창 과정에서, 즉 다른 주들의 가입이 증가되는 과정에서 고갈되지 않도록 세심하게 구성되었다.[28] 미국 헌법은 최종적으로 혁명의 권력을 흡수했다. 그리고 혁명의 목적은 *자유*였기 때문에 미국 헌법의 목적은 실제로 브랙턴(Bracton)의 표현대로 *자유*의 확립(Constitutio Libertatis)이었다.

전후 등장했으나 단명했던 유럽의 헌법들 또는 19세기에 등장했던 선행 헌법들은 일반적으로 권력에 대한 불신, 특히 혁명 권력에 대한 인민의 두려움에 그 근거를 두고 있다. 반면에 미국 헌법은 영구적인 연합을 건설할 만큼 강력한 권력 원리를 발견했다는 확신에서 형성되었다. 따라서 이 헌법들이 미국 헌법과 동일한 정부 형태를 구성할 수 있었다고 믿는 것은 언어도단이다.

2

이러한 오해들은 불쾌할지도 모르지만 자의적이지는 않기에 무시될 수 없다. 혁명이 복고로 시작되었다는 역사적 사실, 그리고 복고하려는 시도가 혁명이라는 거부할 수 없는 사건으로 언제 왜 바뀌었는가를 행위자들 자신이 언급하기란 사실 어려운 일이었다. 그러한

---

28) 몽테스키외의 연방 공화국에 대해 논평한 윌슨(James wilson)은 "새로운 조직체에 흡수되고 다른 구성원들의 참가 ― 미국의 상황에 특히 적합한 팽창적인 특성 ― 로 증대될 수 있는 상이한 결사들을 규합함으로써 연방 공화국이 성립된다"고 명백히 언급하고 있다(Suprlin, 앞의 책).

역사적 사실이 없었다면, 이러한 오해들은 발생하지 않았을 것이다. 혁명의 원래 의도가 공적 *자유*의 확립이 아니라 제한정부가 누리는 권리와 시민적 자유의 회복이었기 때문에, 최종적으로 혁명 정부의 궁극적 임무인 공화국의 건국에 직면했던 혁명가들이 혁명 과정에서 태어난 새로운 *자유*를 고대의 자유라는 관점에서 언급하고 싶어 했다는 것은 자연스러운 일일 뿐이다.

이와 매우 비슷한 양상이 혁명의 다른 주요 용어들, 즉 권력과 권위라는 상호 연관된 용어들과 관련해서도 나타났다. 우리는 앞서 어떠한 혁명도 성공하지 못했다고 언급했고, 정치체의 권위가 진정 손상되지 않았다는 점에서 반란 역시 거의 시작되지 않았다고 언급했다. 따라서 애초부터 고대의 자유 개념을 회복하는 것은 동시에, 상실된 권위와 권력의 재제도화를 의미했다. 그리고 복고를 시도했다는 점 때문에 예전의 자유 개념이 공적 *자유*라는 새로운 경험을 해석하는 데 엄청난 영향을 미쳤던 것과 마찬가지로, 권력과 권위에 관한 과거의 대표적 사례들이 아무리 심하게 비판받았다 해도, 권력과 권위에 대한 기존의 이해 때문에 권력에 대한 새로운 경험은 거의 자동적으로 공허한 개념으로 연결되기에 이르렀다. 자동적으로 영향을 받았기 때문에 역사가들은 실제로 다음과 같이 진술할 자격을 갖게 된다. "민족이 군주의 후임으로 들어앉았으나(F.W. 메이틀런드)", "그것은 군주 자신이 교황과 추기경의 성직 후임으로 들어앉기 전에는 아니었다." 따라서 역사가들은 다음과 같이 결론짓고 있다. 즉 "근대 절대국가는, 군주가 없었음에도 교회와 같이 주장할 수 있었다."[29]

역사적으로 말하자면, 미국 혁명과 프랑스 혁명 간의 가장 명백하

---

29) Ernst Kantorwitz, "Musteries of State: An Absolute Concept and Its Late Medieval origin", *Harvard Theological Review*, 1955.

고 결정적인 차이는 미국 혁명의 역사적 유산이 제한군주정이고 프랑스 혁명의 역사적 유산은 기원후 처음 몇 세기와 명백히 로마 제국의 마지막 몇 세기까지 거슬러올라가는 절대주의였다는 점이다. 혁명에 의해 타도된 정부 형태가 혁명의 운명을 미리 결정지었다는 것만큼 자연스러운 것은 실제로 아무것도 없는 것 같다. 절대 혁명에 선행하는 절대군주제를 통해 새로운 절대자인 절대 혁명을 설명하는 것만큼 설득력 있는 것은 아무것도 없으며, 통치자가 절대적이면 절대적일수록, 그를 대체할 혁명도 더욱 절대적일 수 있을 것이다.

18세기의 프랑스 혁명, 이를 모델로 했던 20세기 러시아 혁명의 기록은 이러한 가능성에 대한 증거로 쉽게 해석될 수 있었다. 시에예스도 군주가 비워두었던 자리에 국민주권을 어찌 끌어들이지 않을 수 있었겠는가. 프랑스 왕의 주권은 이미 오래전부터 봉건적 협약과 의무로부터의 독립을 의미하지 않았고, 적어도 보댕 시대 이후에는 왕권의 진정한 절대성, **법으로부터 자유로운 절대권력**(potestas legibus soluta)을 의미했으니, 법 위에 국민을 올려세우는 것보다 시에예스에게 더 자연스러운 것이 무엇이었겠는가? 또한 왕의 인격이 모든 세속권의 근원이었을 뿐만 아니라 왕의 의지도 모든 세속법의 근원이었기 때문에, 국민의 의지는 분명히 이제부터 법 자체가 되어야 했다.[30]

이 점에서는 미국 혁명 참가자들 못지않게 프랑스 혁명 참가자들 역시 정부를 제한할 필요성에 대해 완전히 합의했다. 그리고 몽테스키외의 권력분리론이 영국 헌법에서 그 단서를 찾았기 때문에 미국

---

30) 시에예스는 다음과 같이 언급했다. "국민은 무엇보다도 먼저 존재하며, 전체의 기원이다. 그의 의지는 항상 법률적이며, 그 자체로 법이다. 정부는 자신이 헌법적이라 하더라도 실질적 권력을 행사하지 않는다. ……반대로, 국민의 의지는 그것이 항상 법적이기 위해서 자신의 실재 이외 어느 것도 필요로 하지 않으며, 법 전체의 기원이 된다." *Qu'est-ce que le Tiers-État?*, 2nd edition(1789), 79, 82~83쪽을 참조하라.

정치사상에 자명했던 것과 마찬가지로, 더 이상 다수로 구성되지 않고 실제로 한 사람인 것같이 국민을 고무하고 인도하는 루소의 일반의지 개념은 프랑스 혁명에 참가한 모든 파벌과 당에 자명한 것으로 여겨졌다. 왜냐하면 그의 일반의지는 실제로 절대군주의 주권적 의지를 이론적으로 대체하는 것이었기 때문이다. 문제의 핵심을 밝히자면, 절대군주는 입헌적으로 제한을 받는 군주와 달리 국민의 잠재적으로 영구적인 삶을 대표하기 때문에, '왕께서 승하하셨다. 왕 만세'라는 표현은 실제로 왕이 "영생하는 법인 자체"[31]*라는 것을 의미했다. 아울러 군주는 법과 권력이 만나는 신성한 기원을 지구상에서 구현했다. 왕의 의지는 지구상에서 신의 의지를 가상적으로 대변하기 때문에, 법과 권력의 근원이었다. 이렇게 같은 근원에서 나왔기 때문에 법은 더 강력해졌고 권력은 더 정당해졌다. 따라서 프랑스 혁명 참가자들이 인민을 왕의 권좌에 앉혔을 때, 그들이 고대 로마 이론에 따르고 미국 혁명의 원리에 완전히 동의하면서 모든 권력의 근원과 중심지뿐만 아니라 모든 법의 기원까지 인민으로부터 찾았던 것은 당연한 일이었다.

미국 혁명이 유일하게 누렸던 행운은 부정할 수 없는 것이다. 미국 혁명은 대규모적 빈곤의 난관에 대해 전혀 모르는 나라에서 발생했고, 자기 통치를 전반적으로 경험했던 사람들 사이에서 발생했다. 확실히, 미국 혁명이 '제한군주정'과의 갈등에서 성장했다는 것은 결코 축복이 아니다. 식민지는 영국 왕의 정부와 의회로부터 탈피했다. 법으로부터 자유로운 절대권력(potestas legibus soluta)은 영국 정부와

---

31) Ernst Kantorwitz, *The King's Two Bodies: A Study in Medieval Theology*(Princeton, 1957), 24쪽.

* 영어 문장은 'the king is a Corporation in himself that liveth ever'이며, 직역하면 '여전히 생존한다'인 것을 '영생한다'로 과장해 의도를 부각하고자 했다.

의회에는 존재하지 않았다.* 따라서 미국 헌법의 기초자들은 자신들이 법의 새로운 근원을 확립하고 새로운 권력 체계를 고안해야 한다는 것을 알고 있었지만 법과 권력을 결코 동일한 기원에서 도출하고 싶어 하지 않았다. 그들에게 권력의 권좌는 인민이었으나 법의 근원은 헌법, 즉 문자화된 문서, 유지 가능한 객관적 대상이 되어야만 했다. 물론 사람들은 헌법을 여러 상이한 각도에서 접근할 수 있었고, 확실히 헌법에 대해 여러 상이한 해석을 제공할 수 있었다. 사람들은 이러한 해석을 상황에 따라 변경하고 수정할 수 있었지만 이것은 의지와는 달리 결코 주관적 정신 상태가 아니었다. 헌법은 선거나 여론조사보다 훨씬 더 오래 지속될 수 있는 가시적인 '세계적' 실재로 남아 있었다. 비교적 늦은 시기에 대륙 헌법 이론의 영향을 받아 헌법의 우위성이 "인민 의지에 기초한 근원에 입각해" 논의되었을 때조차, 일단 결정이 내려지면 그 결정이 곧 그 자체를 잉태시킨 정치체를 구속하는 힘을 가질 것이라 생각되었다.[32] 그리고 인민이 자유로운 정부에서 "이전에 존재했던 모든 정부의 양태와 본질을 모두 변경하거나 절멸시키고 대신 새로운 것을 채택하기 위해 언제나 이유가 있든 없든 권력을 유지해야 하지만 최상의 기쁨을 향유해야 한다고 추론하는 사람들이 있었다고 하더라도,"[33] 그들은 의회에서 소수

---

* 절대군주제에서 군주는 법의 영역을 벗어나 자신을 절대화하는 기준을 가지고 있다. 미국 혁명은 제한군주정으로부터 탈피하는 것이지만, 프랑스 혁명은 절대군주제를 타도하는 것이다. 군주가 자신의 권력을 정당화하기 위해 절대자를 설정하는가 아닌가는 혁명 이후 과정에 영향을 미친다. 아렌트는 이 점을 강조하고 있다.

32) 코윈은 『하버드 법학논집』 제42권(1928)의 논문 「미국 헌법의 '상위법' 배경」, 152쪽에서 다음과 같이 언급하고 있다. "인민의 의지에 그 뿌리를 두고 있다는 근거만으로 헌법에 그 우월성을 귀속시키는 것은 미국 헌법 이론의 비교적 늦은 성장을 반영한다. 일찍이 헌법에 부합되는 우월성은 가상적인 근원에 근거를 두기보다는 상정된 내용, 본질적이고 불변하는 정의의 구현에 더 근거를 두고 있다."

일 뿐이었다. 다른 경우들과 마찬가지로 이 경우에도, 프랑스에서는 순수한 정치 문제 또는 심지어 철학 문제로 표출되었던 것이 미국 혁명 기간에는 명백히 세속적인 형태로 부각됐으므로, 누군가 이 문제로부터 이론을 정립하고자 고민하기도 전에 이 문제는 불신을 받았다. 왜냐하면 「독립선언서」에서 "부자들로부터 독립함으로써 모든 사람이 마음 내키는 대로 행위할 수 있게 될 하나의 정부 형태"를 기대했던 사람들이 적지 않았기 때문이다.[34] 이들은 대혁명의 이론이나 실천에 어떠한 영향도 미치지 않았다. 미국 혁명의 행운이 아무리 컸어도, 혁명 정부의 모든 문제 중 가장 골치 아픈 문제인 절대자 문제는 해결되지 않았다.

미국 혁명이 발생하지 않았다면, 우리는 절대자 문제가 혁명에서 틀림없이 나타나게 마련이라는 것, 그것이 혁명적 사건 자체에 내재되어 있다는 것을 결코 이해할 수 없을 것이다. 우리가 유럽의 거대한 혁명들—17세기 영국 내란, 18세기 프랑스 혁명, 20세기 10월 혁명—로부터만 단서를 찾아야 한다면, 우리는 정치 영역에서 절대자 문제가 전적으로 불행한 역사적 상속, 즉 절대군주제의 부조리에 기인한다고 결론을 내릴 만큼 전제적 독재를 수반하는 절대군주제의 상호 연관성을 만장일치로 시사하는 역사적 증거에 압도될 것이다. 절대군주제는 군주의 인격인 절대자를 정치체에 각인했다. 그 결과 혁명은 헛되이 절대자의 대체물을 찾으려고 시도했다. 절대주의

---

33) 앞서 언급한 나일스의 책 27쪽에서 인용된 벤저민 히치번은 실제로 매우 프랑스적인 것 같다. 그러나 그가 다음과 같이 글을 시작했다는 것은 매우 흥미롭다. "나는 시민적 자유란 법에 의한 통치가 아니라, ……대다수 인민에 존재하는 권력이라고 규정한다." 달리 말해, 그는 실제로 모든 미국인과 같이 법과 권력을 명백히 구별하고 인민 속의 권력에만 기초한 정부가 더 이상 법에 의한 정부로 불릴 수 없다는 것을 인식했다.

34) Merrill Jensen, "Democracy and the American Rerolution", *Huntington Library Quarterly*, vol. 20, no. 4, 1957.

의 몰락이 유럽의 민족 공동체와 더불어 유럽 정부의 전체적 골격을 파멸시켰다는 사실 때문에, 그리고 구체제의 남용으로 점화된 혁명적 대사건의 불꽃이 궁극적으로 전 세계를 불붙게 했다는 사실 때문에, 미국 혁명 이외의 모든 전례, 즉 절대주의를 비난하기가 쉽다. 절대 주권의 자리를 대신하는 새로운 절대자가 프랑스 혁명 초기부터 시에예스의 '국민'이었는지 또는 혁명사 4년의 말에 로베스피에르와 더불어 나타난 것인지의 문제는 오늘날 그다지 중요치 않다. 왜냐하면 결과적으로 전 세계를 불붙게 했던 것은 정확히 두 가지의 결합, 즉 국민적 혁명이나 혁명적 민족주의, 혁명 언어를 말하는 민족주의 또는 민족주의적 구호를 지닌 대중들을 분기하는 혁명이었기 때문이다. 그리고 어떠한 경우에도 미국 혁명 과정이 수반되거나 반복되지 않았다. 헌법이 제정되고 그것이 입헌정부의 집권을 가능케 했던 혁명 운동에 일소되는 경향이 있었다면, 헌법 제정은 다시는 모든 혁명 행위, 그리고 입헌정부의 가장 우선적이고 고상한 것으로 이해되지 못했을 것이다. 따라서 지금까지 혁명의 최종적 산물이며 목적인 헌법이 아니라 혁명 운동을 촉진하거나 강화하려 했던 혁명 독재가 근대 혁명의 더욱 친숙한 결과로 되어왔다. 혁명이 좌절되고 어떤 형태의 복고로 이어지지 않았다면 말이다.

이러한 역사적 성찰은 아무리 정당하더라도 치밀하게 검토해보면 결코 당연한 일이 아닌 것을 당연시하는 오류를 범하고 있다. 이론과 실제에서 유럽의 절대주의, 절대 주권의 존재—그것의 의지가 권력과 법의 근원이다—는 비교적 새로운 현상이다. 이것은 이른바 세속화, 즉 교회의 권위로부터 세속적 권력이 해방된 최초이자 가장 명료한 결과였다. 국민국가의 발생을 대비했다는 점에서 공통적으로 올바르게 신뢰를 받았던 절대군주제는 그 증거로서 자체의 위엄과 찬란함을 지닌 세속적 영역의 발생에 원인이 되었다. 이탈리아 도시국가에 관한 이야기와 이후 혁명에 관한 이야기 사이의 친화성은 고대 및 정치 영역의 고대적 영광에 공통적으로 귀를 기울인 데서 나타났다. 그러나 이탈리아 도시국가들에 대한 짧고 파란만장한 이야기는, 물론 역사에는 예고와 경고 같은 것이 존재하지 않기는 하지만 정치 영역에서 근대를 위해 준비되어 있는 기회와 난관이 무엇인가를 경고했으며 예고할 수 있었다. 게다가 확실히 절대주의의 사용은 이와 같은 난관들을 수세기 동안 모호하게 만들었다. 왜냐하면 절대주의는 정치 영역 자체 내에서 왕정이라는 제도보다는 왕의 인격에서 세속적 권위가 상실한 종교적 승인을 대신할 완전히 만족스러운 대체물을 발견한 것 같았기 때문이다. 그러나 이러한 해결책은 잘못된 것임이 많은 혁명에서 충분히 폭로될 수 있었다. 이 해결책은 여러 세기 동안 모든 근대 정치체의 가장 근본적 난관인 심각한 불안정, 권위의 근본적 결점이라는 결과를 은폐하는 데 기여했을 뿐이다.

종교와 종교적 권위가 세속적 영역에 부여했던 특이한 재가 사항은 절대주권으로 쉽게 바뀔 수 없었다. 따라서 초월적이고 초세속적인 근원을 가지고 있지 못했던 절대주권은 전제정과 독재정으로 타락할 수 밖에 없었다. 문제의 진실은 다음과 같다. "이러한 이유 때문에, 군주가 교황과 추기경의 종교적 직위를 대신했을 때", 군주는 그 기능을 담당하고 이들의 성역을 수용하지 못했다. 정치이론의 용어로 표현하자면, 그 군주는 군주들의 신성한 권리와 주권에 관한 새로운 이론에도 불구하고 계승자가 아니라 찬탈자였다. 교회의 후견에서 세속적 영역이 해방되는 것, 즉 세속화는 불가피하게 새로운 권위를 어떻게 정립하고 구성하는가의 문제에 직면했다. 그런데 새로운 권위를 결여한 세속적 영역은 자체의 새로운 권위를 획득하기는커녕 교회의 후견 아래 유지했던 부차적 의미마저도 상실하게 되었다. 이론적으로 말하자면, 절대주의는 새로운 건국의 혁명적 수단에 호소하지 않은 채 권위의 문제를 해결하고자 시도했던 것 같다. 달리 표현하면, 절대주의는 주어진 틀 내에서 문제를 해결했다. 일반적으로 통치의 정당성, 특히 세속법과 권력의 권위는 항상 그 자체로 이 세상의 것이 아닌 절대적 근원에 연관됨으로써 정당화되었다. 많은 혁명이, 미국 혁명과 같이 절대주의의 상속이라는 부담을 지고 있지는 않다 하더라도, "말씀이 살이 되었던" 사건, 즉 역사 시대에 세속적 실재로서 출현했던 절대자에 부분적으로 기반을 두었던 전통 내에서 발생했다. 권위 자체는 이 절대자의 현세적 성격 때문에 어떤 형태의 종교적 승인 없이는 생각할 수 없었다. 그리고 아득히 먼 옛날의 관습·전례·후광의 지지를 받지 않은 채 새로운 권위를 확립하는 것이 혁명의 임무였기 때문에, 혁명은 무엇보다도 법과 권력 자체의 문제가 아니라 실정법에 합법성을 부여하는 법의 기원과 당국에 정당성을 부여하는 권력의 기원에 관한 오래된 문제를 예리하게 부각하지 않을 수 없었다.

잃어버린 종교의 제재력이 정치 영역에서 지니는 엄청난 중요성은 근대의 세속화 논의에서 무시되기 일쑤였다. 왜냐하면 교회와 국가의 분리, 종교로부터의 정치 해방이 초래한 불가피한 결과였던 세속적 영역은 매우 명백히 종교를 희생시키는 대가로 발생했던 것 같았기 때문이다. 교회는 세속화를 통해 자신의 세속적 재산의 많은 부분과 더 중요한 세속적 권력의 보호막을 상실했다. 물론 이러한 분리는 사실상 양다리를 걸친 것이다. 사람들은 종교적인 것으로부터 세속적인 것의 해방에 대해 언급하는 것과 같이, 어쩌면 더 정확하게 세속적인 것의 요구와 부담으로부터 종교의 해방에 대해서도 언급할 수 있었다. 가톨릭 교회는 로마 제국의 해체 때문에 어쩔 수 없이 정치적 책임을 부담해야 했지만, 이후에도 세속적인 것은 기독교에 막중한 부담을 주었다. 리빙스턴(William Livingstone)이 한때 지적한 바와 같이, "진정한 종교는 사실 자신을 지지할 이 세상의 군주를 원하는 것이 아니라 오히려 군주가 종교에 간섭하는 곳에서는 어디서든지 약화되거나 타락했기 때문이다."[35] 세속적인 것이 발생한 후에도 이론적·실천적 측면에서 공공 영역, 즉 정치 영역을 괴롭혔던 여러 난해하고 당혹스러운 일들은 세속화가 절대주의의 형성을 동반했고 절대주의의 몰락이 혁명 — 법과 권력에 필요한 권위의 근거인 절대자를 어디서 찾아내는가의 문제는 혁명에서 매우 당혹스러운 일이었다 — 을 수반했다는 사실이다. 바로 이 사실은 정치와 국가가 심지어 종교와 교회가 군주의 지지를 필요로 했던 것보다 훨씬 더 절박하게 종교의 승인을 필요로 했다는 것을 증명할 수 있었다.

절대자의 필요성은 여러 가지 상이한 방식으로 구체화되었고, 상이한 위장을 요구했으며, 상이한 해결책을 제공했다. 그러나 정치 영역 내에서 그것의 기능은 항상 동일했는데, 바로 두 가지 악순환을 해체하는 것이다. 하나는 인정법 제정에 명백히 내재되었으며, 다른 하나는 모든 새로운 시작, 즉 정치적으로 말하자면 건국 임무 자체를 수반하는 선결 문제 요구의 오류(petitio principii)에 내재되었다. 이 중 첫 번째, 즉 모든 실정법과 인정법에 합법성을 부여하고 '상위법'으로서 입법 행위 자체를 초월하는 외부적 근원이 필요하다는 것은 우리도 물론 이미 잘 알고 있는 것이며 절대군주제 형성에 이미 잠재된 요인이었다. 시에예스가 국민과 관련해 주장했던 것, 즉 "국민이 자신의 대리인을 통제하는 정식 규칙이나 헌법에 의해 제약을 받는다고 상정하는 것은 우스꽝스럽다"[36]는 주장은 절대군주와 관련해서도 마찬가지로 적용된다. 왜냐하면 절대군주는 시에예스의 '국민'과 같이 '모든 합법성의 기원', '정의의 기원'이 되어야만 했고, 결과적으로 어느 실정법에도 종속될 수 없었기 때문이다. 이러한 이유 때문에, 블랙스톤도 "절대적인 전제 권력은 어떤 정부에나 틀림없이 존재한다"[37]고 주장했다. 이러한 절대 권력은 일단 자신보다 상위에

---

35) Niles, 앞의 책, 307쪽.

36) Sieyès, 앞의 책, 81쪽.

37) Corwin, 앞의 책, 407쪽.

있는 권력과의 연계성을 상실하면 곧 전제적인 것이 된다. 블랙스톤이 이러한 권력을 전제적이라고 명명한 것은 절대군주가 자신이 통치하는 정치질서에서 자신을 해방하는 것이 아니라 근대 이전 자신이 복종했던 신법 또는 자연법으로부터 자신을 해방했던 범위를 시사하는 명백한 징표였다. 그러나 혁명이 세속적 정치 영역의 난처한 일을 '고안하지' 않았다는 것이 사실이라면, 새로운 법을 제정하고 새로운 정치체를 건국할 필요성이 제기됨과 더불어, 전자의 '해결책들'이 이제 용이한 방편과 핑계로 드러났다는 것 역시 사실이다. 그 해결책을 몇 가지 들자면, "엄청나게 오래된 역사성"[38]에 기인하는 선험적 특성 때문에 관습이 상위법으로서 기능할 것이라는 희망, 또는 영국 군주정과 관련해 종종 인용되는 배젓(Bagehot)의 평가—영국 군주제는 종교의 위력과 더불어 우리 정부를 강화하고 있다—에서 나타나듯이 군주 자체의 칭송받는 지위가 신성한 기운으로 통치 영역 전체를 감싸고 있다는 신념과 같은 것들이다. 이와 같이, 근대 정부의 모호한 성격은 혁명이 궁극적으로 발생한 때와 장소에서만 아주 적나라하게 노출됐다. 그러나 의견 및 이데올로기 영역에서는 토론자들을 급진주의자와 보수주의자들로 구분하는 것이 모든 정치적 논의를 지배하게 되었다. 급진주의자들은 혁명의 문제를 이해하지 못한 채 혁명이라는 사실을 인정했다. 반면, 혁명이 정치 무대에 사건이나 위협으로 등장했음에도 상황을 이해하지 못한 채 미래를 보호해줄 맹목적 숭배의 대상으로서 전통과 과거에 집착했던 보수주의자들은 전통이 이미 그 정착점, 출발점, 그리고 원리를 상실한 채 표류하고 있다는 실제적 사실을 증명했다.

　이론 분야에서는 프랑스 혁명 참가자들 가운데 시에예스와 견줄 만한 사람이 없었다. 그는 논리의 악순환, 선결 문제 요구의 오류

---

38) 같은 책, 170쪽.

를 해결했다. 그는 첫째, 헌법 제정권(pouvoir constituant)과 법 제정권(pouvoir constitué)이라는 유명한 구분을 통해, 둘째, 헌법 제정권 자인 국가를 영구적인 '자연 상태'로 끌어들임으로써 선결 문제 요구의 오류를 아주 실감나게 표현했다("우리는 지구상 국가들을 마치 사회 관계 밖에…… '자연 상태' 아래 있는 개개인과 같이 생각해야 한다"). 따라서 그는 외견상 두 가지 문제를 해결했다. 하나는 새로운 권력, 즉 법 제정권의 정당성 문제였는데, 이 권력의 권위는 제헌의회(Constituent Assembly), 즉 헌법 제정권자에 의해 보장받을 수 없었다. 왜냐하면 제헌의회 자체의 권력이 헌법 자체 이전에 존재하지 않았으므로 입헌적이지 못했고 결코 입헌적일 수 없었기 때문이다. 그리고 다른 하나는 새로운 법의 합법성 문제였다. 이것은 '근원적인 최상의 모법(母法)', 즉 새로운 법의 정당성을 도출하는 '상위법'을 필요로 했다. 권력과 법은 모두 국가 또는 국가의 의지에 기반을 두지만, 의지 자체는 모든 정부와 법의 영역 밖에 존재했고 상위에 존재했다.[39] 집권자들은 혁명법과 칙령 어느 것도 집행할 수 없었지만, 혁명 기간에도 헌법이 지속적으로 만들어지는 프랑스의 헌정사는 이른바 다수의 의지(이것이 법률적 가정 이상의 것이 되기는 하지만)가 정의상 지속적으로 변화하며, 헌법의 기초로서 국민의 의지 위에 쌓아올린 구조가 사상누각이라는 것, 즉 애초부터 명백했음이 틀림없는 것만을 반복해서 설명하는 단조로운 기록으로 쉽게 해석될 수 있었다.

국민국가를 직접적 붕괴와 파멸에서 구원했던 것은 의외의 용이성이었다. 국민의 의지는 어느 누군가가 스스로 부담이나 독재의 영광을 떠맡으려 할 때마다 의외로 쉽게 조작되고 강요될 수 있었다. 나폴레옹 보나파르트는 국민 전체의 박수를 받으며 "나는 헌법 제정

―――――――――

39) Corwin, 앞의 책, 특히 83쪽 각주를 참조하라.

278

권자다"라고 선언할 수 있었던 많은 국민적 정치인 중 첫 번째 인물일 뿐이다. 그러나 하나의 의지의 명령이 짧은 기간에 국민국가의 만장일치라는 허구적 이상을 성취했던 반면, 국민국가의 오랜 역사에서 국민국가에 안정 조치를 부과했던 것은 의지가 아니라 계급 사회의 확고한 구조인 이익이었다. 그리고 이러한 이익 — 시에예스의 표현에 따르면, 이것은 집단의 이익(intérêt du corps)이며, 시민이 아닌 개인은 이를 통해 "단지 일부 다른 사람들과 연합할 뿐이다" — 은 결코 의지의 표현이 아니라 반대로 어떠한 집단 또는 계급이 자신들 사이에 있기 때문에 공유했던 세계 또는 세계의 일부에 대한 표현이었다.[40]

이론적으로 표현하자면, 새로운 법의 제정 및 새로운 정치체의 형성, 즉 건국에서 발생하는 당혹스러운 일을 해결하는 시에예스의 방안은 분명히 "인간의 제국이 아닌 법의 제국"(해링턴)이라는 의미에서 공화국의 확립을 잉태하지 못했으며 잉태할 수도 없었으나 군주제, 즉 일인 지배를 민주주의, 즉 다수 지배로 대체했다. 우리는 보통 다수 지배와 다수결을 동일시하고 혼용하기 때문에, 일찍이 공화정에서 민주정으로의 정치 변동에서 얼마나 많은 것이 중요했는가를 파악하기 어렵다. 그러나 다수결은 모든 형태의 심의적 평의회와 집회에서 거의 자동적으로 채택되기 쉬운 기술적 장치이며, 이러한 조직은 전체 유권자들일 수도 있고, 타운미팅이나 개별 통치자로 선정된 고문들의 소규모 평의회일 수도 있다. 달리 말하면, 다수의 원리는 결정 과정 자체에 내재되었으며, 따라서 전제정만은 예외지만 독재정을 포함한 모든 형태의 정부에 존재한다. 결정이 내려진 후 다수가 소수 반대파를 정치적으로 그리고 극단적인 경우 물리적으로 숙

---

40) 시에예스의 견해를 이해하기 위해서는 *Seconde Partie*, 앞의 책, 제4판(1789), 7쪽을 참조하라.

청하는 곳에서만, 다수결이라는 기술적 장치는 소수 지배로 전락한다.[41] 이러한 결정은 확실히 의지의 표현으로 해석될 수 있으며, 어느 누구도 정치적 평등의 근대적 조건하에서 그들이 여전히 변화하는 국민의 정치적 삶을 표현하고 재현한다는 것을 의심하지 않는다.

그러나 문제의 핵심은 공화주의적 정부 형태에서는 헌법의 틀 내에서 헌법 규정에 따라 결정이 내려지며 그 삶이 영위된다는 점이다. 그러나 건물이 건축가의 의지의 표현이 아니고 그렇다고 거주자들의 의지에 예속되지도 않는 것과 마찬가지로, 헌법은 더 이상 국민 의지의 표현이 아니거나 다수의 의지에 예속되지 않는다. 성문화된 문서인 헌법이 대서양 양안에서 지니는 엄청난 의미는, 그것이 어쩌면 다른 무엇보다도 훨씬 더 기본적으로 객관적이고 세계적인 헌법의 성격을 입증하고 있다는 점이다. 어쨌든, 미국의 헌법은 다수결의 절차가 다수 지배의 '선거에 의한 독재정'(elective despotism)으로 바뀌지 않도록 최선을 다해 방지하려는 명확하고 의식적인 의도로 짜였다.[42]

---

41) 최근 역사에는 다수 지배라는 원래 의미로 이러한 유형의 민주주의의 예를 설명하기 시작한 경우가 아주 많다. 그러므로 철의 장막 뒤에서 나타나는 이른바 인민 민주주의가 서구 세계의 입헌적·제한적 정부에 대항하는 진정한 민주주의를 대표한다는 흥미로운 주장이 이러한 근거에서 정당화된다는 것을 환기하기는 어렵지 않다. 더 이상 패배한 소수파를 숙청하지는 않았지만 정치적 제거는 공산당 내에서 널리 유행되는 관습과 같은 것이었다. 무엇보다 일당 지배 개념은 다수의 지배——특정한 순간 절대 지배를 성취할 수 있는 당을 통한 권력 장악이다.

42) 당시 건국 선조들 중 가장 민주적인 사람으로 평가받았던 제퍼슨은 전제자 173명이 하나같이 전제적이었을 때 '선거에 의한 독재정'의 위험성에 대해 아주 종종 언급한 바 있다(앞의 글). 그리고 해밀턴은 일찍이 "공화주의를 아주 집요하게 고수하는 사람들은 민주주의의 악을 반대하는 사람들만큼이나 요란하다"라고 지적했다. William C. Carpenter, 앞의 책, 77쪽 참조.

3

프랑스 혁명의 엄청나고 숙명적인 불행은 어느 제헌의회도 국법을 기초하기에 충분한 권위를 행사할 수 없다는 것이었다. 제헌의회에 가해졌던 비난은 항상 똑같았다. 즉 제헌의회는 정의상 헌법 제정권을 결여했으며, 자체로 입헌적이지 못했다. 이론적으로, 프랑스 혁명 참가자들이 범한 치명적 실수는 권력과 법이 동일한 근원에서 발생한다는 거의 자동적이고 무비판적인 신념에 있었다. 역으로, 미국 혁명의 위대한 행운은 식민지 주민들이 영국과의 갈등 이전에 자치 조직을 구성했고, 혁명이 ─18세기 언어로 표현하자면 ─식민지 주민들을 자연 상태로 몰아넣지 않았으며,[43] 주 헌법과 궁극적으로 미국 헌법의 틀을 기초한 사람들의 헌법 제정권에 대해 결코 어떠한 의심도 하지 않았다는 것이다. 매디슨이 미국 헌법과 관련해 제안했던 것, 즉 "일반적 권위를 …… 전적으로 하위적 권위에서 도출한다는 것"[44]은 주 정부를 구성할 때 식민지인들이 이미 스스로 행했던 것을 단지 전국적 규모로 반복한다는 의미를 담고 있었다. 주 정부의 헌법을 기초했던 주 의회(provincial congress) 또는 대중 집회(popular convention)의 대표자들은 정당하게 인정된 수많은 하위 조직 ─지구(district), 카운티, 군구(郡區: township) ─으로부터 권위를 확보했다. 이러한 조직의 권력을 손상시키지 않은 채 보존하는 것은 곧 자신들의 권위를 손상시키지 않은 채 보존하는 것이었다. 연방회의

---

43) 의회의 전체 절차가 비헌법적이라는 취지로 결의안의 통과되었던 몇몇 사례가 있다는 것, 그리고 「독립선언서」가 발표되었을 때, 식민지는 전적으로 자연 상태에 있었다는 것이 이것에 대한 반박이 되는 것은 물론 아니다. 뉴햄프셔주 몇몇 도시의 결의안을 파악하기 위해서는 앞에 언급한 젠센의 책을 참조하라.

44) 1787년 10월 24일 제퍼슨에 보낸 편지이며 각주 26에 인용되었다.

(Federal Convention)가 새로운 연방 권력을 조직하고 구성하는 대신 주의 권력을 제한하거나 폐지하는 것을 선택했다면, 건국 선조들은 자신들의 프랑스 동료들이 직면했던 난관에 직접 부딪혔을 것이다. 만약 그랬다면 그들은 **헌법 제정권**을 상실했을 것이며, 이것은 아마도 강력한 중앙정부를 가장 열렬히 지지하는 사람들조차 주 정부 권력을 완전히 폐지하기를 원하지 않았던 이유 중 하나였다.[45) 연방 체계는 국민국가 원리의 유일한 대안이었을 뿐만 아니라 **헌법 제정권**과 **법 제정권**의 악순환에 사로잡히지 않을 유일한 길이기도 했다.

열세 개 주의 식민지 전체에서 「독립선언서」보다 먼저 혹은 동시에 혹은 뒤따라 헌법이 제정되었다는 것은 놀라운 사실이다. 비록 신세계 주민들이 구세계 관점에서 언급하고 생각했으며, 자신들의 이론에 존재하는 영감과 확신을 위해 구세계와 똑같은 근원을 언급했다고 하더라도, 권력과 권위라는 완전히 새로운 개념, 그리고 정치 영역에서 가장 중요한 것에 관한 완전히 새로운 생각은 이미 신세계에 어느 정도 급속히 확산돼 있었다. 구세계에는 존재하지 않았던 것은 식민지의 군구(郡區)였다. 그리고 유럽 관찰자들의 눈으로 볼 때, "미국 혁명이 발발하자, 인민 주권의 교의가 군구에서 발생했으며 주(州)로 확산되었다."[46) 헌법을 구성하고 기초할 권한을 받은 사람들은 정당하게 선출된 구성 조직의 대표자들로, 그들은 밑으로부터

---

45) 솔버그(Winton U. Solberg)는 연방주의자들이 명백히 주를 복속시키기를 원했으나 두 가지를 예외로 하되 주를 해체하기를 원하지는 않았다고 올바르게 강조하고 있다(*The Federal Convention and the Formation of the Union of the American States*[New York, 1958], cii쪽). 매디슨 자신도 "그가 배심원에 의한 재판에서처럼 세심하게 주의 권리를 보존하고자 한다"고 언급한 적이 있다(앞의 책, 196쪽).

46) Tocqueville, *Democracy in America*(New York, 1945), vol. I, 56쪽. 주가 정치적으로 분절화되는 예외적인 정도는 1776년에만도 뉴잉글랜드에 550여 개 이상의 타운이 존재했다는 사실로 확인할 수 있다.

282

권위를 받았다. 그들은 권력이 인민에게 있다는 로마의 원리를 확고하게 고수했고, 허구와 절대자라는 관점에서 모든 권위보다 상위에 있으며 모든 법에서 벗어난 국민을 고려하지 않고 작동하는 실재라는 측면에서 법에 의거하고 법에 의해 제한되는 권력을 보유한 조직화된 다수를 생각했다. 공화정과 민주주의 또는 다수 지배를 구별하고자 했던 미국 혁명의 요구는 명백히 인정된 상이한 기원, 정당화, 적용 영역을 지닌 법과 권력을 근본적으로 분리하는 데 달려 있었다.

미국 혁명은 새로운 미국적 경험과 권력 개념을 가져왔다. 이 새로운 권력 개념은 번영 및 조건의 평등과 마찬가지로 혁명보다 훨씬 오래전에 등장했다. 그러나 신세계의 사회·경제적 행복—거의 모든 정부 형태 아래서 풍요와 충만을 초래했을 행복—과 달리 이 권력 개념은 명백히 보존하고자 의도한 새로운 정치체를 구성하지 못할 경우에는 생존할 수 없었을 것이다. 달리 말하면, 혁명이 발생하지 않았다면 새로운 권력 원리는 여전히 노출되지 않았을 것이며, 잊히거나 정치인과 정치사상의 주목을 받지 못하고 인류학자와 지역사가들에게만 관심을 끄는 흥미로운 사안으로 기억될 수도 있었다.

권력이 전국적으로 모든 자치 제도에서 구현되었기 때문에, 미국 혁명 참가자들은 권력을 당연한 것으로 이해했다. 그러나 이 권력은 혁명 이전, 어떤 의미에서는 대륙의 식민지화 이전에도 존재했다. 「메이플라워 서약」은 선상에서 작성되고 상륙한 즉시 조인되었다. 102명의 청교도단이 악천후 때문에, 자신들에게 특허권을 부여했던 버지니아 회사의 관할권 내 훨씬 남쪽으로 상륙하지 못해서 '정치체를 결성하는 서약을 하기로' 자극받았는지, 아니면 런던 보충병들이 버지니아 회사의 관할권을 거부하고 '자신들의 자유를 행사하겠다'고 위협하는 '바람직하지 않은 사람들'이었기 때문에 청교도단이 완전히 결집할 필요성을 느꼈는지는, 흥미롭기는 하지만 우리의 논의에는 커다란 연관성을 갖지 못한다.[47]

어떠한 경우든, 그들은 이른바 자연 상태, 어떠한 경계로도 제한되지 않은 미답(未踏)의 황무지뿐만 아니라 법에 의해서도 제한되지 않는 인간들의 무제한적 주도권을 두려워했다. 이러한 두려움은 놀라운 것이 아니다. 그 두려움은 어떤 이유로든 문명을 뒤로한 채 독립하기로 결정했던 문명화된 사람들의 정당화된 공포다. 전체 이야기에서 실제로 놀라운 사실은 그들 상호 간의 명백한 공포가 자신들의 권력을 적잖이 신뢰하게 만들었다는 것이다. 어느 누구도 자신들을 '시민적 정치체'로 통합하려는 의도로 이러한 공포를 허용하고 확증하지 않았으며, 더욱이 이러한 공포가 폭력 수단을 정당화하는 빌미가 되지는 못했다. 시민적 정치체는 하나님의 현전(現前)과 상호 약속의 위력으로만 결합되며, 필요한 정부의 법과 도구를 모두 '시행하고, 구성하며, 기초할' 만큼 상당히 강력했다. 이 행위는 곧바로 하나의 전례가 되었고, 20년도 채 못 되어 매사추세츠 식민지 주민들이 코네티컷으로 이주했을 때, 이들은 아직 계약되지 않은 황무지에서 자신들의 「코네티컷 기본법」(Fundamental Order)*과 「플랜테이션 서약」을 작성했다. 따라서 새로운 정착촌을 코네티컷 식민지에 통합시키는 것을 인정하는 왕의 특허장이 최종적으로 도착했을 때, 그 특허장은 이미 현존하는 정부 체계를 승인하고 비준하는 것일 뿐이었다. 그리고 분명히 1662년 왕의 특허장은 단지 1639년 「코네티컷 기

47) 나는 악천후 이론이 암시적이라고 생각한다. *Encyclopaedia Britannica*, 11th edition, vol. XVII, "Massachusetts." 더 실현 가능한 대안을 위해서는 Commanger, 앞의 책을 참조하라.

* 1636년 뉴타운의 목사인 후커(Thomas Hooker)는 매사추세츠 정부에 반기를 들고 자신의 신도들을 데리고 서쪽으로 가서 하트퍼드(Hartford) 마을을 건설했다. 4년 후에 하트퍼드 사람들과 근처의 새로 건설된 두 마을 사람들이 모여 정부를 세우고 「코네티컷 기본법」(the Fundamental Orders of Connecticut)으로 알려진 헌법을 채택했다. 이 식민지 정부는 매사추세츠 정부와 비슷했으나 더 많은 사람에게 투표권과 피선거권을 주었다. 앨런 브링클리, 황혜성 외 옮김, 『미국인의 역사 1』(비봉출판사, 2000), 47쪽 참조.

본법」을 승인했을 따름이었기에, 변경되지 않고 그대로 1776년에 "어떠한 왕이나 군주와도 무관하게 주민들의 유일한 권위 아래 이주의 시민헌법"으로 채택될 수 있었다.

식민지 서약은 원래 왕이나 군주를 고려하지 않은 채 체결되었기 때문에, 혁명은 식민화 시대 초기에 그랬던 것처럼 마치 서약과 헌법 제정의 위력을 해방한 것처럼 보였다. 북아메리카 정착촌과 다른 모든 식민지 회사 사이의 특이하고 전적으로 결정적 차이는 영국 이민자들만이 애초부터 자신들은 '시민적 정치체'로 구성되었다고 주장했다는 것이다. 게다가 이러한 조직들은 엄격히 말해 정부로서 고려되지 않았다. 이러한 조직들은 주민을 지배자와 피지배자로 구분하는 것, 그리고 지배를 함의하고 있지 않았다. 이렇게 구성된 주민들이 150년 이상 영국 정부의 충성스러운 신민으로 남아 있을 수 있었다는 단순한 사실로 이 구성 조직의 특징을 잘 알 수 있다. 이 새로운 정치체들은 실제로 '정치 사회'였다. 이 정치체들은 권력은 향유했지만 주권을 보유하거나 주장하지는 않은 채 권리를 주장할 자격을 지닌 정치 영역을 형성함으로써 이후에 중요한 역할을 했다.[48]

최대의 혁명적 혁신, 즉 대규모 공화국들을 건설하기 위한 연방 원리에 대한 매디슨의 발견은 부분적으로 경험과 정치 조직들에 대한 해박한 지식에 기반을 두고 있었다. 이 정치조직들의 내적 구조는 사실상 공화국들의 성격을 미리 결정했고 팽창이나 정복이 아니라 권력의 지속적 결합을 원리로 하는 항구적 확장을 위해 그 구성원들에게 영향을 미쳤다. 왜냐하면 실제로 개별적이고 독립적인 구성 조직들을 통합하는 기본적 연방 원리뿐만 아니라 '결사' 또는 '공동 결사'라는 의미의 '연맹'이라는 명칭이 식민지 역사 초기에 발견되었

---

48) 주권을 보유한 주와 '단지 정치결사'일 뿐인 주 사이의 중대한 구분은 매디슨의 연방의회 연설에서 제기되었다. Solberg, 앞의 책, 189쪽 각주 8을 참조하라.

고, 미합중국이라는 연맹의 새로운 명칭도 뉴잉글랜드 식민지 연합(United Colonies of New England)이라는 이름이 붙게 되는 일시적 조직인 뉴잉글랜드 연맹(New England Confederation)을 통해 제안되었기 때문이다.[49] 매디슨은 어떠한 이론보다도 오히려 이러한 경험 때문에 몽테스키외의 우연한 주장, 즉 연방 원리에 기초해 있다면 대규모로 확장되는 지역에는 공화주의적 정부 형태가 적합하다는 지적을 대담하게 세련화하고 긍정하게 되었다.[50]

---

[49] 1639년의 「코네티컷 기본법」과 1643년의 '뉴잉글랜드 동맹'을 이해하기 위해서는 앞에 언급한 코메저의 책을 참조하라.

[50] 라이트(Benjamin F. Wright) —— 특히 *Economica*(May 1933)에 실린 중요한 논문 「미국에서 권력 분리의 기원」(The Origins of the Seperation of Powers in America) —— 는 비슷한 맥락에서 "최초의 미국 헌법 기초자들은 단지 그들 자신의 경험을 통해…… 권력 분리에 관한 지혜를 확인했기 때문에 그 권리 분리론에 감명을 받았다"고 주장하고 있다. 그리고 다른 사람들도 그의 입장을 따르고 있다. 60~70년 전 미국 학자들이 혁명과 미국의 건국에서 정점에 도달한 미국 역사의 단절되지 않은 자동적 연속성을 주장하는 것은 거의 당연한 일이었다. 브라이스가 최초의 영국 정착촌을 건설하도록 한 왕의 식민지 특허장과 미국의 헌법 제정을 연계한 후로 식민지가 무역 회사에서 유래했으며, 특별 양도증서, 공유지 양도증서, 특허권을 통해 위임되는 경우에 한해서만 권력을 행사할 수 있는 하위 정치 조직체였다는 사실을 통해 성문헌법의 기원뿐만 아니라 성문입법(statutory legislation)에 대한 특이한 강조를 설명하는 게 당시 유행이었다(William C. Morey, "The First State Consitituions", *Annals of the American Academy of Political and Social Science*[September 1893], vol. IV; 그리고 각주 6에 나오는 책에 실린 성문헌법에 관한 그의 논문을 참조하라). 오늘날 이 접근 방법은 일반적이지 못하며, 영국이나 프랑스 등 유럽의 영향을 강조하는 경향이 더 강하다. 미국 역사학계가 강조하는 것이 바뀐 데는 여러 이유가 있다. 그중에는 정치적 사건보다 지적 전례에 대한 관심을 더 중시하는 이념사가 최근에 미친 강력한 영향, 고립주의에 대한 약간 오랜 포기가 포함된다. 이 모든 것은 매우 흥미로우나 우리의 맥락에서 큰 적실성은 없다. 내가 여기서 주목하고 싶은 것은, 식민지인들이 자신들끼리 맺었던 훨씬 더 독창적이고 흥미로운 서약과 협정을 희생시키는 대가로 왕이나 회사의 특허장의 중요성이 강조됐던 것 같다는 점이다. 나의 생각으론 젠슨(Merrill Jensen)의 —— 앞의 책에 수록된 훨씬 이후의 논문에 나오는 —— 다음과 같은 언급이 옳았기 때

한때 거의 우연히 디킨슨이 지적했듯, "경험은 우리의 유일한 지침임이 틀림없다. 이성은 우리를 잘못 인도할 수도 있다."[51] 그는 미국 경험의 특이하지만 이론적으로 세련되지 않았던 배경을 희미하게 자각했을지도 모른다. "미국이 사회계약의 이념에 진 빚은 측정할 수 없을 정도로 아주 엄청나다"[52]고들 하지만, 문제의 핵심은 혁명 참가자들이 아니라 초기 식민주의자들이 그 이념을 '실천으로 옮겼다'는 점이다. 그들은 어떤 이론적 개념도 갖고 있지 않았다. 도리어 로크가 "정치 사회를 창안하고 실제로 구성하는 것은 다수를 구성할 정도의 자유인들에 의한 동의일 뿐이다"라고 유명한 문장으로 언급하고, 이러한 행위를 "어떤 합법 정부를 세계에 창안하는 행위"로 명명한다면, 우리는 다음과 같이 주장할 수 있을 것이다. 건국 선조들도 로크의 『시민정부론』에서 영향을 받았겠지만, 로크가 미국에서 발생한 사실들과 사건들에서 받은 영향이 어쩌면 훨씬 더 결정적이고 훨씬 더 중대했을 것이다.[53] 문제의 증거 ― 이런 문제에서 증

문이다. "17세기 뉴잉글랜드에서 중심적인 쟁점은…… 정부 구성을 위한 권위의 근원이었다. 영국의 견해는 어떤 정부도 왕에게서 권력을 양도받지 않고는 식민지 내에 존재할 수 없다는 것이었다. 반면 뉴잉글랜드에 사는 일부 영국 반대론자들이 제기한 반대 견해는 한 주민 집단이 서약, 협정, 헌법이라는 수단을 통해 스스로 정당한 정부를 창조할 수 있다는 것이었다. 「메이플라워 서약」과 「코네티컷 기본법」의 저자들은 이러한 가정에서 활동한다…… 독립선언서의 기본 가정, 그것의 일부는 132년 전 윌리엄스(Roger Williams)가 썼던 글과 흡사하다.

51) Solberg, 앞의 책, xcii쪽.

52) Rossiter, 앞의 책, 132쪽 참조.

53) 「메이플라워 서약」의 특이성은 이 시기 미국 역사에서 때때로 강조되었다. 따라서 제임스 윌슨은 1790년 한 강연에서 이것에 대해 언급하면서 청중들에게 자신은 "범대서양 세계의 국가들과 관련해 헛되이 추구되어야 하는 것, 지구상의 이 지역에 처음으로 도착한 집단의 원시 계약"을 제시하고 있다는 점을 환기시켰다. 그리고 스코틀랜드 역사가 로버트슨(William robertson)이 설명한 바와 같이, 미국의 초기 역사는 "그 정치적 실존의 첫 번째 순간에 사회를 관조하는", 보기 드문…… 광경을 여전히 아주 명료하게 주장하고 있다. W. F.

거가 존재할 수 있다면—는 신기하게도 사실 순수한 방식에 존재한다. 로크는 순수한 방식으로 당시 사회계약론의 연장선상에서 이 '원시 계약'을 정부나 공동체에 권리와 권력을 양도하는 것, 즉 '상호 계약'이 아니라 합의로 해석했는데, 이때 개별 인간은 자신의 권력을 어떤 상위 권력에 양도하고, 생명과 재산을 보호받는 대가로 지배를 받는 데 동의한다.[54]

우리는 논의를 진행하기에 앞서, 17세기의 이론에서는 두 가지 형태의 '사회계약'이 분명히 구분되었다는 것을 상기해야 한다. 하나는 개별 인간들 사이에 체결되어 사회를 형성했고, 다른 하나는 인민과 통치자 간에 체결되어 합법 정부를 형성했다. 그러나 이 두 가지 형태의 계약(서로 공유하며 오해하기 쉬운 명칭 이외에는 더 공통적인 것이 없는) 사이의 결정적 차이는 일찍이 무시되었다. 왜냐하면 이론가들 자신은 일차적으로 모든 형태의 공적 관계, 즉 사회적 관계뿐만 아니라 정치적 관계를 망라하고 모든 형태의 의무를 발견하는 데 관심이 있었기 때문이다. 따라서 우리가 알고자 하는 바와 같이, 실제로 상호 배타적인 '사회계약'의 두 가지 가능한 대안은 얼마간 개념적 명료성을 지닌 단일의 이중 계약으로 간주되었다. 게다가 이론에서 두 계약은 가공의 이야기, 즉 사회라 불리는 공동체 구성원 간의 현존하는 관계에 대한 가상적 설명, 또는 이러한 종류의 사회와 정부 간의 관계에 대한 가상적 설명이다. 그리고 이론적 가공물의 역사는 과거로 멀리 거슬러올라갈 수 있지만, 실제의 사실에서 그 정당성을 검증할 가능성은 희박한 것으로 드러나기 전, 즉 영국인의 식민지 경영 전에는 사례를 찾을 수 없었다.

도식적으로 보면, 이 두 가지 형태의 사회계약 사이에 존재하는 주

Craven, *The Legend of the Founding Fathers*(New York, 1956), 57, 64쪽 참조.
54) 앞의 책, 제131절 참조.

요한 차이는 다음과 같이 설명할 수 있다. 사람들이 공동체를 형성하고자 자신들을 결속하는 상호 계약은 호혜성에 기반을 두며 평등을 전제로 한다. 계약의 실제 내용은 약속이며, 그 결과는 실제로 고대 로마 시대에 연합을 의미하는 소시에타스(societas)의 관점에서 '사회' 또는 '공동결사'(cosociation)다. 이러한 연합은 연합 당사자들의 개별적인 내구력을 집중시키며 "자유롭고 진지한 약속"[55]을 통해 새로운 권력 구조에 당사자들을 결속시킨다. 다른 한편, 특정한 사회와 그 통치자 간의 이른바 사회계약에서 우리는 각 구성원의 측면에서 허구적이고 원시적인 행위를 다루며, 각 구성원은 이러한 행위를 통해 정부를 구성하고자 자신의 개별적인 내구력(strength)*과 권력을 포기한다. 그들은 새로운 권력을 획득하고 이전에 보유했던 것보다 더 많이 보유하기는커녕 가지고 있던 권력까지 포기하며, 약속을 통해 자신을 결속하기는커녕 정부의 지배를 받겠다는 자신의 '동의'를 표현할 뿐이다. 정부의 권력은 개개인이 정부에 전달하고 모든 신민의 이른바 이익을 위해 정부가 독점하는 강제력의 총합을 보유한다. 개별 인간에 관한 한, 사람들은 명백히 통치자의 권력 독점에 동의함

---

55) Commager, Cambridge Agreement of 1629, 앞의 책 참조.

* 아렌트는 내구력(strength), 권력(power), 강제력(force), 폭력(violence)을 구분해서 사용하고 있다. 'strength'는 개별적인 실체로서 대상이나 사람에 내재된 속성으로 규정된다. 사람이 소유할 경우, 그것은 체력을 의미하며, 사물의 속성을 지칭할 경우에는 내구력으로 표현하는 것이 더 적합하다. 반면 권력은 공적·정치적 목적을 위해 공동으로 활동하는 능력이며, 정치 행위와 공적 심의를 위해 함께 모일 때만 실재화되는 잠재력으로 존재한다. 권력은 자연적 현상으로서 강제력과는 다르다. 강제력은 일상적 어법에서는 폭력과 동의어로 취급되지만, 자연적 현상에 의해 방출되는 에너지이며, 상황에 의해 부과된 제약을 의미한다.

  권력은 폭력과 달리 동의와 합리적 심의에 기반을 둔다. 폭력은 다른 사람에게 자신의 의지를 강요하는 것, 즉 강압(coercion)을 의미한다. 따라서 폭력은 파괴 무기와 같은 도구를 필요로 하며 성격상 전적으로 도구적이다.

으로써 자신이 상실한 만큼의 권력을 상호 약속을 통해 획득한다. 역
으로, '맹세하고 자신들을 결속하는' 사람들은 호혜성을 통해 자신
들의 고립을 제거하지만, 다른 경우에 그들의 고립은 분명히 보호되
고 방어된다.

고립 상태에 있는 각각의 개별적 인간이 수행하는 동의 행위는 실
제로 '하나님의 현전에서'만 나타나지만, 상호 약속 행위는 정의상
'당사자들 서로의 현전 속에서' 실행된다. 이것은 원리상 종교적 승
인과는 무관하다. 게다가 서약과 '결합'의 결과인 정치체는 구성된
정치 영역 밖의 여전히 무기력한 각각의 개별 인간에게는 곧 권력의
근원이 된다. 반대로, 피치자들은 정부를 변경하고 다른 통치자에게
자신들의 권력을 양도하기 위해 최초의 권력을 복구하기로 결정하
지 않는 한 정치적으로 무기력하기 때문에, 동의의 결과인 정부는 권
력을 독점적으로 확보한다.

달리 말하면, 상호 계약에서는 권력이 약속이라는 수단을 통해 구
성되는데, 상호 계약은 **핵심적으로**(in nuce) 공화주의 원리와 연방 원
리를 포함하고 있다. 공화주의 원리에 따르면, 권력은 인민에 존재하
며, 여기서 '상호 복종'은 통치자의 직위를 불합리하게 만든다. "인
민이 통치자라면, 누가 지배를 받아야 하는가?"[56] 그리고 연방 원리,

---

56) 이 말에서 17세기 전반 '뉴잉글랜드의 교구장'이며 청교도 성직자인 코튼
(John Cotton)은 '교회나 공영체'에 적합하지 않은 정부인 민주주의에 대해
반론을 제기했다. 이곳과 다음에서 나는 청교도주의와 미국 정치제도 간의
관계에 대한 논의를 가능한 한 피하고자 한다. 나는 "청교도들과 청교도주의,
보스턴과 살렘의 엄청난 독재자들과 그들의 내면적인 혁명적 생활 방식과 사
상을" 구별한 로시터의 정당성(앞의 책, 91쪽)을 믿는다. 후자는 군주제에서
도 하느님이 주권자를 자신과 연계한다는 확신, 그리고 서약이나 계약에 대
한 그들의 집착으로 이루어져 있다. 그러나 난점은 이 두 가지 교의가 어느 정
도 양립할 수 없다는 점이다. 코튼이 올바르게 지적한 바와 같이, 서약의 개념
은 비주권과 비지배를 전제하지만, 하나님이 주권을 보유하며 그것을 지구
상의 어떠한 권력에도 위임하기를 거부한다는 신념은 "최선의 정부 형태로

즉 '공영체의 확장 원리(해링턴이 그의 이상향을 오세아나[Oceana]로 명명한 바와 같이)에 따르면, 구성된 정치체들은 자신들의 정체를 상실하지 않은 채 연맹을 결합하고 지속시킨다. 마찬가지로, 정부에 권력을 양도하고 정부 지배에 동의하기를 요구하는 사회계약은 핵심적으로 절대적 지배의 원리, 그들 모두를 위압하는 권력의 절대적 독점 원리(홉스) ─ 우연히도, 신만이 전지전능하기 때문에 신적인 권력의 이미지로 해석되기 쉽다 ─ 그리고 국민적 원리를 포함한다. 국민적 원리에 따르면, 국민 전체를 위한 하나의 대표자가 있어야 하며 여기서 정부는 모든 국민의 의지를 통합하는 것으로 이해된다.

로크는 "애초 모든 세계는 아메리카였다"고 언급한 적이 있다. 모든 실천적 목적 때문에, 아메리카는 현존 정치적 실재들을 설명하고 정당화할 수 있는 가상적 조건으로 상정했던 사회 및 정부의 시초를 사회계약론에 제시해야만 했다. 그리고 구세계에서 유행했던 이론들이 신세계의 사실적 실재들을 언급하지도 않은 채 전개되었다는 명백한 사실이 없었다면, 식민지 아메리카에서 이러한 최초의 서약·결합·공동 연합·연맹이 근대 초 몇 세기 동안 사회계약론이 급격히 부상하기 전에, 그리고 다른 다양한 이론이 등장하기 전에 먼저 존재했고 함께 나타났다는 사실은 실제로 상당히 암시적이었을 것이다. 우리는 구세계를 벗어난 식민지인들이 새로운 이론적 지혜를 지녔으며, 새로운 땅을 위해 그것을 검증하고 새로운 정부 형태에 적용하고자 열망했다고 주장할 자격은 없다. 실험에 대한 열망, 동시에 절대적인 참신성, 즉 새로운 정치질서에 대한 확신은 분명히 식민지인들의 정신에는 존재하지 않았지만, 150년 후 혁명을 주도할 수 있었던

서…… 신정 정치를 설정하고 있다." 그리고 문제의 핵심을 지적하자면, 이러한 엄격하게 종교적인 영향과 신앙 부흥 운동(Great Awakening)을 포함한 운동들은 혁명 참여자들이 행하거나 생각했던 어떠한 것에도 영향을 미치지 않았다.

사람들의 정신 속에는 확실히 존재했다.

아메리카 초기 역사에서 서약이나 협정이 어떤 이론적 영향을 받았다면, 그것은 물론 『구약 성서』에 대한 청교도인들의 믿음이었고, 특별히 그들에게는 실제로 "인간과 인간의 거의 모든 관계, 인간과 하나님의 관계를 설명하는 도구"가 되었던 이스라엘 성약(聖約)이라는 개념의 재발견이었다. 그러나 신자들의 동의가 교회의 기원이라는 청교도 이론이 피치자의 동의가 정부의 기원이라는 대중적 이론으로 직접 이어졌다는 것은 사실일 수도 있지만,[57] '시민적 정치체'의 기원이 그 구성원들의 상호 약속과 결속에 있다는, 별로 유행하지 못했던 다른 이론으로 이어질 수는 없었다. 그 이유는 청교도인들이 이해했던 성약이 하나님과 이스라엘 간의 계약이었으며, 신은 이를 통해 법을 제공했고 이스라엘은 그것을 준수하기로 동의했으며, 이 성약은 동의에 의한 정부는 함의하지만 결코 치자와 피차자가 동등한 정치체, 즉 통치의 원리 전체가 더 이상 적용되지 않는 정치체를 함의하고 있지는 않기 때문이다.[58]

우리가 일단 영향에 관한 이론과 성찰로부터 문서 자체와 여기서 사용된 단순하고 정돈되었지만 종종 어색한 언어에 관심을 돌리면, 이론이나 전통보다는 오히려 하나의 사건, 즉 미래에 가장 중대한 의

---

57) Rossiter, 앞의 책.

58) 서약의 청교도적 개념에 관한 중요한 예는 미국으로 향하던 윈스럽(John Winthrop)이 아벨라호 선상에서 쓴 설교에서 찾을 수 있다. "따라서 하느님과 우리 사이의 연계가 나타나며, 우리는 이 작업을 위해 그분과 함께 서약에 참여하고, 임무를 획득했으며, 주님께서는 우리에게 계약을 체결할 권한을 맡기셨으며, 우리는 이러이러한 목적에 따라 이러한 행동을 감행하기로 선언해 왔고, 우리는 그분께 호의와 축복을 요청한다. 이제 주님께서 우리의 목소리를 들으시고 기뻐하신다면, 그리고 우리가 바라는 장소로 우리를 평화롭게 인도하신다면, 그분께서는 이 서약을 인준하시고 우리의 임무를 봉인하실 것이다." Perry Miller, *The New England Mind: The Seventeenth Century*(Cambridge, Mass., 1954), 477쪽.

미를 지니는 대규모 사건이며, 급박한 상황 속에서 진행되었지만 최대의 배려와 성찰에 입각해 숙고한 사건이었다는 것을 곧 이해하게 된다. "하나님과 서로의 앞에서 경건하게 상호 간에 맹세하게 하고 우리 자신들을 시민적 정치체로 결합하며…… 그리하여 이에 기초해 때때로 식민지의 일반적 선에 매우 적합하고 편리하다고 생각될 정당하고 평등한 법률·규정·협정·헌법·공직을 제정하고 구성하며, 틀을 잡도록 촉구하고, 이에 대해 적절한 순종을 약속하도록"(「메이플라워 서약」이 담고 있는 바와 같이) 식민지인들을 고무했던 것은 이 임무를 수행할 때 일어날 수 있는 모든 난관과 좌절이었다.

분명히 식민지인들은 배를 타기 전에도 다음과 같이 올바르고 완벽하게 생각했다. "우리 중 어느 누구도 다른 사람의 확신 없이는 이 모험을 감행하려 하지 않을 만큼, 이 모험 전체는 우리가 다른 사람들 사이에서 충실과 결의를 갖는다는 공동의 확신 위에 성장한다." 공동의 모험 정신 자체의 기본 구조에 대한 통찰, "우리 자신과 이 행위에서 우리와 함께할, 다른 사람들의 훌륭한 격려"의 필요성 때문에, 그들은 맹약이라는 개념에 집착했으며 반복해서 "약속하고 서로 서로 결속하게" 되었다.[59] 신학이론도 아니고 정치이론도 아니고 철학이론도 아니라 구세계를 뒤로하고 완전히 자신들만의 모험을 감행하겠다는 결정이 연속적인 행위와 사건으로 이어졌다.

물론 그들이 만약 정치 행위의 기본 문법과 훨씬 더 복잡한 그 구문—그 규칙은 인간적 능력의 흥망을 결정한다—을 거의 의도치 않게 발견할 정도로 그 문제에 충분히 오래 집중하지 않았다면, 그들은 일련의 행위와 사건 속에서 소멸되었을 것이다. 문법이나 구문이 서구 문명사에서 완전히 새로운 것은 아니었지만, 정치 영역에서 같

---

59) 1629년 매사추세츠 회사의 주요 인사들 가운데 몇몇이 미국을 향해 출발하기 전에 초안한 「케임브리지 협정」에 포함되어 있다. Commager, 앞의 책 참조.

은 의미의 경험들을 발견하고 거대한 역사적 자료의 문고 속에서 그 만큼 명증하고 독창적인 언어 ― 말하자면, 신뢰하기 어려울 정도로 인습적인 문구와 고정된 공식이 없는 ― 를 해독하기 위해서는 아주 먼 과거, 어쨌든 정착자들이 전혀 모르는 시대로 거슬러올라가야 할 수도 있다.[60] 그들이 발견했던 것은 분명히 두 가지 형태의 사회계약 론 중 하나가 아니라 오히려 이 이론이 기반을 두고 있는 소수의 기 본적 진리였다.

일반적으로는 우리의 목적 때문에, 특히 혁명 정신의 본질적 성격 을 어느 정도 확실히 결정하려는 우리의 시도 때문에 잠시만이라도, 혁명 전의 경험과 심지어 식민지 전의 경험들을 정치사상의 직설적 인 언어가 아니라 훨씬 세련된 언어로 전환하는 것을 멈추고 이 문 제를 생각할 충분한 시간을 가질 필요가 있다. 따라서 우리는 특별 한 미국적 경험이 미국 혁명 참가자들에게 다음과 같은 사실을 가르 쳤다고 말할 수 있을 것이다. 행위가 비록 개별적으로 시도되고 서로 매우 다른 동기에서 단일한 개개인에 의해 결정되었다 하더라도, 행 위는 어느 정도 공동의 노력을 통해서만 성취될 수 있는데, 이 공동 의 노력 속에서 개개인의 동기 ― 예컨대, 그것들이 '바람직하지 않 은 것'이든 아니든 ― 는 더 이상 중요하지 않다. 따라서 과거와 기 원의 동질성, 즉 국민국가의 결정적 원리는 요구되지 않는다. 공동 의 노력은 질뿐만 아니라 기원에서 차이를 매우 효과적으로 동등화 한다.

게다가 여기서 우리는 인간 본성과 관련해 건국 선조들에게서 이 른바 놀라운 현실주의의 기초를 발견할 수도 있다. 건국 선조들은 인 간이 사회 밖에서, 즉 어느 정도 허구적인 원시 상태에서 선하다는

---

60) 1291년 스위스의 유명한 산림지 연합에서 사용되는 일견 비슷해 보이는 언어
는 잘못된 것이다. 시민적 정치체는 이러한 상호 '약속'에서 발생하지 않았으
며, 새로운 제도와 법도 마찬가지다.

계몽주의 시대 프랑스 혁명의 명제를 무시할 수 있었다. 이들은 이 문제에서는 현실적이고 나아가 비관적일 수 있었다. 단수 상태에서 무엇이든 간에 인간들은 스스로 공동체로 결속할 수 있다는 것을 그들은 알았기 때문이다. 물론 공동체가 죄인들로 구성되었다 하더라도 그것이 인간 본성의 '원죄적' 측면을 필히 반영할 필요는 없다. 따라서 프랑스 혁명 참가자들에게 모든 인간적 악의 근원이 되었던 사회 상태는 미국 혁명 참가자들에게는 악과 사악함에서 구원받을 수 있는 유일하게 합당한 삶이었다. 인간들은 이 세계에서 심지어 신의 도움을 받지 않고 스스로의 힘만으로 살아갈 수 있다.

여기서 우연히 우리는 제대로 이해되지 못했던, 인간의 완벽 가능성에 대한 당시 미국적 견해의 확실한 근원 역시 찾을 수 있다. 미국의 공통된 철학이 이러한 문제들에서 루소적 개념의 희생물로 전락하기 전에 —이 희생은 19세기 전에는 발생하지 않았다—미국적 신념은 결코 인간 본성에 대한 반(半)종교적 신뢰에 기반을 두지 않았고 반대로 공동 유대와 상호 약속을 통해 단일 상태의 인간 본성을 통제할 가능성에 기반을 두고 있었다. 특이성을 지닌 인간에 대한 희망은 한 인간이 아닌 인간들이 지구에 거주하며 그들 사이에서 세계를 형성한다는 사실에 있다. 따라서 존 애덤스가 단일의 의회가 지배하는 정치체에 대해 제기할 수 있었던 가장 강력한 주장은 그 의회가 "개인의 우매함과 유약함이라는 최대의 악에 영향을 받기 쉽다"[61]는 것이었다.

인간 능력의 본성에 관한 통찰은 이 주장과 밀접한 관련이 있다. 다른 인간들과 분리되어 혼자 있는 모든 인간이 지닌 재능이며 소유물인 신체의 능력(즉 내구력)과 달리, 권력은 인간이 행위라는 목적 때문에 함께 관여하는 경우와 시기에만 존재하고, 어떠한 이유로든

---

61) *Thoughts on Government*, 1776, *Works* (Boston, 1851), IV, 195쪽 참조.

이들이 흩어지고 서로 헤어질 때 소멸한다. 따라서 결속과 약속, 결합과 서약은 권력을 존재하게 하는 수단이다. 사람들이 어느 특정한 행위 과정에서 자신들 사이에 출현했던 권력을 손상시키지 않을 때, 그곳에서 그들은 이미 건국 과정에 있게 되며, 거주할 수 있는 안정적인 '세계적' 구조를 구성하고, 결합된 행위 능력을 구성하는 과정에 들어서게 된다.

약속을 하고 수행하는 인간적 능력에는 인간이 가진 세계 구성(world- building) 능력*의 한 요소가 존재한다. 약속과 합의가 미래를 처리하고 모든 측면에서 예측 불가능성이 발생하는 불확실한 미래의 대양에 안정을 제공하는 것과 마찬가지로, 인간의 능력, 즉 조직 능력·설립 능력·세계 구성 능력은 항상 우리 자신과 지구상의 우리 시대보다는 오히려 우리의 '후계자'와 '후손들'에게 연관된다. 행위의 문법은 다음과 같다. 행위는 인간들의 복수성을 요구하는 유일한 인간적 능력이다. 그리고 권력의 구문은 다음과 같다. 권력은 인간들 사이에 존재하는 공간(worldly in-between space)에만 적용되는 유일한 인간적 속성이며, 인간들은 이 중간 공간을 통해 상호 연계되며, 정치 영역에서 최상의 인간적 능력이 될 수 있는 약속하기와 약속 준수를 통해 건국 행위에 결합한다.

달리 말하면, 혁명 전 아메리카 식민지에서 발생했던 것(그리고 이전에 존재했던 국가들이나 새로운 어느 다른 식민지에서는 발생하지 않았던 것)은 이론적으로 말하자면 행위가 권력의 형성에 기여했다는 것, 그리고 권력이 당시 새로이 발견된 수단인 약속과 서약을 통해 존재하게 되었다는 것이다. 모든 강대국을 엄청나게 놀라게 할 정도로 식민지, 즉 군구와 주(province), 카운티와 도시가 다양한 차이점

---

* 이 능력은 인간이 공동체의 삶을 영위하는 데 필요한 능력을 말한다. '세계'는 단지 전 지구를 말하는 게 아니라 자유로운 삶을 영위하는 인위적인 세계를 의미한다.

에도 불구하고 영국과의 전쟁에서 승리했을 때, 행위를 통해 발생하고 약속을 통해 유지되는 이 권력의 강제력은 전면으로 드러났다.

그러나 이 승리는 구세계에만 충격이었다. 식민지 주민들이 서약을 한 지는 이미 150년이 이미 지났으며, 상층에서 하층 — 행정 구역(provinces) 또는 주에서 도시와 지구, 군구, 마을, 카운티 — 에 이르기까지 분절되었던 나라에서 성장해 정당하게 구성된 조직체, 즉 각기 "사랑하는 친구들과 이웃의 동의로 자유롭게 대표자를 선출한"[62] 자체의 국가가 발전했다. 게다가 각각의 공영체들은 '함께 살아가고 있던' 사람들, 자신들의 '후계자들'뿐만 아니라 "이후에 가담할 사람들을 위해"[63] 계획을 가지고 '하나의 공적인 국가 또는 공영체'로 존재하기 위해 공동으로 참여했던 사람들의 상호 약속에 기초해 확장 발전하게 된다. 이처럼 전통이 가진 무소불위의 위력 밖에서 '영국에 최종적 결별을 고한' 식민지 주민들은 애초부터 자신들의 기회에 대해 알고 있었다. 즉 식민지 주민들은 자신이 "각자의 삶, 행운, 성스러운 명예에 대해 상호 서약을 했을"[64] 때 발생하는 엄청난 잠재

---

62) 프로비던스(Providence)에 발표된 「플랜테이션 협정」(Plantation Agreement)에서 인용한 것이다. 이 협정은 1640년 프로비던스 타운을 설립했다(Commager, 앞의 책). 여기서 처음으로 대표성 원리가 발견되고, 그리고 역시 '그렇게 신뢰를 얻었던' 사람들이 자신의 주뿐만 아니라 다른 주들의 여러 가지 고려 사항과 합의를 고찰한 후 통치 방식에 합의를 했기 때문에, 어떠한 정부 형태도 "중재에 의한 통치만큼 그들의 조건에 적합하지 않다는 것은 특히 흥미롭다."

63) 브라이스는 『미국 공동체』(*American Commonwealth*) 제1권 414쪽 각주에서 1639년 「코네티컷 기본법」을 미국에서 가장 오래된 진정한 정치적 헌법이라고 명명한다(Commager, 앞의 책).

64) 「독립선언서」를 위한 '영국과의 최종 결별'은 1776년 5월 27일 매사추세츠 몰덴 타운의 훈령에 나타난다(Commager, 앞의 책). 이 타운은 노예의 왕국과 합병하는 것을 경멸하며 거부하기 때문에, 이러한 훈령들의 격렬한 언어는 토크빌이 혁명의 기원을 타운십 정신으로 규정했을 때 그가 얼마나 옳았는가를 보여주고 있다. 또한 주 전체에 퍼져 있던 공화주의적 정서가 얼마나 큰 대중

적 권력에 대해 알고 있었다.

이 잠재적 권력에 대한 이해는 혁명 참가자들을 인도했던 경험이었다. 이러한 경험은 그들뿐만 아니라 그들을 파견하고 '매우 신뢰했던' 인민들에게도 공적 조직체를 어떻게 확립하고 설립하는가를 가르쳤다. 이러한 경험은 그 자체로 세계의 어디에도 존재하지 않았다. 그러나 이러한 경험은 자신들을 잘못 인도할지도 모른다는 그들의 생각, 오히려 추론에는 결코 타당하지 않다. 디킨슨은 이것을 두려워했다. 그들의 생각은 실제로 형식과 내용 면에서 대서양 양안에 확산되었던 계몽주의 시대에 의해 형성되었다. 그들은 프랑스나 영국의 동료들과 같은 관점에서 논의했으며, 그들 자신의 의견 차이도 대개는 일반적으로 공유한 준거와 개념의 틀 내에서 논의되었다.

따라서 제퍼슨은 자신이 상호 서약의 원리에 의거해 합의한 동일한 「독립선언서」에서 '정부의 정당한 권력'을 도출한 근거인 인민의 동의에 대해 언급할 수 있었다. 그리고 제퍼슨이나 어느 다른 사람도 '동의'와 상호 약속 사이의 단순하고 근본적인 차이, 또는 두 가지 유

적 위력을 가졌는지 보여주는 제퍼슨의 증언 역시 흥미롭다. *The Anas* (1818. 2. 4.), Saul Padover ed., *The Complete Jefferson* (New York, 1943), 1206~1207쪽. 그 증언은 만약 "당시의 논쟁이 공화정 옹호자들과 왕정 옹호자들 사이의 논쟁이었다면, 궁극적으로 주민들 사이의 견해 차이를 해결한 것은 주민들의 공화주의적 견해였음"을 아주 확실히 보여주고 있다. 이러한 특이한 미국적 경험 때문에 공화주의적 정서가 혁명 이전에 벌써 얼마나 강력했는가는 존 애덤스의 초기 저술에서 드러난다. 1774년 『보스턴 신문』(*Boston Gazette*)에 기고한 일련의 문헌에서 그는 다음과 같이 기술하고 있다. "프릴모스의 첫 번째 개척 이민은 엄격한 의미에서 우리 선조들이다. 그들은 어떤 특허장이나 허가도 없이 그 땅을 자신의 소유로 만들었고, 자신들의 정부를 세우기 위해 영국 의회나 왕의 권위를 빌리지 않았다. 그들은 인디언들의 땅을 사들였으며 소박한 자연의 원리에 따라 자신들의 정부를 세웠다. ……그리고 독립적인 개개인 사이의 원시 계약이라는 평범한 기반 위에서 입법권, 사법권, 집행권, 즉 모든 권력을 지속적으로 행사했다." Novanglus, *Works*, vol. IV, 110쪽 참조.

형의 사회계약론 사이의 차이에 대해 자각하지 못했다. 이처럼 현존하는 실재 및 경험과 관련해 개념적 명료성과 정확성이 부족했기 때문에, 페리클레스 사후에 행위자와 사상가들이 결별하고, 사유 자체가 실재에서, 특히 정치적 사실성과 경험에서 완전히 해방되기 시작한 후에도 서구 역사는 계속해서 저주를 받아왔다. 근대 및 근대 혁명의 위대한 희망은 이러한 분열이 처음부터 치유될 수 있다는 것이었다. 이러한 희망이 당시까지 성취되지 않았던 이유들, 토크빌의 말을 빌리자면 신세계조차도 신정치학을 정립할 수 없었던 이유들 중하나는 우리의 사유 전통이 가진 엄청난 내구력과 탄력에 있다. 이 전통은 가치의 반전과 변혁을 전적으로 거부했다. 그런데 19세기의 사상가들은 반전과 변혁을 통해 전통을 침식시키고 파괴하려고 시도했다.

하여튼 이 전통은 미국 혁명과 연관되어 있기 때문에, 식민지 주민들은 경험을 통해 다음과 같은 사실을 알게 되었다. 왕과 회사의 특허장은 식민지 주민들의 공동체를 확립하고 건설하기보다는 승인하고 합법화했을 뿐이다. 식민지 주민들은 "첫 번째 정착지에서 채택한 법, 그리고 자신들이 개별 의회에서 나중에 결정했던 법에 복종했다." 그러한 자유는 "그들이 각기 떠맡았던 정치적 헌법, 또한 영국왕의 계약 특허장들을 통해 '확인되었다'."[65] "식민지 이론가들은 실

---

65) 제퍼슨이 기초한 1774년 7월 26일 버지니아주 앨버마를 카운티의 자유 부동산 보유자의 결의안에서 발췌한 것이다. 왕의 특허장은 때늦은 방편으로서 언급되고 있으며, 용어상 모순인 듯 보이는 '협정 헌장'이라는 흥미로운 용어는 제퍼슨이 그것은 헌장이 아니라 협정이라는 것을 염두에 두고 있음을 명료하게 보여준다(Commager, 앞의 책). 또한 왕이나 회사의 특허장을 희생시키는 대가로 협정을 주장한 것은 결코 혁명의 결과가 아니다.「독립선언서」가 공표되기 거의 10년 전 프랭클린은 "의회가 최초의 정착 작업에 참여하지 않았기 때문에 그것들이 성립된 지 몇 년이 지난 후까지 의회는 실제로 그것들을 주목하지 않았다(Craven, 앞의 책, 44쪽)."

제로 영국 헌법, 영국인들의 권리, 심지어 자연법의 권리에 대해 상당히 많은 글을 썼다. 즉 이들은 식민지 정부들의 기원이 영국의 특허장과 위임장으로부터 도출한 영국적 가정(假定)을 수용했다."[66]

그럼에도 불구하고, 영국 헌법이 영국 의회의 입법권을 제한할 수 있는 기본법이라는 기이한 해석, 아니면 오히려 왜곡은 이러한 이론에서도 나타나는 본질적 핵심이었다. 이러한 입장은 명백히 영국 헌법을 미국식의 서약과 합의의 관점에서 해석한다는 것을 의미한다. 미국식의 서약과 합의는 실제로 최고 의회조차도 자체의 기초를 파괴하지 않고는…… 무시할 수 없는 '기본법'이었으며, '확고한' 권위였고 '한계'였다. 미국인들은 자신들의 서약과 합의를 아주 확고하게 믿었기 때문에, 영국 헌법과 같은 것, 자신들의 '헌법적 권리', '특허장 권리 항목의 단서 조항'에 호소했을 것이다. 그들의 생각에 '본질적으로 변할 수 없는 권리'가 영국 헌법에는 기본법으로서 첨가되지 않았기 때문에, 적어도 그들에게는 이 권리가 법으로 인정된 후, 시대의 형식을 따르는 그들이 이 기본법을 '불가양도의 권리'라고 주장했던 것은 비교적 중요하지는 않다.[67]

또한 식민지인들은 경험을 통해 특정한 왕이 저지르는 결코 용인할 수 없는 권력 남용으로 미루어 왕정 자체가 노예에 적합한 정부라는 것을 추측할 수 있는 인간적 능력의 특성에 대해 충분히 알았으며, 아울러, "미공화국이 …… 우리가 그것이 설립되는 것을 보고 싶어 하는 유일한 정부라는 것을 알았다. 왜냐하면 우리는 무한한 지혜, 자비와 정직성을 지녔기 때문에 무제한적 권력을 소유할 만한 자격을 지닌 사람이 아니라면 어떤 왕에게도 결코 기꺼이 복종할 수 없

---

66) Merill Jensen, 앞의 책.

67) 애덤스(Samuel Adams)가 기초한 1768년 2월 11일 타운센드 칙령에 항의하는 매사추세츠 순회 서한에서 발췌한 것이다.

기 때문이다."[68] 그러나 식민지 이론가들은 이 문제에 마치 어떤 선택이 있었던 것같이 다양한 정부 형태의 장점과 결점을 여전히 장황하게 논쟁하고 있었다. 결국 혁명 참가자들에게 "권력은 인민에게 있다"(potestas in populo)라는 로마 시대 표현의 실질적 의미를 알려주었던 것은 이론이나 학습이 아니라 오히려 경험, 즉 "대륙 회의에서 모인…… 북아메리카의 통합된 지혜"[69]였다. 미국 혁명 참가자들은 다음과 같은 사실을 이해했다. 로마인들이 행했던 바와 같이 "권위는 원로원에 있다"(auctoritas in senato)라는 내용을 첨가하기만 한다면, 주권재민의 원리는 한 정부 형태를 지지할 수 있으며, 따라서 로마인들이 운영했던 "로마 인민의 원로원"(senatus populusque romanus)과 같이 정부 자체는 권력과 권위로 구성된다. 왕의 특허장, 영국 왕 및 의회에 대한 식민지의 충실한 부속이 아메리카 주민들에게 기여했던 바는 그들의 권력에 부가적 권위를 더해주는 것이었다. 따라서 이 권위의 근원이 신대륙의 식민지 정치체로부터 일단 단절되자 미국 혁명의 주요 문제는 결국 권력이 아닌 권위의 확립 및 건설이 되었다.

---

68) 몰덴 타운의 훈령 (각주 64 참조).
69) 1774년 8월 1일 대륙 회의에 보낸 버지니아주의 훈령(Commager, 앞의 책).

5 건국 II: 새로운 정치질서

치세의 대주기가 새로 등장했다. – 베르길리우스

1

권력과 권위가 다르듯 권력과 폭력도 동일하지 않다. 우리는 이미 권력과 폭력의 특성에 대해 암시한 바 있지만, 이제 그 특성을 다시 한번 환기해야 한다. 18세기 두 혁명에 참여한 사람들이 공통적으로 주장했던 한 교의, 즉 정당한 정치 권력의 근원과 기원이 인민에게 있다는 확신이 초래한 엄청나게 불길할 정도로 다른 실제 결과를 고려할 때 권력과 폭력의 차이와 특성이 가지는 연계성은 특별히 부각된다. 대혁명의 관점에서 프랑스 인민 'le peuple'은 조직화되지도 않았으며 구성되지도 않았다. 어떠한 형태의 '구성 조직'(構成組織, constituted bodies)이 구세계에 존재했든, 의회(diets and parliaments), 신분과 질서(orders and estates)는 특권·출생·직업에 좌우되었다. 이러한 조직체는 특정한 사적 이익을 대표하긴 했지만 공적 관심사는 군주에게 맡겼는데, 계몽적 독재군주정에서 군주는 "다수의 사적 이익에 대항해 단일의 계몽된 인격으로"[1] 행동할 것으로 기대되었다.

---

1) Robert Palmer, *The Age of Democratic Revolution*(Princeton, 1959), 10쪽. 마리아

반면 '제한군주정'에서는 이러한 조직체가 불만 사항들을 표현하고 동의를 철회할 권리를 가졌다. 유럽의 어느 의회도 입법 조직이 아니었기에 기껏해야 '예', '아니요'라고 말할 권리만을 가졌다. 그들에게 발의권 또는 결의권은 부여되지 않았다. 분명히 "대표 없이 과세도 없다"는 미국 혁명의 최초 구호는 여전히 신민들의 동의를 근본 원리로 하는 '제한군주정'의 영역에 속했다. 우리에게는 재산과 *자유* 사이의 밀접한 연계성이 더 이상 당연한 문제가 아니기 때문에, 오늘날 이러한 원리의 엄청난 잠재력을 지각하기란 어렵다.

17, 19세기와 마찬가지로 18세기에도 법의 기능은 일차적으로 사적 자유를 보장하는 것이 아니라 재산을 보호하는 것이었다. 법 자체가 아니라 재산이 공적 *자유*를 보장했다. 20세기에 이르러 비로소 사람들은 어떠한 개인적 보호 수단도 갖지 못한 채 국가나 사회의 압력에 그대로 노출되었다. 그리고 사적 자유를 보호하기 위한 재산을 보유하지 않아도 자유로운 사람들이 등장해서야, 법은 그들의 재산 대신 개인과 개인의 공적 *자유*를 직접 보호하는 데 필요해졌다. 그러나 18세기 특히 영어권 국가에서는 재산과 공적 *자유*가 여전히 일치했다. 즉 재산에 대해 언급하는 사람은 공적 *자유*에 대해 언급했으며, 자신의 재산권을 복구하거나 보호하는 것은 *자유*를 얻기 위해 투쟁하는 것과 같은 의미였다. 미국 혁명과 프랑스 혁명은 정확히 그러한 '고대의 자유'를 복구하려는 시도에서 매우 뚜렷한 유사성을 보였다.

프랑스에서 왕과 의회 사이의 갈등은 미국의 구성 조직과 영국 정부 사이의 갈등과 완전히 다른 결과를 초래했다. 그 이유는 전적으로 이러한 구성 조직들의 전혀 다른 성격에 있다. 왕과 의회 사이의

테레지아와 요제프 2세 치하의 계몽적 절대주의의 오스트리아판을 언급하고 있는 베리(Pietre Verri)의 입장을 따른다.

균열은 실제로 프랑스 국민 전체를 '자연 상태'로 몰아넣었다. 이러한 균열은 국가의 정치 구조뿐만 아니라 주민들 간의 유대마저 자동으로 해체했다. 그런데 주민 간의 유대는 상호 약속이 아니라 사회의 각 신분과 질서에 부응하는 다양한 특권에 기반을 두고 있었다. 엄격히 말하자면, 구세계 어디에도 구성 조직이란 존재하지 않았다. 구성 조직 자체는 이미 새로운 대륙을 식민화할 뿐만 아니라 새로운 세계 질서를 확립할 목적 때문에 구대륙을 떠나기로 결심했던 유럽인들의 필요성과 영민성에서 잉태된 혁신이었다. 영국의 왕 및 의회와 식민지 사이에 갈등이 발생한 결과, 기껏해야 특허장이 식민지인들에게 인정한 것과 영국인으로서 향유하는 특권들이 소멸했을 뿐이었다. 그리고 이러한 갈등 때문에 각 주의 통치자들이 교체되기는 했지만 입법 회의는 해체되지 않았다. 오히려 주민들은 왕에 대한 충성을 거부하면서도 자신들이 수행했던 수많은 서약·합의·상호 약속·'공동 결사'로부터는 결코 방면되지 않는다는 것을 느꼈다.[2]

따라서 프랑스 혁명 참가자들이 모든 권력은 인민에게 있다고 언급했을 때, 그들은 권력을 정치 영역 밖에 근원과 기원을 갖고 있는

---

2) 나는 내가 인용해왔던 로버트 팔머의 저서에 대해 여기서는 견해를 달리한다는 것을 의식하고 있다. 나는 팔머의 저서에서 많은 도움을 받았으며, "20세기보다 18세기에 어쩌면 실재에 더 근접한 용어"(4쪽)인 대서양 문명에 관한 그의 명제에 상당히 공감하고 있다. 그러나 내가 보기에 이러한 제한 조건이 붙는 이유 중 하나는 유럽과 미국에서 발생한 혁명의 상이한 결과다. 그리고 이 상이한 결과는 일차적으로 두 대륙에서 형성된 '구성 조직'의 전적인 차이에 기인한다. 혁명 이전 유럽에 존재했던 모든 구성 조직—계급, 의회, 모든 형태의 특권적 신분—은 실제로 구(舊)질서의 일부분이며 혁명으로 일소되었다. 반면 미국의 식민지 시대에 구성된 오래된 조직체는 말하자면 혁명으로 해방되었다. 내 생각에 이러한 차별은 결정적이며, 따라서 나는 '구성 조직'이라는 동일한 용어를 사용하는 것이 다소간 잘못된 것일지도 모른다고 생각한다. 왜냐하면 그것은 한편에서는 군구(township)이고 식민지 의회이지만, 다른 한편에서는 특권과 자유를 누리는 봉건적 유럽 제도이기 때문이다.

'자연적 강제력'*으로 이해했다. 이 강제력은 혁명을 통해 폭력 자체로 노출되었으며 허리케인처럼 **구체제의 모든 제도를 휩쓸어갔다.** 그것은 초인적인 위력을 가진 것으로 경험되었으며, 모든 유대와 정치조직 밖에 있는 다수의 폭력이 누적된 결과로 인식되었다. '자연 상태'의 존재로 전락한 주민들이 겪은 프랑스 혁명의 경험은 다수의 배가된 신체적 물리력이 불행의 압박 아래서 어떤 제도화되고 통제된 권력도 거부할 수 없었던 폭력과 더불어 분출할 수 있다는 것을 명백히 보여주었다.

그러나 이러한 경험은 모든 이론의 입장과 반대로 신체적 물리력의 증대가 권력을 잉태하지는 않는다는 것을 알려주었고, 정치 이전의 상태에서 신체적 물리력과 폭력은 실패할 수밖에 없다는 것을 알려주었다. 폭력과 권력을 구별하는 법을 알지 못한 채 모든 권력이 인민으로부터 나온다고 확신했던 프랑스 혁명 참가자들은 다수가 가진 이러한 전(前)정치적·자연적 강제력에 정치 영역을 개방했다. 왕과 기존의 권력자들이 자연적 강제력에 의해 이미 제거되었던 것과 마찬가지로, 프랑스 혁명 참가자들 역시 이 강제력에 의해 제거됐다. 반대로, 미국 혁명 참가자들은 권력이 정치 이전에 존재하는 자연적 폭력과 대립된다고 생각했다. 그들이 생각하기에, 인민이 약속·서약·상호 맹세를 통해 함께 모이고 서로 결속할 때, 그곳에만 권력이 존재했다. 호혜성과 상호성에 기반을 두고 있는 권력만이 실질적이고 정당한 권력이다. 반면 왕이나 군주 또는 귀족들의 이른바 권력은 상호성에서 발생하지 않고 기껏해야 동의에만 의존하기 때문에 허위이며 결국 찬탈될 수밖에 없었다.

---

* 여기서 강제력에 '자연적'이라는 수식어를 붙인 것은 권력과 차별화하기 위한 것이다. 아렌트에 따르면, 권력은 인간적 산물, 집단적 성취의 결과다. 반면 강제력은 자연적 현상에 의해 방출된 에너지이며, 상황에 의해 부과된 제약을 의미한다.

306

미국 혁명 참가자들 자신은 다른 모든 국민이 필연적으로 실패한 곳에서 그들이 성공하게 된 요인을 매우 잘 알고 있었다. 존 애덤스의 말을 빌리자면, 미국이 혁명에 성공할 수 있었던 원동력은 "상호 신뢰, 보통 사람에 대한 신뢰의 힘"이었다.[3] 게다가 이러한 신뢰는 공동 이데올로기에서 발생한 것이 아니고 상호 약속에서 발생했으며, 그것만으로도 특정한 정치적 목적을 실현하려는 주민들의 공동 모임인 '결사'를 위한 기초가 되었다. 조직화된 행위의 원리로서 '상호 신뢰'라는 이 개념이 오직 음모만이 판치는 세계의 다른 부분과 음모자들의 결사에만 존재해왔다고 말한다면 우울한 일이다(나는 그것이 진리의 훌륭한 척도일까 염려스럽다).

그러나 권력은 상호 약속을 통해 이미 결속했고 계약을 통해 구성한 조직에서 생활하는 사람들로부터 유래했다. 물론 이 권력은 (대중의 무제한적 폭력을 드러내지 않고) '혁명을 성공시키기에' 충분했지만, '영구적 연합'을 형성하기에, 즉 새로운 권위를 정립하기에는 결코 충분치 않았다. 계약은 약속에 기반을 두고 있는데, 계약이나 약속은 영속성을 확보하기에, 즉 사람들의 업무에 안정의 수단을 부여하기에 충분하지 않다. 이것이 존재하지 않을 경우, 사람들은 후손들을 위한 세계, 즉 자신들의 유한한 삶보다 오래 지속되어야 하며 그렇게 되도록 기획된 세계를 확립할 수 없다.

'인치' 정부가 아닌 법치 정부, 즉 공화국을 건설했다고 자부하는 혁명 참가자들에게, 권위 문제는 실정법을 허용할 이른바 '상위법'을 가장한 채 등장했다. 분명히, 국민 및 의회 내 국민 대표자의 권력은 법의 사실적 존재를 가능케 하는 근원이었다. 그러나 이러한 법은 다수와 소수, 현재와 미래 세대, 즉 모든 사람에게 권위적이고 정당하기 위해 상위의 근원에 기반을 두고 있어야 하는데, 국민과 그 대

---

3) Palmer, 앞의 책, 322쪽.

표자들은 상위의 근원을 대표할 수 없었다. 따라서 국가의 새로운 법을 확립하는 임무는 미래 세대들을 위해 모든 인정법(人定法)에 정당성을 부여하는 '상위법'을 수용하는 것이었다. 바로 이 임무가 프랑스 못지않게 미국에서도 절대자의 필요성을 표면화했다. 이 과정에서 프랑스 혁명 참가자들, 특히 로베스피에르 자신은 어리석은 행위를 하게 되었다. 그러나 미국 혁명 참가자들이 같은 임무를 수행하면서도 어리석음에 빠지지 않았던 유일한 이유는 다음과 같다. 이들은 밑에서부터, 즉 '풀뿌리' 인민 대중에서부터 분출하는 권력의 기원과 약간 상위의 선험적 영역인 '위'에 기반을 두고 있는 법의 근원을 명료하게 명확히 구별했다.

이론의 관점에서 볼 때, 프랑스 혁명에서 인민의 신격화는 법과 권력을 모두 동일한 근원에서 도출하려는 시도의 불가피한 결과였다. 절대왕정이 '신성한 권리'에 기반을 두고 있다는 주장은 세속적 지배권을 전지전능할 뿐만 아니라 우주의 입법자이기도 한 신(a god)의 이미지, 즉 하나님(God)—그의 '의지'가 곧 '법'이다—의 이미지에 입각해 해석했다. 이와 같이, 루소나 로베스피에르의 '일반의지'는 여전히 법을 생산하기 위해서만 작동할 필요가 있는 신적 의지다.

역사적 관점에서 볼 때, 프랑스 혁명은 (1789년 「인간 및 시민의 권리선언」 제6절에 명기한 바와 같이) "법이 일반의지의 표현"이라고 만장일치로 주장했지만, 미국의 「독립선언서」나 헌법에는 이러한 표현이 드러나지 않는다는 점을 제외하면, 미국 혁명과 프랑스 혁명 사이에 중대한 차이는 없다.

실천적 관점에서 볼 때, 우리가 앞서 목격한 바와 같이, 인민과 그들의 '일반의지'가 아닌 혁명 과정 자체가 결국 모든 '법'의 근원이자 새로운 '법'(즉 칙령과 법령)을 끈질기게 생산한 근원이 되었다. 물론 이 신법은 발효되는 순간 폐기되었고, 자신을 잉태했던 혁명이라는 상위법에 일소되었다. 콩도르세는 약 4년간의 혁명 경험을 다음과 같이 요약했다. "혁명법은 혁명을 유지하기 위한 법이며, 그 과정을 가속화하거나 규제하는 법이다."[4] 콩도르세는 진정 혁명법이 혁명 과정을 가속화함으로써 혁명을 '완성할' 시대를 선도하리라는 희망, 아울러 혁명법이 '최종적 목적을 촉진할' 것이라는 희망에 대해 언급했다. 그러나 이러한 희망은 허사였다. 이론과 실천에서 반혁명(contrer évolution)만이 혁명 과정을 중단시킬 수 있었다. 반혁명은 혁명 과정에까지 하나의 법칙이 되었다.

"내가 기하학에서 원을 정사각형으로 만드는 문제와 비교하는 정치의 중대한 문제는 인간보다 법을 상위에 올려놓는 정부 형태를 어떻게 발견할 것인가다."[5]* 이론적으로 말하자면, 루소의 문제는 시에예스의 악순환과 아주 유사하다. 새로운 정부를 구성하기 위해 모인 사람들은 자신들이 성취하고자 착수했던 것을 행할 권위를 갖고 있지 않기에 스스로 위헌적이다. 입법 행위에서 악순환은 통상적인 법 제정에 있지 않고 궁극적으로 모든 법의 근원이 되는 기본법, 즉 국법 또는 헌법을 기초하는 데 있다. 그리고 미국 혁명 참가자들은 프랑스 혁명 참가자들 못지않게 어떤 절대자를 절박하게 필요로 하는 이 문제에 직면하게 되었다. 루소의 말을 한 번 더 인용하면, 인간 위에 법을 올려놓고 인정법의 정당성을 정립하기 위해 "사람들은 실제로 신을 필요로 한다"는 것이 고민거리였다.

공화국이라는 정치체는 신을 필요로 하게 되었다. 이러한 필요성은 프랑스 혁명 과정에서 전적으로 새로운 종교, 즉 최상의 존재(Supreme Being)를 숭배하는 종교를 창립하려는 로베스피에르의 처

---

4) "Sur le sens du mot révolutionnaire"(1793), *Œuvres*(1847~49), vol. XII.
5) 루소가 1767년 7월 26일 미라보(Marquis de Mirabeau)에게 보낸 편지.
* 프랑스어 원문은 다음과 같다. "Une loi revolutionnaire est une loi qui a pour objet de maintenir cette revolution, et d'en accelerer ou regler la marche."

절한 시도에서 나타났다. 로베스피에르가 자신의 제안을 제기했던 당시, 종교의 주요 기능은 마치 피에 굶주려 날뛰는 혁명을 저지하는 것같이 보였다. 이와 같이, 혁명이 결코 생산할 수 없었던 헌법을 대체하려는 처절하고 그 운명이 예정된 시도, 즉 거대한 축제는 완전히 실패했다. 새로운 신은 결국 일반 사면의 선포를 촉진할 만큼 강력하지도 않았고, 자비는 차치하더라도 최소한의 관대함을 보여줄 만큼 강력하지도 않았다.

이러한 모험은 아주 우스꽝스러워서 이후 세대들에게도 그러했듯 착수 행사에 가담했던 사람들에게조차 그 우스꽝스러움이 확연히 보일 정도였다. 당시에도 루터(Luther)와 파스칼(Pascal)이 멸시했던 '철학자들의 신'은 아무래도 어릿광대를 가장한 채 등장하기로 결심한 듯 보였음이 틀림없다. 근대 혁명은 종교적인 언어를 빈번히 사용했지만, 종교적 신념 그 자체의 해체가 아니라 분명히 정치 영역에서 종교적 신념의 연관성 상실을 전제했다. 최상의 존재에 대한 로베스피에르의 숭배는 이에 대한 확증을 보여주기에 충분할 것이다. 물론 유머 감각이 부족하기로 유명한 로베스피에르가 최상의 존재를 그렇게 처절하게 필요로 하지 않았다면, 그는 이러한 웃음거리를 회피했을지도 모른다.

그가 꼭 '최상의 존재'—그가 사용하지 않았던 용어—를 필요로 했던 것은 결코 아니다. 오히려 그는 자신이 표현했던 '불멸의 입법가', 그리고 상이한 맥락에서 명명했던 "정의의 여신(Justice)에 대한 지속적인 호소"[6]를 필요로 했다. 프랑스 혁명의 관점에서 보면, 그는 국민 또는 대혁명 자체의 일반의지와 동일시될 수 없었던 권위의 항구적인 초월적 근원을 필요로 했다. 절대적 주권—블랙스톤의 '전제 권력'—은 국민에게 주권을 제공하고, 절대적 불멸성은 적어도

---

6) J. M. Thompson, *Robespierre*(Oxford, 1939), 489쪽.

310

공화국에 불멸성은 아니더라도 어느 정도의 항구성과 안정성은 보장할 수 있으며, 절대적 권위는 새로운 정치체의 정당성 근거를 도출할 수 있는 정의의 원천으로서 작용할 수 있었을 것이다.

이러한 세 가지 필수 요소 중 절대적 입법가가 가장 절박한 요소라는 것을 입증한 것은 미국 혁명이었다. 이 필수 요소는 프랑스 국민의 특정한 역사적 조건에 의해 적어도 미리 결정되었다. 왜냐하면 우리는 애덤스와 제퍼슨의 예를 직면하게 될 때 어릿광대를 보고 웃으려던 욕구를 모두 상실할 수도 있기 때문이다. 애덤스 역시 최상의 존재를 "우주의 위대한 입법가"[7]라 부르며 이에 대한 숭배를 요구했는데, 우리는 그의 주장에서 웃음거리가 사라진 동일한 개념을 발견한다. 또한 우리는 제퍼슨이 「독립선언서」에서 '자연법과 자연의 하나님'에 호소할 때 보여준 근엄함을 상기할 수 있다. 게다가, 거의 모든 혁명이론 선구자 ― 어쩌면 유일하게 몽테스키외만은 제외하더라도 ― 는 분명히 신적인 원리, 정치 영역 내에 약간의 초월적 제재가 반드시 필요하다는 것을 예견했고, 아울러 새로운 정치체를 확립해야만 하는 혁명 상황에서 이러한 필수 요소들이 매우 강력하게 느껴지리라는 흥미로운 사실을 명백히 예견했다.

그래서 "행위의 원리가 하나님 당신에 의해 〔인간 내면에 이식되었기에〕" 사람들은 초월적인 기획자에 특별히 의존하지 않은 채 〔자기 내면에 하나님이 부여한 양심의 목소리만을 따라야 한다고〕 확신했던 로크조차 "하늘에 계신 하나님에 대한 호소"만이 '자연 상태'

---

7) "The Report of a Constitution or Form of Government for the Commonwealth of Massachusetts"(1779), *Works*(Boston, 1851), vol. IV. 더글러스(Justice Douglas) 역시 이러한 의미에서 다음과 같이 언급하고 있다. "우리는 신앙심이 있는 주민이며, 우리의 제도는 최상의 존재를 전제한다." 다음 문헌에서 인용되었다. Edward S. Corwin, *The Constitution and What It Means Today*(Princeton, 1958), 193쪽에서 인용.

에서 벗어나 시민사회의 기본법을 제공하려는 사람들을 도울 수 있다고 믿었다.[8] 이론과 실천의 측면에서 보더라도, 우리가 다음과 같은 역설적 사실을 피하기란 거의 불가능하다. 19세기의 계몽된 사람들이 세속적 영역을 교회의 영향으로부터 완전히 해방하고 다시 한 번 정치와 종교를 분리하려고 했던 바로 그 순간, 이들에게 어느 정도 종교적 승인에 호소하도록 자극했던 요인들은 정확히 혁명·위기·긴급 사태였다.

이러한 절대자의 필요성이 내포한 문제의 본질을 더욱 정확히 이해하기 위해서는 고대 로마나 그리스가 이것에 당황하지 않았다는 것을 상기해보는 것이 좋다. 존 애덤스는 혁명이 발발하기도 전에 "우주의 위대한 입법가로부터 유래하는…… 지구상 모든 정부에 선행하는 권리"를 주장했으며, 이 결과 그는 우리가 자각했던 것보다 훨씬 더 신속하게 의회가 촉구하게 될 의지 수단〔인 자연 상태〕에 천착하고 이를 주장하는 데 도구적 입장을 갖게 되었다."[9] 무엇보다도 지적할 만한 가치가 있는 것은, 존 애덤스가 "신만이 인간들에게 법을 제공하는 중요한 기관으로 적합하다[10]는 것이 고대 국가들의 일반적 견해였다"고 믿었음이 틀림없다는 점이다. 여기서 애덤스는 오류를 범했다. 왜냐하면 그리스의 노모스(nomos; νόμος)나 로마의 렉스(lex)가 신에 기원을 두고 있지 않다는 것, 즉 그리스나 로마의 입법 개념은 신적 영감을 필요로 하지 않았다는 것이 문제의 핵심이기 때문이다.[11]

---

8) *Civil Government*, Treatise I, section 86, and Treatise II, section 20.

9) *the Dissertation on Canon and Feudal Law*.

10) *A Defense of the Constitutions of Government of the United States of America*, 1778, *Works*, vol. IV, 291쪽.

11) 따라서 고대의 입법가에게 부여된 최상의 찬양은 그의 법들이 너무나 훌륭하게 기초되었기 때문에 사람들은 신이 그것을 만들었다고 믿지 않을 수 없었다는 것이다. 이것은 통상 리쿠르고스(Lycurgos)에 대해 언급하고 있다(특히

신적 입법이라는 개념 자체를 분석해보면, 입법가는 자신이 제정한 법 밖이나 위에 있어야 한다는 것을 함의하지만, 고대에는 자신을 제약하지 않는 법을 인민에게 부과하는 것이 참주의 특성이었지 신의 징표는 아니었다.[12] 그럼에도 불구하고 그리스에서 입법가는 공동체 외부에서 온 사람이라고 주장되었고 실제로 이방인일 수 있었으며 해외로부터 소환되었을 수도 있다. 그러나 이러한 주장은 도시 주위의 성벽 쌓기가 도시 자체의 존재 이전에 이루어지는 것과 마찬가지로 법 제정이 정치 이전의(pre-political) 행위 또는 도시국가인 폴리스의 존재 이전 행위라는 것을 의미하지 않았다. 그리스의 입법가는 정치체 밖에 존재했지만 그것을 초월한 곳에 존재하지는 않았으며 신적이지도 않았다.

Polybius IV, 48. 2 참조). 애덤스의 오류의 근원은 아마도 플루타르코스일 것이다. 플루타르코스는 어떻게 델포이 신전에서 리쿠르고스가 자신이 제정하고자 한 헌법이 세상에서 가장 훌륭하다는 것을 확신했는가를 언급하고 있다. 플루타르코스는 또한 솔론이 아폴론 신전으로부터 고무적인 신탁을 받았다고 말하고 있다. 확실히, 애덤스는 텍스트에서 솔론이나 리쿠르고스가 신으로부터 영감을 받았다는 결론을 결코 허용하지 않기 때문에 기독교적 관점으로 플루타르코스를 해석하고 있다.

매디슨은 존 애덤스보다 이 문제의 진실에 훨씬 더 가까이 접근한다. 그는 고대 역사상 "심의와 동의로 정부를 구성한 모든 사례에서 정부를 구성하는 임무가 사람들의 집회에 위임되지 않고 탁월한 지혜와 훌륭한 성실성을 갖춘 일부 개별 시민에 의해 수행되어왔다는 것을 별로 중요하게 생각하지 않았다(*The Federalist*, no. 38)." "그리스인들이 지금까지…… 단일 시민의 수중에 그들의 운명을 맡길 정도로 세심한 규칙을 포기해야만 했던" 이유가, "불협화음에 대한 공포가…… 어느 한 개인이 범할 수 있는 반역이나 무능력에 대한 인식을 압도했기 때문은 아닐지라도"(같은 책) 이것은 적어도 고대 그리스에는 타당했다. 실제로 입법은 그리스 시민의 권리와 의무에 귀속되지 않았다. 법을 제정하는 행위는 전정치적인 것으로 간주되었다.

12) 키케로는 『국가론』(*De Re Publica*, I, 52)에서 입법가에 대해 다음과 같이 명료하게 언급하고 있다. "그리고 그는 자신이 복종하고 싶지 않은 인민에게 법을 강요하지 않는다(Nec leges imponit populo quibus ipse non pareat)."

어의적 의미와는 별도로 자연적인 것들, 즉 자연(φύσις)의 대립물로서 그 완전한 의미를 담고 있는 노모스라는 용어 자체는 법의 '인위적'이고 인습적인 성격, 인간에 의해 만들어진 성격을 강조한다. 게다가 노모스라는 용어가 몇 세기의 그리스 문명을 통해 상이한 의미를 가지게 되었다고 하더라도, 그것은 결코 최초의 '공간적 함의', 즉 규정된 권력을 정당하게 행사할 수 있는 범위 또는 영역이라는 개념을 완전히 상실하지는 않았다.[13] 분명히 '상위법'이라는 이념은 이 노모스와 관련해 이해될 수 없었으며, 플라톤의 법도 그 유용성을 결정할 뿐만 아니라 법 자체의 적법성과 정당성을 구성했을 '상위법'으로부터 도출되지 않았다.[14]

우리가 혁명 및 근대 건국의 역사에서 정치체와 관련한 입법가의 역할 및 위상이라는 개념에서 발견하는 유일한 흔적은 다음과 같은 로베스피에르의 유명한 제안인 것 같다. "제헌의회 의원들은 자유라는 사원을 축조하는 것에 대한 관심을 다른 사람들에게 공식적으로 맡기는 데 관여하며, 이들은 그 기초를 포기했다. 그들은 차기 선거의 자격을 명예롭게 포기했다." 그리고 로베스피에르가 이러한 제안을 하게 된 실제 원인이 근대에는 거의 알려지지 않았기 때문에 역사가들은 그의 행동에 대해 마찬가지로 모든 형태의 숨은 동기를 제안

---

13) F. M. Cornford, *From Religion to Philosophy*(1912), Torchbooks edition, chap. 1, 30쪽.

14) 이 문제를 상세히 논의할 경우, 우리는 너무나 멀리까지 나아가게 된다. 플라톤이 『법률론』(*Laws*)에서 한 유명한 말 "신은 모든 사물의 척도다"는 마치 인정법 이면에 존재하는 '상위법'을 지적하는 것 같다. 내 생각에 이것은 오류다. 척도(metron)와 법은 동일하지 않다는 명백한 이유뿐만이 아니라 법의 진정한 목적이 플라톤의 부정의를 방지하는 것이 아니라 시민을 발전시키는 것이기 때문이기도 하다. 선한 법과 악한 법의 기준은 전적으로 공리적이다. 시민들을 이전보다 더 훌륭하게 하는 것은 선한 법이며, 그들을 있는 그대로 두는 것은 무관심하고 심지어 불필요하기도 하며, 그들을 악하게 만드는 것은 악한 법이다.

314

해왔다.[15]

로마법은 그리스의 노모스와 거의 전적으로 다르긴 했지만 권위의 초월적 근원을 필요로 하지 않기는 마찬가지였다. 그리고 입법 행위가 신들의 도움—로마 종교에 따르면, 신들이 인간이 결정한 것에 대해 승인하는 묵시적 긍정—을 필요로 한다면, 그 입법 행위는 단지 다른 중대한 정치 행위 때문에 신들의 도움을 필요로 했다. 로마의 렉스는 그리스의 노모스와 달리 도시 건국과 동시에 만들어지지 않았으며, 로마인들의 입법 행위는 정치 이전 행위가 아니었다. 렉스라는 용어의 최초 의미는 '친밀한 연관' 또는 관계, 즉 외부적 상황으로 대면하게 되는 두 가지 사항이나 두 사람을 연계시키는 무엇이다. 그러므로 인종적·종족적·유기적 통일체라는 의미를 지닌 인민의 존재는 모든 법과 완전히 별개다.

우리가 베르길리우스(Vergilius)를 통해 들은 바와 같이, 이탈리아 원주민들은 "정의라는 명분 때문에 어떠한 법에 의해서도 구속을 받지 않았던 농업신 사투르누스(Saturn)의 후예들이었으며, 자신들의 자유의지를 고수하면서 먼 옛날 신들의 습관을 따랐다."[16] 아이네아스(Aeneas)와 그의 전사들이 트로이로부터 도착하고 원주민과 침입자 간의 전쟁이 발발한 후에야, 이들은 '법'이 필요하다는 것을 느꼈다. 이러한 '법'은 평화를 확립하는 수단 이상의 의미를 지녔다. 법은 새로운 동맹체, 통일체를 구성케 하는 조약과 합의였으며, 전쟁으로 우연히 만나게 되었다가 이제 제휴 관계에 들어간 완전히 상이한 두 실체의 통일체였다. 로마인들에게 전쟁의 목적은 단순히 적의 정복이나 평화의 정립이 아니었다. 과거의 적들이 로마의 '친구'와 **동료**

---

15) 로베스피에르의 '예외적인 이념'은 『헌법 옹호론자』(*Le Defenseur de la Constitution*, 1792), no. 12에 나온다. G. Laurent ed., *Œuvres completes*, 1939, vol. IV, 333쪽. 논평은 앞서 언급한 톰슨의 책 134쪽에서 인용되었다.

16) *Aeneid*, Book VII, Modern Library edition, 206쪽.

(socii)가 되었을 때만 전쟁의 목적이 충족되었다. 로마의 야망은 전 세계를 로마의 권력과 지배권(imperium)에 예속시키는 것이 아니라 지구상의 모든 국가에 로마의 동맹 체계를 확산하는 것이었다. 그리고 이것은 단순히 시인의 환상은 아니었다.

로마 국민(populus Romanus)의 존재 근거는 전쟁으로 발생한 제휴 관계, 즉 귀족과 평민 간의 연합에 있었으며, 연합 내부의 시민적 투쟁은 유명한 12표법을 통해 종결되었다. 그리고 로마인들은 그들의 역사에서 가장 오래되었으며 가장 자랑스러운 이 문서가 신들의 영감으로 만들어졌다고 생각하지 않았다. 그들은 그리스의 상이한 입법 체계를 연구하기 위해 그리스에 사절단을 보냈다고 믿고 싶어 했다.[17] 따라서 귀족과 평민 간의 영구적 제휴에 기초한 로마 공화정은 주로 조약을 위해, 그리고 로마의 동맹 체계, 즉 로마 사회(societas Romana)를 형성하며 지속적으로 확장되는 로마 동맹 집단에 속하는 지역과 공동체를 위해 법(leges)이라는 수단을 사용했다.

나는 혁명 이전 이론가들 중 몽테스키외만이 정치 영역에 절대자, 신성한 또는 전제적 권력을 도입할 필요가 없다고 생각했다는 것을 언급했다. 이러한 입장은, 내가 알고 있는 한, 몽테스키외만이 '법'이라는 용어를 엄격히 고대 로마 시대의 의미로 사용했다는 사실과 밀접한 관계가 있다. 몽테스키외는 『법의 정신』 제1장에서 법을 관계(rapport), 즉 상이한 실체들 간에 유지되는 관계로 정의하고 있다. 확실히, 그 역시 우주의 '창조자와 보존자'를 상정하고 있으며, '자연 상태'와 '자연법'에 대해서도 언급하고 있다. 그러나 창조주와 창조 사이에, 또는 자연 상태에 있는 인간들 사이에 존속하는 관계는 세계의 정부를 결정하는 규칙들(règles)일 뿐이며, 이것들이 없을 경우에 세계는 전혀 존재하지 않을 것이다.[18] 그러므로 엄격히 말하자면 종

---

17) livy III, 31. 8.

교법이나 자연법은 몽테스키외의 경우 '상위법'을 구성하지 않는다. 이것들은 단지 상이한 존재 영역을 존재케 하고 보존하는 관계일 뿐이다. 그리고 로마인들과 마찬가지로 몽테스키외에게도 법이란 두 사물을 연결하는 것일 뿐이며 정의상 상대적인 것이었다. 따라서 그는 권위의 절대적 근원을 필요로 하지 않았고 법의 절대적 정당성과 같은 골치 아픈 문제를 제기하지 않더라도 '법의 정신'을 기술할 수 있었다.

이와 같은 역사적 회상과 성찰을 통해 우리는 실정법, 즉 인정법에 정당성을 부여하는 절대자의 전반적인 문제가 부분적으로는 절대주의의 유산이었음을 추측할 수 있다. 절대주의는 매우 오랫동안 유지되어왔던 유산을 상속받았다. 이와 같이 궁극적으로 수세기 동안 교회가 부여한 제재에 근거를 두지 않은 세속적 영역은 서양에 없었으며, 따라서 세속법은 신이 부여한 법이라는 현세적 표현으로 이해되었다. 그러나 이것은 이야기의 일부일 뿐이다. '법'이라는 용어 자체가 이 기간에 완전히 상이한 의미를 갖게 되었다는 것이 훨씬 더 중요하고 충격적이다. 로마식의 법 체계와 입법이 중세 및 근대의 법 체계와 해석에 미친 엄청난 영향에도 불구하고, 법 자체가 명령으로 이해되었다는 것, "너는 하지 말지어다"라고 인간들에게 명령하는 신의 목소리에 따라 해석되었다는 것이 중요하다. 그러한 명령은 상위의 종교적 제재 없이는 구속력을 가질 수 없다. 동의와 상호 합의에 관계없이 사람들이 복종의 근거로 삼는 명령을 법으로 이해하는 경우에만, 법은 정당성을 확보하기 위해 권위의 초월적 근원, 즉 인간적 능력을 넘어서는 기원을 요구한다.

---

18) *Esprit des lois*, Book I, Chap. 1~3. 또한 Book XXVI, Chap. 1을 비교하라. 헌법이 '미국의 법'뿐만 아니라 미국의 권위 아래 체결된 '모든 조약까지도⋯⋯ 국가의 최고법이어야 한다'고 주장했다는 사실은 미국의 법 개념이 로마의 법과, 협정과 합의라는 최초의 경험에 어느 정도 의존하는가를 지적하고 있다.

물론 이러한 주장은 이후 '헌법'으로 명명된 옛날의 **공법**(ius publicum)인 국법과 이후 민법으로 바뀐 옛날의 **사법**(ius privatum)이 신의 명령이라는 특성을 지니고 있다는 것을 의미하지는 않는다. 그러나 서구인들이 모든 법의 본질, 심지어 로마적 기원을 분명히 담고 있는 법을 해석하는 데 채택했던 모델, 로마법 체계의 모든 용어를 사용하는 법률적 해석에서 채택했던 모델은 분명히 로마적이지 않았다. 그것의 기원은 유대인의 모델이었으며, 십계로 대변되었다. 그리고 17, 18세기에 자연법이 신의 자리 ― 우주의 주조자이기 때문에 입법가인 유대 하나님이 한때 점유했던 자리, 이어서 지구상에 나타난 하나님의 가시적인 대표자이며 육체적 화신인 예수가 점유했고, 저항적인 신교도들이 궁극적으로 유대의 법과 서약, 그리고 예수 자신의 모습에 관심을 가질 때까지 예수의 대리인, 로마 교황과 주교뿐만 아니라 이들을 추종하며 권위를 확보했던 왕들이 계속 점유했던 자리 ―를 차지하게 되었을 때에도, 그 모델 자체는 바뀌지 않았다.

왜냐하면 자연법이 지닌 난점은 정확히 그것이 권위자를 갖고 있지 않다는 점이기 때문이다. 그것은 사람들이 무엇을 행하고자 의도하든 의도하지 않든 그들을 강요하는 비인격적이고 초인적인 강제력이라는 의미에서 자연의 법칙으로 이해될 수 있을 뿐이다. 권위의 근원이 되고 인정법에 정당성을 부여하기 위해서는, 제퍼슨이 그랬던 것처럼, "자연법"과 "자연의 신"을 첨가해야만 했다. 이 신이 시대의 분위기 속에서 양심의 목소리를 통해 자기 피조물들에게 이야기하고 성서의 계시를 통해서보다는 오히려 이성의 빛을 통해서 피조물들을 계몽한다면, 첨가는 큰 적실성을 갖지 못한다. 문제의 핵심은 항상 자연법 자체가 인간들을 구속하기 위해 신적인 제재를 필요로 한다는 것이었다.[19]

인정법에 필요한 종교적 승인은 결국 현실적으로 '상위법'의 단순한 이론적 구성, 심지어 불멸의 입법가에 대한 신념과 최상의 존재에 대한 숭배보다 더 많은 것을 요구하게 되었다. 즉 종교적 승인은 "도덕의 유일하게 진정한 기초로서 미래의 보상과 처벌"[20]에 대한 확고한 신념을 요구했다. 이러한 입장은 인민이나 국민이 절대군주의 자리를 대신하게 되고 로베스피에르가 구체제를 단순히 안팎으로 뒤집어놓았던 프랑스 혁명에만 타당한 것이 아니었다.[21] (여기서 "정의에 대한 지속적 요구"[22]로서 기여할 수 있는 '불멸의 영혼'이라는 개념은 자신이 만든 법으로부터 면제되는 새로운 주권인 절대 통치자가 범죄 행위를 하지 못하도록 할 수 있었던 유일하게 가능하고 가시적인 제약이었다. 공법의 관점에서 국민은 절대군주와 마찬가지로 오류를 범할 수 없다. 국민은 지구상에 있는 하나님의 대리인이기 때문이다. 그러나 실제로 국민은 잘못을 행할 가능성이 있기 때문에, 국민 역시 브랙턴(Bracton)의 매혹적인 문구로 표현하자면 "보복자인 하나님 외에 어느 누구에 의해서도 강요되지 않는" 형벌에 노출되어야 했다.) 이것은 미국 혁명의 경우에 더 타당했다. '미래의 보상과 처벌 상태'에 관한 명료한 언급의 흔적을 「독립선언서」나 미국 헌법에서 찾을 수 없다 하더라도, 미국 혁명 당시 이러한 흔적은 모든 주 헌법에 나타나고 있다.

그러나 우리는 이러한 주장으로부터 주 헌법 기초자들이 제퍼슨이나 매디슨보다 덜 '계몽되었다'고 결론을 내려서는 안 된다. 청교도

---

19) 고대 로마에서 자연법은 결코 '상위법'이 아니었다. 반대로 로마의 배심원들은 자연법이 시행법보다 우위에 있다기보다는 오히려 하위에 있다고 생각했음이 틀림없다. Ernst Levy, "Natural Law in the Roman Period", *Proceedings of the Natural Law Institute of Notre Dame*, vol. II, 1948.
20) 애덤스의 「매사추세츠 헌법」 초안, 앞의 책 참조.
21) Thompson, 앞의 책, 97쪽.
22) "신 또는 영혼 불멸성 이념은 정의에 대한 지속적인 환기다. 이 이념은 사회적이고 공화주의적이다." 로베스피에르가 1794년 5월 7일 국민의회에서 했던 연설을 참조하라. Laponneraye ed., *Œuvres*, 1840, vol. III, 623쪽.

주의가 미국적 성격의 발전에 어떠한 영향을 미쳤다 해도, 공화국 건국자들과 혁명 참가자들은 계몽주의 시대에 속했다. 그들은 모두 신자들이었으며, '미래 상태'에 대한 그들의 신념은 이상하게도 그들의 종교적 확신과 조화되지 않았다. 확실히 종교적 열정이 아니라 인간사의 세속적 영역에 내재된 엄청난 위험에 대한 철저히 정치적인 불안 때문에, 그들은 명백히 통치의 한 수단으로서 정치적으로 유용한 전통적 종교의 유일한 요소에 관심을 가지게 되었다.

우리는 이미 '미래 상태'에 대한 모든 신념으로부터 완전히 해방되어 '복수하는 하나님'에 대한 오래된 공포심을 상실한 사람들이 자행했던 전대미문의 정치 범죄를 충분히 목격했다. 따라서 우리는 건국자들의 정치적 지혜에 대해 불평할 위치에 있지 않은 것 같다. 그러나 존 애덤스는 종교적 확신이 아니라 바로 정치적 지혜 때문에 다음과 같이 이상한 예언을 했다. "국민으로 구성된 정부가 모든 신념 중 가장 슬픈 것을 가르치는 사람들의 수중에 떨어질 수 있는 가능성, 그리고 인간들이란 단지 개똥벌레이고 이 모두가 조상을 가지고 있지 않을 가능성도 있지 않은가. 또는 이것이 인간 자체를 존경의 대상으로 삼는 길인가. 그것은 살인 자체를 새떼에 총질하는 것 정도로 무관심하게 취급하고, 로힐라족(Rohilla)*의 절멸을 치즈 조각 위의 벌레 자국 정도로 무시하는 것인가?"[23] 우리는 동일한 이유들, 즉

---

* 로힐라족은 무굴 제국이 쇠퇴하던 18세기 인도로 이동했던 아프간인들로, 로힐칸드(Rohilkhand)를 장악했다. 마라타족으로부터 위협을 받았을 때, 이들은 오우드(Oudh)족에게 지원을 요청했으나 이후 지원받은 대가를 지불하지 않았다. 헤이스팅스(Hastings)는 동인도 회사와 마라타족 사이의 완충 장치로서 오우드족을 강화해야 했고, 따라서 로힐라족을 절멸시키는 과정에서 오우드족을 지원했다. 헤이스팅스를 비판하는 사람들은 그가 군대에 발포 명령을 내리고 잔학 행위를 묵인했다고 비판했다. 이 전쟁이 로힐라 전쟁(1774)이다. *Encyclopaedia Britannica*, Micropaedia, vol. 10, 141쪽 참조.

23) *Discourses on Davila, Works*, vol. VI, 281쪽. 로베스피에르는 인용된 연설에서 거의 동일한 의미로 다음과 같이 말했다. "당신은 무분별한 강제력이 인간의

우리 자신의 경험에 입각해 무신론이 귀족들 사이에 존재하는 공통된 신념이었기 때문에 로베스피에르가 무신론을 반대했다는 당시의 견해를 수정하고 싶어 한다. 입법가는 "인간보다 더 강력한 힘이 도덕적 명령에 부여한 승인의 이념을 영혼에 각인하는 종교적 감성"[24]에 필히 의존해야만 했기 때문에, 로베스피에르가 어떻게 입법가가 무신론자가 될 수 있는가를 이해할 수 없다고 언급했을 때, 로베스피에르를 믿지 않을 이유는 없다.

미공화국의 미래를 위해 아마도 가장 중요한 마지막 문제는 「독립선언서」 전문이 새로운 정치체의 법을 위해 '자연의 신'에 대한 호소 이외에 권위의 초월적 근원과 연관된 또 하나의 문장을 포함하고 있다는 점이다. 이 문장은 건국자들의 신앙적 믿음 또는 18세기 계몽주의의 분위기와 어울리지 않는다. "우리는 이 진리가 자명하다고 주장한다"는 제퍼슨의 유명한 말은 혁명을 주도했던 사람들 간의 합의, 즉 혁명에 참여했던 사람들과 연관되기 때문에, 역사적으로 특이한 방식으로 관계적인 합의의 기초를 절대자, 즉 자명함 때문에 논쟁적인 증명이나 정치적 설득 없이 강요하는, 합의를 필요로 하지 않는 진리에 연계시키고 있다. 자명함 때문에 이 진리들은 전(前)합리적이다. 이 진리들은 이성에 알리지만 이성의 산물은 아니다. 그리고 진리의 자명함은 노출과 논쟁의 영역을 넘어 진리를 설정하기 때문에, 이 진리는 어떤 의미에서 '전제적 권력'보다 더 강압적이며 종교의 계시된 진리와 수학의 공리적 진실보다 더 강압적이다. 제퍼슨의 말에 따르면, 이러한 것들은 "의지에 좌우되지 않고 자신의 마음에 제안된 증거를 비자발적으로 따르는 사람들의 의견과 신념이다."[25]

운명을 주재하며, 무턱대고 범죄와 미덕에 타격을 가한다는 것을 인간에게 이해시키기 위해 어떤 특권을 추구하는가?"
24) Robespierre, 앞의 책, 같은 글.
25) 종교의 자유를 확립하기 위한 그의 「버지니아 장전」 전문 초안.

플라톤 이후 공리적 진리와 자명한 진리의 모범적 사례는 우리가 수학에서 마주치는 유형의 진술들인데, 계몽주의 시대가 이러한 진리의 강압적 성격을 파악했다는 점에는 어쩌면 놀라운 것이 없다. 메르시에(Le Mercier de la Rivière)의 다음과 같은 진술은 매우 옳은 것이다. 그는 이렇게 말했다. 유클리드는 진정한 전제군주이며 그가 우리에게 전달한 기하학적 진리들은 진정 전제적인 법칙들이다. 이 이론가의 합법적 전제정과 개인적 독단은 명백한 진리가 발하는 불가항력적인 강제력, 그 하나로 귀결될 뿐이다."[26] 150년 전 사람인 그로티우스는 하나님도 둘 더하기 둘을 넷이 되지 않게 할 수는 없다고 주장했다(그로티우스의 주장이 담고 있는 신학적·철학적 함의가 무엇이든, 그 정치적 의도는 하나님의 권력에도 한계가 있다고 선언함으로써 지구상에 신의 전지전능을 구현했다고 주장하는 절대군주의 주권적 의지를 명백히 구속하고 제한하는 것이었다. 이 주장은 18세기 정치사상가들에게 이론적·실천적으로 대단히 적실성이 있는 것으로 보였음이 틀림없는데, 그것은 정의상 유일자의 권력인 신적 권력은 초인간적 위력, 즉 폭력 수단을 통해 배가되고 저지될 수 없는 위력으로만 지구상에 나타날 수 있다는 단순한 이유 때문이었다. 우리의 맥락에서는, 수학 법칙만이 독재 군주의 권력을 견제할 정도로 충분히 당연하다고 지적하는 것이 중요하다).

이 입장의 오류는 이 매혹적인 증거와 올바른 이성 —이성의 **명령**(dictamen rationis) 또는 이성의 진정한 명령 —을 동일시하는 것뿐만 아니라 이러한 수학 '법칙'이 공동체의 법칙과 동일한 성격을 지니고 있다거나 수학 법칙이 공동체 법칙을 촉진한다고 믿는 것이기도 하다. 제퍼슨은 이것을 희미하게 자각했음이 틀림없다. 그렇지 않다면 그는 어느 정도 비논리적 문구 "우리는 이 진리들이 자명하다

---

26) *L'Ordre natural et essentiel des sociétés politiques*(1767), I. chap. XXIV 참조.

고 주장한다"에 만족해서는 안 되고 다음과 같이 언급했어야 하기 때문이다. "이러한 진리들은 자명하며, 즉 전제적 권력과 같이 저항할 수 없는 제약하는 힘을 가지고 있다. 자명한 진리가 우리에 의해 주장되는 것이 아니라 우리가 자명한 진리들에 의해 유지된다. 자명한 진리는 합의를 필요로 하지 않는다." 그는 "모든 사람은 평등하게 태어났다"는 주장이 둘 더하기 둘은 넷이라는 언술만큼 거부하기 어려운 힘을 가지고 있지는 않다는 사실을 잘 알고 있었다. 왜냐하면 사람들이 인간 이성이 여러 가지 진리를 자명한 것으로 인정할 정도로 신적으로 정통하다고 상정하지 않는다면, 전자의 주장은 이성의 진술이며 합의를 필요로 하는 추론된 진술이기도 하기 때문이다. 반면, 후자의 주장은 반대로 인간 두뇌의 신체적 구조에 근거를 두고 있기에 '거부할 수 없다.'

우리가 「독립선언서」와 미국 헌법이라는 가장 위대한 두 문서의 관점에서만 미공화국이라는 정치체를 이해했다면, 「독립선언서」 전문(前文)은 정부를 구성하는 행위가 아닌 국법으로서 헌법이 정당성을 끌어내는 권위의 유일한 근원을 제공했을 것이다. 헌법은 권리장전을 형성하는 수정 조항뿐만 아니라 전문에서도 역시 궁극적 권위에 관한 이 문제에 이상하리만치 침묵을 지키고 있다.

자명한 진리의 권위는 '복수하는 하나님'의 권위보다는 덜 강력하지만, 신적 기원의 명료한 징표를 확실히 지니고 있다. 제퍼슨이 「독립선언서」 초안에서 기술한 바와 같이, 이러한 진리는 '성스럽고 부정될 수 없는 것이다'. 제퍼슨이 새로운 국법과 과거의 도덕률에 모두 정당성을 부여하는 '상위법'의 반열로 격상시켰던 것은 단지 이성만은 아니다. 고대인들이 즐겨 표현하듯, 그것은 신적으로 개명된 이성, 즉 '이성의 빛'이었다. 그리고 사람들이 아직은 하나님의 목소리인 내면적 목소리에 반응할 정도로 이성의 진리 역시 사람들의 양심을 교화했다. 그리고 이성의 진리는 다음과 같이 답변할 것이다.

양심의 소리가 "당신은 해야 한다", 더 중요하게는 "당신은 하지 말아야 한다"라고 말할 때마다 나는 따를 것이다.

2

분명히, 골치 아픈 문제인 절대자가 출현하게 된 역사적 윤곽을 이해하는 데는 여러 가지 방법이 있다. 우리는 구세계와 관련해, 로마 제국의 마지막 몇 세기와 기독교 발생 당시의 몇 세기로 직접 거슬러 올라가는 전통의 연속성에 대해 언급했다. '말씀이 살이 된' 이후 지구상에 신적인 절대자의 구현이 처음으로 예수 자신에 의해 재현되고, 이어서 주교와 교황에 의해 재현되었으며, 궁극적으로 절대군주정이 국민의 적잖이 절대적인 주권으로 교체될 때까지 신적인 권리를 통해 통치를 주장하는 왕들이 이들을 계승했다.

신세계의 정착민들은 이러한 전통의 무게와 부담에서 벗어났다. 물론 이들이 대서양을 횡단할 당시에는 그렇지 못했다. 새로운 대륙의 알려지지 않은(uncharted) 황무지를 두려워하고 식별하기 어려운(chartless) 인간 마음의 어두움으로 경악했던 상황 속에서 신세계 정착민들이 '시민적 정치체'를 구성하고, 모험을 시도하기로 상호 맹세 ―다른 방식의 유대(紐帶)는 존재치도 않았다―를 했을 때, 이들은 비로소 전통의 부담과 압력에서 벗어났으며, 그것은 서구 인류사의 새로운 시작이었다.

역사적 시각에서 볼 때, 우리는 오늘날 이러한 벗어남이 좋든 나쁘든 무엇을 의미하는가를 알고 있다. 즉 우리는 이러한 해방으로 인해 미국이 어떻게 유럽 국민국가의 발전과 다른 길을 걷게 되었으며, 아울러 어떻게 150여 년 이상 대서양 문명 고유의 통일성에 영향을 받지 않은 채, 어떻게 다시 새로운 대륙의 '소개되지 않은 황무지' 상태로 바뀌었고, 어떻게 유럽의 문화적 장엄함을 허용하지 않았는가를 알고 있다.

그러나 같은 증거에서, 우리의 맥락에서 더 중요하게도, 미국은 절대자가 정치 영역에서 가장했던 가장 값싸면서도 위험한 위장, 즉 국민이라는 위장에서 벗어나게 되었다. 정치적 해방이 서구 전통의 개념적·지적 틀로부터 해방―물론 과거의 망각으로 곡해되어서는 안 되는 해방―까지 초래했다면, 앞서 지적된 위장으로부터 해방, 구세계에 두고 있는 뿌리와 기원의 단절, 즉 '고립'에 대해 지불해야 할 대가는 어쩌면 그리 크지 않았을 것이다. 이것은 분명히 적절한 예는 아니었다. 어디서도 새로운 사상이 신세계 정치발전의 참신성에 부응할 만한 발전을 하지 못했다. 따라서 절대자의 문제―국가의 제도와 구성 조직이 절대주의의 사실적 발전에 그 근원을 두고 있지 않더라도―는 피할 수 없었다. 절대자 문제는 결국 법의 전통적 개념에 내재되어 있었기 때문이다. 세속법의 본질이 명령이라면, 자연이 아닌 자연의 신(즉 신성), 단순한 이성이 아닌 신적으로 개명된 이성이 법에 정당성을 부여하는 데 필요했다.

그러나 신세계에 관한 한, 이것은 이론적으로만 타당하다. 미국 혁명 참가자들이 여전히 유럽 전통의 개념적·지적 전통에 속박되어 있었던 것이 사실이다. 그리고 그들은 상호 약속에 내재된 엄청난 위력의 식민지적 경험을 이론적으로 세련화할 수 없었다. 마찬가지로, 그들은 '행복'과 행위―"우리의 행복을 만들어내는 것은 휴식이 아니라 행위다"(존 애덤스)―사이의 친밀한 관계를 원칙적으로 인정할 준비가 되어 있지 않았다. 이렇게 전통에 얽매이는 것이 이론가들의 정신을 강요할 뿐 아니라 마찬가지로 미공화국의 실질적 운명도 결정했다면, 이 새로운 정치체의 권위는 실제로 다른 모든 혁명에서와 마찬가지로 근대성의 공격 아래서―이때 정치 영역에서 종교적 제재가 사라졌다는 것은 기정 사실이다―붕괴했을 것이다. 문제의 진실은 이것이 타당하지 않았다는 것이다. 미국 혁명을 이러한 운명에서 구원했던 것은 '자연의 신'이나 자명한 진리가 아니라 건국 행위 그 자체였다.

종종 지적되는 일이지만, 고대 로마의 사례들은 혁명 참가자들의 행위를 엄청나게 부추기고 이끌었다. 이러한 점은 프랑스 혁명에도 적용되는데, 혁명 참가자들은 실제로 연기를 위해 예외적인 무대를 장악했다. 그리고 미국인들은 자신들을 고대의 위대성이라는 관점에서는 거의 생각하지 않았으나—비록 토머스 페인은 아테네는 축소 상태에 있었고, 미국은 확대 상태로 갈 것이라 생각하고 싶어 했지만—고대의 미덕을 모방하는 문제를 확실히 의식했다. "미국의 영광이 그리스의 영광을 필적하고 압도할 것이다"[27)라는 월슨(James Wilson)의 예측이 페인의 지적보다 앞섰던 것처럼, "로마인들의 시대 이후 이 세계는 텅 비었고, 이제 *자유*에 대한 우리의 유일한 예언인 그들의 기억으로만 채워져 있다"고 외쳐댔던 생 쥐스트는 "로마 헌법은 가장 고귀한 인민을 만들어냈으며 지금까지 존재했던 국가 중 가장 강력한 국가를 형성했다"고 주장한 존 애덤스를 그대로 모방하고 있었다.

내가 지금까지 언급한, 고대인들에 대한 이러한 열정은 실제로 얼마나 생소한가, 얼마나 근대와 어울리지 않는가, 17세기 과학자들과 철학자들이 그렇게 격렬하게 비판했던 먼 과거에 혁명 참가자들이 관심을 가진다는 것은 얼마나 예기치 않은 일인가. 그럼에도 불구하고, 해링턴과 밀턴이 17세기에도 '고대의 사리분별'에 대한 열정으로 크롬웰의 단기 독재를 얼마나 환영했는가를 기억하고, 몽테스키외가 18세기 전반에 얼마나 놀라울 정도로 정확히 로마인들에게 다

---

27) 페인의 견해. Thomas Paine, *Rights of Man*, Part II: John Adams's in *A Defense of the Consititutions of Government of the United States*(1778), *Works*, vol. IV, 439쪽. 월슨(James Wilson)의 예측을 참조하라. W.F. Graven, *The Legend of the Founding Fathers*(New York, 1956), 64쪽.

시 관심을 갖게 되었는가를 상기해본다면, 오랜 세월 동안 빛나는 고전적 사례를 고려하지 않았다면 결국 대서양 양안의 혁명 참가자들 어느 누구도 전대미문의 행위를 할 용기를 내지 못했을 것이라는 결론에 도달할 수 있다. 역사적으로 말하자면, 근대의 등장과 더불어 갑자기 끝나버렸던 르네상스 시대의 고대 부활은 갑자기 새롭게 생명을 연장해야 하는 것 같았으며, 단명했던 이탈리아 도시국가들―마키아벨리가 잘 알고 있었던 바와 같이 국민국가의 출현으로 미리 운명이 예정되었던―의 공화주의적 열정은 사실 유럽 국가들이 절대군주와 계몽 전제군주의 후견하에 성장할 시간을 주기 위해 동면에 들어간 것 같았다.

하여튼 혁명 참가자들이 영감과 지침을 얻기 위해 고대에 관심을 돌린 이유가 과거와 전통에 대한 낭만적 열정은 아니었음은 확실하다. 낭만적 보수주의―어떤 훌륭한 보수주의가 낭만적이지 않은가?―는 혁명의 결과였으며, 더 구체적으로 말하자면 혁명 실패의 결과였다. 이 보수주의는 고대가 아닌 중세에 관심을 돌렸으며, 현실 정치의 세속적 영역이 교회의 광채로부터 그 빛을 받아들였던 시대, 즉 공공 영역이 반사광으로 생명을 유지했던 몇 세기를 미화했다. 혁명 참가자들은 자신들의 '계몽', 즉 전통으로부터 지적으로 *자유*로움을 자랑스러워했다. 그리고 그들은 이 상황의 정신적 난관을 아직 발견하지 못했기 때문에, 19세기 초의 지적 분위기로 특징화될 수 있었던 과거와 전통 일반에 대한 감상벽(感傷癖)에 아직 물들지 않았다. 혁명 참가자들이 고대인들에게 관심을 가지게 된 것은, 그들이 전통―관습과 제도의 전통도 아니고 서구 사상과 개념의 위대한 전통도 아니다―에 의해 계승되지 않았던 차원을 고대인들에게서 발견했기 때문이다. 따라서 그들을 서구 역사의 시초로 복귀하게 만든 것은 전통이 아니라 오히려 그들 자신의 경험이었다. 그 경험을 위해 그들은 모델과 전례가 필요했다. 아테네와 그리스의 영광에 대한 모든 빈번한 수사에도 불구하고, 위대한 모델과 전례는 마키아벨리의 경우와 마찬가지로 혁명 참가자들에게도 로마 공화정과 그 역사의 장대함이었다.

혁명 참가자들이 어떤 특이한 교훈과 전례를 얻고자 로마의 훌륭한 본보기에 관심을 가졌는지를 명료하게 이해하기 위해서는 미공화국에서만 특이한 역할을 수행했던 또 다른 사실을 상기하는 것이 좋을 것이다. 이 사실은 여러 번 지적된 적이 있는데, 특히 20세기의 많은 역사가는, 존 퀸시 애덤스(John Quincy Adams)의 말을 빌리자면, "저항적인 국민의 압제적 필연성에서 강요되었던" 헌법이 하룻밤 사이에 "무차별적이고 거의 맹목적인 숭배" ― 윌슨(Woodrow Wilson)이 한때 표현했던 바와 같이 ― 의 대상이 된 것이 오히려 혼란스러움을 발견하게 되었다.[28] 사람들은 실제로 영국 정부에 관한 배젓의 말을 바꿀 수 있었으며 헌법이 '종교의 위력으로' 미국 정부를 강화한다고 주장할 수 있었다. 미국인들이 헌법을 준수하게 하는 위력이 계시된 하나님에 대한 기독교적 신념은 아니었다는 것을 예외로 하더라도, 우주의 입법가인 창조주에 대한 유대인의 복종도 역시 아니었다.

혁명과 헌법에 대한 그들의 태도가 전적으로 종교적 태도로 간주될 수 있다면, 'religion'(종교)이라는 용어는 원래 로마적 의미로 이해해야 한다. 따라서 라틴어 'pietas'(경건)가 로마 역사 최초의 영원한 도시의 건국과 다시 연결된다는 의미를 포함하고 있듯, 그들의 경건은 그들을 최초로 결속한다는 의미의 'religare'에 포함되어 있다. 역사적으로 말하자면, 미국 혁명 참가자들은 대서양 저편의 동료들과 마찬가지로 자신들이 고대의 권리와 자유를 회복하기 위해 단순

---

28) 애덤스와 윌슨의 언급은 모두 다음의 문헌에서 인용되었다. "The 'Higher Law' Background of American Constitutional Law", *Havard Law Review*, vol. 42, 1928.

히 '초기'로 복귀하고 있다고 생각하는 잘못을 범했다.

그러나 정치적으로 말하자면, 그들은 특정한 정치체의 안정과 권위를 그 최초로부터 도출했다는 점에서는 올바르게 행동했다. 그들의 난관은 그들이 최초를 먼 과거에 발생했음이 틀림없는 것으로밖에 생각할 수 없었다는 점이다. 미국 헌법의 기원이 시간의 후광으로 덮여 있기 때문에 그것을 알지 못했던 우드로 윌슨도 미국인의 헌법 숭배가 맹목적이고 무차별적이라고 생각했다. 어쩌면 미국 국민의 정치적 천재성, 아니면 미공화국에 돌아왔던 위대한 행운은 정확히 이 맹목성에 있으며, 또는 다른 식으로 표현해 다가올 세기의 눈으로 어제를 고찰하는 예외적 능력에 있다.

사람들이 생각하고 싶어 하는 바와 같이, 미국 건국자들이 자신들을 위해 예약할 수 있었던 성공의 위대한 척도, 즉 다른 모든 혁명이 실패한 곳에서 미국 혁명이 다가올 세기의 공격에도 생존할 만큼 안정된 새로운 정치체를 건국하는 데 성공했다는 단순한 사실은 헌법이, 비록 거의 작동하지 않았더라도, '숭배되기' 시작했던 바로 그 순간 결정되었다. 그리고 이러한 측면에서 미국 혁명이 이후 발생할 다른 모든 혁명과 명약관화하게 상이했기 때문에, 사람들은 새로운 공화국에 안정을 보장한 것이 불멸의 입법가에 대한 신념, '미래 상태'에서의 보상의 약속과 처벌의 위협, 또는 심지어 「독립선언서」 전문에 열거된 진리들의 의심스러운 자명성이라기보다 건국 행위가 자체로 지니고 있는 권위였다고 결론짓고 싶어한다. 이 권위는 확실히 혁명 참가자들이 법의 정당성을 도출할 근원과 새로운 정부에 필요한 합법성의 근원으로서 그렇게 열렬하게 도입하고자 했던 절대자와는 완전히 다르다. 여기서 자신들의 임무에 대비하고자 매우 신중하게 로마의 역사와 정치 제도에 관심을 가졌던 사람들의 마음속에 거의 자동적이고 맹목적으로 다시 나타난 것은 궁극적으로 위대한 로마 모델이었다.

그 이유는 로마의 권위가 법에 속해 있지 않으며, 법의 정당성이 법의 상위에 있는 권위에서 도출되지 않았기 때문이다. 권위는 한 정치제도, 즉 로마 원로원 ─ 권력은 인민에, 권위는 원로원에(potestas in populo, but auctoritas in senatu) ─ 속해 있었다. 그리고 미국의 상원이 로마, 심지어 베네치아 모델과도 공통점이 거의 없는데도, 로마의 제도를 따라 상원이라는 명칭을 붙였다는 사실은 더욱 암시적이다. 이 점은 상원이라는 용어가 '고대의 사리분별' 정신에 동조했던 사람들의 마음에 얼마나 귀중했는지를 명료하게 보여준다. "미국이라는 무대에서 드러난 수많은 혁신적 제도"(매디슨) 중에서 가장 중대하며 아마도 가장 명료한 것을 들자면, 권위의 소재지가 (로마) 원로원에서 사법부로 이동한 것을 꼽을 수 있을 것이다.

그러나 그들이 로마의 정신에 거의 근접했다는 것은, 정부의 입법부 및 집행부 권력과 명백히 다르며 권위의 목적을 위해 특별히 기획된 구체적 제도가 필요했고 그것이 확립되었다는 사실에서 찾을 수 있다. 건국 선조들이 권력과 권위의 로마적 구별을 얼마나 잘 이해했는지를 보여주는 것은 정확히 '상원'이라는 용어를 부정확하게 사용했다는 점, 또는 오히려 입법부에 권위를 부여하기를 꺼렸다는 점에 있다. 해밀턴이 "국가적 권위의 위엄은 정의라는 법정의 매개체를 통해 표명되어야 한다"[29]고 주장한 이유는 "강제력이나 의지를 보유하지 않은 채 판결만을 내리는 사법부가…… 권력의 관점에서 비교할 필요도 없이 세 권력부 중 가장 약한 부(部)였다"는 점이었다.[30] 달리 말하면, 입법부가 권력을 보유했기 때문에 상원이 권위를 행사하는 것이 어울리지 않았듯, 사법부는 권위를 보유했기 때문에 권력을 행사하는 것이 적절치 못했다.

---

29) *The Federalist*, no. 16.
30) 같은 책, no. 78.

매디슨에 따르면, "정부론에 대한 미국의 특이한 공헌"인 사법적 통제도 고대 로마의 감찰 기관 내에 그 고대적 대응 요소를 지니고 있으며, 그 한 예가 펜실베이니아의…… 감찰 위원회로, 이 위원회는 1783년과 1784년 "헌법이 침해되었는지, 입법부와 집행부가 상호 침해를 했는지"를 심의할 수 있었다.[31) 그러나 이와 같이 '정치에서 중요하고 새로운 실험'이 미국 헌법에 수용되었을 때, 그것은 그 명칭과 더불어 그 고대적 특성 — 한편으로는 감찰관들의 권력, 다른 한편으로는 이들의 공직 순환 — 을 상실했다. 제도적으로, 미공화국에서 진정한 권위는 대법원에 있음을 보여주는 징후는 공직의 항구성과 관련된 권력의 결여다. 그리고 이 권위는 일종의 지속적인 헌법 제정 과정에서 행사된다. 실제로 대법원은 윌슨의 표현대로 "연속 회기 상태에 있는 일종의 제헌의회다."[32)

그러나 권력과 권위의 미국식 제도적 분화가 명료한 로마적 특성을 지니고 있다고 해도, 그 자체의 권위 개념은 명백히 상이하다. 로마에서 권위의 기능은 정치적이며 조언을 하는 데 있지만, 미공화국에서 권위의 기능은 사법적이며 해석을 하는 데 있다. 로마 공화정의 아버지인 로마 원로원은 자신들이 선조들을 정치체에서—그 선조들의 유일한 주장은 정확히 자신들이 정치체를 건국했고, 자신들이 건국 선조라는 것이었다—대표하거나 심지어 재현한다는 점에서 권위를 주장했지만, 대법원은 성문화된 문서인 헌법에서 자신의 권위를 도출했다. 로마 건국자들은 원로원 의원들을 통해 현존했으며, 건국 정신은 그들과 더불어 존재했고, 이후부터 로마 인민의 역사를 형성한 행적(res gestae)의 시초(principium)와 원리가 존재했다.

어의적으로 'augere'(늘리고 증대시키다)에서 유래된 용어인

---

31) 같은 책, no. 50.
32) 앞서 언급한 코윈의 책, 3쪽.

auctoritas(권위)는 건국 정신의 생명력에 의존했기 때문에 선조들이 수립했던 기초를 건국 정신에 입각해 증대·확장하는 것이 가능했다. 이러한 무제한 계속되는 증대와 그 내재적 권위는 시초에 형성된 원리의 전통, 계승, 끊이지 않는 후계자들의 계보를 통해 형성될 수 있었다. 로마에서 이 끊이지 않는 후계자 계보에 머물러 있다는 것은 권위를 유지하고 있음을 의미하며, 경건한 기억과 보존 속에서 선조들의 시초와 다시 연결된다는 것은 로마 시대의 경건을 유지하는 것, 즉 시초와 연결되어 있다는('religious' 또는 'bound back') 것을 의미했다.

따라서 최상의 인간적 미덕을 가지고 있다고 생각되었던 것은, 로마에서 아주 중요하기는 했지만, 입법 행위도 아니고 통치 자체도 아니었다. 그것은 바로 새로운 국가의 건국 또는 이미 건국된 것들의 보존과 확장이었다.[33]* 권위·전통·종교의 일치, 건국 행위로부터 동시에 발생한 이 세 가지가 로마 역사를 시종일관 지탱한 골격이었다. 권위가 건국의 확장을 의미했기 때문에, 카토(Cato)는 **공법의 구성**이 '단일 인간과 단일 시간'의 작업이 아니라고 말할 수 있었다. 권위를 통해 영구성과 변화는 좋든 싫든 서로 연계되었으며, 변화는 단지 오래된 것의 증대와 확장을 의미하게 되었다. 이탈리아 정복과 제국의 건설은 정복된 영토가 국가의 기초를 확장하고 국가와 연계되어 있는 한 적어도 로마인들에게는 정당한 것이었다.

건국과 확장, 보존이 밀접하게 연결되어 있다는 이 마지막 요지는 혁명 참가자들이 의식적 성찰이 아니라 고전을 통해 배양하고 고대 로마의 학파에 참여함으로써 채택한 가장 중요한 단일 개념이었을

---

33) Cicero, 앞의 책, I, 7, 12.

*   본문에 소개된 라틴어 원문은 다음과 같다. "Neque enim est ulla res in qua proprius and deorum numen virtus accedat humana, quam civitates aut condere novas aut conservare iam conditas."

것이다. 해링턴의 '확장 지향적 공영체' 개념도 이 학파에서 나왔다. 일찍이 몇 세기 전 마키아벨리가 이름은 언급하지 않았지만, 키케로의 위대한 진술—"어느 누구도 새로운 법과 제도로 공화국과 왕국을 개혁했던 사람들만큼 그 행위로 그렇게 높이 찬양받을 사람은 없다.…… 이들은 신들 다음으로 첫 번째로 찬양받았다"[34]—을 이미 거의 문자 그대로 반복했던 것처럼, 로마 공화정은 항상 확장을 지향했기 때문이다.

18세기에 관한 한, 혁명 참가자들에게 절대자의 이론적·법률적 난관이 실제 정치에서 매우 골치를 앓게 만들었던 중대한 긴급 문제는 연방을 어떻게 '항구화'하는가의 문제,[35] 고대의 승인을 요구할 수 없는 정치체 정당성을 어떻게 승인받는가의 문제(그리고 흄이 한때 주장한 바와 같이, 고대가 아니라면 무엇이 '올바름의 견해'를 지금까지 창출해왔는가)였던 것 같으며, 그들은 이 모든 문제에 대한 단순하고 사실상 자동적인 해결책을 고대 로마에서 찾았던 것 같다. 로마의 권위 개념은 건국 행위가 불가피하게 자체의 안정과 항구성을 발전시킨다는 것을 암시하고 있다. 이러한 맥락에서 권위는 일종의 필연적인 '확장'이며, 모든 개혁과 변동은 이러한 확장 덕택에 건국과 다시 연계되며 동시에 건국의 의미를 보강하고 증대시킨다.

따라서 미국 헌법 수정 조항들은 미공화국의 최초 건국의 의미를 확장하고 증대시킨다. 말할 필요도 없이, 미국 헌법의 진정한 권위는 수정되고 확장되는 그 내재적 능력에 있다. 확장을 통한 건국과 보존의 일치—전적으로 새로운 것을 시작하는 '혁명적' 행위와 수

---

34) "Discourse on Reforming the Government of Florence", *The Prince and Other Works*(Chicago, 1941).

35) 17~18세기 저자들은 주로 공화주의 정부의 안정성에 대한 애착 때문에 종종 스파르타에 열광했다. 스파르타는 그 당시 로마보다도 더 오래 지속된 것으로 상정되었다.

세기를 통해 이 새로운 것을 보호하는 보수주의적 배려는 상호 연계되어 있다는 것—라는 이 개념은 로마 정신에 깊이 뿌리박혀 있으며 로마 역사의 모든 부분에서 읽을 수 있다. 그러한 일치는 라틴어의 condere(건설함 또는 보존함)라는 의미의 건국함, 로마 초기의 창조자 또는 보존자인 벌판의 신 '콘디토르'(Conditor)—그의 주요 기능은 성장과 추수를 관장하는 것이었다—에서 유래한 '건국함'이라는 용어에서 가장 잘 설명된다. 그 신은 분명히 창조자이며 동시에 보존자였다.

로마 정신의 관점에서 미국 혁명의 성공을 평가하는 이러한 해석이 자의적이지 않다는 사실은 혁명 참가자들을 '건국 선조'라고 부른 것이 결코 우리만은 아니며 로마인들도 동일한 방식으로 생각했다는 신기한 사실을 통해 증명되는 듯하다. 최근 이러한 사실은 혁명 참가자들이 스스로, 자신들의 후손이 합당하게 기대할 수 있는 것보다 더 많은 지혜와 미덕을 지녔다고 생각했다는 다소 불유쾌한 이념을 형성해왔다.[36] 그러나 그 시대의 사상과 양식에 대해 조금만 알게 되더라도 우리가 추측하는 오만이 그들의 정신에 얼마나 생소한가를 충분히 알 수 있다. 문제의 진상은 훨씬 더 단순하다. 그들은 자신들을 건국자로 생각했는데, 이는 로마의 예를 의식적으로 모방하고자 했으며 로마의 정신에 필적하고자 했기 때문이다. 매디슨은 선조들이 구성한 위대한 기획을 '증진하고 영구화하는 열쇠를'…… 쥐고 있는 '후손들'에 대해 언급하면서 언젠가는 모든 것이 존경받을 것이라는 사실, 그리고 가장 현명하고 자유로운 정부도 이러한 존경 없이는 필수적인 안정을 유지하지 못할 것이라는 사실을 예견했다.[37]

분명히 미국 건국자들은 로마 조상(maiores), 즉 자신의 인민들에

---

36) Martin Diamond, "Democracy and *The Federalist*: A Reconsideration of the Framers' Intent", *American Political Science Review*, 1959년 3월호 참조.

37) *The Federalist*, nos. 14 and 49.

게 인정되기도 전에 정의상 '위대한 사람들'이었던 조상의 옷을 걸쳤다. 그러나 그들이 오만했기 때문에 이렇게 주장한 것은 아니었다. 이러한 정신은 그들이 건국자이며 결과적으로 선조가 될 것이고, 그렇지 않으면 그들이 실패했다는 것을 의미한다는 단순한 인식에서 나왔다. 중요한 것은 지혜나 미덕이 아니고 오직 논란의 여지가 없는 행위 자체였다. 그들은 자신들이 행한 것을 충분히 인식했으며, "고대의 가장 위대한 입법가들조차 살고 싶어 할 만한 시기에 삶을 영위했다는 것"[38]에 감사할 만큼 역사에 대해 충분히 알고 있었다.

우리는 일찍이 '헌법'이라는 용어가 두 가지 의미를 담고 있다는 것을 지적했다. 우리는 여전히 토머스 페인의 관점에서 헌법을 입헌 행위, 즉 '정부 형성 이전의 행위'—국민은 이를 통해 정치체의 형성에 직접 참여한다—로 이해할 수 있다. 그러나 우리는 통상적으로 헌법을 입헌 행위의 결과, 즉 성문화된 문서로 이해한다. 이제 미국 국민이 이후에도 자신들의 '헌법'을 고찰하면서 보이는 '무차별적이고 맹목적인 숭배'에 다시 한번 관심을 돌린다면, 우리는 숭배 대상이 적어도 성문화된 문서 못지않게 입헌 행위였다는 점에서 이러한 숭배가 항상 얼마나 모호했는가를 이해할 수 있다. 건국자들에게 자명성을 부여했던 모든 진리와 문서들을 세밀히 검토하고 근본적 실체를 완벽히 폭로해왔음에도 불구하고 미국의 헌법에 대한 숭배가 100년이 넘도록 살아남았다는 이상한 사실로 볼 때, 우리는 사건 자체의 기억—새로운 정치체를 신중하게 세웠던 사람들—이, 사건과 문서를 감쌌던 경외의 분위기 속에서, 시간과 변화하는 상황의 공격에서 이 행위의 실제적 결과, 즉 문서 자체를 계속 감추어왔다는 결론을 내리고 싶어 한다. 그리고 심지어 사람들은 좁은 의미의

---

38) 존 애덤스(John Adams)의 주장. *Thoughts on Government*(1776), *Works*, vol. IV, 200쪽.

헌법 문제가 제기될 때마다 그 행위, 시초 자체가 기억되는 한, 공화국의 권위가 안전하고 손상되지 않을 것이라고 예측하고 싶어 할 수도 있다.

미국 혁명 참가자들이 자신들을 '건국자'로 생각했다는 바로 그 사실은 결국 그들이 새로운 정치체에서 권위의 근원이 되는 것이 불멸의 입법가 또는 자명한 진리나 어느 다른 초월적·초현세적 근원이라기보다 오히려 건국 행위 그 자체라는 것을 얼마나 잘 알고 있었는지를 암시하고 있다. 이 점에서 다음과 같은 사실이 도출된다. 이 '절대자'는 시작 행위 그 자체에 있기 때문에, 모든 시작이 불가피하게 포착되는 악순환을 해체하기 위해 절대자를 추구하는 것은 쓸데없는 짓이다.

어떤 면에서 혁명 시대 이전에 시작 그 자체는 항상 신비에 싸여 있었으며 여전히 성찰의 대상이었다는 단순한 이유 때문에 시작 행위가 개념적 사유에서 결코 충분하게 세련되지 않았다 하더라도, 그 시작 행위는 항상 알려져 있었다. 백주에 처음으로 발생해 당시의 모든 사람이 목격할 수 있었던 건국은 몇천 년 동안 상상력이 과거를 향해 도달하고자 했던 건국 전설의 대상이 됐고, 기억으로 도달할 수 없는 사건이 됐다. 우리가 그러한 전설의 사실적 진리에 대해 무엇을 발견하든 간에, 그 전설의 역사적 의미는 인간의 정신이 어떻게 시작의 문제, 단절된 새로운 사건의 발생 문제를 역사적 시간의 지속적인 연속으로 해결하고자 시도했는가에 있다.

혁명 참가자들에 관한 한, 그들이 매우 잘 알고 있었던 것은 단지 두 가지 건국 신화, 즉 이스라엘 종족의 출애굽에 관한 성서 이야기와, 불타는 트로이를 피해 방랑하는 아이네아스에 관한 베르길리우스의 이야기뿐이었다. 두 이야기는 해방에 관한 전설이다. 하나는 노예 상태로부터의 해방이고, 다른 하나는 절멸 상태로부터의 도피다. 두 이야기는 미래의 *자유*를 약속하는 것, 즉 약속된 땅의 궁극적 정복 또는 새로운 도시의 건국 — 베르길리우스가 자신의 유명한 시 서두에서도 그 실제 내용을 암시한 바와 같이, '도시를 건설하는 동안'(dum conderet urbem) — 에 집중되어 있다.

이러한 이야기들은 혁명과 관련해 중요한 교훈을 담고 있는 듯 보인다. 이상하리만치 우연히도 두 이야기는 모두 낡은 질서의 종말과 새로운 질서의 시작 사이에 존재하는 틈새(시간적 간격)를 주장하고 있다. 이 경우 그 틈새가 황야를 떠도는 이스라엘 부족의 처절한 방랑으로 채워졌는지 아니면 이탈리아 해안에 도착하기 전 아이네아스를 사로잡았던 모험과 위험으로 채워졌는지는 우리의 맥락에서 크게 중요하지 않다. 이러한 전설들이 어떠한 것을 가르칠 수 있다면, 그 교훈은 새로운 시작이 끝의 자동적 결말이 아닌 것처럼 *자유*도 해방의 자동적 결과가 아니라는 것을 암시한다. 혁명 — 적어도 이들에게는 그렇게 보였음이 틀림없다 — 은 정확히 끝과 시작, '더 이상 아님'(과거)과 '아직 아님'(미래) 사이의 전설적 틈새에 존재했다. 그리고 이러한 전설들이 역사적 시간의 틈새에서 역사 무대에 출현했던 위대한 지도자들에 대해 우리에게 말하고 있기 때문에, 속박으로부터 *자유*로 이행하는 이 시기는 사람들의 상상력에 아주 강력한 매력을 발했음이 틀림없다.[39]

---

39) 따라서 "밀턴은 하늘에서 내려온, 신의 위임을 받은 지도자들의 존재를 믿었다……. 그들은 그에게 안정되고 유연하게 기능하는 혼합 국가의 강력한 집행자가 아니라, 자신과 같은 위대한 스승들, 브루투스와 같이 자유를 확립한 제정자, 삼손과 같이 속박과 전제정에서 벗어나게 해준 구원자였다. 밀턴의 기획에서 위대한 지도자들은 역사의 무대에 출현해 속박에서 자유로 이행하는 시기에 적절한 역할을 수행한다." Zera S. Fink, *The Classical Republicans*(Evanston, 1945), 105쪽. 이러한 사실은 물론 정착자들 자신들에게도 적용된다. 부어스틴(Daniel J. Boorstin)이 『미국인들』(*The Americans*, New York, 1958) 19쪽에서 올바르게 강조했듯, "그들의 삶에서 기본적인 실재는 이스라엘 후손들에 대한 비유였다. 정착민들은 황야로 들어감으로써 탈출에 관한 이야기를 재현했다고 생각했다."

게다가 이러한 틈새는 명백히 연속적인 흐름이라는 널리 수용된 시간 개념에서 이탈한 모든 시간에 관한 사유 속으로 몰래 숨어든다. 그러므로 인간적 상상과 성찰이 시작의 문제를 다루는 한, 이러한 틈새는 그 상상과 성찰의 거의 자연스러운 대상이 되었다. 그러나 성찰적 사유로 인식되고 전설의 이야기에서 이해되었던 것이 처음으로 사실적 실재로서 나타났다. 사람들이 혁명의 날짜를 파악했다면, 그들은 마치 불가능한 것을 행한 것과 같고, 연대기 또는 역사적 시간의 관점에서 그 틈새의 날짜를 파악한 것과 같다.[40]

완전히 자의적인 척도를 자체적으로 지닌다는 것은 시작 자체의 본질에 속한다. 시작은 인과 관계의 신뢰할 만한 고리, 즉 각각의 결과가 즉시 미래 발전의 원인으로 바뀌는 고리로 구속되지 않을 뿐만 아니라 실제로 그것은 유지해야 할 아무것도 지니고 있지 않다. 시작은 시간과 공간 어디서도 나오는 것 같지 않았다. 시작의 순간, 개시자(開始者)는 시간성 자체의 연속을 폐지하는 것 같았으며, 행위자는

---

40) 우리는 과거의 전설적 진리를 역사적으로 증명하기 위해 미국의 사례를 이용하고, 식민지 시대를 속박으로부터 자유로 이전하는 시대, 영국과 구세계를 출발하는 시기와 신세계에서 자유를 확립하는 시기 사이에 존재하는 틈으로 해석하기 쉽다. 여기서 다시 새로운 사건과 새로운 건설은 예외적인 탈출 행위를 통해 일어나는 듯했고, 따라서 전설상 이야기와 너무나 비슷했기 때문에 매혹은 더 강력하다. 이와 관련해 베르길리우스는 성서의 이야기와 다름없는 이야기를 주장한다. "트로이 최후의 왕인 프리아모스의 죄 없는 백성을…… 타도함으로써 하늘의 주인을 기쁘게 하고, 트로이가 붕괴된 이후, ……우리는 신의 계시를 받아 탈출을 위해 멀리 있는 장소를 황무지에서 찾게 되었다"(*Aeneid*, III, 1~12). 여기와 다음 부분에서 나는 J.W. Mackail이 번역한 *Virgil's Works*, Modern Library edition을 인용하고 있다. 내가 미국의 역사를 이러한 관점에서 해석하는 것이 그르다고 생각한 이유들은 명백하다. 식민지 시대는 미국의 역사에서 결코 틈새가 아니며, 영국의 정착자들이 어떤 이유로 고향을 떠났다 하더라도, 미국에 도착했을 때 그들은 영국의 지배와 모국의 권위를 인정하는 데 어려움을 겪지 않았다. 그들은 탈출자들이 아니었다. 그 반대로, 그들은 최후 순간까지 영국의 신민임을 자랑스러워했다.

시간적 질서와 연속성에서 벗어나는 것 같았다. 시작의 문제는 물론 우주의 기원에 관한 사유와 성찰에서 처음 등장했으며, 우리는 그 난관에 대한 유대인의 해결책 — 제작자가 자신이 제작한 대상 밖에 존재하듯, 창조주 하나님은 자신의 창조물 밖에 존재한다는 가정 — 을 알고 있다.

달리 말하면, 시작의 문제는 개시자가 '영원에서 영원까지' 존재하기 때문에 시작 행위를 더 이상 의문의 대상으로 삼지 않는 개시자의 소개를 통해 해결된다. 이 영원성은 시간성의 절대자다. 우주의 시작이 이 절대자 영역으로 다시 복귀하는 한, 이 영원성은 더 이상 자의적이지 않으며, 인간의 추론적 능력을 벗어나기는 하지만 이성, 즉 자체로 합리적인 무엇에 뿌리를 두고 있다. 혁명 참가자들이 행위를 시작해야만 하는 바로 그 순간에 절대자를 필사적으로 찾고자 한다는 흥미로운 사실은 적어도 부분적으로는 서구인들의 오래된 사유 습관에 영향을 받았을 것이다. 이 사유 습관에 따르면 각각의 완벽히 새로운 시작은 그 자신으로부터 발생하고 자신을 설명하는 절대자를 필요로 한다.

혁명 참가자들의 비자발적 사유 반응이 아무리 유대-기독교 전통의 지배를 받고 있다 하더라도, 건국 행위에 나타나는 시작의 난관을 파악하려는 그들의 진지한 노력은 분명히 "태초에 하나님이 천지를 창조하셨다"는 내용이 아니라, '고대인의 사리분별', 즉 고대의 정치적 지혜, 더 정확히 표현해 고대 로마에 집중되었다. 고대적 사유의 부활과 고대 정치적 삶의 요소들을 복구하려는 위대한 노력이 그리스인들을 무시하면서(곡해하면서) 거의 전적으로 로마의 예에서 입장을 도출하는 것은 전통의 우발적 사건이 아니다. 로마 역사는 건국의 이념을 중심으로 구성되어 있었다. 권위·전통·종교·법 등의 훌륭한 로마적 정치 개념들 중 어느 것도 로마 역사와 연대기의 시초에 존재하는 위대한 행적, 즉 영구적인 도시의 건국(urbs condita)이라는 사실에 대한 통찰 없이는 이해될 수 없다. 이 시작에 내재된 문제에 대한 로마 당대의 해결책은 아마도 스키피오에게 원래 의미의 공적인 것, 즉 공공 영역을 구성하는 또는 오히려 재구성하는 숙명적 순간을 위해 **독재를 확립하라**(dictator rei publicae consituendae)고 요청하는 키케로의 유명한 호소에서 가장 잘 드러나는 듯하다.[41]

이 로마적 해결책은 로베스피에르에게 '자유의 전제정'이라는 영감을 제공한 실제적 근원이었으며, 로베스피에르가 자유의 확립을 위해 자신의 독재를 정당화하고 싶었다면, "새로운 공화국을 건설하거나, 현존하는 제도들 중 낡은 제도들을 전적으로 개혁하는 것은 단 한 사람의 작업이어야 한다"[42]는 마키아벨리의 주장에 호소했을 수도 있다. 또한 그는 해링턴의 입장에 의거해 자신의 입장을 제시했을지도 모른다. 해링턴은 "고대인과 이들의 박식한 제자인 마키아벨리(후대의 유일한 정치인)"[43]를 언급했고, 다음과 같이 주장했다. "입법가(해링턴의 경우, 건국자와 일치한다)는 한 사람이어야 하며, 정부는 단 한번에 동시에 만들어져야 한다. ……현명한 입법가는 특정한 이유 때문에 주권을 장악하고자 정당하게 노력할 수도 있다. 이성의 주인으로서 어떤 사람도 그 경우에 필요한 그러한 예외적 수단, 질서 정연한 공영체의 구성 이외에 다른 것을 증명하지 않는 목적을 비판하지는 않을 것이다."[44]

혁명 참가자들이 아무리 로마 정신에 근접했다 하더라도, 그리고 그들이 자신의 주요 임무와 관련해 "고대인의 사려분별을 담은 문서

---

41) *De Re Publica* VI, 12. Viktor Poeschl, *Romischer Staat und griechisches Staatsdenken bei Cicero*(Berlin, 1936).

42) *Discourses upon the First Decade of T. Livius*……, I, 9.

43) *The Commonwealth of Oceana*(1656), the Liberal Arts edition, 43쪽에서 인용했다.

44) 같은 책, 110쪽.

340

보관소를 파헤"[45]치라는 해링턴의 조언 ―― 애덤스만큼 이 업무에 많
은 시간을 소비한 사람도 없다 ―― 을 아무리 신중하게 따랐더라도,
이 문서 보관소는 이상하게도 여전히 침묵을 지키고 있었음이 틀림
없다. 우리는 로마 역사의 과정에서 결정적인 정치변동이 모두 재구
성, 즉 낡은 제도들의 개혁과 최초 건국 행위의 보충이었다는 개념,
심지어 이 첫 번째 행위도 이미 재구성, 즉 갱생과 복구였다는 이념
이 아주 이상하게도 로마의 건국 개념에 내재했다는 것을 발견했다.
베르길리우스의 언어에서 로마의 건국은 트로이의 재건이었고, 로
마는 실제로 두 번째 트로이였다. 이탈리아인이었으며 여전히 로마
역사에 익숙했다는 부분적 이유들 때문에, 마키아벨리 역시 자신이
실제로 마음속에 품고 있었던 순수한 세속적 정치 영역의 새로운 건
설은 단지 '낡은 제도'의 급진적 개혁일 뿐이라고 믿을 수 있었으며,
밀턴조차 여러 해 후에 새로운 로마를 건설하는 것이 아닌 '로마를
새롭게' 건설하는 꿈을 가질 수 있었다.

---

45) 같은 책, 111쪽(우연하게도, 17~18세기의 정치학 분야에서 '분별'[prudence]
은 '주의'[caution]가 아니라 '정치적 통찰'[political thsight]을 의미했다. 이때 이
러한 통찰이 지혜, 인식, 절제를 의미하는가는 저자에 좌우된다. 즉 용어 자체는
중립적이다. 마키아벨리가 해링턴에게 미친 영향, 고대인들이 17세기 사상에 미
친 영향을 이해하기 위해서는 각주 39에서 인용된 핑크의 탁월한 연구를 참조하
라. 불행히도 치나드[Gilbert Chinard]가 제안한 바와 같이, 고대 철학자들과 역사
가들이 미국의 정부 체계에 미친 영향을 정확하게 평가하고자 한 비슷한 연구는
결코 이루어지지 않았다. "Polybius and the American Constitution", *Journal of the
History of Idea*, vol. I). 그 이유는 아마 어느 누구도 정부 형태 ―― 건국 선조들
이 매우 열정적으로 관심을 가지고 있던 주제 ―― 에 대해 더 이상 관심을 갖지
않았기 때문인 것 같다. 그러한 연구는 유럽의 사회적·경제적 경험의 관점에
서 미국의 초기 역사를 해석하려는 불가능한 시도가 아니었다. 오히려 그것
은 미국의 경험이 국지적·상황적 가치 이상의 의미를 가진다는 것을 증명하
는 것이었다. 또한 그러한 연구는 미국의 경험이 사실 일종의 정점이며, 그것
을 이해하기 위해서는…… 대부분의 근대적 정부 형태가 고대의 정치사상 및
정치적 경험과 무관하지 않다는 것을 인식할 필요가 있다는 것을 증명하고자
했다.

그러나 해링턴에게는 이것이 타당하지 않다. 그것은 해링턴이 로마의 정신에는 전적으로 생소한 완전히 상이한 이미지와 은유를 이 논의 속으로 끌어들이기 시작했다는 사실에서 가장 명백하게 입증된다. 그는 크롬웰 공화국의 건설에 필요한 '예외적 수단'을 옹호하는 동안 다음과 같이 갑작스러운 주장을 펼쳤다. "책이나 건물의 유일한 저자 또는 건축가가 존재하지 않았다면, 그것은 완성에 도달할 정도로 알려지지 않았을 것이며, 마찬가지로 공화국 역시 그 골격과 관련해 비슷한 성격을 띠고 있다."[46] 달리 말하면, 그는 제작의 모든 목적에 일상적으로 필요한 폭력 수단을 여기에 도입했다. 왜냐하면 무엇인가는 무에서 창조되지 않고 하나의 물건, 즉 제작할 대상의 형성 과정을 위해 손상되지 않으면 안 되는 특정한 재료에서 창조되기 때문이다.

그러나 로마의 독재자는 결코 제작자가 아니었다. 그는 비상 사태에서 시민에게 예외적 권력을 행사했지만, 시민은 무엇인가를 건설하는 데 필요한 인적 재료가 아닌 다른 것이었다. 확실히, 해링턴은 아직은 오세아나 기획에 내재된 엄청난 위험들을 인식할 위치에 있지 못했다. 그리고 그는 로베스피에르가 스스로 인간들을 위해 인적 재료로 지은 새집, 즉 새 공화국을 건설한 '건축가' 위치에 있다고 믿었을 때, 폭력이라는 예외적 수단을 사용하리라고는 전혀 예측하지 못했다. 서구 인류의 원시적이고 전설적인 범죄는, 마치 형제 살해가 다시 한번 형제애의 근원이 되고 야수성이 인간성의 근원이 될 수 있기라도 할 것처럼, 새로운 시작과 더불어 유럽 정치의 무대에 재출현했다. 인간의 오래된 꿈뿐만 아니라 이후의 생각과도 확연히 대립되게 폭력은 이제 결코 새롭고 안정된 것을 잉태하지 않고, 도리어 시작과 시도자들을 '혁명적 소용돌이' 속에 익사시켰다.

---

46) Harrington, *Oceana*, 110쪽.

로마인들은 아마도 모든 시작에 내재한 자의성과 인간의 잠재적 범죄성 사이에 나타나는 친화성 때문에 레무스를 살해한 로물루스가 아니라 아이네아스 ― '로마 인종의 근원'(Romanae stirpis orgio) ―로부터 그들의 후예를 이어받기로 결정했는데,[47] 아이네아스는 트로이(Ilium)와 정복당한 가정의 여신을 이탈리아로 데려왔다.[48] 확실히 이 원정은 폭력, 즉 아이네아스와 이탈리아 원주민 사이의 전쟁의 폭력을 동반했다. 그러나 이 전쟁은 베르길리우스의 해석에서 트로이와 벌인 전쟁을 종식하기 위해 필요했다. 이탈리아 토양에서 트로이의 부활은 '그리스인과 아킬레스의 분노가 남긴 앙금'을 건졌으므로, 호메로스에 따르면 지구상에서 사라졌던 **헥토리아 종족**(gens Hectorea)[49]을 소생시키는 데 기여했다. 따라서 트로이 전쟁은 다시 한번 반복되어야 하며, 이것은 호메로스의 시에서 정리되었던 사건의 질서를 반전시킨다는 의미를 담고 있다. 베르길리우스의 훌륭한 시에서 호메로스의 반전은 세심하며 완벽하다. 꺾이지 않는 분노에 사로잡힌 아킬레스가 다시 나타난다. 투라누스(Turanus)는 "여기서 역시 당신은 프리아모스(Priamos)가 그의 아킬레스를 발견했다고 말한다"[50]고 주장하면서 자신을 소개한다. "새롭게 태어난 트로이 탑을 위한 다른 화톳불, 두 번째 파리스가 있다."[51] 아이네아

---

47) "Die Römer hielten sich nicht fuer Romuliden, sondern fuer Aineiade, ihre Penaten stammten nicht aus Rom, sondern aus Lavinium"(인용문 원문). "로마의 정치는 기원전 3세기 이후 로마의 비극적 기원에 관한 사후적 인식에 기여한다." 이 문제에 관한 전반적 논의를 이해하기 위해서는 다음 문헌을 참조하라. St. Weinstock, "Penates", *Pauly-wissowa, Realenzyklopädie des klassischen Altertums*.

48) Virgil, *Aeneid* XII, 166 and I, 68. 오비디우스(*Fasti* IV, 251)는 역시 로마의 트로이적 기원에 대해 거의 똑같이 언급하고 있다. "Cum Troiam Aeneas Italos portaret in agros(아이네아스는 트로이를 이탈리아 땅으로 옮긴다)."

49) *Aeneid*, I, 273; 또한 I, 206; III, 86~87을 참조하라.

50) 같은 책, IX, 742.

스 자신은 분명히 다른 헥토르(Hector)이며, 그 모든 것의 중심에 고통받는 모든 것의 근원, 즉 또다시 한 여성 라비니아(Lavinia)가 헬레네(Helena) 자리에 서 있다. 그리고 베르길리우스는 과거의 모든 인물을 모은 후 이제, 호메로스의 이야기를 다음과 같이 전도하기 시작한다. 이때 아이네아스-헥토르 앞에서 도망간 사람은 투르누스-아킬레스이며, 라비니아는 탕녀가 아니라 신부이고, 전쟁의 끝은 한편에서는 승리와 출발이 아니고, 다른 편에게는 절멸과 예속, 파괴가아니며, 정복당한 국민은 모두 아이네아스가 전쟁이 시작하기도 전에 선언했던 바와 같이 "동등한 법 아래 영원히 조약에 참여하고"[52] 함께 정착한다.

우리는 이러한 맥락에서 그 유명한 로마인들의 관대함(clementia)—복종한 자는 용서하고 오만한 자와는 끝까지 싸운다(parcere subiectis et debellare superbos)—에 대한 베르길리우스의 증명이나 관대함의 기초가 되는 로마의 전쟁 개념에 관심을 갖지 않는다. 로마의 특이하고 위대한 전쟁 개념에서 평화는 전쟁의 승리와 패배에 의해 미리 결정되는 것이 아니라 이제 연합 세력(socii, allies)이 된 전쟁 당사국들의 제휴, 전투 자체에서 형성된 새로운 관계와 로마법으로 확증된 새로운 관계를 통해 결정된다. 로마는 두 개의 상이하고 자연적으로 적

---

51) 같은 책, VII, 321~322.

52) 같은 책, XII, 189. 베르길리우스가 호메로스 이야기를 어떻게 도치하고 있는가를 지적하는 것이 좀더 중요한 것 같다. 예컨대『아이네이스』제2권에는 오디세우스가 자신의 정체를 드러내지 않은 채 자신의 생애와 고통에 관해 다른 사람이 낭송하는 것에 귀를 기울이고 처음으로 눈물을 흘리는『오디세이』의 장면을 다시 소개한 부분이 있다.『아이네이스』에서 아이네아스의 이야기를 하는 사람은 아이네아스 자신이다. 그는 눈물을 흘리지 않고 대신 자신의 이야기를 듣는 사람들이 동정의 눈물을 보이기를 기대한다. 우리가 텍스트에서 인용했던 것들과 대조적으로, 이러한 도치법은 물론 무의미한 것이다. 그것은 그 위치에 동등한 비중을 지닌 다른 무엇을 설정하지 않은 채 원래의 의미를 파괴하고 있다. 도치법 자체는 훨씬 지적할 만한 가치가 있다.

대적인 국민들 간의 조약법에 의해 건국되었기 때문에, 궁극적으로 "모든 세계를 법의 영향 아래 두는"(totum sub leges mitteret orbem) 것이 로마인의 임무가 될 수 있었다. 베르길리우스뿐만 아니라 로마인들의 자기 해석에 따르더라도, 일반적으로 로마 정치의 천재성은 도시의 전설적 건국에 수반되는 바로 그 원리에 있다.

그러나 우리의 맥락에서 볼 때, 이러한 자기 해석에서 로마의 건국도 전적으로 새로운 시작으로 이해되지는 않았다는 것을 관찰하는 것이 더 중요하다. 로마는 트로이의 부활이며, 과거에 존재했고 연속성과 전통의 실마리가 결코 끊이지 않은 어떤 도시국가의 재건이었다. 그리고 이러한 자기 해석이 헌법과 건국을 복구와 재건의 관점에서 이해하는 것이 얼마나 중요한지를 깨닫기 위해 베르길리우스의 다른 위대한 정치적 시이자 네 번째 전원시(Eclogue)를 상기해볼 필요가 있다. 아우구스투스의 치세 아래서 (근대 언어의 모든 표준적 번역서들은 심오한 주요 시구 'Magnus ab integro saeclorum nascitur ordo'를 다음과 같이 번역한다.) "치세(治世)의 대주기가 새로 등장했다면", 그것은 정확히 다음과 같은 이유 때문이다. 치세의 질서는 전적으로 새로운 시작이라는 의미를 지닌 미국식의 새로운 정치질서(novus ordo saeclorum)가 아니다.[53] 여기서 베르길리우스는 자신

---

53) 네 번째 전원시는 항상 구원에 대한 전반적인 종교적 열망을 표현한 것으로 이해되어왔다. 따라서 노르덴(Edward Norden)은 자신의 고전적 저서 『어린이의 탄생, 종교 이념의 역사』(Die Geburt des Kindes, Geschichte einer religiösen Idee, 1924)에서 베르길리우스의 시를 한 줄 한 줄 해석하고, 전적으로 새로운 시작을 통한 구원의 기대(228쪽 이하)에 대해 다루고 있는 보세(W. Boussett)의 저서 『예수 그리스도』(Kyrios Christos, Göttingen, 1913)를 주요 사상에 대한 일종의 의역으로 해석하고 있다(47쪽). 나는 노르덴의 번역과 주석을 따르지만 그 시의 종교적 의미에 대해서는 의심을 갖고 있다. 최근 논의를 위해서는 다음 문헌을 참조하라. Günther jachmann, "Die Vierte Ekloge Vergils", *Annali della Scuola Normale Superiore di Pisa*, vol. XII, 1952; Karl Kerényi, *Vergil and Hölderlin*(Zurich, 1957).

이 『농경시』(*Georgica*)에서 언급한 것, 즉 부상하는 세계의 첫 번째 여명에 대해 완전히 다른 맥락에 입각해 정치 영역에서 언급하고 있었던 것 같다.[54] 네 번째 전원시의 질서는 질서에 선행하는 시초까지 거슬러올라가 시초에 의해 분발되었기에 심오한 의미를 담고 있다. "이제 돌아오네 처녀가, 돌아오네 사투르누스 신의 치세가"라는 다음 시구가 그것을 명료하게 밝히고 있다. 물론 시에서는 어린아이의 탄생을 이야기하는데, 이 어린아이는 결코 초월적·초현세적 영역에서 내려온 신성한 구원자($\Theta\epsilon\grave{o}\varsigma$ $\sigma\omega\acute{\iota}\eta\rho$)가 아니다. 분명히 이 어린아이는 역사의 연속성에서 태어난 인간의 후손이며, 소년은 로마의 모든 소년이 성장해 할 수 있게 된 것을 하기 위해, 즉 선조들의 미덕이 사이좋게 설정해왔던 세계를 지배하기 위해 '영웅들의 영광과 아버지의 행적'(heroum laudes et facta parentis)을 배워야 한다. 이 시는 분명히 출생송(出生頌), 즉 어린아이의 탄생을 찬양하는 노래이며 새로운 세대(nova progenies)의 선언이다. 그러나 이러한 선언은 결코 신성한 어린아이와 구원자의 도래를 예측하는 것이 아니라 그 반대로 출생 자체의 신성을 긍정하는 것이다. 즉 세계의 잠재적 구원은 인간 종이 지속적이며 영구적으로 다시 태어난다는 바로 그 사실에 있다.

나는 베르길리우스의 시에 대해서 충분히 생각해왔다. 내 생각으로 기원전 1세기의 시인은 마치 서기 5세기 기독교 철학자인 아우구스티누스가 개념적이고 기독교화된 언어로 세련화할 수 있었던 것 —"시작이 있었으니 인간이 창조되었다"(Initium ergo ut esset, creatus est homo)[55] —뿐만 아니라 근대 혁명의 과정에서 궁극적으로 명료해졌음이 틀림없는 것을 자기 방식으로 발전시킨 것 같다. 우리의 맥락에서 볼 때, 모든 건국이 재건이며 재구축이라는 심오한 로

---

54) *Georgica* II, 323쪽 이하. "prima crescentis origine mundi".
55) *De Civitate*, XII, 20.

마적 개념도 중요하지만 그보다는 인간들이 새로운 시작을 감행하는, 논리적으로 역설적인 임무를 준비한다는 다소간 연계되어 있으면서도 상이한 이념이 더 중요하다. 왜냐하면 인간들은 새로운 출발이며 신참자들이기 때문이다. 다시 말해, 시작을 하는 능력은 바로 탄생에 뿌리를 두고 있으며 인간들은 출생을 통해 세계에 출현한다.

로마인들이 자신들이 정복한 세계로부터 받아들인 이상한 문화 중 다른 어느 것보다도 더 완벽하게 '어린아이'에 대한 숭배를 수용했던 것은 쇠퇴하는 로마에서 확산되는 생소한 숭배 — 이시스(Isis)의 숭배 또는 기독교 분파들 — 때문이 아니었다.[56] 오히려 그것은 우회 방법이었다. 로마의 정치와 문명은 국가의 건설에서 시작의 순수성과 더할 나위 없이 친근한 관계를 유지하고 있었으며, 로마인들을 매우 강렬하게 사로잡았던 어린아이-구원자의 출생을 중심으로 발전한 아시아 종교와 관계를 갖고 있었기 때문이다. 출생과 건국의 생소함 자체가 아니라 친화성, 즉 생소하면서도 훨씬 친근한 위장을 한 유사한 사상이 로마 문명 및 그것을 형성한 사람들의 관심을 끌었음이 틀림없다.

그것이 어떠하든 아니면 어떠했든, 미국인들이 베르길리우스의 시구를 치세의 대주기(magnus ordo saeclorum)를 새로운 정치질서(novus ordo saeclorum)로 바꾸기로 결정했을 때, 그들은 그것이 '로마를 새로' 건국하는 문제가 아니라 일종의 '새로운 로마'를 건국하는 문제였다는 점을 인정했고, 서양 정치와 영원한 도시의 건국을 다시 연결하는 연속성의 끈, 건국을 그리스와 트로이의 역사 이전 기억과 다시 연결하는 끈이 끊어졌으며, 다시 재생될 수 없다는 점을 인정했다. 그리고 이러한 인정은 불가피했다. 이러한 측면에서 유럽 식민지 체

---

56) 노르덴은 다음과 같이 명료하게 지적하고 있다. "그 '어린이' 역시 그리스 로마 세계의 넓은 영역에 이시스 종교의 확산과 더불어…… 잘 알려졌고 마치 어느 것도 외국 문화에서 유래하지 않은 것같이 여겨졌다(앞의 책, 73쪽)."

계가 붕괴되고 20세기에 새로운 국가들이 등장할 때까지 그 어떤 혁명과도 달랐던 미국 혁명은 새로운 정치체의 건국일 뿐만 아니라 특정한 국사(national history)의 시작이었다. 식민지 경험과 식민지 이전 역사가 혁명 과정과 이 나라의 공공 제도 형성에 아무리 결정적 영향을 미쳤더라도, 독립된 실체로서 그 이야기는 오직 혁명 및 공화국의 건설과 함께 시작된다. 결국 잊히긴 했지만 활동 과정에 드러난 절대적 참신성을 자각했던 미국 혁명 참가자들은 불가피하게 무엇인가에 사로잡혀 있었으며, 전통의 역사적 진리든 전설적 진리든 그것에 어떠한 도움이나 선례도 제공할 수 없었다.

그들은 베르길리우스의 네 번째 전원시를 읽으면서, 모든 첫 번째 것들이 잡히는 것 같은 악순환을 해체하기 위해 절대자를 필요로 하지 않는 시작의 난관을 풀어줄 해결책이 존재한다는 것을 희미하게 자각했던 것 같다. 시작 행위를 자의성에서 구원했던 것은 그것이 자체 내에 원리를 담고 있다는, 더 정확히 표현해 **시작**(principium)과 원리가 서로 연계되어 있을 뿐만 아니라 동시에 발생한다는 점을 담고 있다는 것이었다. 시작은 절대자로부터 그 정당성을 도출해야 하며, 사실상 내재적 자의성에서 자신을 구원하는데, 이러한 절대자는 세계에 시작을 드러내는 원리다. 개시자가 스스로 행하고자 의도한 모든 것을 시작하는 길은 활동을 분담하고 그 성과를 가져오도록 하기 위해 자신과 함께하는 사람들에게 행위의 법칙을 부여하는 것이다. 이와 같이, 원리는 행위가 지속되는 한 이어지며 드러난 행적을 촉진한다.

우리가 사용하는 언어도 라틴어 'principium'에서 '원리'(principle)의 어원을 끌어내며 따라서 정의상 상대적인 인간사 영역에서 절대자라는 달리 해결할 수 없는 문제의 해답을 암시하고 있다. 마찬가지로, 그리스어도 놀라울 정도로 똑같은 이야기를 담고 있다. 시작에 해당하는 그리스어는 '아르케'(arche: ἀρχή)이며, '아르케'는 시작과 원리를 모두 의미한다. 어떤 후세의 시인이나 철학자도 플라톤이 만년에 거의 무의식적으로 언급한 표현보다 더 아름답고 간명하게 이 일치의 의미를 표현하지 못하고 있다. "시작은 또한 인간에 머무는 신이며 모든 것을 보존한다(ἀρχὴ γὰρκαὶ θεὸς ἐν ἀνθρώποιςἱδρύμενη σώξει πάντα)."[57] 우리는 이 문장의 원래 의미를 포착하기 위해 다음과 같이 문장을 바꿀 수 있다. "시작은 자체의 원리를 담고 있기 때문에, 그것이 인간들 사이에 거주하며 인간들의 행위를 촉진하는 한, 모든 것을 구원하는 신이다." 수세기 후 폴리비우스가 "시작은 단지 전체의 반이 아니라 끝을 향해 뻗어나가는 것이다"라고 말한 것도 똑같은 경험에서 나온 것이다.[58] 그리고 'principium'과 원리의 정체에 대한 동일한 통찰에서 미국 공동체도 "그 특이한 특성에 대한 설명, 그 미래가 주장해야 할 것에 대한 징표를 위해 그 기원"[59]을 주시하게 되었다. 해링턴은 일찍이 이런 통찰 때문에 — 확실히 아우구스티누스에 대한 이해와 플라톤의 문장에 대한 의식적 이해 없이 — 다음과 같은 확신에 이르게 됐다. "어느 누구도 제대로 형성되었지만 타락한 공동체를 나에게 보여주지 않으려는 것처럼, 어느 누구도 형성 당시에는 왜곡되었지만 나중에는 올바르게 된 공동체를 보여주지 않을 것이다."[60]

이러한 통찰들이 훌륭하고 의미 있는데도, 그 정치적 적실성은 이 통찰들이, 모든 건국에 필요하기에 혁명에서 불가피한 냉혹한 폭력

---

57) *The Laws*, vol. VI, 775.

58) Polybius V, 32.1. "시작은 전체의 반 이상이다"라는 문장은 아리스토텔레스가 인용한 과거의 격언이다. *Nicomachean Ethics*, 1198b.

59) W.F. Craven, 앞의 책, 1쪽.

60) Liljegre ed., *Oceana*(Lund/Heidelberg, 1924), 168쪽. 핑크(Zera Fink)는 앞의 책 63쪽에서 "영구적 상태에 대한 해링턴의 애착은 종종 플라톤의 개념, 특히 『법률론』과 밀접하게 연계되어 있는데, 그것은 해링턴에게 해결할 수 없는 영향력을 미쳤다"는 것을 지적하고 있다.

이라는 오래되었지만 여전히 인정되는 생각과 정면으로 배치된다는 것이 인식될 때에만 빛나게 된다. 이런 측면에서 미국 혁명 과정은 잊을 수 없는 이야기를 하며, 특이한 교훈을 전하고 있다. 이 혁명은 갑자기 발생한 것이 아니라, 공동의 심의에 참여한 사람들이 한 상호 맹세의 위력으로 이루어졌다. 건국이 이루어졌던 — 한 건축가의 위력이 아니라 다수의 결합된 권력에 의해 — 그 숙명적인 몇 년 사이에 빛나게 된 원리는 상호 약속과 공동 심의라는 상호 연계된 원리였다. 해밀턴이 주장했던 것처럼, 그 사건 자체는 사람들이 성찰과 선택에서 좋은 정부를 실제로…… 설립할 수 있다는 것, 그들이 자신들의 정치적 구성을 위해 우연과 강제력에 영원히 의존할 운명이 아님을 결정했다.[61]

---

61) *The Federalist*, no. 1.

6 혁명 전통과 상실된 보고

1

신세계와 구대륙 국가들 사이의 유대를 붕괴시킨 하나의 사건이 있었다면, 그것은 당대 사람들의 관점에서 볼 때 대서양 다른 편의 영광스러운 본보기(미국 혁명 – 옮긴이)가 없었다면 결코 발생하지 않았을지도 모르는 프랑스 혁명이었다. 17, 18세기 전체를 통해 존재했던 아메리카와 유럽 사이의 강력한 정신적·정치적 유대를 궁극적으로 단절시키는 데 기여했던 것은 혁명이라는 사실이 아니라 프랑스 혁명의 참혹한 과정과 프랑스 공화국의 파괴였다. 따라서 바스티유 감옥이 함락되기 3년 전에 출간된 콩도르세의 『미국 혁명이 유럽에 미친 영향』(*Influence de la Révolution d'Amérique sur l'Europe*)은 적어도 잠정적으로 대서양 문명의 시작이 아닌 종지부를 찍는 것이었다. 사람들은 18세기 말에 발생했던 반목이 20세기 중반에는 치유될 것이라는 희망을 갖고 싶어 한다. 20세기 중반 확실히 서구 문명은 대서양 공동체에서 생존할 수 있는 마지막 기회를 갖게 되었다. 제2차 세계 대전 이후 역사가들이 19세기 초보다 서구 세계 전체를 더 많이 고려하는 경향을 보였다는 사실 역시 이러한 희망을 정당화하는 징표다.

미래가 우리를 위해 무엇을 준비하고 있든, 18세기 혁명 이후 두 대륙 간의 소원(疏遠)은 엄청난 결과를 초래했다. 주로 이 기간 중 신대륙은 유럽 내 지도층의 안목에서 정치적 중요성을 상실했고, 미국은 자유로운 사람들의 땅이 되지 못하고 거의 전적으로 가난한 사람들의 약속된 땅이 되었다. 확실히, 신세계의 이른바 물질주의와 비속성(卑俗性)에 대한 유럽 상류 계급의 태도는 신흥 중간 계급의 사회문화적 속물주의가 거의 자동으로 성장한 결과였다. 따라서 이러한 태도는 그렇게 중요하지 않았다. 19세기 유럽의 혁명 전통은 미국 혁명이나 미공화국의 발전에 대해 지나가는 정도의 관심밖에는 보이지 않았다는 것이 중요했다. 미국 혁명이 발발하기 오래전 신세계의 사건과 제도가 철학가들의 정치사상을 조율했던 18세기와 명백히 대조적으로, 19, 20세기의 혁명적 정치사상은 마치 신세계에는 혁명이 결코 발생하지 않을 것처럼 진행되었으며, 정치 영역과 정부 영역에서 사유할 가치가 있는 미국적 개념과 경험이 결코 없었던 것같이 진행되었다.

혁명이 거의 모든 국가와 대륙의 정치적 삶 속에 발생하는 가장 일반적인 사건들 가운데 하나가 된 최근에 미국 혁명을 혁명 전통에 포함시키지 못한 실수는 미국의 대외 정책으로 부메랑이 되어 돌아오고 있다. 따라서 미국은 전 세계적 무지와 선천적 망각에 대한 혹독한 대가를 치르기 시작했다. 마치 그들이 프랑스·러시아·중국 혁명이라는 교과서는 암기해가며 이해했지만 미국 혁명과 같은 것에 대해서는 전혀 들어본 적이 없기라도 한 듯, 아메리카 대륙의 혁명이 언급되고 진행될 때, 그 핵심이 불쾌하게 드러나게 되었다. 세계는 미국에 대해 무지했고 미국 역시 같은 오류를 범했다. 즉 혁명이 미국을 잉태했으며 공화국이 '역사적 필연성'이나 유기적 발전으로 존재한 것이 아니라 심사숙고한 행위, 즉 *자유*의 확립을 통해 존재하게 되었다는 사실을 기억하지 못하는 오류는 아마도 극적이지는 못해도 확실히 적잖이 실재적이다. 이 오류는 주로 아메리카 내의 혁명에 대한 강력한 공포에 기인한다. 왜냐하면 이러한 공포는 미국인들이 프랑스 혁명의 관점에서만 혁명에 대해 생각하는 것이 얼마나 올바른지를 세계에 증명하고 있기 때문이다. 혁명에 대한 두려움은 현상(現狀)의 안정화를 위한 처절한 시도에 내재한 전후 미국 외교 정책의 숨겨진 동기가 되어왔다. 그 결과 미국의 권력과 권위는 오래전부터 미국 시민들 사이에 증오와 경멸의 대상이 되었던 부패하고 타락한 정치 체제를 지원하는 데 선용되고 이용되었다.

기억하지 못하고 이해하지 못하는 오류는 소비에트 러시아와 나눈 적대적 대화가 원리의 문제에 영향을 미칠 때마다 중대한 순간에 부각되어왔다. 우리는 *자유*를 자유로운 모험으로 이해한다는 이야기를 듣고도, 이 기이한 거짓을 추방할 생각을 하지 못했다. 그리고 우리는 그보다 더 흔히 마치 동구의 '혁명적' 국가들과 서구 사이의 전후 갈등에서 중요한 것이 부와 풍요라고 믿고 있는 양 행동해왔다. 우리는 부와 경제적 번영이 *자유*의 결실이라고 주장해왔지만, 이러한 종류의 '행복'이 혁명 이전 미국의 축복이었다는 것을 알고 있다. 그리고 우리가 아는 바에 따르면, 그 축복의 원인은 '온건 정부' 아래서 누리는 자연적 풍요였지 자연적 부의 결핍 상태에서 모든 지역을 불행과 대중 빈곤으로 치닫게 하는 자본주의의 무제약적인 '사적 주도권'이 아니었고 정치적 *자유*도 아니었다.

달리 말하면, 자유로운 활동은 미국에서만 순수한 축복이 되어왔으며, 언론·사상·집회·결사의 *자유*와 같은 진정한 정치적 *자유*에 비하면 최선의 조건 아래서도 작은 축복이었다. 언젠가는 경제 성장이 선(善)보다 오히려 저주로 귀결될 수도 있으며, 어떠한 조건 속에서도 *자유*와 그 실존을 위한 증거를 형성할 수 없다. 그러므로 미국과 러시아 간의 경쟁은 생산 및 삶의 기준, 달나라 여행 및 과학적 발견과 관련해 여러 측면에서 매우 흥미로울 수 있다. 그 결과는 관련된 두 국민의 활기와 선천적 재능뿐만 아니라 그들의 상이한 사회적 풍습과 관습의 가치를 증명하는 것으로 이해할 수도 있다.

결과가 어떻든 그 결과가 결코 결정하지 못할 단 하나의 질문이 남게 되는데, 그것은 전제정과 자유로운 공화국 중 어떤 정부 형태가 더 바람직한가의 문제다. 따라서 미국 혁명의 관점에서 볼 때, 소비재 생산 및 경제 성장에서 서구 국가들과 대등해지고 그들을 추월할 것이라는 공산주의자들의 주장에 대해 다음과 같이 반응했어야 한다. 소련 및 그 위성국가의 국민들이 가지고 있는 새롭고 훌륭한 기대를 축하하는 것, 적어도 전 세계적 규모의 빈곤을 극복하는 것이 공통 관심사를 형성할 수 있다는 것에 안도하는 것, 다음으로 심각한 갈등이 두 경제 체제의 불균형에서 발생하는 것이 아니라 단지 *자유*와 전제정 사이의 갈등, 혁명의 성공적 승리로 잉태된 자유를 실현하는 제도와 혁명적 패배의 징후에서 발생한 다양한 지배 형태(레닌의 일당 독재에서 스탈린의 전체주의와 계몽적 독재정을 확립하려는 흐루쇼프의 시도에 이르기까지) 사이의 갈등에서 발생한다는 것을 우리의 적들에게 환기시키는 것.

마지막으로, 이른바 혁명은 대부분 공적 *자유*를 확립하기는커녕 시민적 권리와 자유, '제한정부'의 축복을 헌법적으로 보장하는 환경조차 형성할 수 없었다. 이것은 명백히 진실이며 실제로 슬픈 사실이다. 그리고 의문의 여지 없이, 우리는 다른 국민과 정부를 연구하는 과정에서 전제정과 제한·입헌정부 사이의 거리가 제한정부와 *자유* 사이의 거리보다 크다는 것을 기억해야 할 것이다. 그러나 이러한 고려 사항은 실천적 적실성이 아무리 크더라도 우리가 시민적 권리를 정치적 *자유*와 혼동하거나 문명화된 정부의 이 예비 조건들을 자유로운 공화국의 실체로 동일시할 이유를 담고 있지는 않다. 왜냐하면 정치적 자유는 일반적으로 '정부의 참여자가 될' 권리를 의미하며, 그렇지 않을 경우 그것은 무(無)를 의미하기 때문이다.

무지와 망각, 기억 상실의 결과는 명료하고 단순하며 기본적인 성격을 띠지만, 이 모든 것을 초래했던 역사과정이 이와 똑같은 양상을 띠지는 않는다. 일반적으로, ‘철학’에 무관심한 것이 일반적으로 미국적 정신 구조의 특이한 속성들에 속한다는 점이 최근에 와서야 아주 강력하고 때로는 설득력 있는 방식으로 다시 논의되고 있다. 특히 미국 혁명이 ‘교과서적’ 학습 또는 계몽주의 시대의 결과가 아니라 공화국을 완전히 자력으로 잉태했던 ‘실천적’ 경험의 결과였다는 주장도 함께 논의되고 있다. 부어스틴(Daniel Boorstin)이 훌륭하고 상세하게 설명한 이 명제는 혁명을 대비하고 공화국을 건설하는 과정에서 식민지 경험이 수행한 커다란 역할을 적절히 강조한다는 점에서 장점을 가지고 있지만, 치밀하게 검토할 경우에는 반대로 설득력을 유지하지 못할 것이다.[1]

건국 선조들 사이에 만연한 철학적 일반성에 대한 불신은 분명히

---

1) 미국 혁명 참가자들이 가지고 있는 반이론적 편견에 대한 가장 확실한 증거는 과거의 철학 및 철학자들에 대한, 흔치 않지만 매우 현저한 감정적 폭발에서 찾을 수 있다. 자신이 ‘플라톤의 허튼소리’를 비난할 수 있다고 생각했던 제퍼슨 말고도, 플라톤 이후 철학자들 중 어느 누구도 인간 본성 자체를 자신의 기초로 간주하지 않았다며 이들을 비난했던 존 애덤스가 있다(Zoltán Haraszti, *John Adams and the Prophets of Progress*[Cambridge, Mass., 1952], 258쪽 참조). 이러한 편견은 사실 반이론적이지도 않으며 미국적 ‘정신의 틀’에 국한되어 있지도 않다. 정치철학이 거의 은폐하지 못하는 철학과 정치 간의 적대감은 행동가들과 사상가들이 결별한 이후——즉 소크라테스 사망 이후에도——철학의 서구적 전통뿐만 아니라 서구 정치적 능력의 저주가 되어왔다. 고대의 갈등은 엄격히 세속적인 영역에서만 적실성을 지니므로, 종교 및 종교적 관심사가 정치 영역을 지배했던 오랜 세기 동안 그다지 중요한 역할을 하지 못했다. 그러나 이러한 갈등이 진정한 정치 영역이 탄생하고 부활하는 동안, 즉 근대 혁명 과정에서 새로운 의미를 갖게 된 것은 매우 자연스러운 일이었다.
부어스틴(Daniel J. Boorstin)의 명제를 이해하기 위해서는 다음 문헌을 참조하라. *The Genius of American Politics*(Chicago, 1953). 그리고 이와 관련된 훨씬 더 최근의 문헌으로는 *The Americans: The Colonial Experience*(New York, 1958) 등이 있다.

그들이 지닌 영국적 유산의 일부였으나, 그들의 저서들을 대충 보더라도 그들이 어떤 편인가 하면 구세계의 상대 동료들보다 '고대적·근대적 사리분별'의 방식에서 훨씬 더 박학했으며, 행동의 지침을 얻기 위해 문헌들을 참조하려 했다는 사실이 선명하게 드러난다. 게다가 그들이 참고했던 책들은 그 당시 유럽 사상의 지배적 흐름에 영향을 미쳤던 바로 그 책들이다. 그리고 사실 '정부의 참여자'가 되는 실제적 경험은, 유럽 문필가들이 여전히 유토피아를 건설하거나 '고대 역사를 샅샅이 뒤지는' 방식으로 그 의미를 파악해야만 했던 시기인 혁명 이전의 미국에는 비교적 잘 알려져 있었다. 그러나 한 경우에는 실재였고 다른 경우에는 단순한 꿈이었던 이 내용들이 기이하게도 비슷했다는 점 역시 사실이다. 거의 같은 역사적 시기에 당시 중요시되었던 군주정이 타도되고 공화정이 대서양 양안에서 형성되었다는, 정치적으로 중대한 사실에서 회피할 길은 없다.

그러나 매우 높은 재간이 필요한 교과서 학습과 개념의 사유가 미 공화국의 틀을 형성했다는 것을 반박할 수 없다면, 정치사상과 이론에 대한 이러한 관심은 임무가 성취된 직후 곧 고사했다는 것 역시 사실이다.[2] 일찍이 지적한 바와 같이, 내 생각으로는 정치적 쟁점에 대한 이른바 순수한 이론적 관심을 잃는 것은 미국 역사의 '경향'이 아니라, 도리어 미국 혁명이 세계 정치의 관점에서 결실을 맺지 못했던 주요 이유였다. 이것으로 보면, 나는 다음과 같이 생각하는 경향이 있다. 유럽의 사상가와 철학자들은 이론적 관심과 개념적 사유를 프랑스 혁명에 엄청나게 집중하고 있는데, 이러한 관심과 사유는 프랑스 혁명의 파멸적 종말에도 불구하고 그것이 전 세계적으로 성공

---

2) 카펜터(William S. Carpenter)는 『미국 정치사상의 발전』(*The Development of American Political Thought, Princeton*, 1930)에서 다음과 같이 올바르게 지적했다. "미국만의 독특한 정치 이론은 없다…… 정치 이론의 도움은 우리의 제도적 발전의 초기에 아주 종종 발견되었다(164쪽)."

하는 데 결정적으로 기여했다.

미국인들의 기억 상실은 혁명 이후의 사상을 정립하는 데 치명적으로 실패했기 때문이라고 할 수 있다.[3] 그 이유는 다음과 같이 정리될 수 있다. 모든 사유가 기억으로 시작된다는 것이 사실이라면, 어떠한 기억도 그것이 지속적으로 작동할 수 있는 개념적 사유의 틀에 압축되고 정제되지 않을 경우에는 안전하게 유지되지 못한다는 것 역시 사실이다. 우리가 경험, 심지어 이야기들—인간들이 행하고 유지한 것, 즉 사건과 결과에서 만들어지는 것—을 반복해서 언급하지 않는다면, 이것들은 생생한 말과 행적에 내재된 사소함(futility) 때문에 물거품같이 사라지게 된다. 유한한 인간들의 세상사를 언행의 내재적 사소함으로부터 구제하는 방법은 단지 이들을 계속해서 언급하는 것뿐이지만, 미래의 기억, 심지어 단순한 열거에 필요한 여러 개념과 지침들을 대화로부터 끌어내지 않는다면, 지속적인 대화

---

3) 기억하지 못한 이유를 추적하는 가장 단순하고 아마도 가장 설득력 있는 방법은 혁명 이후 미국 역사서지학에 관한 분석일 것이다. "혁명 이후 발생했던 것은…… 전통적으로 청교도 선조들과 연계된 모든 미덕에서 훨씬 더 쉽게 수용할 수 있는 순례자의 미덕으로 옮겨가면서 [청교도들에게서] 순례자들로 초점을 바꿨다는 점이다(Wesley Frank Craven, *The Legend of the Founding Fathers*[New York, 1956], 82쪽)." 그러나 이러한 초점 변화는 오래가지 않았다. 그리고 유럽 특히 마르크스적 범주에 의해 완전히 지배당하지 않고 혁명이 미국에서 일어났다는 것을 부정하지 않는다면, 미국 역사서지학은 미국 정치와 도덕에 결정적 영향을 미쳤던 혁명 이전의 청교도주의를 더욱더 강조했을 것이다. 그 사례의 이점을 완전히 차지하더라도, 이 강력한 인내는 적어도 부분적으로, 청교도인들이 혁명 참가자들뿐만 아니라 순례자들과도 달리 그들 자신의 역사에 깊이 관심을 가졌다는 사실에 기인할 것이다. 그들이 패배했다 하더라도 기억하는 법을 알고 있는 한 그들의 정신은 패배하지 않으리라는 것을 그들은 믿었다. 따라서 매더(Cotton Mather)는 다음과 같이 기술하고 있다. "나는 최초의 원리, 최초의 실제의 상실 속에 망각된 나의 조국을 고려할 것이다. 나의 조국은 최초의 실제 위에 확립되었다. 그러나 그러한 상실을 구원하는 좋은 방법 중 하나는 이 나라의 건국과 형성과 보존에 따르는 상황에 관한 이야기를 후손들에게 공정하게 전해줄…… 무엇인가를 행하는 것이다(*Magnalia*, Book II, 8~9)."

역시 무용지물이 될 것이다.[4]

하여튼 20세기의 이 나라는 제1차 세계대전 이후 서구의 해체가 아닌 유럽의 정치사회적 구조의 해체가 지적으로 부각했던 거의 모든 형태의 변덕과 기만에 질식하고 이를 과장하는 통탄스러운 경향을 보여왔다. '미국인들'이 개념적 사유를 혐오한 결과, 토크빌 이후 현재까지 미국 역사에 대한 해석은 경험의 뿌리를 다른 곳에 두고 있는 이론에 굴복하게 되었다. 일군의 의사(擬似) 과학—특히, 사회과학과 심리학—에서 나타나는 허튼소리를 이상하게 과장하고 때로는 왜곡하는 사례는 이러한 이론들이 대서양을 일단 넘어서자 상식을 벗어나 실재의 기초와 모든 한계를 상실했기 때문일 수도 있다. 그러나 미국이 억지스러운 이념과 기이한 개념에 그렇게 완벽한 반응을 보였던 이유는 단지 인간 정신이 전적으로 작동하려면 개념을 필요로 하기 때문일 수도 있다. 따라서 미국은 그의 최상 임무, 즉 실재에 대한 포괄적 이해와 그것과의 조화가 타협의 위험에 처할 때마다 어떤 것이든 거의 모두 수용할 것이다.

분명히, 혁명 정신은 사유와 기억의 부족으로 상실되었다. 우리가 개인적 동기와 실천적 목적을 배제하고 혁명 정신을 대서양 양안의 혁명 참가자들을 원래 고무했던 원리와 동일한 것으로 취급한다면, 우리는 프랑스 혁명의 전통—이것은 일정한 결과를 잉태한 유일한 혁명 전통이다—이 미국 내 정치사상의 자유주의적·민주주의적 추세, 그리고 노골적인 반혁명적 추세와 마찬가지로 개인적 동기와 실천적 목적을 보존하지 못했다는 점을 인정해야 한다.[5] 우리는 앞

---

4) 미래의 준거 및 기억을 위한 그러한 지침이 어떻게 이러한 끊임없는 대화에서 개념의 형태가 아니라 단일의 짤막한 문장과 응축된 경구로 나타나는가는 확실히 윌리엄 포크너의 소설들에서 가장 잘 나타난다. 포크너 소설의 내용보다는 오히려 그의 문학적 절차가 고도로 '정치적'이며, 많은 이들이 그것을 모방했음에도 불구하고 그는 내가 아는 한 그것을 사용한 유일한 작가다.

에서 이러한 원리들을 언급했으며, 18세기의 정치 언어에 따라 이들을 공적 *자유*, 공적 행복, 공공 정신이라 명명했다. 혁명 정신이 망각된 이후, 이들 중 미국에 남은 것은 평등주의·민주주의 사회를 지배하는 최대의 동인으로서 시민적 자유, 최대 다수의 개인 복지, 여론이었다. 이러한 변혁은 사회가 공공 영역에 침투한 결과에 아주 정확히 상응한다. 그것은 마치 원래 정치적이었던 원리가 사회적 가치로 바뀐 것과 같다.

그러나 이러한 변혁은 프랑스 혁명에서 영향을 받았던 국가들에서는 가능하지 않았다. 혁명가들은 초기의 촉진 원리들이 결핍과 필요라는 적나라한 원동력에 압도되었다는 것을 프랑스 혁명의 교훈에서 배웠으며, 자신들의 실제 모습, 즉 쓰레기더미를 위해 이러한 원리들을 드러냈던 것이 정확히 혁명이라는 단호한 확신을 가지고 자신들의 도제 수업을 마쳤다. 사회가 이러한 원리들을 독점했고 이들을 '가치'로 곡해했던 것이 사실이기 때문에, 이러한 잡동사니를 중하층 계급의 선입견으로 공공연히 비난하는 것은 훨씬 쉬워졌다. '사회 문제'라는 처절한 절박성, 즉 모든 혁명이 해방시켜야만 하는 거대한 빈민 집단의 망령에 영원히 사로잡혀 있던 그들은 폭력이 빈곤을 극복할지도 모른다는 요행을 바라면서 프랑스 혁명의 가장 폭력적인 사건들을, 어쩌면 불가피하게, 붙들고 있었다. 이것은 확실히 자포자기적인 태도였다. 그들이 만약 **행복**을 성취하기 위한 수단이었던 **공포**가 혁명을 파멸로 몰아넣었다는 것을 프랑스 혁명의 가장

---

5) 미국 정치사상이 혁명적 이념과 이상을 준수하는 모든 곳에서, 그것은 프랑스 혁명의 경험과 해석에서 나온 유럽의 혁명적 추세를 따르거나 초기 개척자들의 무법성에서 아주 뚜렷하게 나타난 무정부주의적 경향에 종속되었다. (우리는 제3장 각주 35에서 언급한 존 애덤스의 이야기를 독자들에게 다시 한번 환기할 수 있다.) 이러한 무법성은 전에 언급된 바와 같이 실제로 반혁명적이며, 혁명 참가자들을 겨냥하고 있다. 우리의 맥락에서는 이른바 혁명적 추세 두 가지 모두가 무시될 수 있다.

명백한 교훈으로 인정했다면 혁명, 즉 새로운 정치체의 건설은 대중들이 적빈의 고통을 받고 있는 곳에서는 가능하지 않다는 것 역시 인정해야만 했다.

19, 20세기의 혁명가들은 18세기의 선구자들과는 뚜렷이 대조적으로 자포자기한 사람들이었다. 그러므로 혁명의 동인은 점점 더 무법자, 즉 주민들 가운데서도 불행한 족속들의 관심을 끌었다. "불행한 족속들은…… 정규적인 통치의 평온함이 유지되는 기간에는 인간 이하로 전락했으나 시민적 폭력의 광포한 무대에서는 주역으로 부상해 자신들과 연대하는 편에 신체적 능력의 우위성을 제공한다."[6] 매디슨의 이러한 말들은 다음의 경우를 제외하고는 아주 타당하다. 즉 우리가 이 말을 프랑스 혁명의 사건들에 적용하기 위해서는 불행한 사람들과 최악의 사람들이 뒤섞여 있는 이러한 집단이 가장 훌륭한 사람들의 좌절로부터 다시 주역으로 부상할 기회를 수용했다는 점을 첨가해야 한다.

이 훌륭한 사람들은 프랑스 혁명이 파멸한 후 모든 행운이 그들의 기대를 벗어났다는 것을 알았는데도 여전히 혁명 활동을 포기할 수 없었다. 부분적인 이유를 들자면, 그들은 동정과 심각하면서도 항구적으로 좌절된 정의감에 사로잡혀 있었으며, 휴식이 아닌 행위가 만족을 가져다준다는 점 역시 인식했다. 이러한 의미에서 "미국 사람들은 민주주의에 대한 의견과 정념을 지니고 있고, 유럽에 있는 우리는 여전히 혁명에 대한 정념과 의견을 가지고 있다"[7]는 토크빌의 명언은 우리 세기에 이르기까지도 여전히 정당성을 갖는다. 그러나 이러한 정념과 의견이 결코 혁명 정신을 대변하지 못한다는 단순한 이유 때문에, 이것들 역시 혁명 정신을 보존하는 데는 실패했다. 도리

---

6) *The Federalist*, no. 43.

7) *Democracy in America*, vol. II, 256쪽.

어, 프랑스 혁명에서 노출된 그러한 정념과 의견은 이후에도 혁명 참가자들을 원래 고무했던 공적 *자유*, 공적 행복, 공공 정신의 원리들, 즉 혁명의 고유한 정신을 질식시켰다.

추상적이고 피상적으로 말하자면, 우리가 앞에서 했던 것과 같이 혁명 이전에 만들어진 용어에 전적으로 의존하지 않고도 혁명 정신의 그럴듯한 정의(定義)에 도달하는 과정의 주요 난점을 규정하기란 충분히 쉬운 것 같다. 모든 혁명의 최대 사건이 건국 행위인 한, 혁명 정신은 우리에게는 조화될 수 없고 심지어 모순된 것같이 보이는 두 가지 요소를 포함하고 있다. 새로운 정치체를 건설하고, 새로운 정부 형태를 고안하는 행위는 새로운 구조의 안정성과 지속성에 대한 진지한 관심을 포함하고 있다. 다른 한편, 이 중대한 임무에 관여하는 사람들이 갖게 되는 경험은 인간의 시작 능력에 대한 상쾌한 자각, 새로운 것의 탄생에 항상 수반되는 상쾌한 기분이다.

아마도 이 두 가지 요소, 안정성 및 새로운 것에 대한 정신이 정치 사상과 용어에서 대립해왔다는 바로 그 사실 ─ 전자는 보수주의로 구체화되고, 후자는 점진적 자유주의의 독점으로 주장된다 ─ 은 우리의 손실을 나타내는 징후 중 하나로 인정되어야 한다. 결국 혁명의 여파와 사후 과정에서 태어난 이데올로기들의 다져진 길들이 결정하는 자동적 사유 반응만큼 오늘날 정치적 쟁점에 대한 이해와 의미 있는 논쟁을 더 심각하게 손상하는 것은 아무것도 없다. 우리가 사용하는 정치 어휘의 기원이 고전 고대, 고대 그리스와 로마까지 거슬러올라가는가, 아니면 명백히 18세기 혁명으로 거슬러올라갈 수 있는가의 문제는 결코 무관하지 않기 때문이다. 달리 말하면, 우리가 사용하는 정치 용어가 전적으로 근대의 용어인 한, 그것은 기원의 측면에서 혁명적이다.

그리고 이 근대적·혁명적 용어는 항상 대립쌍 ─ 임의로 예를 들자면 좌파와 우파, 반동주의와 점진주의, 보수주의와 자유주의 ─ 으로 표현되는 것이 그 주요 특성이다. 이러한 사유 습관이 혁명의 등장과 더불어 얼마나 깊이 각인됐는가는 우리가 민주주의와 귀족주의 같은 오래된 용어에 부여한 새로운 의미의 발전을 주목할 때 가장 잘 드러난다. 민주주의자 대 귀족주의자라는 개념은 혁명 전에 존재하지 않았기 때문이다. 확실히, 이러한 대립쌍은 혁명적 경험 전체 속에 그 기원을 가지고 있으며 궁극적으로 정당성을 지니고 있지만, 문제의 핵심은 건국 행위에서 이들이 상호 배타적 대립물이 아니라 동일한 사건의 두 측면이며, 혁명이 성공하든 실패하든 종결된 이후에야 대립쌍은 서로 결별하고 이데올로기로 고착되며, 서로 대립하기 시작했다는 것이다.

어의적으로 말하자면, 상실된 혁명 정신을 다시 포착하려는 노력은 어느 정도 오늘날의 용어가 대립과 모순의 관점에서 우리에게 제시한 것을 함께 생각하고 유의미하게 결합하려는 시도다. 이러한 목적 때문에 우리가 알고 있는 바와 같이 혁명 이전에 존재했으며 로크와 루소보다 해링턴과 몽테스키외에서 첫 번째 이론적 결실을 보여준 공공 정신에 한 번 더 관심을 갖는 것이 좋을 것이다. 혁명 정신이 혁명 전이 아니라 과정에서 태동한 것이 사실이지만, 우리는 실제로 근대와 같은 시대에 정치사상에서 이러한 위대한 연습(演習)을 헛되이 찾아보지는 않을 것이다. 사람들은 이 기간을 통해 실제 규모를 거의 예측할 수 없는 사건에 대비했다.

그리고 근대의 이 정신은 아주 흥미로우며 의미 있게도 애초부터 순수하게 세속적이고 세계적인 영역 —이것의 정치적 표현이, 다른 것들 중에서, 참신성 자체에 어느 다른 것보다 훨씬 더 연관된 당대의 과학적·철학적 언급, 심지어 예술적 언급과 정면으로 배치된다는 것을 의미한다 —의 안정성과 지속성에 집중하고 있다. 달리 말하면, 사람들이 더 이상 제국들이 반영구적 변동에서 발생했다가 멸망한다는 것에 만족하지 않을 때, 근대성의 정치적 정신이 태어났다.

사람들은 영원히 지속된다고 믿을 수 있는 세계를 건설하기를 원했다. 그들은 그들의 시대가 행하고자 시도했던 것이 얼마나 새로운가를 알고 있었기 때문이다.

따라서 공화주의적 정부 형태는 평등주의적 성격(19세기에 나타나는 공화정과 민주정의 등식화는 당혹과 혼란을 야기한다) 때문이 아니라 상당한 지속성에 대한 약속 때문에 혁명 이전 사상가들에게 매력적이었다. 이것은 또한 17, 18세기가 스파르타나 베네치아라는 두 공화정에 대해 보였던 놀라울 정도로 대단한 관심을 설명해준다. 당대의 제한된 역사적 지식으로도 두 공화정은 기록된 역사 속에서 가장 안정되고 지속된 정부로 생각되었던 것 이상으로 호감을 살 만한 것을 가지고 있지 않았다. 따라서 혁명 참가자들은 '원로원'에 대해서도 각별한 애착을 보였다. 그들은 자신들의 제도에 원로원의 호칭을 부여했다.[8] 물론 이 제도는 로마의 모델 심지어 베네치아 모델과도 공통점을 갖고 있지 않았지만, 권위에 기초한 탁월한 지속성을 암시했기에 그들은 그것을 사랑했다. 민주정부에 대한 건국 선조들의 유명한 논박도 민주정부의 평등주의적 성격에 대해서는 거의 언급하지 않았다. 그들이 민주정부를 반대한 이유를 들자면, 고대의 역사와 이론이 민주주주의 '평온치 못한' 성격, 즉 불안정성 ― 민주주의는 "일반적으로 갑작스럽게 소멸할 만큼 단명한다"[9] ― 그리고 시민들의 변덕과 공공 정신 결핍, 여론과 대중 정서에 휩쓸리는 성향을 이미 증명했다는 점이었다. 따라서 "영구적인 조직체만이 민주주의의 무분별을 견제할 수 있었다."[10]

---

8) 르네상스 이후로 베네치아는 영광스럽게도 변동 주기를 저지할 수 있는 과거의 혼합 정부론을 정당화했다. 잠재적으로 불멸적인 도시에 대한 믿음의 필요성이 얼마나 컸는가는 베네치아가 쇠퇴의 시대에 항구성의 모델이 되었다는 역설을 통해 가장 잘 알 수 있다.

9) *The Federalist*, no.10 참조.

18세기 당시까지 사람들은 공공 정신이 확산해야 할 곳을 여론이 지배하고 있다고 생각했기 때문에, 하나의 정부 형태인 민주주의를 혐오했지만 이데올로기나 계급 선호의 징표를 혐오하지는 않았다. 이러한 왜곡의 징표는 다음과 같은 근거에서 시민들의 일치된 의견이었다. "사람들이 여러 가지 상이한 문제에 대해 자신들의 이성을 냉정하고 자유롭게 행사할 때, 불가피하게 이들 중 일부에 대해서는 상이한 견해에 도달하기" 때문이다. 그들이 공동의 정념에 의해 지배될 때, 그들의 여론은 — 그것이 여론이라 명명될 수 있다면 — 동일할 것이다."[11] 이 문맥은 여러 측면에서 지적할 만하다. 이 문맥은 의지 능력 — 근대적 개념과 오해 중 가장 교묘하고 위험한 것 — 을 무시하는 상당히 실제적인 장점을 가지고 있다고 하더라도, 이성과 정념의 '계몽적인', 사실상 오히려 기계적 대립 때문에 인간적 능력이라는 훌륭한 주제에 대해 많은 것을 가르쳐주지 못한다는 점에서, 문맥의 단순성은 다소 기만적이다.[12]

그러나 여기서 우리의 관심사는 이 문제가 아니다. 우리 입장에서

---

10) 해밀턴(Hamilton)의 주장, Jonathan Elliot, *Debates of State Conventions on the Adoption of the Federal Constitution*, 1861, vol. I, 422쪽.

11) *The Federalist*, no. 50.

12) 물론 이것이 의지가 건국 선조들의 연설이나 저작에서 나타났다는 것을 부정하는 것은 아니다. 그러나 이성, 정념, 권력과 비교할 때, 의지의 능력은 그들의 사상과 용어에서 매우 미미한 역할을 담당할 뿐이다. 이 용어를 다른 사람들보다 더 많이 사용한 듯 보이는 해밀턴은 '영구적 의지' — 실제로 이 용어에는 모순이 있다 — 에 대해 의미 있게 언급했고, 그것을 대중적 분위기에 저항할 수 있는 제도 정도로 이해했다(*Works*, vol. II, 415쪽 참조). 분명히 그가 추구한 것은 항구성이었다. 의지보다 덜 항구적인 것은 없으며, 의지가 항구성을 정립할 가능성도 가장 작았기 때문에 '의지'라는 용어는 유연하게 사용된다. 현대 프랑스의 문헌들과 연계해 이 문장을 해석할 때, 우리는 비슷한 상황에서 프랑스어가 '항구적 의지'가 아니라 '국민의 만장일치적 의지'를 환기하고자 했다는 것을 알 수 있다. 그리고 이러한 만장일치는 정확히 미국인들이 회피하고자 했던 것이었다.

볼 때, 적어도 이 문장들이 만장일치로 주장된 '여론'의 지배와 의견의 *자유* 사이에 결정적인 양립 불가능성을 암시하고 있다는 점이 훨씬 더 중요하다. 문제의 진실은 모든 의견이 동일해지는 곳에서는 의견이 형성될 수 없다는 점이다. 어느 누구도 다른 사람이 제기한 수많은 의견의 도움 없이 자신의 의견을 형성할 수 없으므로, 여론의 지배는 의견을 공유하지 않을 위력을 가진 소수들의 의견까지 위태롭게 한다. 이것은 대중적으로 환호를 받는 전제정을 반대하는 모든 견해가 각별히 빈곤한 부정주의를 제기하는 이유 중 하나다.

어쩌면 유일하고 일차적 이유는 아니지만 다수의 압도적 권력 때문에, 소수의 목소리는 그러한 상황에서 위력과 설득력을 완전히 상실하며, 여론은 그것의 만장일치로 인해 어디서든 만장일치의 반대를 야기하며 진정한 여론을 압살한다. 이것이 건국 선조들이 여론에 기반을 둔 지배와 전제정을 동일시하는 이유다. 이러한 의미에서 민주주의는 건국 선조들에게 새롭게 유행하는 전제정의 형태일 뿐이었다. 따라서 민주주의에 대한 그들의 혐오는 방종에 대한 오래된 두려움이나 분파적 투쟁의 가능성에서 유래하는 것이 아니라 공공 정신을 결여하며 만장일치의 '정념'에 휩쓸리는 정부의 기본적 불안정성에 대한 염려에서 유래했다.

여론에 의한 지배 또는 민주주의에 대해 방어하고자 원래 의도한 제도는 상원이었다. 최근 사법적 통제가 "정부론 연구에서 미국의 특이한 공헌"[13)으로 이해되는 것과 달리, 미국 상원의 참신성과 특이성은 확인하기가 더 어렵다. 그 이유를 들자면, 부분적으로 고대의 명칭이 오기(誤記)였다는 것을 알아보지 못했기 때문이며(이 책 330쪽 참조), 부분적으로는 상원(upper chamber)이 영국의 상원(the

---

13) W.S. Carpenter, 앞의 책, 84쪽은 이러한 통찰의 근거로 매디슨을 지적하고 있다.

House of Lords)과 자동적으로 동일시되었기 때문이다. 지난 세기 동안 상원의 정치적 역할이 감소한 것은 사회적 평등 성장의 불가피한 결과이지만, 그러한 제도가 세습적 귀족주의를 유지하지 않는 국가, 아니면 '귀족의 직위에 대한 절대적 금지'[14]를 주장한 공화국에서는 결코 받아들여질 수 없다는 것을 증명하기에 충분하다.

그리고 건국 선조들은 영국 정부를 모방하기 위해서가 아니라 정부의 운영에 기여하는 여론의 역할에 대한 매우 독창적인 통찰 때문에 '다수의 이익'을 대변하는 하원과, 궁극적으로 '모든 정부가 의존하는' 여론의 대표성에 전적으로 기여하는 상원을 동시에 설립하고자 했다.[15]* 이익의 다수성(multiplicity)과 의견의 다양성(diversity)은 모두 '자유로운 정부'의 특성으로 간주되었다. 이들의 공적 대표성은 '적은 수의 시민들이…… 모여서 인격으로 정부를 운영하는' 민주주의와 구분되는 공화국을 형성했다. 그러나 혁명 참가자들에 따르면 대의정부는 다수의 주민들 사이에서 통치를 위한 기술적 장치 이상의 의미를 지니고 있다. 소규모로 선정된 시민 조직체로 제한하는 것은 이익과 여론의 훌륭한 정화 장치로서 기여하고, '다수의 혼란에' 대비하고자 하는 것이었다.

이익과 의견은 서로 완전히 다른 정치현상이다. 정치적으로, 이익은 집단 이익으로서만 적실성을 지니며, 그러한 집단 이익의 정제

---

14) 생각나는 미국 상원의 유일한 전례는 의견이 아니라 조언을 행했던, 왕의 자문 위원회(King's council)다. 다른 한편 미국 정부에는 분명히 헌법에 명기된 바와 같이 조언을 위한 제도가 없다. 의견뿐 아니라 조언도 정부에 필요하다는 증거는, 루스벨트와 케네디의 '두뇌 집단'(brain trusts)에서 찾을 수 있다.

15) 이익의 복수성을 이해하기 위해서는 *Federalist*, no. 51을 참조하라. 그리고 의견의 중요성을 이해하기 위해서는 같은 책, no. 49를 참조하라.

* 'opinion', 'opinions'를 각기, '의견', '의견들'로 표기하지 않고 모두 '의견'으로 표현하는 것이 사실 우리 언어 정서에 더 맞을 것이다. 그러나 여기서는 의견의 다수성을 강조하려는 의도로 복수로 표기했을 경우에는 '의견들'로 표기한다.

를 위해서는 한 집단의 이익이 우연히 다수의 이익이 되는 상황에서도 집단 이익의 부분적 성격이 모든 조건 아래서 보호되는 방식으로 변호되는 것으로 충분한 것 같다. 반대로, 의견들은 결코 집단에 속하는 것이 아니라 '이성을 냉정하고 자유롭게 행사하는' 개개인에게 전적으로 귀속된다. 일부의 다수이든 사회 전체의 다수이든 관계없이 다수는 하나의 의견을 형성하지 못한다. 사람들이 다른 사람들과 자유롭게 의사소통을 하고 자신들의 견해를 공적으로 전환할 권리를 가지고 있는 곳에서만 의견들이 발생할 것이다. 그러나 무한히 다양한 이러한 견해들은 정화(淨化)와 대표성을 필요로 하는 듯하며, 모든 공적 견해를 거르는 매개자 역할을 하는 것이 원래 상원의 특별한 기능이었다.[16]

의견은 개개인에 의해 형성되고 사실 그들의 소유로 남아 있어야 한다. 그러나 어느 한 개인 — 계몽주의 시대 철학자들과 같이 현명한 사람도 아니고 모든 인간에게 신적으로 부여된 이성을 지닌 사람도 아닌 — 도 의견들을 선별하는 임무를 맡을 수 없다. 즉 어느 누구도 자의적인 것과 단지 개인적으로 특유할 뿐인 것을 분리하는 지성의 체로 이들을 거르고, 결과적으로 이것들을 공적인 견해로 순화하는 임무를 맡을 수 없다. 왜냐하면 "인간 자신과 마찬가지로 인간의 이성은 홀로 존재할 때 소심해지고 조심스러워지며, 그것이 관계를 맺게 되는 사람의 수가 많으면 많을수록 더 많이 확신하고 신뢰하게 되기 때문이다".[17] 의견은 그것을 서로 교환하는 과정에서 형성되고 검증된다. 따라서 의견 차이는 목적을 위해 선택된 사람들의 모임이라는 매개체를 통해 걸러져야만 조정될 수 있다. 스스로 천거한 이 사람들은 현명하지 못하며, 그들이 공통적으로 가지고 있는 목적은

---

16) 이 문장은 주로 *Federalist*, no. 10에 기반을 두고 있다.
17) 같은 책, no. 49.

인간 정신의 오류성과 유약성이라는 조건 속에 나타나는 지혜다.

역사적으로 말하자면, 대개 정치 영역에서 적실성을 가지며 특별히 정부에서 역할을 담당하는 의견은 혁명이라는 바로 그 사건과 과정에서 발견되었다. 이것은 물론 놀라운 것이 아니다. 갑작스레 그리고 예기치 않게 복종에 대한 전면적 거부가 결국 혁명을 치렀던 때만큼 모든 권위가 최종적으로 의견에 기반을 두고 있다는 사실이 강력하게 증명된 적은 결코 없다. 확실히 역사상 가장 극적인 이 계기는 모든 종류 각양각색의 선동가들에게 문을 열었으나, 혁명적 선동가들조차 신구 정권 모두의 필요는 아니더라도 의견에 의존하는 것을 달리 무엇으로 증명하겠는가? 인간의 이성과 달리, 인간의 능력은 홀로 존재할 때 '소심해지고 조심스러워지며' 다른 사람에게 의존할 수 없을 경우에는 실존하지 못한다. 가장 강력한 왕과 모든 전제군주들 가운데 가장 몰염치한 자라도, 어느 누구도 그들에게 복종하지 않을 경우, 즉 복종으로 그들을 지지하지 않을 경우에는 무기력할 수밖에 없다.

의견은 프랑스 혁명과 미국 혁명 모두에 의해 발견되었다. 그러나 오직 미국 혁명만이 —그리고 이것은 정치적 창조성의 높은 지위를 다시 한번 보여주었다— 공적 견해를 형성하는 지속적인 제도를 공화국의 구조로 건설하는 방법을 알고 있었다. 우리는 프랑스 혁명 과정과 이후 혁명들의 과정에서 그저 대안이 무엇이었는가를 충분히 인식했을 뿐이다. 이 모든 경우에, 표출되지 않고 정제되지 않은 의견들을 거를 매개체가 존재하지 않았기 때문에, 이러한 의견들의 혼돈은 긴급 상황이라는 압력 아래서 다양하게 대립하는 대중 정서로 결정화되었다. 긴급 상황의 압력은 대중 정서를 획일적인 '공개된 의견'으로 주조할 강자를 기다리며, '공개된 의견'은 모든 의견의 파멸을 주문한다.* 실제로 대안은 오직 여론의 무제약적인 지배와 밀접하게 조응하는 제도, 국민투표였다. 여론이 의견의 죽음인 것과 같이, 국민투표는 투표하고, 정부를 선정하며 통제할 시민들의 권리에 종지부를 찍는다.

상원이라는 제도는, 대법원이라는 제도로 구현되는 사법적 통제의 발견 못지않게 참신하고 특이하다. 이론적으로, 혁명의 이러한 두 가지 성과물—의견을 형성하는 지속적인 제도와 판단을 창출하는 지속적인 제도—에서 건국 선조들이 혁명을 앞당겼던 자신들의 개념적 틀을 벗어났다는 점을 지적하는 것만이 남아 있다. 따라서 그들은 사건 자체가 그들에게 열어놓았던 경험의 확장된 지평에 대응했다. 혁명이 발발한 세기의 전(前)혁명적 사상이 관심을 가졌으며 혁명적 논쟁을 이론적으로 지배했던 세 가지 중요한 개념은 권력, 정념, 이성이었다. 정부 권력은 사회 세력의 정념을 통제하며, 거꾸로 개인적 이성에 의해 통제되는 것으로 여겨졌다. 이러한 구도에서 의견과 판단은 분명히 이성의 능력에 포함되지만, 문제의 핵심은 철학사상뿐만 아니라 정치사상의 전통 역시 이 두 가지 정치적으로 중요한 합리적 능력을 거의 전적으로 무시했다는 점이다. 분명히 혁명 참가자들은 이론적 또는 철학적 관심 때문에 이러한 능력의 중요성을 자각한 것은 아니었다.

혁명 참가자들은 파르메니데스가 처음으로, 그다음에는 플라톤이 '의견'의 명성에 가했던 심대한 충격을 희미하게 기억했을지도 모른다.* 그것은 이후 '진리'에 대립하는 것으로 이해되어왔다. 그러나

---

* 여기서 'public opinion'을 '공개된 의견'으로 표현한 것은 'public'이 은밀한 것을 특성으로 하는 '사적인 것'과 달리 '노출된'이란 의미를 가지고 있기 때문에, 언어 행위로 표출되었으나 다양한 표출에도 불구하고 모두가 한목소리라면, 그것은 만장일치의 '노출된 의견'이지 '의견들'은 아니라는 점을 강조하기 위해서다. 아렌트는 또한 이를 현대 정치에서 강조하는 '여론'으로 표현하고 있다.

* 플라톤의 철학적 전통에서는 인식의 유형을 episteme(knowledge)와 doxa(opinion) 두 가지로 구분하고 전자와 진리를 연계시켰다. 그러나 아렌트는

혁명 참가자들은 확실히 인간의 합리적 능력의 서열에서 의견의 지위와 권위를 의식적으로 다시 언급하려고 시도하지 않았다. 그리고 '판단' 역시 같은 상황에 처하게 되었다. 인간사의 영역에서 판단이 가지는 본질적 성격과 놀라운 범위에 대해 무엇인가를 배우고자 한다면, 우리는 여기서 혁명 참가자들보다는 오히려 칸트 철학에 관심을 가져야 한다. 건국 선조들이 자신들의 일반적 개념들을 규정하는 편협하고 전통에 얽매인 틀을 극복할 수 있었던 것은 개념들의 새로운 창조에 안정을 보장하고, 정치적 삶의 모든 요소를 '지속적인 제도'로 안정화하려는 절박한 욕구 덕분이었다.

식민지인들이 지겨워하지 않고 반복했던 바와 같이 '후손'을 위해 안전해야만 하는 '영구적인 상태', 즉 항구성에 대한 이러한 전반적인 집착보다 혁명이 근대의 새로운 세속적·세계적 열망을 부각했다는 점을 더 명료하게 암시하고 있는 것은 아무것도 없다. 이러한 주장을 자식과 후손들의 미래를 대비하려는 이후 부르주아의 욕구로 곡해하는 것은 아주 잘못된 것이다. 이러한 주장 이면에는 사람들이 지구상의 영원한 도시(로마의 별칭)에 깊이 느꼈던 욕구말고도 "올바르게 형성된 공동체가 내재적인 어떤 이유 때문에 지구(World)와 같이 불멸적이거나 오래 지속될 수 있다"[18]*는 확신이 내재했다. 그리고 이러한 확신은 상당히 비기독교적이며, 고대의 마지막과 근대

"현상과 존재의 일치"라는 관점에서 정치 영역에서 의견이 가지는 중요성을 강조하고 있다. 'doxa'는 오늘날 영어에서 '의견'으로 표기된다. 의견과 판단의 관계에 대한 아렌트의 입장을 이해하기 위해서는 한나 아렌트, 김선욱 옮김, 『칸트 정치철학 강의』(푸른숲, 2002)를 참조하라.

18) Harrington, Liljegren ed., *Oceana*(Heidelberg, 1924), 185~186쪽.

* 여기서는 'world'를 세계로 표현했다. 아렌트는 인간들에 의해 구성된 인위적인 것을 '세계'로 표현하고 있다. 이 인용문에서 world는 '지구'라는 의미로 사용되었다. 아렌트적 세계는 '인위적'이지만, 지구는 '자연적'으로 존재한다.

를 구분하는 전체 시기의 종교 정신에 아주 생소하기 때문에, 우리는 강조점과 전망이 비슷한 것을 발견하기 위해 키케로에게 다시 관심을 가져야 한다. '죄의 대가가 죽음'이라는 바울로의 생각은 개인에게만 키케로가 법치 공동체로 진술한 것을 반영하고 있기 때문이다(정치체는 영구적일 수 있도록 구성되어야 하며, 죽음은 공동체의 경우 〔잘못에 대한〕 처벌이고, 개개인의 경우에는 처벌을 무효화하는 것처럼 보인다).[19]*

정치적으로, 이 고대적 세계관과 인간관 — 영원하거나 잠재적으로 영원한 세계 속에서 활동하는 유한한 인간에 관한 견해 — 이 역전되었다는 점은 기독교 시대의 두드러진 특징이다. 즉 영원한 삶을 누리는 사람들은 그 궁극적 운명이 죽음인 영원히 변화하는 세계 속에서 이동한다. 근대의 두드러진 특징은 근대가 지구상의 인위적인 세계의 미래에 새롭게 애착을 가지기 때문에 전례를 찾아 고대에 다시 한번 관심을 갖게 되었다는 점이다. 분명히, 인간의 정신에서 세계의 미래에 대한 애착이 사후 인간의 궁극적 운명에 대한 애착보다 우위를 차지하는 정도에 따라 특정 시대의 세계의 세속성과 인간의 세계성은 최상으로 측정될 수 있다.

신앙심이 깊은 사람들조차도 개인적 구원을 자유롭게 추구하도록 하는 정부를 바랐을 뿐만 아니라 인간 본성의 권위에 더 부합되는…… 정부를 구성하고 싶어 했으며, 아울러 후손들에게 그 정부를 영원히 유지하고 보존하는 수단과 함께 정부를 물려주고 싶어 했을 때, 그것은 새로운 시대의 세속성을 알리는 징표였다.[20] 하여튼 이

---

19) *De Re Publica*, III 23.

* 원문에 포함된 라틴어 문구를 그대로 옮겼다. "Civitatibus autem mors ipsa poena est, quae videtur a poena singulos vindicare; debet enim constituta sic esse civitas ut aeterna sit."

20) 존 애덤스(John Adams)의 주장. *Dissertation on Canon and Feudal law*.

것은 존 애덤스가 청교도들에게 속한다고 생각했던 심오한 동기였
으며, 청교도들도 지구상의 단순한 순례자가 아니라 '선조 순례자
들'—사후가 아닌 유한한 인간들로 구성된 세계에서 목숨과 주장을
간직한 식민지 건설자들—이었다는 범주에서 볼 때, 그는 옳았을
것이다.

근대 혁명 전의 정치사상과 식민지 건설자들에게 타당했던 것은
혁명과 건국 선조들에게 더 타당하게 되었다. 해링턴의 저작에 아주
명백히 드러나는[21] '영구적 상태에 대한 근대의 애착' 때문에, 애덤
스는 '수많은 세대 동안 지속되는 제도'를 취급한 신정치학을 '신성
하다'고 표현하게 되었다. 그리고 정치를 특별히 강조하는 근대의 입
장은 혁명으로 입증되었는데, 이에 대해 가장 간명하고 장대한 정의
(定議)를 한 것은 '죽음은 불멸성의 시작'이라고 주장한 로베스피에
르였다.

우리는 고상하지는 않지만 적잖이 중대한 차원에서 헌법 논쟁을
관통하는 중요한 맥락인 항구성과 안정성에 대한 애착을 발견하게
된다. 이 헌법 논쟁에서 해밀턴과 제퍼슨은 여전히 한 영역에 속해
있으면서도 두 개의 대립극(對立極)에 서 있었다. 해밀턴은 "헌법이
필히 항구적이어야 하므로 만일의 사태 변화에 좌우될 수는 없다"고
주장했고,[22] 제퍼슨은 "선천적인 불가양도의 권리는 인간의 작품이
아니라 창조주의 작품이기 때문에 이 권리를 제외하고는 변하지 않
는 것이 없다"고 확신했다.[23] 따라서 헌법 논쟁의 핵심 쟁점인 권력

---

21) 나는 정치체의 항구성에 대한 집착이 17세기 정치사상에서 담당했던 역할
   때문에 제라 핑크(Zera Fink)의 중요한 연구서 『고전적 공화주의자들』(*The
   Classical Republicans*, Evanston, 1945)에 도움을 받고 있다. 핑크 연구의 중요성
   은, 그가 이러한 애착이 당대의 종교적 갈등과 내란으로 설명될 수 있는 단순
   한 안정에 대한 관심을 어떻게 뛰어넘는가를 보여준다는 점에 있다.

22) Elliot, 앞의 책, vol. II, 364쪽.

23) Padover ed., *The Complete Jefferson*, Modern Library, 295쪽 이하.

분배와 균형에 관한 전체 논의는 여전히 동일한 정치체에 군주적·
귀족주의적·민주주의적 요소를 결합한 채 반영구적 변동 주기와 제
국의 흥망을 포착할 수 있으며 불멸의 도시를 건설하는 혼합 정부 형
태의 오래된 개념 측면에서 부분적으로 수행되었다.

　대중의 의견과 학문적 의견은 미공화국의 전적으로 새로운 두 가
지 제도적 장치, 상원과 대법원이 정치체에서 가장 '보수적인' 요소
들을 대변하며, 그 주장이 명백히 옳다는 데 일치를 보이고 있다. 안
정에 기여하고 항구성에 대한 근대 초기의 애착을 충분히 해결하는
것이 혁명 기간에 명백해졌던 정신을 보존하기에 충분했는지가 오
직 의문스러울 따름이다. 분명히 이것은 충분하지 않았다.

2

　혁명이 지속적인 제도를 제공하지 못한 오류는 혁명 이후 사상이
혁명 전통을 기억하지 못할 뿐만 아니라 개념적으로도 이해하지 못
한 오류보다 먼저 발생했다. 혁명이 테러의 파멸로 끝나지 않았다
면, 그것은 혁명 참가자들에 따르면, "공개적으로든 은밀하게든 인
간의 권리와 영구적으로 투쟁하지는 않는 유일한 정부 형태를"[24] 수
립함으로써 목적에 도달했을 것이다. 그러나 오늘날 드러난 바와 같
이, 이 공화국에는 공화국을 건설하는 데 도구적이었던 바로 그 가치
가 행사될 수 있도록 남겨진 여지와 유보된 공간은 존재하지 않았다.
이것은, 마치 공화국의 권력과 시민들의 자유, 판단과 의견, 이익과
권리를 부양하는 법을 아주 잘 이해한 사람들이 자신이 다른 무엇보
다도 실제로 귀중하게 생각했던 것, 즉 행위의 잠재력, 전적으로 새
로운 것의 개시자가 되는 자랑스러운 특권을 망각하기라도 한 것처

---

24) 1790년 3월 11일 제퍼슨이 헌터(William Hunter)에게 보낸 편지.

럼, 간과되었을 뿐이다. 그들은 자신의 후계자들에게 이 특권을 양도하고 싶지 않았다. 그러나 이 당혹스러운 사실에 어느 누구보다도 더 관심을 가졌던 제퍼슨이 아무리 이렇게 극단으로 생각하게 되었다 해도, 그들 역시 자신들의 작업을 부정하고 싶어 하지는 않았다. 이 난관은 매우 단순했고, 논리적 관점으로 표현하자면 해결할 수 없는 것 같다.

건국이 혁명의 목적이고 목표라면, 혁명 정신은 새로운 것을 시작하는 정신일 뿐만 아니라 항구적이고 지속적인 것을 시작하는 정신이었다. 따라서 혁명 정신을 구현하고 그것이 새로운 업적을 실현하도록 부추기는 지속적인 제도는 저절로 붕괴되게 마련이었다. 이러한 점에 비추어볼 때, 혁명의 성과를 촉진했던 정신보다 바로 그 성과를 더 심각하게 위협하는 것은 불행하게도 아무것도 없는 것 같다. 행동의 *자유*와 같이 가장 훌륭한 *자유*는 건국을 위해 지불하는 대가여야 하는가. 지금까지 어떤 혁명도 공적 *자유*와 공적 행복 없이 성공하지 못했는데, 이것들이 건국 선조 세대들만의 특권으로 남게 되는 이러한 난관은 우리가 앞서 언급했던 혁명 정부와 입헌정부 사이의 구별에 관한 로베스피에르의 당혹스럽고 자포자기적인 이론을 생산했을 뿐만 아니라 이후에도 모든 혁명적 사유를 괴롭혀왔다.

미국이라는 무대에서 어느 누구도 제퍼슨만큼 명료하면서도 많은 정열적 애착을 가지고 공화국의 구조에 나타나는 이 외견상의 불가피한 결점을 인지한 사람은 없다. 그는 우연히, 때로는 격렬히 헌법에 반대했다. 특히 그는 "경건한 체하는 경외감으로 헌법을 주시하고, 헌법이 언약의 궤라도 되는 양 그것을 너무나 성스러워 접촉할 수 없는 것으로 생각하는"[25] 사람들에 반대했다. 왜냐하면 그는 자신의 세대만이 반복해서 세계를 마음대로 형성해야 한다는 주장에

---

25) 1816년 7월 12일 케르슈발(Samuel Kercheval)에게 보낸 편지.

내재된 부정의에 자극을 받았기 때문이다. 페인과 같이 제퍼슨에게도, 그러한 주장은 "내세에서 〔지배하는〕 단순한 허영과 과장"이었으며, 게다가 "모든 전제정 중 가장 우스꽝스럽고 무례한 전제정"이었다.[26] "우리는 아직 헌법이 변하지 않도록 모험할 만큼 헌법을 완성하지 못했다"고 그가 언급했을 때, 그는 완벽한 헌법의 가능성을 두려워했다. 따라서 그는 "헌법을 개정하지 않을 수 있을까? 나는 아니라고 생각한다"는 말을 덧붙였다.

그 이유를 결론적으로 표현하면 다음과 같다. "인간의 생득적·불가양도의 권리 외에 변하지 않은 것은 없으며, 그는 반란과 혁명의 권리를 이러한 권리에 포함시켰다."[27] 파리에 체류하는 동안 매사추세츠주에서 일어난 셰이(Shay) 반란 소식을 들었을 때, 그는 그 동기가 "무지에 근거를 두고 있다"는 점을 인정하면서도 조금도 놀라지 않았고 그 반란을 열광적으로 환영했다. "하느님께서는 우리가 20년 동안 그러한 반란 없이 지내는 것을 금하셨다." 그 반란의 옳고 그름을 떠나, 주민들이 결단을 내리고 일어서 행동했다는 사실만으로도 그에게는 충분했다. "자유라는 나무는 때때로 애국자와 전제자들의 피로 원기를 회복해야 하기 때문이다. 그것이 자유라는 나무의 자연적 거름이다."[28]

프랑스 혁명이 일어나기 2년 전에 쓰였으며, 제퍼슨 이후 저작에서는 찾아볼 수 없는 형식을 띤 이 마지막 문장들은 혁명 참가자들의 사유에서 행위라는 전반적인 쟁점을 뒤덮게 되었던 오류의 단서를 우리에게 제공할 수도 있다.[29] 그들 경험의 본성에는 행위라는 현상

---

26) 페인의 말을 인용한 것으로, 각기 *Common Sense*와 *Rights of Man*에 있다.

27) 1824년 6월 5일 카트라이트(John Cartwright) 소령에게 보낸 유명한 편지.

28) 수없이 인용되는 이 말은 1787년 11월 13일 파리에서 스미스(William Stephens Smith) 대령에게 보낸 편지에 나온다.

29) 제퍼슨은 특히 '가장 내 마음에 드는 항목'으로서 구(區) 제도를 채택한 후

을 전적으로 해체하고 복원하는 이미지로 인식하는 태도가 내재되어 있었다. 그들이 비록 혁명 이전에 꿈속에서 또는 실재 속에서 공적 *자유*와 공적 행복을 인식했다 하더라도, 혁명적 경험의 충격은 해방보다 선행하지 않으며 *자유*의 파토스를 해방 행위로부터 도출하지 않았던 *자유*의 모든 개념을 압도했다. 게다가 그들이 전제군주들과 필연성에서 성공적인 해방을 뛰어넘는 *자유*의 적극적 개념을 가지고 있는 한, 이 개념은 건국 행위, 즉 헌법의 구성과 동일시되었다.

그러므로 제퍼슨은 해방의 폭력이 *자유*를 위한 안전한 공간을 건설하려는 모든 노력을 좌절시킨 프랑스 혁명의 파국에서 교훈을 얻었고, 행위를 반란 및 해체와 동일시하던 초기 입장에서 새로이 건설하는 것과 증강하는 것으로 보는 입장으로 바뀌었다. 따라서 그는 세대가 교체되는 시기에 '정기적으로 헌법을 수정할 수 있는' 준비를 헌법 자체 내에 마련하자고 제안했다. 새로운 세대들은 각기 자신들의 행복을 많이 증진시킨다고 믿는 정부 형태를 스스로 선정할 권리를 갖는다는 그의 정당화는 너무나 환상적이어서(특히 당시 사망률 통계를 고려한다면 19년마다 새로운 '다수파'가 존재했다) 진지하게 고려되기 어려운 것 같다. 게다가 모든 국민 중에서도 제퍼슨이 도래할 세대들에게 비공화주의적 정부 형태를 설립할 권리를 부여해야 한다는 것은 더더욱 불가능한 일이었다.

그의 마음속에 맨 처음 떠올랐던 것은 정부 형태의 실질적 변경도 아니고 심지어 세대에 따라 언제까지나 정기적인 수정을 거치면서 헌법을 후대에 물려주는 헌법 조항이 아니었다. 그것은 오히려 국민

몇 년 사이에 혁명의 엄청난 필연성에 대해 훨씬 많이 말하고 싶어 했다(특히 1816년 9월 5일 케르슈발에게 보낸 그의 편지를 참조하라). 이러한 강조의 변화를 노인의 변덕쯤으로 치부하는 것은, 제퍼슨이 자신의 구 제도를 아무리 무시하더라도 그렇지 않았으면 필연성이었을 것에 대한 유일한 대안으로 생각했다는 사실로 볼 때 정당하지 않은 듯하다.

전체의 의견이 사회의 공동 이성에 의해 공정하고 충분하며 평화롭게 표현되고 논의되며 결정되는 방법과 수단을 찾기 위해 각 세대가 대표자들을 회의에 파견할 권리를 확보하게 하려는 다소간 어색한 시도였다.[30] 달리 말하면, 그는 혁명 과정과 함께 진행되었던 전체 행위 과정의 정확한 반복에 대비하고자 했다. 그는 초기 저서에서 일차적으로 해방의 관점에서, 그리고 독립선언에 앞섰으며 뒤따랐던 폭력의 관점에서 이 행위를 고찰했지만, 나중에는 헌법 제정과 새로운 정부의 수립, 즉 스스로 *자유* 공간을 구성하는 행위에 훨씬 더 많은 관심을 가졌다.

제퍼슨은 자신의 상식을 매우 의식했고 마음먹은 것을 실천하는 능력이 아주 탁월했다. 따라서 분명히, 엄청난 난관과 현실적 재앙만이 제퍼슨의 입장을 설명할 수 있다. 그는 되풀이해서 발생하는 혁명들의 이러한 구도를 제안했을 것 같다. '억압·반란·개혁'이라는 끊임없는 순환을 치유하는 해결 방안 가운데 가장 덜 극단적인 것을 쓴다 해도, 반복되는 혁명은 정치체의 작동을 정기적으로 방해하거나 십중팔구 건국 행위를 단순히 통상적 수행으로 전락시켰을 것이다. 그리고 이럴 경우에 그가 그토록 보존하고자 했던 것에 대한 기억도—인간적인 것이 아주 오랫동안 지속될 수 있다면 시간의 끝까지—상실됐을 것이다.

그러나 제퍼슨이 평생을 그러한 실행 불가능한 일에 도취되었던 이유는 그가 희미하지만 다음과 같은 사실을 인식했다는 데 있다. 혁명은 국민에게 *자유*를 제공했지만, 이 *자유*가 행사될 수 있는 공간은 제공하지 못했다. 국민 자신이 아닌 국민의 대표자들만이 '표현하고 논의하고 결정하는' 행위, 긍정적인 의미로 *자유* 행위에 참여할 기

---

30) 이 문장과 다음 문장에서 나는 1816년 7월 12일 케르슈발에게 보낸 제퍼슨의 편지를 다시 인용하고 있다.

회를 가졌다. 그리고 주 및 연방 정부, 즉 혁명의 가장 자랑스러운 결실이 각기 고유 임무의 순수한 비중 때문에 정치적 중요성에서 읍과 읍민회관을 압도하게 된 이후——에머슨(Emerson)이 여전히 정치적 문제에서 공화국의 단위이며 국민의 학교라고 생각했던 것이 고사될 때까지[31]——사람들은 영국이 통치했던 미국 식민지에서보다 미 공화국에서 공적 *자유*를 행사하고 공적 행복을 향유할 기회가 더 적었다는 결론에 도달할 수도 있다. 멈퍼드(Lewis Mumford)는 건국자들이 읍의 정치적 중요성을 전혀 파악하지 못한 이유와, 그것을 연방 정부나 주 정부로 흡수하지 못한 오류가 '혁명 이후 정치 발전의 비극적 실패들 중 하나'였다는 점을 지적했다. 건국 선조들 중에서는 제퍼슨만이 이러한 비극을 명확히 예견했다. 그가 가장 두려워했던 것은 "민주주의의 추상적인 정치체계가 구체적 기관을 결여하고 있지 않은가" 하는 문제였기 때문이다.[32]

건국 선조들이 읍과 읍민회관 모임을 헌법에 수용하지 못한 실수, 또는 좀더 근본적으로 변화된 상황 속에서 이들을 개혁할 방법과 수단을 찾지 못한 실수는 충분히 이해할 수 있다. 그들의 주요 관심은 당면한 모든 문제 중 가장 어려운 문제인 대표성 문제에 집중되었다. 그들이 공화국을 민주주의와 구별되는 것으로 정의하는 한, 이것은 가장 어려운 문제였다. (일찍이 150년도 훨씬 전에 셀던〔John Seldon〕이 의회 탄생의 주요 원인을 기술했던 바와 같이) 단지 "모든 사람을 수용할 공간이 없다"는 이유만으로도, 직접 민주주의는 분명히 실행될 수 없었다. 실제로 바로 이러한 조건들 때문에 필라델피아에서는 대표성 원리가 계속해서 논의되었다. 대표성은 국민 자신이 직접 하는 정치 행위의 대체물일 뿐이었으며, 그들이 선택한 대표자들은 선

---

31) Emerson, *Journal*, 1853을 참조.
32) Lewis Mumford, *The City in History*(New York, 1961), 328쪽 이하.

378

거권자들로부터 수용한 훈령에 따라 행동해야 하는 것이지 과정에서 형성될 수 있는 그들 자신의 의견에 따라 업무를 거래하는 것이 아니라고 생각되었다.[33]

그러나 식민지 시대의 선출된 대표자들과 달리 건국자들은 이 이론이 얼마나 실재와 동떨어진 것인지를 인식한 첫 번째 사람들이었음이 틀림없다. 제임스 윌슨은 집회 당시 '국민의 감정과 관련해 그들이 어떠한 존재인가를 정확히 알기란 어렵다는 것을 인식했으며, 매디슨은 집회의 어느 구성원도 자기 선거구의 의견이 이 당시 어떠했는가를 말할 수 없다는 것을 잘 알았다. 하물며 그는 그들이 이곳 구성원들이 가진 정보와 능력을 소유했다면 어떤 생각을 했을지도 말할 수 있었다.[34] 따라서 러시(Benjamin Rush)가 "모든 권력은 인민

---

33) William S. Carpenter, 43~47쪽에서는 대표성과 관련해 당시의 영국 이론과 식민지 이론의 차이를 지적하고 있다. 영국에서는 시드니(Algernon Sidney) 및 버크(Burke)와 더불어, 대표자들이 소환되어 하원에서 의석을 상실한 이후 더 이상 그들이 대표하는 사람들에 의존할 필요가 없다는 이념이 증대되고 있었다. 반대로, 미국에서는 인민들이 그들의 대표자를 계도할 권리를 가진다는 것이 식민지 대표성 이론의 두드러진 특징이었다. 이를 뒷받침하자면, 카펜터는 당대 펜실베이니아 문헌에서 다음과 같이 인용하고 있다. "The right of instruction lies with the constituents and them only, that the representatives are bound to regard them as the dictates of their masters and are not left at liberty to comply with them or reject them as they may think proper."

34) Carpenter, 앞의 책, 93~94쪽. 물론 오늘날의 대표자들은 자신들이 대표하는 사람들의 정신과 감정을 이해하기가 쉽지 않다는 것을 발견하지 못했다. "정치인은 자신의 유권자들이 자신에게 무엇을 해주길 바라는지 결코 알지 못한다. 그는 그들이 정부가 무엇을 행하기를 원하는지를 알기 위해 필요한 지속적인 조사를 할 수 없다. 그는 심지어 그러한 욕구가 전적으로 존재하는가에 대해서조차 상당한 의혹을 가지고 있다. 결과적으로, 그는 자신이 만들어냈던 욕망을 충족해주기로 약속함으로써 선거 승리를 기대하기 때문이다." C. W. Cassinelli, *The Politics of Freedom: An Analysis of the Modern Democratic State* (Seattle, 1961), 41, 45~46쪽 참조.

으로부터 나오지만 인민은 단지 선거일에만 권력을 가지며, 그후에 권력은 통치자의 소유물"[35]이라는 새롭고 위험한 주장을 제안했을 때, 그들은 불편함이 전적으로 없었던 것은 아니지만 이러한 주장을 긍정적으로 이해할 수 있었다.

이 몇 가지 인용은 간단히 말하자면 혁명 이후에도 근대 정치의 가장 중요하며 골치 아픈 쟁점의 하나인 전반적인 대표성 문제가 정치 영역 자체의 바로 그 권위에 대한 결정만큼이나 많은 의미를 함축하고 있다는 것을 보여줄 수도 있다. 인민들의 직접 행동에 대한 단순한 대체물로서의 대표성과 인민에 대한 인민 대표자들의 대중적으로 통제된 지배로서의 대표성 사이의 전통적 대안은 어떠한 해결도 허용하지 않는 그러한 난관 중 하나를 구성한다. 선출된 대표자들이 훈령에 크게 제약을 받아 단지 그들 주인의 의지를 이행하기 위해서만 함께 모일 뿐이라면, 그들은 자신을 고객의 이익을 대변하는 전문가들, 즉 명예로운 심부름꾼 소년이나 변호사처럼 고용된 전문가로 간주하는 선택 방안을 가질 수도 있다. 그러나 이 두 경우 모두 유권자의 관심사가 그들의 관심사보다 더 절박하고 중요하다고 가정한다. 그들은 어떤 이유로든 공공 업무에 종사할 수도 없고 종사하길 원하지도 않는, 고용된 대리인에 불과하다. 반대로, 대표자들이 제한된 기간에 자신들을 선출한 사람들에게서 위임을 받은 통치자가 되는 것으로 이해된다면 ─ 공직이 순환되므로 엄격히 말해 대의정부는 물론 없는 것이다 ─ 대표성은 투표자들이, 비록 자의적이기는 하지만, 자신들의 권력을 포기한다는 것을 의미하며, "모든 권력은 인민에게 있다"는 옛 격언이 선거일에만 타당하다는 것을 의미한다.

첫 번째 사례에서 정부는 단순한 관리로 쇠락했으며, 공공 영역은 소멸되었다. 행위 속에서 주시하고 주시되는, 즉 존 애덤스의 행위 현

---

35) Carpenter, 앞의 책, 101쪽 참조.

시(spectemur agendo)의 공간 또는 논의와 결정, 즉 제퍼슨의 '정부에 참여한다는 자부심'을 위한 공간은 없다. 정치적 문제들은 전문가들이 결정하는 필요성에 의해 지시되는 것들이지 의견과 순수한 선택에 개방되는 문제들은 아니다. 따라서 의견들을 공적 견해로 정화하는 매디슨의 "선출된 시민 조직체라는 매개체"는 필요치 않다. 다소간 실재에 근접한 두 번째 사례에서는 혁명이 공화국의 성립을 통해 폐지하는 데 착수했던 치자와 피치자의 구별이 다시 주장되었다. 다시 한번 국민은 공공 영역에 참여하는 것을 인정받지 못하게 되었고, 다시 한번 정부의 임무는 오직 (제퍼슨이 인간들의 정치적 재능이라고 명명했던 바와 같이) 자신의 고매한 기질을 행사하는 소수의 특권이 되었다. 그 결과 국민은 '공적 *자유*의 붕괴를 예고하는 무기력 상태에 빠지거나, 자신들이 보유한 유일한 권력이 혁명의 예비 권력이기 때문에 그들이 선택한 어떠한 정부에 대해서도 '저항 정신을 보유' 하게 된다.[36]

건국 선조들이 그렇게 높이 평가하고 세심하게 정교화했던 공직 순환은 집권자 소수가 기득권을 가진 개별 집단으로 자신들을 구성

---

36) 이것은 물론 제퍼슨 자신이 편지에서 간략하게 설명한 문제에 대한 그의 견해다. 특히 앞서 언급한 1787년 11월 13일 스미스(W. S. Smith)에게 보낸 편지를 참조하라. 그는 1771년 8월 3일 스킵위드(Robert Skipwith)에게 보낸 초기 편지에서 '고매한 기질의 연습'과 '도덕적 감정'에 관해 매우 흥미롭게 적고 있다. 그것은 그의 경우에 일차적으로 상상력 연습이다. 따라서 그러한 연습의 대가(大家)는 역사가들이라기보다 오히려 시인들이다. 왜냐하면 셰익스피어 작품에서 맥베스가 던컨을 가상적으로 살인하는 것은 우리 마음속에서 헨리 4세라는 실존 인물과 같은 악한에 대한 엄청난 공포를 일으키기 때문이다. 인간적 상상력의 장은 시인들을 통해 우리의 용도, 즉 실제 생활로 제한하자면 기억할 수 있는 아주 작은 사건과 행위들—역사의 교훈은 너무나 흔치 않다—을 포함하는 장에 개방된다. 하여튼 효(孝)라는 의무에 대한 생생하게 지속되는 감정은 지금까지 저술된 윤리 및 신성에 관한 건조한 책을 통해서보다는 『리어 왕』을 읽음으로써 자녀들의 마음에 궁극적으로 더 많이 각인된다.

하지 못하도록 하는 것말고는 다른 것을 거의 행할 수 없었기 때문에, 이러한 악에 대한 해결 방안은 없었다. 순환은 결코 모든 사람, 심지어 주민들 중 일부에게조차 잠정적으로 '정부 업무의 참여자'가 될 기회를 제공할 수 없었다. 이러한 악이 국민 다수에 제한되었다면, 그것은 공화정 대 왕정이나 귀족정 사이의 전반적 쟁점이 공공·정치 영역에 평등하게 진입할 권리를 돌아보았다는 사실의 관점에서 충분히 나쁜 것이었다. 그런데 사람들이 의심하는바, 건국자들은 혁명이 적어도 '고매한 기질'에 대한 성향이 강한 사람들, 정치적 경력의 예외적 우연성에 몰두할 만큼 구별에 대한 아주 열렬한 열정을 갖고 있는 사람들에게 정치 영역을 개방했다는 생각으로 자위하는 것이 아주 편하다는 것을 알게 됐음이 틀림없다.

그러나 제퍼슨은 위안받기를 거절했다. 제퍼슨은 그들이 저항했던 전제정만큼 나쁜, 아니면 더 나쁜 '선거에 의한 전제정'을 두려워했다. "한때 〔우리 국민이〕 공적인 문제에 무관심했다면, 여러분과 나, 국회의원들, 판사와 주지사들은 모두 늑대가 되었을 것이다."37) 그리고 미국의 역사 발전이 이러한 두려움을 거의 증명하지 않았다는 것이 사실이기는 하지만, 이 두려움이 정부를 설립하는 과정에서 거의 전적으로 건국자들의 '정치학'에서 비롯됐다는 것 역시 타당하다. 권력 분리는 정부에서 견제와 균형을 통해 그 통제력을 행사해왔다. 제퍼슨이 두려워했던 위험에서 결국 미국을 구원했던 것은 정부 기구였다. 그러나 헌법은 국민들 자신이 아닌 국민 대표자들만을 위해 공공 영역을 제공했기 때문에, 이 기구는 국민들을 공적인 문제에 대한 무기력과 무관심으로부터 구원할 수 없었다.

미국 혁명 참가자들 중 오직 제퍼슨만이 혁명이 종결되면 혁명 정신을 어떻게 보존할 것인가라는 명백한 의문을 자신에게 자각했다

---

37) 1787년 1월 16일 캐링턴(Edward Carrington) 대령에게 보낸 편지.

는 것은 이상해 보인다. 그러나 이러한 자각의 부족에 대한 설명은 그들 자신이 혁명가들이 아니라는 데 있지 않다. 도리어 그들이 혁명 정신을 당연한 것으로 여겼던 게 문제였다. 그 정신은 식민지 시대를 통해 형성되고 배양됐던 정신이기 때문에, 게다가 국민들은 혁명을 잉태한 기반이었던 그 제도들을 아무런 방해도 받지 않고 소유했기 때문에, 헌법이 권력과 공적 행복의 실제 근원을 수용하고 정당하게 구성하며 새로이 건설하지 못하는 숙명적 오류를 거의 인식할 수 없었다. 헌법이 그 나라의 모든 정치 행위의 실제 근원인 읍 및 읍민회관을 수용하지 못해서 일어난 오류는 결국 그들에게 사형선고나 매한가지였다. 그리고 이러한 상황은 정확히 헌법 및 새로운 정치체 건설의 경험이 지닌 엄청난 비중 때문에 나타났다. 역설적인 것 같아 보이지만, 실제로 혁명의 충격 아래서 아메리카의 혁명 정신은 고사하기 시작했고, 미국 국민의 위대한 업적인 헌법 자체도 궁극적으로 그들을 기만하고 그들의 가장 자랑스러운 소유물을 박탈했다.

  우리는 이러한 문제들을 좀더 정확히 이해하기 위해, 또한 제퍼슨의 잊힌 제안이 담고 있는 비범한 지혜를 평가하기 위해 정반대 상황이 발생했던 프랑스 혁명 과정에 다시 한번 관심을 가져야 한다. 미국 국민들에게는 혁명 이전의 경험이었으며 공식적인 인정과 기초를 필요로 하지 않는 듯 보였던 것이 프랑스에서는 혁명 자체의 예기치 못한, 주로 자발적인 결과였다. 그 유명한 파리코뮌의 48개 섹션(區; le section)은 정당하게 구성돼 대표자를 선출하고 국민의회에 파견할 대중 조직체가 부족했기 때문에 태어난 것이었다. 그러나 이러한 섹션들은 곧 스스로 자치 조직체로 구성했으며, 자체 내에서 국민의회 대표자들을 선출하지는 않았으나 혁명 과정에서 그러한 결정적 역할을 담당할 지역 혁명 평의회인 파리코뮌을 구성했다. 게다가 우리는 자발적으로 구성된 수많은 클럽과 **민중협회**(sociétés populaires)를 발견하게 된다.*

이러한 조직들은 지역 평의회와 더불어 존재하면서도 이들의 영향을 받지 않았다. 물론 이러한 조직들(클럽 및 민중협회)의 기원은 결코 정식으로 인정받은 위원들을 국민의회에 파견하는 임무, 즉 대표 임무에 있다고 볼 수 없다. 그 유일한 목적은 로베스피에르의 표현대로 "헌법의 기본 원리에 대해 동료 시민들을 교육하고 계몽하며, 헌법이 생존할 수 있는 빛을 확산하는 것이었다." 헌법의 생존은 '공공 정신'에 좌우되기 때문이었다. 이 정신은 시민들이 공동으로 이러한 "〔공적〕 문제들, 즉 조국의 가장 귀중한 이익에 관심을 가질 수 있는 의회에서"만 존재했다.

대표자들이 클럽과 협회의 정치권력을 차단하지 못하게 하기 위해 1791년 9월 국민의회 앞에서 연설한 로베스피에르의 경우, 이 공공 정신은 혁명 정신과 동일했다. 당시 의회의 인식에 따르면 혁명은 종결됐고, 혁명이 잉태했던 협회들은 더 이상 필요하지 않았으며, "아주 훌륭히 기여했던 도구를 해체할 시기였기" 때문이다. 로베스피에르는 의회가 긍정하고 싶어 했던 것을 자신이 전혀 이해하지 못했다고 덧붙였지만, 그것은 그가 이 가정을 부정했기 때문이 아니라 다음과 같은 이유 때문이었다. 즉 그 자신이 그랬던 것과 마찬가지로 그들 역시 혁명의 종식을 '정복과 *자유*의 보존'으로 상정했다면, 그가 주장하는바 클럽과 협회는 이 *자유*가 실제로 스스로 표출될 수 있고 시민들에 의해 행사될 수 있는 유일한 장소였기 때문이다. 따라서 클럽과 협회는 헌법의 진정한 기둥이었는데, 그것은 '한때 우리

---

* 1790년 아시냐 화폐의 가치 하락과 경제적 위기는 민중 운동을 자극했다. 민주파와 선서 거부파 사이의 갈등 속에서 민주파가 성장하게 되자, 민중적인 클럽이 속출하게 되었다. 남녀박애협회가 설립되었고, 이러한 여러 민중적 모임은 1791년 중앙위원회를 구성했다. 코르들리에 클럽은 특권 계급을 감시하고 행정을 감독하며 집단 행동이 필요할 경우 여론 조사, 시위 운동 등을 통해 이러한 운동을 지도했다.

를 대신할 대다수 사람들이 그들 사이에서 나타났'기 때문만이 아니라 그들이 바로 '*자유*의 기초'를 형성했기 때문이기도 하다. 그들의 모임을 방해한 사람들은 누구나 '*자유*를 공격했다'는 혐의를 받았으며, 혁명에 대한 범죄 중에서 '최대의 범죄는 협회를 박해하는 것'이었다.[38]

그러나 로베스피에르는 집권 후 새로운 혁명 정부—그는 내가 방금 인용한 논평 중 일부를 언급한 지 몇 개월도 아니고 단지 몇 주가 지났을 뿐인 1793년 여름에 등장했다—의 정치적 수장이 되자마자 자신의 태도를 완전히 역전했다. 그는 한때 자신이 이른바 '민중협회'로 명명하기로 했던 협회들에 대해 냉혹하게 거부하고 반대했으며 분리 불가능한 하나인 '전체 프랑스 국민의 위대한 민중협회'를 환기시켰다. 이 협회는 기능인이나 이웃 주민들의 소규모 민중협회와는 대조적으로 결코 한 장소에 모일 수 없었다. "모든 사람을 수용할 만한 공간이 없었기 때문이었다." 그것은 대표의 형태로만, 즉 프랑스 국민의 집중화된 분리 불가능한 권력을 수중에 넣은 하원에서만 존재할 수 있었다.[39] 그가 재빠르게 만들고자 했던 유일한 예외는 자코뱅파의 지지를 받았다. 이것은 그들의 클럽이 로베스피에르의 당에 속했기 때문일 뿐만 아니라 더 중요하게 그 클럽이 '대중적' 클럽이나 협회가 결코 아니었기 때문이다. 그 클럽은 1789년 의회(States-General)의 최초 모임에서 발전했으며, 이후에도 계속해서 대표자들을 위한 클럽이었다.

---

38) 협회 및 클럽의 권리에 관한 1791년 9월 29일 로베스피에르의 의회 보고서를 인용하고(Lefebvre, Soboul etc. ed., *Œuvres*(Paris, 1950), vol. VII, no. 361), 1973년의 상황을 이해하기 위해 다음 문헌을 인용했다. Albert Soboul, "Robespierre und volksgesellschaften", Walter Markov ed., *Maximilien Robespierre, Beträge zu seinem 200*(Geburtstag/Berlin, 1958).

39) Soboul, 앞의 책 참조.

정부와 국민 사이의 갈등, 집권자들과 그들의 집권을 도왔던 사람들 사이의 갈등, 대표자들과 피대표자들 사이의 갈등이 치자와 피치자 간의 오래된 갈등으로 바뀌었으며, 본질적으로 권력 투쟁이었다는 사실은 더 이상의 증명을 필요로 하지 않을 만큼 타당하고 명백하다. 로베스피에르는 정부의 수장이 되기 전에 "인민의 대표자들이 인민에 대해 음모를 꾸미는 것"을 비난했고, "국민으로부터 대표자들이 독립하는 것"을 억압과 동일하게 취급하면서 비난했다.[40] 확실히 그러한 비난은 우선 대표성을 믿지 않았던 루소의 제자들에게 더 자연스러워 보였다—"의지는 대변될 수 없기 때문에, 대변자를 가진 인민은 자유롭지 못하다."[41] 그러나 루소의 가르침은 성스러운 일치(union sacrée), 즉 인민과 정부 간의 차이를 포함해 모든 차이와 구별의 제거를 요구하기 때문에, 논의는 이론적으로 충분히 우회적인 방식으로 이용될 수 있었다.

그리고 로베스피에르가 자신의 입장을 바꾸고 협회로부터 등을 돌렸을 때, 그는 다시 루소에게 호소할 수 있었으며 협회들이 존재하는 한 "통일된 의견이란 존재할 수 없다"[42]는 쿠통(Couthon)*의 입장에 동조할 수 있었다. 실제로 로베스피에르가 다음과 같은 결론에 도달하는 데는 거대한 이론이 아니라 단지 혁명 과정에 대한 현실주의적

---

40) *Le Défenseur de la Constitution*, 1792. G. Laurent ed., *Œuvres complètes*, 1939, vol. IV, 328쪽 참조.

41) 이 표현은 다음 문헌에서 인용한 르클레르(Leclerc)의 표현이다. Albert Soboul, "Ah den Ursprüngen der volksdemokratie: Politische Aspekte der Sansculottendemocrtie im Jahre II", *Beträge zum neuen Geschichtsbild: Festchrift für Alfred Meusel*(Berlin, 1956).

42) Soboul, 앞의 책, "Robespierre und volksgesellschaft."

* 쿠통(Couthon, 1755~94)은 하반신 불수의 변호사 출신으로, 입법의회와 국민공회 의원을 지낸 열렬한 로베스피에르파다. 1793년 공안위원회에서 로베스피에르, 생 쥐스트와 더불어 삼두체제를 유지했으며, 리옹 반란 진압 책임을 맡았다. 테르미도르 정변 때 로베스피에르와 함께 처형되었다.

386

평가만이 필요했을 뿐이다. 의회는 더욱 중요한 사건과 거래에 어떠한 몫도 거의 가지고 있지 않았으며, 혁명 정부는 어떤 정부와 정부 형태도 거역할 수 없을 만큼 파리의 섹션과 협회들의 압력 아래 있었다. 이 몇 년 사이의 수많은 청원과 서한들(이번에 처음으로 출간되었다)[43]을 일별해보는 것만으로도 혁명 정부의 난관을 이해하기에 충분하다. 그 청원과 서한들은 다음과 같은 것들을 말하고 있다. "빈자들만이 그들을 도왔다." 빈자들은 이제 "노동의 결실을 확보하고" 싶어 한다. 빈자들의 "신체가 결핍과 빈곤의 색채"를 보여주고 그들의 영혼이 힘도 없이 미덕도 없이 걷고 있다면 그것은 항상 입법가의 잘못이다. 인민들에게 그들의 행복이 다가오고 있다고 말하는 것만으로는 충분하지 않기 때문에 헌법이 인민을 실제로 어떻게 행복하게 할 것인가를 인민에게 증명할 시간이다. 간단히 말하자면, 국민의회(National Assembly)* 외부에서 정치적 결사들로 조직화된 인민들은 "공화국이 각각의 개인에게 생존수단을 보장해야 한다"는 것, 입법가들의 일차적 임무가 빈곤 퇴치를 입법화하는 것임을 그 대표자들에게 알렸다.

그러나 이 문제에 다른 측면이 있다. 로베스피에르가 협회에서 *자유* 및 공공 정신에 대한 첫 번째 발표를 환영했을 때 그는 틀리지 않았다. 우리는 실제로 *자유*의 필요조건이지만 불행히도 정치 행위가 해결해줄 수 없는 '행복'에 대한 급격한 요구와 함께 협회의 임무에 대한 완전히 상이한 정신과 정의를 발견하게 된다. 예컨대, 우리는

---

43) Walter Markov and Albert Soboul ed., *Die Sanskulotten von Paris: Dokumente zur Geschichte der volksbewegung 1793~1794*(East Berlin, 1957). 이 책은 2개 국어로 출간되었다. 다음에서 나는 주로 nos. 19, 28, 29, 31을 인용했다.

* 1789년 7월 7일 헌법기초위원회(le Comite de constitution)가 구성되었고, 7월 9일에는 국민의회가 스스로 제헌국민의회(l'Assemblee nationale constituante) 임을 선언했다.

한 파리 섹션의 조례에서 주민들이 어떻게 자신들을 하나의 협회로 조직했는가를 듣게 된다. 의장, 부의장, 비서 네 명, 검열관 여덟 명, 재무관 한 명, 문서기록 보관인 한 명이 있다. 열흘에 세 번씩 정기 회합이 있고 공직 순환에 따라 한 명이 한 달 동안 의장직을 맡는다. 그리고 그들이 그 주요 임무를 어떻게 규정하는지를 보자. 협회는 공화국의 *자유*, 평등, 통합, 분리 불가능성에 관한 모든 업무를 취급할 것이다. 〔그 구성원들은〕 자신들을 서로 계몽할 것이며, 선포된 법과 명령에서 나오는 존경에 관해 스스로 깨달을 것이다. 그들이 토론을 하면서 어떻게 질서를 유지하려고 했는가. 연사가 연설의 주제에서 벗어나거나 지루한 얘기를 하면, 청중들은 일어났다.

우리는 다른 섹션에서 '민중협회를 고무해야 하는 공화주의 원리의 발전에 관한' 연설에 대해 들었는데, 이것은 시민들 중 한 사람이 연설한 것이었으며 구성원들의 주문으로 출판되었다. "제헌의회에 개입하거나 영향을 미치고자 시도하는 것"을 명백히 금지하는 항목을 조례로 채택한 협회들도 있었다. 이러한 협회들은 공공 문제에 속하는 모든 문제를 논의하되 그것을 굳이 제안, 청원, 연설 등으로 연결하지 않고 이들에 대해 언급하고 의견을 교환하는 것을 주요 임무──유일한 임무는 아니지만──로 인정했다.

제헌의회에 직접 압력을 행사하기를 단연코 거부했던 이러한 협회들 중 한 협회에서 다음과 같이 제도 자체에 대한 매우 유창하고 감동적인 찬사가 나오게 된 것은 우연이 아닌 듯 보인다. "'민중협회'라는 용어, 즉 시민은 숭고한 용어가 되었다…… 한 협회에 함께 모일 권리가 폐지되거나 심지어 변경될 수 있다면, *자유*란 공허한 이름이 될 것이며, 평등이란 터무니없는 기획이 되고, 공화국은 확고한 성채를 상실할 것이다…… 우리가 정당하게 수용했던 불멸의 헌법은…… 모든 프랑스 사람에게 민중협회에서 회합할 권리를 부여한다."[44]

생 쥐스트는 로베스피에르가 여전히 의회에 대항해 협회들의 권리를 옹호하던 시기에 저술을 했다. 그 저술에서 그는 상퀼로트라는 압력단체보다 오히려 공화국의 이 새로운 전도유망한 기구들을 염두에 두고 있었다. 파리의 지구들(districts)*은 파벌 싸움의 희생물이 되는 대신 자신들이 적절한 정신에 의거해 행동하고자 한다면 모든 것을 바꾸었을 민주주의를 구성했다. 가장 독립적이었던 코르들리에(Cordeliers) 구역은 또한 가장 박해받는 구역이었다. 그 구역에서는 우연히 집권한 사람들을 반대하고 이들의 기획을 부정했기 때문이다.[45] 그러나 생 쥐스트는 로베스피에르 못지않게 권력을 장악하자마자 금세 입장을 번복했으며, 협회들에 등을 돌렸다. 자코뱅 정부는 섹션들을 정부 기구와 테러 기구로 변형시키는 데 성공했다.

생 쥐스트는 이러한 정부 정책에 입각해 스트라스부르의 민중협회에 보낸 서한에서 지역을 관리하는 각 구성원들의 공화주의적 미덕과 애국주의에 관한 그들의 견해를 제출할 것을 요구했다. 답변을 받지 못하자 그는 전체 행정관료들을 체포하기 시작했다. 이때 그는 아직 고사하지 않은 민중협회로부터 혹독한 항의 서한을 받았다. 이에 대한 답변에서 그는 자신이 '음모'를 취급하고 있다는 판에 박은 설명을 제시했다. 분명히 민중협회들이 정부를 위해 첩자 역할을 하지 않았다면, 그는 민중협회를 더 이상 필요로 하지 않았을 것이다.[46]

---

44) 같은 책, nos. 59 and 62.

* 제헌의회는 구체제의 제도적 혼돈을 극복하기 위해 새로운 지역 구분을 채택했다. 1789년 12월 22일 채택된 단일 체제는 다음과 같다. 현(縣, department)은 지구(地區, district)로, 지구는 군(郡, canton)으로, 군은 자치체(commune)로 분할되었다.

45) *Esprit de la Révolution et de la Constitution de France*, 1791; Ch. Vellay ed., *Œuvres complètes*[Paris, 1908], vol. I, 262쪽 참조.

46) 그는 1793년 가을 알사스에서 전쟁 복무 중 대중 사회, 즉 스트라스부르 사회에 한 통의 편지를 보냈다. 그 내용은 다음과 같다. "형제와 친구들이여, 우리는 여러분에게 라인강 하류 지방의 관리를 담당하는 각 구성원들의 공화주의

그가 주장한 대로, 이러한 전환의 직접적 결과는 아주 자연스럽게도 다음과 같았다. "인민의 *자유*는 그들의 사적인 삶에 존재한다. 그것을 방해하지 말라. 강제력 자체에 대해 이러한 소박한 상태를 유지하기 위해서만 정부가 강제력이 되게 하라."[47] 이러한 말들은 실제로 정확히 인민의 모든 기관에 대한 사형 선고였으며, 혁명에 대한 모든 희망이 사라졌음을 암시한다.

분명히 프랑스 혁명 기간 중 프랑스 전역에 확산되었던 파리코뮌과 그 섹션들, 민중협회들은 빈자(貧者)들의 강력한 압력단체, "아무것도 거역할 수 없는 절박한 필요성이라는 다이아몬드 칼"(액튼 경)을 형성했다. 그러나 이것들은 또한 국민들에게 제퍼슨식의 '정부 참여자'가 되는 것을 허용하는 체계와 새로운 유형의 정치조직의 맹아, 즉 첫 번째 미약한 출발을 담고 있었다. 이러한 두 가지 측면 때문에, 그리고 비록 지금까지 전자가 후자를 압도해왔다고 하더라도, 공동체 운동과 혁명 정부 사이의 갈등은 두 가지로 해석될 수 있다. 그 갈등은 한편으로는 거리의 사람들과 정치체 사이의 갈등이며, "사람들의 고결함을 위해 활동하지 않고 모든 사람의 품위를 실추하기 위해 활동하는"[48] 사람들과, 혁명의 파도 속에서 희망과 열망에 부풀어 생 쥐스트와 함께 "로마인들 이후 세계는 텅 비었으며, 그들의 기억은 이제 *자유*에 대한 우리의 유일한 예언"이라고 외치고, 로베스피에르와 함께 "죽음은 불멸성의 시작"이라고 선언할 수 있었던 사람들 사이의 갈등이다. 다른 한편으로 그 갈등은 인민과 무자비하게

적 미덕과 애국주의에 대한 여러분의 견해를 우리에게 전해줄 것을 부탁드립니다." *Œuvres*, vol. II, 121쪽 참조.

47) "Fragments sur les institutions républicaines", *Œuvres*, vol. II, 507쪽.

48) 이 언급—Après la Bastille vaincue…… on vit que le peuple n'agissait pour l'élévation de personne, mais pour l'abaissement de tous'—은 놀랍게도 생 쥐스트의 언급이다. 각주 45에 인용한 그의 초기 저서를 참조하라(vol. I, 258쪽).

집중화된 권력기구 사이의 갈등인데, 이 권력기구는 국민의 주권을 대표하는 척하면서 인민의 권력을 박탈했으며, 따라서 혁명이 탄생시켰던 모든 자발적이며 유약한 권력기구들을 박해해야만 했다.

우리의 맥락에서 볼 때, 주목해야 하는 것은 두 번째 유형의 갈등이다. 그러므로 클럽, 특히 자코뱅파와 구별되는 협회들은 원리상 파당적이지 않으며, 이것들이 "드러내놓고 새로운 연방주의의 확립을 목표로 했다"[49]는 것을 지적하는 것은 상당히 중요하다. 로베스피에르와 자코뱅 정부는 권력의 분리와 분할이라는 바로 그 개념을 증오했기 때문에 코뮌의 섹션들뿐만 아니라 협회들까지 약화시켰다. 권력의 집중화라는 조건 아래서는 협회들, 각각의 소규모 권력구조, 코뮌의 자치까지도 집중화된 국가권력에 분명한 위험물이었다.

도식적으로 말하자면, 자코뱅 정부와 혁명 결사들 사이의 갈등은 세 가지 상이한 쟁점을 중심으로 제기되었다. 첫 번째 쟁점은 공화국이 상퀼로트의 압력에 대항해 벌이는 생존 투쟁, 즉 사적 빈곤의 압도적 불평등에 대항해 공적 *자유*를 확보하려는 투쟁이었다. 두 번째 쟁점은 협회들의 공공 정신에 대항해 절대권력을 확보하려는 자코뱅파의 투쟁이었다. 이론적으로 이것은 공공 정신, 사상과 언론의 *자유*에 내재된 다양성에 대항해 단일화된 여론, '일반의사'를 얻으려는 투쟁이었고, 실천적으로는 공적인 것, **공공복지**에 대항해 당 및 당의 이익을 확보하려는 권력투쟁이었다. 세 번째 쟁점은 권력의 분리 및 분할을 담고 있는 연방 원리에 대항해 정부의 권력 독점을 위한 투쟁, 즉 진정한 공화국의 최초의 시작에 대항하는 국민국가의 투쟁이다. 이 세 가지 쟁점 모두를 둘러싼 충돌은 혁명을 주도하고 공공 영역으로 부상한 사람들과, 혁명이 해야만 했으며 할 수 있었던 것에 대한 인민들 자신의 개념 사이에 심각한 분열을 노출했다.

---

49) 이것은 소불의 앞의 책에서 인용한 데르부아(Collot d'Herbois)의 판단이다.

확실히, 인민 자신들의 혁명적 개념들 중 으뜸은 행복(bonheur)이었다. 생 쥐스트는 그것이 유럽에서는 새로운 용어였다고 올바르게 지적했다. 그리고 이러한 측면에서 인민들은 자신들이 이해하지 못하거나 공유하지 않았던, 지도자들의 오래된 혁명 이전의 동기들을 매우 신속히 제거했다는 점이 인정되어야 한다. 우리는 어떻게 "혁명을 마련했던 모든 이념과 감정 중에서 공적 *자유*의 관념과 취향이, 엄격히 말해, 사라질 첫 번째 개념이었는가"(토크빌)를 앞에서 살펴본 바 있다. 공적 *자유*의 관념과 취향은 혁명이 노출했던 불행의 공격을 저지할 수 없었으며, 심리학적으로 표현해 인간적 곤경에 대한 동정의 충격 속에서 고사했기 때문이다.

그러나 혁명은 전도유망한 사람들에게는 행복의 교훈을 가르쳤던 반면 인민들에게는 분명히 '공적 *자유*의 관념과 취향'에서 첫 번째 교훈을 가르쳤다. 논쟁, 교육, 상호 계몽, 의견 교환 등이 모두 집권자들에게 직접 영향을 미치지는 않았다 하더라도, 이러한 것들에 대한 엄청난 욕구가 섹션과 협회에서 자라났다. 섹션에서 사는 주민들이 상부의 명령에 따라 정당의 연설에 귀를 기울이고 복종하게 되었을 때, 그들은 단지 드러내지 않았을 뿐이다. 결국 그리고 전혀 예기치 않게, 유럽에서는 실제로 알려지지 않았고, 알려졌다 하더라도 거의 완벽하게 거부됐던 연방 원리는, 그 적절한 명칭은 인식하지 못한 채 그것을 발견했던 인민들 자신의 자발적 조직화 노력에서만 전면에 드러났다. 왜냐하면 파리의 섹션들이 원래 의회를 선출하기 위한 목적으로 위에서부터 형성된 것이 사실이라면, 이러한 유권자들의 집회가 자발적으로 파리코뮌의 거대한 지역 평의회를 구성하는 지방 조직으로 바뀌었던 것 역시 사실이기 때문이다. 유권자들의 집회가 아니라 이 공동 평의회 체계가 프랑스 전역에 걸쳐 혁명적 결사들의 형태로 확산됐다.

결코 존재하지 않았던 공화국의 이러한 최초 기구들이 맞게 되는 슬픈 종말에 대해 몇 가지만 언급할 필요가 있다. 이 기구들은 집중화된 중앙정부에 의해 분쇄됐다. 이 기구들이 실제로 공화국을 위협했기 때문이 아니라 그 존재로 인해 공권력의 경쟁자가 되었기 때문이다. 프랑스인 어느 누구도 "함께 행동하는 10명이 수십만 명을 전율케 할 수 있다"는 미라보(Mirabeau)의 말을 잊지 않았던 것 같다. 이 기구들을 폐지하는 데 사용된 방법은 매우 단순하면서도 교묘했기 때문에, 프랑스 혁명의 위대한 사례를 따라야 했던 수많은 혁명에서 전적으로 새로운 것은 거의 발견되지 않았다.

매우 흥미롭게도, 협회와 정부 사이에 발생하는 갈등의 핵심 중 가장 결정적인 것은 궁극적으로 협회들의 비당파적 성격임이 증명됐다. 프랑스 혁명에서 그렇게 파멸적인 역할을 담당했고 이어서 전체 대륙 정당 체계의 뿌리가 되었던 정당, 아니 파벌은 의회에 그 기원을 두고 있으며, 그들 사이에서 자라났던 야망과 열광—그것은 혁명 참가자들의 혁명 이전 동기보다 훨씬 더 강했다—은 대다수 국민들이 이해하지도 공유하지도 않았던 것들이다. 그러나 의회 내 분파들 간에 합의가 존재하지 않았기 때문에, 각 분파가 다른 모든 분파를 지배하는 것은 생사의 문제가 되었으며, 이것을 수행할 유일한 길은 의회 밖에서 다수를 조직화해서 그 압력으로 그 자체의 지위 밖에서 의회를 테러 대상으로 삼는 것이었다. 따라서 의회를 지배하는 길은 민중협회에 침투해 궁극적으로 이를 장악하는 것이고, 자코뱅파라는 단 하나의 의회 분파만이 진정으로 혁명적이며, 그들과 관계를 유지하는 협회들만이 신뢰할 수 있고, 다른 모든 민중협회는 '가짜 협회'라고 선언하는 것이었다. 우리는 여기서 어떻게 정당 체계 형성 초기에 일당 독재가 다당 체계에서 발전했는지를 알 수 있다. 로베스피에르의 공포정치는 실제로 프랑스 국민 전체를 거대한 단일의 당기구—'거대한 민중협회는 프랑스 국민이다'—로 조직화하려는 시도였을 뿐이다. 자코뱅파는 이 당기구를 통해 프랑스 전역에 당세포망을 확산하고자 했다. 그리고 그들의 임무는 더 이상 토론과 의견의 교환, 상호 교육, 공공 업무에 대한 정보 전달이 아니라 서로서로 감시하고 당원과 비당원을 똑같이 비난하는 것이었다.[50]

이러한 것들은 볼셰비키당이 동일한 방법으로 혁명적 소비에트 체계를 약화하고 왜곡했던 러시아 혁명 과정을 통해 매우 친근해졌다. 그러나 이 유감스러운 친근함 때문에 우리가 프랑스 혁명 과정에서 근대적 정당 체계와 새로운 혁명적 자치 기구 사이에 갈등이 일어나게 됐다는 것을 인식하지 못하는 것은 아니다. 전적으로 상이하고 심지어 서로 모순적이기까지 한 이 두 체계는 동일한 계기에서 잉태되었다. 정당 체계의 극적인 성공과 평의회 체계의 못지않게 극적인 실패는 모두 국민국가의 형성 때문이었다. 근대 국가는 정당 체계를 발전시켰으나 평의회 체계는 붕괴시켰다. 그 와중에 좌파 정당과 혁명 정당은 보수당이나 반동적 우파 정당 못지않게 평의회 체계에 적대적임을 스스로 드러냈다. 우리는 정당 정치의 관점에서 국내 정치를 생각하곤 한다. 따라서 우리는 두 체계 간의 갈등이 실제로 항상 정당 체계의 근원이자 권좌인 의회와, 권력을 대표자에게 양도한 국민 사이의 갈등이었다는 것을 망각하는 경향이 있다. 한 정당이 일반 대중과 아무리 성공적으로 연대하고 의회 체계에 등을 돌리더라도, 그 정당이 일단 권력을 장악하고 일당 독재를 확립하기로 결정했다면, 그 정당은 자체의 기원이 의회의 분파적 대립에 있으며 따라서 외부와 상층으로부터 인민에 접근하는 조직으로 남아 있다는 것을 결코 부정할 수 없다.

로베스피에르가 민중협회들의 비폭력적 권력에 대항해 자코뱅파의 전제적 강제력을 확립했을 때, 그 역시 전적으로 내부적 불협화음

---

50) "The Jacobins and the societies affiliated with them are those which spread terror among tyrants and aristocrats", 같은 책.

과 분파적 투쟁에 휩싸인 프랑스 의회의 권력을 주장하고 이를 다시 확립했다. 그가 알고 있었든 알지 못했든 권좌는 모든 혁명적 연설에도 불구하고 의회에 다시 귀속되었지 인민에 귀속되지 않았다. 따라서 그는 협회들에서 나타났던 인민들의 가장 명백한 정치적 야망, 평등에 대한 야망, '우리 평등하다'라는 자랑스러운 말로 전체로서 의회나 대표자에게 보낸 모든 요청서와 청원서에 서명할 수 있다는 주장을 분쇄했다. 그리고 자코뱅의 공포 시대는 사회적 유대를 의식하고 또한 과대하게 의식했음에도 불구하고 이러한 평등을 확실히 붕괴시켰다. 그 결과 국민의회 내의 끊임없는 분파적 투쟁에서 패배한 것이 그들의 편이었을 때, 인민은 무관심했고 파리의 섹션들은 지원해주지 않았다. 결국 형제애는 평등의 대체물이 아니었다.

3

"카토는 '카르타고는 섬멸되어야 한다'(Cartago delenda est)는 말로 모든 연설을 마쳤다. 마찬가지로 나는 '카운티를 구(wards)로 분할하자'라는 권고와 함께 모든 의견을 마무리짓는다."[51] 이렇게 제퍼슨은 한때 그가 가장 귀중하게 여겼으나 결국 당대 사람들에게 그랬듯 후손들에게도 불가해했던 정치 이념에 대한 설명을 요약했다. 카토에 대한 인용은 라틴어 인용문에 사용되는 한가한 입놀림은 아니었다. 그것이 강조하고자 했던 것은 국가를 이렇게 세분화하지 않을 경우 공화국의 존재 자체가 중대한 위협에 직면할 것이라는 제퍼슨의 생각이었다. 카토가 보기에 카르타고가 존재하는 한 로마는 안전할 수 없었던 것과 같이, 제퍼슨이 보기에 공화국은 구(區) 체계를 갖지 않은 채로 건국되면 안전하지 못했다. "내가 일단 이것을 이해할

---

51) 1824년 6월 5일 존 카트라이트에게 보낸 편지.

수 있게 되면 나는 그것을 공화국을 구원할 서광으로 생각할 것이며, 노년의 시미언(Simeon)*과 같이 '이제 여신들을 해방하라'라고 말할 것이다."[52]

제퍼슨의 "기초 자치체"(elementary republic)** 안(案)이 실행되었다면, 그 안은 프랑스 혁명 기간 중 파리코뮌의 섹션과 민중협회에서 발견할 수 있는 새로운 정부 형태의 유약한 맹아들을 훨씬 더 앞섰을 것이다. 그러나 제퍼슨의 정치적 상상력이 통찰과 범위에서 이들을 추월했다면, 그의 사상은 여전히 동일한 방향으로 진행하고 있었을 것이다. 제퍼슨의 구상과 프랑스의 혁명 결사는 19, 20세기를 통해 모든 순수한 혁명에서 출현할 수 있었던 평의회, 소비에트, 레테(Räte: 독일의 평의회)를 매우 놀라울 정도로 정확히 예상했다. 이것

---

* 시미언(390~459)은 시리아 출신 수도승으로, 수도원 생활을 하다가 은둔자가 되었으며, 평생 높은 돌기둥 위에서 생활하다가 삶을 마감했다. 동로마 황제 레오 1세에게 영향을 주었다. *The New Encyclopaedia Britannica*, vol. 10; Micropaedia, 818쪽을 참조하라.

52) 이 인용문은 제퍼슨이 카운티를 수백 개로 나누고자 제안했던 약간 초기의 것이다(1810년 5월 26일 타일러[John Tyler]에게 보낸 편지를 참조하라). 분명히 그가 생각했던 구(區)는 인구 약 100명으로 구성되어 있었다.

** 여기서 elementary republic은 공화국의 기본 형태를 띠고 있는 자발적 정치 조직 예컨대 미국 혁명기 타운 또는 구 등을 의미하지 단순한 행정조직으로서 지방 자치 단체를 의미하지는 않는다. 자치체는 공화국의 원리에 따라 권력이 자발적으로 행사되는 정치 조직이다. 코뮌을 '자치체'로 표현할 수 있듯, 이것 역시 평의회와 같이 자발적인 정치 조직이다. '기초공화국'으로 옮기는 것이 정확한 번역이지만, 여기서는 '자치체'로 번역하며, 경우에 따라 '공화국'이라는 표현을 부기하기로 한다.
Federalist, no. 10의 다음과 같은 내용을 고려할 때, '기초공화국'으로 표기해도 무방할 것이다. "우선 한 공화국이 아무리 작더라도 소수의 음모를 경계하기 위해 대표자는 최소한의 수를 유지해야 하며, 공화국이 아무리 크더라도 다수의 혼란을 막기 위해서는 대표자를 특정 수로 제한해야 한다는 점을 지적할 수 있다." 해밀턴·매디슨·제이, 김동영 옮김, 『페더럴리스트 페이퍼』(한울 아카데미, 1995), no. 10 참조.

들은 매번 모든 혁명 정당 외부에 존재하는 자발적 인민 기구로서 또한 혁명정당 및 그 지도자들이 전적으로 예기치 못한 자발적 인민 기구로서 등장했다. 이것들은 제퍼슨의 제안과 마찬가지로 정치인, 역사가, 정치이론가, 그리고 가장 중요하게는 혁명 전통 자체에 의해 무시되었다. 명백히 혁명의 입장에 공감하고 있었으며 대중적 평의회의 출현을 기록하지 않을 수 없었던 역사가들조차 평의회를 혁명적 해방 투쟁에서 본질적으로 임시적 조직으로만 간주했다. 즉 그들은 평의회 체계가 전적으로 새로운 정부 형태, 즉 혁명이 진행되는 과정에서 구성되고 조직화되었던 자유를 위한 새로운 공공 영역이었음을 이해하지 못했다.

이러한 진술에는 조건이 붙어야 한다. 이에 대한 두 가지 예외가 있다. 즉 1871년 단명한 혁명 기간 중 파리코뮌이 부활할 때 마르크스가 지적한 몇 가지 사실과, 마르크스의 저서가 아니라 1905년 러시아 혁명의 실질적 과정에 기초한 레닌의 성찰이다. 그러나 이러한 문제에 관심을 갖기 전에, 제퍼슨이 극도의 자신감으로 "인간의 기지는 자유롭고 견고하며, 훌륭하게 관리되는 공화국을 위한 더 확고한 기초를 고안할 수 없다"[53]고 언급했을 때, 그가 염두에 두었던 것을 이해하는 편이 더 나을 것이다.

지적할 만한 가치가 있는바, 우리는 제퍼슨의 공식적 저작 어디에서도 구(區) 체계에 대한 언급을 발견할 수 없다. 그리고 더 중요한 것은, 그가 구 체계에 대해 그렇게 강조했던 편지 몇 장도 그의 만년에 쓰인 것들이라는 점이다. 그는 한때 "현명한 사람들이 기본 헌법을 제정하기 위해 평화롭게 회합한 첫 번째 주"였던 버지니아가 또한, "카운티를 구로 세분하는 안을 채택하는" 첫 번째 주가 되기를 기대했다.[54] 그러나 문제의 핵심은 이러한 전반적 이념이 그 자신이

---

53) 앞서 인용한 카트라이트에게 보낸 편지.

공직에서 은퇴하고 국정으로부터 이탈했을 때에야 비로소 그에게 나타났던 것 같다는 점이다. 헌법이 권리장전을 포함하지 않았기 때문에 헌법을 그토록 노골적으로 비판했던 그가 군구(township)를 포함시키지 못한 실수는 전혀 다루고 있지 않다. 읍은 아주 명백히 "전체 주민의 목소리가 모든 시민의 공동 이성에 의해 공평하게, 충분히, 평화롭게 표현되고 논의되며 결정되는"[55] '기초 자치체'의 독창적 모델이었다. 그가 국정 문제와 관련해 수행했던 역할 및 혁명에 미친 영향의 측면에서 볼 때, 구 체계라는 이념은 분명히 추후적 사유의 결과였다. 그 자신의 전기적 발전 과정에서, 구들이 갖고 있는 '평화로운' 성격에 관해 거듭 주장한 바와 같이, 이 제도는 혁명이 지속되어야 한다는 그의 초기 생각을 구체화한 유일하게 가능한 비폭력적 대안이었다. 어쨌든 우리는 1816년의 편지들에서 그가 염두에 두었던 것에 대한 유일하게 세부적인 언급을 발견하게 된다. 이 서한들은 서로 보완하기보다는 반복되고 있다.

제퍼슨은 자신이 제안했던 '공화국의 구원'이 실제로 공화국에 흐르는 혁명 정신의 구원이었다는 점을 충분히 알고 있었다. 구 체계에 대한 그의 설명은 항상 '혁명 초기에 혁명에 부여된 열정'이 어떻게 '소규모 기초 자치체들(공화국들)'에서 발생했는가, 이것들이 어떻게 국가 전체를 열정적인 행위로 몰아넣었는가, 그리고 정부의 기초들이 뉴잉글랜드구에 의해 밑에서부터 와해되고 있다는 것을 그가 어떻게 느꼈는가에 대한 회상으로 시작된다. 뉴잉글랜드구를 조직화하는 에너지는 아주 강력했기 때문에, "모든 여세를 몰아 주의 조직을 가동케 하지 않았던 구는 이들 주 내에는 하나도 없었다." 따라서 제퍼슨은 시민들이 혁명 기간에 행했던 것, 즉 자진해서 행동하

---

54) 같은 책.
55) 1816년 7월 12일 케르슈발에게 보낸 편지.

고 일상적으로 이루어지는 공공 업무에 참여하는 것을 지속하도록 각 구들이 허용하기를 기대했다. 헌법 덕택에 국가 전체의 공공 업무는 워싱턴으로 전달되었으며 연방정부에 의해 집행되었다. 제퍼슨은 연방정부를 여전히 공화국의 '국외 지부'로 생각했고, 공화국의 국내 문제는 주 정부에 의해 처리된다고 생각했다.[56]

그러나 주 정부, 심지어 카운티 행정 기구조차도 여전히 너무나 규모가 크고 버거웠기 때문에 직접 참여를 허용치 않았다. 이러한 모든 제도 아래에서는 인민들 자신이 아니라 인민의 대표자들이 공공 영역을 구성하며, 이들을 파견하는 사람들, 이론상으로는 권력의 근원과 권좌인 사람들은 영원히 공공 영역의 문 밖에 머물러 있었다. 만약 제퍼슨이 실제로 (그가 때때로 공언한 바와 같이) 인민들의 행복이 전적으로 그들의 사적 복지에 있다고 믿었다면, 이러한 것들의 질서는 충분했을 것이다. 왜냐하면 연합 정부가 구성되는 방식 — 그 중심부에서 형성된 권력 분리 및 구별, 통제, 견제, 균형 — 때문에 전제정이 발생하기란, 물론 불가능한 것은 아니라 하더라도, 쉽지 않았기 때문이다. 발생할 수 있었던 것, 그리고 이후 실제로 반복해서 발생했던 것은 "대표 기구가 타락하고 변질되었다는 것이다."[57] 그러나 대표 기구가 자신들이 대변하는 인민들을 거부하기 위해 꾸민 음모 때문에 부패한 것 같지는 않았다. 이런 종류의 정부가 부패하는 것은 오히려 사회 한가운데, 즉 인민들 자신들 때문이기가 훨씬 더 쉽다.

부패와 변질은 더욱 해롭다. 이러한 것은 동시에 어느 정부 형태보다도 평등주의적 공화정에서 발생할 개연성이 더 높다. 도식적으로 말하자면, 사적 이익이 공공 영역에 침투할 때, 즉 사적 이익이 위에서부터가 아니라 아래서부터 발생할 때 부패와 남용이 나타난다. 공

---

56) 같은 편지.
57) 1816년 9월 5일 케르슈발에게 보낸 편지.

화국은 원리상 지배와 피지배라는 오래된 이분법을 배제하기 때문에, 정치체의 부패는 국민들에게까지 영향을 미친다. 이와 다른 정부 형태의 경우, 통치자와 지배 계급만이 영향을 받을 필요가 있을 뿐, '순수한' 국민들은 실제로 처음에는 고통을 받다가 이후 언젠가는 무시하면서도 필요한 봉기를 일으킨다. 대표자 및 지배 계급의 부패와 구별되는 국민 자신의 부패는 국민들에게 공권력의 분유(分有)를 인정하고 그들에게 권력을 조종하는 방법을 가르쳤던 정부 아래서만 가능하다. 지배자와 피지배자 간의 틈이 사라진 곳에서 공사(公私)의 경계는 언제나 흐려질 수 있고 결국에는 잊힐 수 있다. 근대 이전에 그리고 사회가 형성되기 이전에, 공화주의 정부에 내재된 이러한 위험은 공공 영역에서, 즉 공권력이 확장되어 사적 이익을 침해하려는 경향에서 발생하곤 했다.

이러한 위험에 대한 오래된 해결 방안은 사유재산에 대한 존중, 즉 프라이버시의 권리를 공적으로 보장하고 공과 사의 경계를 법적으로 보호하는 법 체계를 만드는 것이었다. 미국 헌법에서 권리장전은 공권력으로부터 사적 영역을 보호하는 최후의 가장 철저한 법률적 보루를 형성한다. 공권력의 위험에 대한 제퍼슨의 집착과 이러한 해결책은 충분히 잘 알려져 있다. 그러나 재산 자체의 조건이 아닌 급속하고 지속적인 경제 성장, 즉 사적 영역의 끊임없는 확장의 조건 — 이러한 것들은 물론 근대의 조건이었다 — 아래 부패와 남용의 위험은 공권력보다 사적 이익에서 발생할 개연성이 더 높았다. 더 오래되었으며 더 잘 알려진, 정치체의 부패 위협에 집착했는데도, 제퍼슨이 이러한 사적 이익의 위험을 지각할 수 있었다는 사실은 그의 정치가다운 높은 자질을 증명해준다.

사적 개인에 의해 공권력을 악용되는 것을 막을 수 있는 유일한 방안은 공공 영역 자체 내에, 즉 그 경계선 내에서 행해진 각각의 행적을 드러내는 빛 속에, 그리고 공공 영역이 자신의 영역에 진입한 모든 사람들을 노출하는 바로 그 가시성에 있다. 제퍼슨 생존 당시에는 비밀투표가 아직 알려져 있지 않았지만, 그는 투표소보다 더 큰 공공 영역과 선거일보다 더 많은 의견 표명의 기회를 제공하지 않은 채 국민들에게 공권력을 공유하도록 하는 것이 얼마나 위험한가를 적어도 예감은 하고 있었다. 그가 공화국에서 치명적 위험으로 인식했던 것은 헌법이 국민들에게 공화주의자가 될 기회와 시민으로서 행동할 기회를 제공하지 않은 채 모든 권력을 부여하는 것이었다. 달리 말하면, 국민들의 사적 능력에는 모든 권력을 제공하고 그들의 시민이 될 능력을 위한 공간은 존재하지 않는다는 것이 위험이었다. 만년에 그는 분명히 자신이 주장했던 사적·공적 도덕의 핵심을 "네 이웃을 네 몸같이 사랑하라. 그리고 네 국민을 네 몸보다 더 사랑하라"[58]로 요약했다. 이때 그는, '이웃 사람들'이 동료들의 사랑에 눈을 돌리는 것과 마찬가지로 '국가'가 시민들의 '사랑'에 눈을 돌릴 수 없다면, 이러한 격언이 공허한 권고로만 남는다는 사실을 알고 있었다. 이웃이 2년에 한 번 뜻하지 않게 잠깐씩만 출현한다면 이웃을 사랑한다는 것에 별 의미가 없는 것처럼, 국가가 시민들 속에 살아 있는 존재가 아니면 자신보다 국가를 더 사랑하라는 권고도 실질적인 의미를 갖지 못하기 때문이다.

따라서 제퍼슨에 따르면 '카운티를 구로 세분하는 것', 즉 '소규모 공화국들'의 창설을 요구하는 것이 공화주의 정부의 원리였는데, 이 소규모 공화국을 통해 "국가의 모든 구성원은 공동 정부의 행동하는 구성원이 될 수 있었으며, 아울러 실제로 하위적이지만 중요하며 전적으로 자신의 능력 범위 내에 있는 권리와 의무의 상당 부분을 인격으로 처리할 수 있었다."[59] "이러한 '소규모 공화국'은 대규모 공

---

58) 1825년 2월 21일 스미스에게 보낸 편지.
59) 카트라이트에게 보낸 편지.

화국의 원동력이 되었다."[60] 왜냐하면 연맹의 공화주의 정부가 인민에게 권좌가 있다는 가정에 기초를 두는 한, 그것이 적절히 기능하기 위한 조건은 "정부를 다수로 분할하고, 합당한 능력을 지닌 모든 사람에게 정확히 그 기능을 배분하는" 구도에 있기 때문이다. 이 조건이 충족되지 않을 경우, 공화주의 정부의 원리는 결코 실재화될 수 없으며, 미국의 정부는 명목상으로만 공화주의적일 수 있을 것이다.

공화국의 안전이라는 측면에서 생각하면, '우리 정부의 퇴보'를 어떻게 방지할 것인가라는 질문을 제기할 수 있다. 제퍼슨은 모든 권력이 일인, 소수, 출생 배경이 좋은 사람 또는 다수의 수중에 집중되어 있는 정부는 모두 쇠퇴할 수밖에 없다고 생각했다. 따라서 구 체계는 다수의 권력을 강화하기 위한 것이 아니라 능력 범위 내에서 '모든 사람'의 권력을 강화하기 위한 것이었다. 모든 사람이 가치를 가지고 신뢰받을 수 있었던 집회에 다수를 분산함으로써만 "우리는 큰 사회와 마찬가지로 공화주의적일 수 있다." 공화국 시민의 안전이라는 측면에서 볼 때, 이 질문은 어떻게 모든 사람에게 자신들이 선거일 뿐만 아니라 매일 정부의 업무를 통제하는 데 참여하는 사람이라고 느끼게 할 수 있는가가 문제다. 주 내에 존재하는 크고 작은 평의회들 중 어느 하나의 구성원도 아닌 사람이 한 사람도 없을 때, 사람들은 자신의 권력이 카이사르나 나폴레옹 보나파르트 같은 사람에 의해 박탈당하는 순간 자신의 마음이 육체로부터 찢겨나가는 것을 방치할 것이다.

마지막으로 모든 사람을 위해 의도된 이러한 가장 작은 규모의 기구들을 연방이라는 정부 구조에 어떻게 통합하는가의 문제와 관련해 그의 대답은 다음과 같다. "구(區) 단위의 기초 단위 자치체(공화국: republic), 카운티 단위 자치체, 주 단위 자치체 그리고 연방 단위

---

60) 타일러에게 보낸 편지.

공화국은 권위의 단계적 변화를 형성하며, 각기 법에 기초해 존재하고 각 공화국이 위임된 권력의 몫을 유지케 하며, 진정 통치를 위해 근본적 균형과 견제의 체계를 형성한다." 그러나 한 가지 측면에서 제퍼슨은 신기하게도 여전히 침묵을 지키고 있다. 그것은 기초 자치체의 고유한 기능이 어떠해야 하는가의 문제였다. 그는 종종 "자신이 제안했던 구(區)의 장점 중 하나로서" 그들이 대의정부 기구들보다 인민의 목소리를 모을 수 있는 더 나은 방법을 제공할 것이라고 언급했다. 그러나 그는 사람들이 "단 하나의 목적을 위해 이들을 가동하고자" 한다면, 그들은 "곧 다른 것을 위해 그들이 최선의 도구라는 것을 보여주게 될 것이라고 확신했다."[61]

명료성의 부족에서는 그 원인을 찾을 수 없는, 목적의 이러한 모호성은 제퍼슨이 명료화했고 혁명으로부터 그가 획득한 가장 귀중한 수집물에 실체를 부여했던 추후적 사유가 정부 형태의 단순한 개혁이나 현존 제도의 단순한 보완보다 오히려 새로운 정부 형태와 연관됐다는 것을, 제퍼슨 제안의 어느 다른 측면보다도 더 명백히 시사하고 있다. 혁명의 궁극적 목적이 *자유*였고 *자유*가 출현할 수 있는 공적 공간의 구성, *자유*의 확립이라면, 모든 사람이 자유로울 수 있는 유일하게 가시적 공간인 구 단위의 기초 자치체가 실제로 대규모 공화국의 주요 목적이다. 국내 문제에서 공화국의 주요 목적이 인민들에게 그러한 *자유*의 공간을 제공하고 그들을 보호하는 것이어야 했기 때문이다. 제퍼슨이 이해했든 이해하지 못했든, 구(區) 체계의 기본적 가정은 어느 누구도 공적 행복을 향유하지 않은 채 행복하다고 할 수는 없다는 것이었다. 아울러 공적 권력에 참여하지 않고 몫을 보유하지 않은 어느 누구도 행복하거나 자유로울 수 없다는 것이었다.

---

61) 각각 1816년 2월 2일 케이벨(Joseph C. Cabell)에게 보낸 편지와 이미 인용한 케르슈발에게 보낸 편지 두 편에서 인용.

4

계속해서 언급되고 기억되는 것은 생소하고 슬픈 이야기다. 역사가는 혁명에 관한 이야기의 실마리에 19세기 유럽 역사를 연결하지는 않는다.[62] 19세기 역사의 기원은 중세 시대로 거슬러올라갈 수 있는데, 토크빌에 따르면 중세의 진보는 "모든 장애에도 불구하고 수 세기 동안" 억누를 수 없었으며, 여러 세대의 경험을 일반화한 마르크스는 중세 시대를 "모든 역사의 기관차"[63]라고 명명했다. 토크빌과 마르크스의 일반화, 즉 혁명이 특정한 행위와 사건의 결과라기보다는 오히려 거역할 수 없는 힘의 결과였다는 확신을 의심함에도 불구하고, 나는 혁명이 우리의 세기(19세기)에 선행하는 세기의 잠재된 동인이었다는 것을 의심하지는 않는다. 의심할 여지 없이 확실해 보이는 것은 어느 역사가도 우리 세기에 관한 이야기를 '혁명의 실마리'에 연결하지 않은 채 언급할 수는 없을 것이라는 점이다. 그러나 이 이야기의 끝은 미래라는 안개 속에 숨겨져 있기 때문에 아직은 언급하기에 부적합하다.

우리가 이제 관심을 가져야 하는 혁명의 특수한 측면 역시 어느 정도 같은 상황에 있다. 이 특수한 측면이란 혁명 과정에 새로운 정부 형태가 정규적으로 출현하는 것을 말한다. 이 정부 형태는 놀랄 만한 형식으로 제퍼슨의 구(區) 체계와 공통점이 있으며 어떠한 상황 아래서든 1789년 이후 프랑스 전역에 확산되었던 혁명적 결사와 지역 평의회를 반복하는 것 같았다. 이 측면에 우리가 관심을 가지는 이유 중 가장 먼저 언급되어야 할 사실은 우리가 여기서 이 시대의 가장

---

62) George Soule, *The Coming American Revolution*(New York), 1934, 53쪽.

63) 토크빌의 견해를 이해하기 위해서는 Introduction, *Democracy in America*를 참조하고, 마르크스의 견해를 이해하기 위해서는 *Die Klassenkämpfe in Frankreich* (1840~50)(Berlin, 1951), 124쪽을 참조하라.

위대한 두 혁명가, 즉 마르크스와 레닌에게 상당히 감명을 주었던 현상을 취급한다는 사실이다. 마르크스는 1871년 파리코뮌 기간의 자발적 발생을, 레닌은 1905년 제1차 러시아 혁명 기간의 자발적 발생을 목격하고 있었다.

그들에게 충격을 준 것은 그들 자신이 이러한 사건에 전적으로 대비하지 못했다는 사실뿐 아니라 그들이 어떠한 의식적 모방이나 과거의 단순한 기억으로도 설명될 수 없는 반복적 발생에 직면했음을 알았다는 점이다. 확실히 그들은 제퍼슨의 구(區) 체계에 대해 거의 알지 못했으나 제1차 파리코뮌의 섹션들이 수행했던 혁명적 역할은 충분히 알고 있었다. 물론 마르크스와 레닌은 결코 파리코뮌의 섹션을 새로운 정부 형태에서 실현 가능한 핵심으로 생각하지 않았고 혁명이 종결되면 해체되어야 할 단순한 도구로 간주했다. 그러나 이들은 이제 혁명 후에도 살아남으려 하는 대중적 조직 ─ 코뮌, 평의회, 레테, 소비에트 ─ 과 대면하게 되었다. 이것은 그들의 모든 이론과 대립되는 것이었다. 그리고 무엇보다도 그들이, 무의식적이기는 하지만, 붕괴될 운명에 처해 있거나 파멸한 정권의 통치자들과 공유하는 권력과 폭력의 성격에 관한 가정들과 정면으로 충돌했다. 국민국가의 전통에 확고한 뿌리를 두고 있던 이들은 혁명을 권력 장악의 수단으로 생각했고, 권력을 폭력 수단의 독점과 동일시했다. 그러나 실제로 발생한 결과는 기존 권력의 급격한 붕괴, 즉 폭력 수단에 대한 갑작스러운 통제력 상실이었으며, 동시에 국민 자신의 조직화 충동에 의해서만 존재할 수 있는 새로운 권력구조의 놀라운 형성이었다. 달리 말하면, 혁명의 계기가 도래했을 때, 장악할 수 있는 권력은 하나도 남아 있지 않았다. 그래서 혁명가들은 자신들의 혁명 이전 '권력', 즉 관련 기구의 조직을 해체된 정권의 텅 빈 권력 중심으로 이동시키든지 아니면 그들의 도움 없이 발생했던 새로운 혁명 중심에 가담하든지 해야 하는 오히려 불편한 대안들에 직면하게 되었다.

자신이 결코 예견하지 못했던 사건을 단지 바라보기만 했던 짧은 기간에 마르크스는 1871년 파리코뮌 ─ 이것이 가장 작은 마을에서 조차 최종적인 정치적 형태가 될 수 있다고 보았기 때문에 ─ 의 공동 헌법이 '노동의 경제적 해방'을 위한 최종적인 정치적 형태가 될 수 있다고 이해했다. 그러나 그는 곧 이 정치적 형태가 사회당이나 공산당 ─ 국민국가의 고도로 집중화된 정부를 모델로 해 권력과 폭력을 독점하는 당 ─ 에 의한 '프롤레타리아 독재'라는 모든 개념과 어느 정도로 대립되는가를 의식했으며, 혁명 평의회는 결국 혁명의 임시 기구일 뿐이라고 결론을 내렸다.[64]

우리는 그로부터 한 세대 후 생애에 두 번, 1905년과 1917년에 사건들의 직접적 충격 아래 있었던, 즉 혁명 이데올로기의 해로운 영향에서 잠시 해방되었던 레닌에게서도 마르크스의 태도와 거의 똑같은 태도를 발견하게 된다. 따라서 그는 1905년 혁명의 와중에 완전히 새로운 권력구조를 자발적으로 확립하기 시작했던 '인민의 혁명적 창조성'을 진심으로 찬양할 수 있었다.[65] 마찬가지로 12년이 지난

---

64) 1871년 마르크스는 코뮌을 노동의 경제적 해방이 스스로 발생하는 최후의 정치적 형태로 규정했으며, 이것이 코뮌의 '진정한 비밀'이라고 규정했다(*Der Bürgerkrieg in Frankreich*(1871), [Berlin, 1952] 71, 76쪽 참조). 그러나 그는 2년 후 다음과 같이 기술하고 있다. "노동자들은 국가 권력의 수중에 권력의 가장 결정적인 집중화로부터 벗어나야 한다. 그들은 지역 주민들의 자유, 자치 등에 관한 민주적 대화를 통해 혼란으로부터 벗어나야 한다"(*Enthüllungen über den Kommunistenprozess zu Köln*[sozialdemokratische Bibliothek Bd. IV][Hattingen Zürich, 1885], 81쪽). 나는 평의회 제도에 관한 중요한 연구인 『러시아에서의 평의회 운동』(*Die Rätebewegung in Russland 1905~1921*, Leiden, 1958)의 저자인 안바일러(Oskar Anweiler)에게 도움을 받았는데, 그는 다음과 같이 올바르게 주장했다. "혁명주의적 지방 평의회들은 마르크스가 보기에 혁명이 발전적으로 분쇄해야 할 잠정적인 정치적 투쟁 기구일 뿐이며, 마르크스는 오히려 위로부터, 즉 프롤레타리아의 집중화된 국가 권력을 통해 발생하게 될 협회의 근본적 변혁을 위한 기초를 지방 평의회들에서 찾지 않았다(19쪽)."

65) Oskar Anweiler, 앞의 책, 101쪽.

후에도 그는 "모든 권력은 소비에트로"라는 슬로건으로 10월 혁명을 주도해 승리할 수 있었다. 그러나 두 혁명 사이의 기간에 그는 자신의 생각을 재조정하고 새로운 조직을 여러 가지 당 강령에 수용할 어떤 조치도 취하지 않았다.

결과적으로 레닌과 그의 당은 1905년에 그랬던 것과 마찬가지로 1917년에도 이 동일한 자발적 현상에 대비하지 못했다. 마지막으로 크론슈타트(Kronstadt) 반란*이 일어나 소비에트들이 당 독재를 거부하고, 새로운 평의회와 정당 체계가 양립할 수 없다는 사실이 명백해졌을 때, 레닌은 거의 즉각적으로, 볼셰비키당의 권력 독점을 위협한다는 이유로 평의회를 해체하기로 결정했다. 혁명 이후 러시아의 명칭인 '소비에트 연방'은 그 후로 내내 기만적인 것이었다. 그러나 동시에 이러한 기만은 볼셰비키당이 아니라 당 때문에 무기력해졌던 소비에트 체제의 압도적 인기를 어쩔 수 없이 수용하는 입장을 포함하고 있었다.[66] 그들은 예기치 못했던 새로운 상황에 자신들의 생각과 행동을 적응시킬 것인지 아니면 전제나 억압이라는 극단을 지향할 것인지라는 양자택일의 기로에서 후자를 옹호하는 결정을 내리는 데 거의 주저하지 않았다. 결실을 맺지 못한 몇 가지 계기를 제외하고 그들의 행태는 시종일관 당의 내분에 관한 의견으로 설명되었다. 그런데 당의 내분은 평의회에서는 아무런 역할을 수행하지 못했으나 혁명 이전의 의회에서는 아주 중요했다. 실제로 공산당원들은 1919년 소비에트가 공산당 다수파를 점유하는 소비에트 공화국

---

* 러시아 혁명의 결정적 전환점들 중 하나인 크론슈타트 반란의 유명한 슬로건은 '공산주의 없는 소비에트'였다. 당시 이것은 당이 없는 소비에트를 의미했다. Hannah Arendt, *The Human Condition*(Chicago: The University of Chicago Press, 1958), 216쪽 각주 52를 참조하라.

66) 20세기의 모든 혁명에서 평의회가 누렸던 엄청난 인기는 충분히 잘 알려져 있다. 1918년과 1919년 독일 혁명 기간 중 보수당도 선거 운동에서 평의회와 타협해야만 했다.

의 활동만을 지지하기로 결정했을 때,[67] 일반 정당 정치인처럼 행동했다. 이들 중 가장 급진적이고 가장 덜 인습적인 사람들까지도 한 번도 목격해본 적이 없는 것들, 한 번도 생각해본 적이 없는 사상들, 한 번도 시도해보지 않은 제도들에 상당한 두려움을 느꼈다.

혁명 전통이 혁명에서 태어난 유일하게 새로운 정부 형태에 어떠한 중대한 사상도 제공하지 못했다는 사실은 사회 문제에 대한 마르크스의 강박관념을 통해, 국가와 정부 문제에 진지하게 관심을 갖기를 꺼린 그의 태도를 통해 부분적으로 설명될 수 있다. 그러나 이러한 설명은 빈약한 것이며 어느 정도 논점을 회피하는 것이다. 이 설명이 마르크스가 혁명 운동과 전통에 미친 압도적 영향, 즉 여전히 설명을 필요로 하는 영향을 당연한 것으로 인정하기 때문이다. 결국 혁명가들 중 마르크스주의자들만이 혁명적 사건들의 실재에 전적으로 대비하지 못했던 것은 아니다.

이러한 준비 부족은, 그것이 확실히 혁명에 대한 생각이나 관심의 부족으로 비난받을 수는 없는 것과 마찬가지로, 더욱더 지적할 만한 가치가 있다. 잘 알려진 바와 같이, 프랑스 혁명은 정치 무대에 전적으로 새로운 인물, 즉 직업 혁명가를 부상시켰다. 직업 혁명가는 약간의 기회밖에 없었던 혁명적 소요가 아니라 혁명을 유일한 대상으로 하는 연구와 사유, 이론과 논쟁 속에서 일생을 보냈다. 사실 유럽 유한계급의 역사는, 근대 예술가 및 작가들과 더불어 17, 18세기 문필가들의 진정한 후예가 되었던 19, 20세기 직업 혁명가들의 역사 없이는 완성될 수 없다. "부르주아라는 단어는 정치적 관점 못지않

---

67) 바바리아 혁명 기간의 유명한 직업 혁명가인 레비네(Leviné)의 말에 따르면, "공산당은 단지 평의회 공화국을 위해 출현했으며, 평의회는 이 공화국에서 공산주의 다수파를 갖게 되었다." Helmut Neubauer, "München und Moskau 1918~1919: Zur Geschichte der Rätebewegung in Bayern", *Jahrbücher für Geschichte Osteuropas*, Beiheft 4, 1958 참조.

게 미학적 관점에서도 증오스러운 의미를 담고 있기 때문에"[68] 예술가와 작가들은 혁명가들과 하나가 되었다. 동시에 그들은 바쁘고 분주한 산업혁명의 세기의 와중에서 축복받는 여가의 땅, 즉 보헤미아를 건설했다. 이 유한계급의 구성원들 중에서도 특히 직업 혁명가는 특정한 작업을 요구하지 않는 생활방식 때문에 특권을 향유할 수 있었다. 그가 불평할 이유가 전혀 없는 것이 있다면, 그것은 생각할 시간의 부족이었다. 이 경우 런던과 파리의 유명 도서관에서든, 빈과 취리히의 커피점에서든, 또는 다양한 구체제의 비교적 안락하고 조용한 감방에서든 본질적으로 이론적인 삶을 보낸다면 차이는 거의 없다.

직업 혁명가들이 근대 혁명에서 수행했던 역할은 상당히 크고 유의미하지만, 그 역할이 혁명을 준비하는 데 있지는 않다. 그들은 국가와 사회의 점진적 붕괴를 주시하고 분석했다. 그들은 붕괴를 촉진하고 인도하기 위해 거의 아무것도 행하지 않았으며, 그럴 위치에 있지도 않았다. 1905년 러시아 전역으로 확산되고 제1차 혁명으로 이어졌던 파업의 물결은 전적으로 자발적이었으며 어떤 정치 단체나 노조 단체의 지원을 받지도 않았다. 반대로 이러한 단체들은 혁명 과정에서만 형성되었다.[69] 대부분 혁명의 발발은 다른 어느 단체 못지않게 혁명 단체와 혁명 정당을 경악하게 했다. 그리고 이들의 활동에 발발의 책임을 지우는 혁명이란 거의 존재하지 않았다. 오히려 정반대의 경우가 일반적이었다. 실제로 혁명이 발발하자 직업 혁명가들은 그 혁명 덕택에 자신들이 우연히 있던 장소—감옥, 커피점, 도서관—에서 해방되었다. 레닌의 직업 혁명가 정당도 혁명을 '일으킬' 수는 없었다. 그들이 취할 수 있었던 최선책은 붕괴가 일어나는 바로

---

68) Frank Jellinek, *The Paris Commune of 1871* (London, 1937), 27쪽 참조.
69) Oskar Anweiler, 앞의 책, 45쪽 참조.

순간에 그 주변에 있거나 급히 귀국하는 것이었다. 군주제는 패배자들이 자신들의 패배에 경악했던 것처럼 자신들의 승리에 경악했던 승자들에 의해서가 아니라 그전에 몰락했다는 1848년 토크빌의 관찰은 반복적으로 입증되어왔다.

직업 혁명가들의 역할은 통상적으로 혁명을 일으키는 데 있는 게 아니라 발발 이후 집권에 있으며, 이 권력 투쟁에서 그들의 최대 장점은 이론과 정신적 또는 조직적 대비가 아니라 오히려 그들 이름이 공개적으로 알려진 유일한 이름이라는 사실에 있다.[70] 혁명을 야기한 것은 분명히 음모가 아니며, 비밀결사들 — 이것들이 보통 비밀 경찰의 도움을 받아 몇 가지 엄청난 범죄를 행하는 데 성공했다 하더라도[71] — 은 대개 아주 비밀리에 활동하기 때문에 그들의 목소리가 공개적으로 들릴 수는 없다. 모든 혁명에 선행하는 집권자의 권위 상실은 사실 어느 누구에게도 비밀이 아니다. 권위 상실은 비록 반드시 극적이지는 않지만 공개적이고 가시적으로 드러나기 때문이다. 그러나 그 징후들, 즉 일반적 불만, 만연된 불안, 집권자들에 대한 멸시 등은 의미가 불분명하기 때문에 정확히 설명하기가 어렵다.[72] 그

---

70) 뒤베르제(Maurice Duverger)의 저서 『정당: 현대 국가에서 정당의 조직화와 활동』(*Political Parties: Their Organization and Activity in the Modern State*, 프랑스어판 1951, 영어판 1961)은 이 주제에 관한 이전의 연구를 대체하며 이들보다 훨씬 탁월하다. 그런데 뒤베르제는 한 가지 흥미로운 예를 지적하고 있다. 1871년 국민의회 선거에서 프랑스의 투표권은 자유로워졌다. 그러나 정당이 존재하지 않았기 때문에 새로운 유권자들은 자신들이 잘 알고 있는 후보들에게만 투표하는 경향을 보였으며, 결과적으로 새로운 공화국은 '공작들의 공화국'(Republic of Duke)이 되었다.

71) 혁명 활동을 방지하기보다는 오히려 부추기는 비밀 경찰의 기록은 제2제국 기간에 프랑스와 1880년 이후 차르 체제 러시아에서 특히 더 충격적이었다. 예컨대, 나폴레옹 보나파르트 체제 아래 경찰에 의해 교사되지 않았던 반정부 활동은 한 건도 없었다. 전쟁과 혁명 이전 러시아에서 훨씬 더 중요한 테러 공격은 모두 경찰의 업무였던 것 같다.

72) 예컨대, 제2제국 아래서 만연했던 뚜렷한 불안은 오늘날 여론조사의 선례인

럼에도 불구하고 전형적인 직업 혁명가의 동기에 속하지 않는 멸시는 확실히 혁명의 잠재적 근원들 중 하나다. 라마르틴(Lamartine)은 1848년 혁명을 '멸시의 혁명'으로 표현하고 있는데, 그렇지 않은 혁명은 거의 없을 것이다.

그러나 혁명 발발을 위해 혁명가가 수행한 역할은 대체로 거의 없다고 보아도 좋을 만큼 무의미하지만, 혁명이 택하게 될 실제 과정에 미친 그의 영향은 결과적으로 상당히 크다는 것이 증명되었다. 그리고 그는 지나간 혁명의 학교에서 훈련 과정을 보냈기 때문에, 새로운 것과 기대하지 않았던 것의 입장이 아니라 여전히 과거에 부합하는 행동의 관점에서 이러한 영향력을 계속 행사할 것이다. 혁명의 연속성을 확보하는 것이 바로 그의 임무이기 때문에, 그는 역사적 선례의 관점에서 논의하는 경향을 보일 것이며, 우리가 이미 언급한 과거 사건의 의식적이고 해로운 모방은 적어도 부분적으로 그 직업의 성격 탓이라 할 수 있다. 직업 혁명가들이 마르크스주의에서 모든 역사의 해석과 첨가를 위한 공식적 지침을 발견하기 훨씬 전에 토크빌은 이미 1848년에 다음과 같이 지적할 수 있었다. "(1789년 혁명 의회에 의한) 모방은 사실들이 가진 엄청난 독창성을 은폐할 정도로 너무나 명백했다. 나는 그들에게서 프랑스 혁명을 지속시키기보다 그것을 연기하는 데 훨씬 더 몰두하고 있다는 인상을 지속적으로 받았다."[73] 그리고 마르크스와 마르크스주의자들이 아무런 영향도 미치지 못했던 1871년 파리코뮌 기간에 새로운 잡지들 중 적어도 하나, 『르 페르 뒤셴』(*Le Père Duchêne*)은 그해 몇 개월 동안 구(舊) 혁명력의 명칭을

나폴레옹 3세의 국민투표에서 나온 압도적으로 유리한 결과에 의해 쉽게 무마되었다. 1869년에 실시된 마지막 투표는 황제에게 다시 커다란 승리를 안겨주었다. 당시에는 어느 누구도 그것을 인식하지 못했으나 1년 후에는 결국 결정적으로 군대의 약 15퍼센트가 황제에게 반대표를 던졌다.

73) Jellinek, 앞의 책, 194쪽.

채택했다. 과거 혁명의 모든 사건이 마치 신비스러운 역사의 일부인 것같이 되어버린 이러한 혼란스러운 분위기 속에서, 혁명사에서 유일하게 전적으로 새롭고 전적으로 자발적인 제도는 망각될 정도로 무시되었다는 것은 정말 이상하다.

때늦은 지혜를 갖춘 사람들은 이러한 진술에 제한을 붙이고 싶어한다. 유토피아 사회주의자들, 특히 프루동과 바쿠닌의 저작에는 그들이 평의회 체계에 대해 자각하고 있었다고 해석하기가 비교적 용이한 몇 단락이 있다. 그러나 이들은 본질적으로 무정부주의적인 정치사상가들로, 혁명이 어떻게 국가와 정부의 폐지로 종결되지 않고 도리어 새로운 국가의 건설과 새로운 정부 형태의 확립을 목표로 했는지를 너무나 명료하게 증명했던 현상을 다룰 준비가 되어 있지 않았다. 아주 최근에 역사가들은 평의회와 중세 도시, 스위스 캔턴, 17세기 영국의 '선동가들'—또는 원래 명명되었던 바와 같이 '조정자'—과 크롬웰 군대의 장군 평의회 사이에 어느 정도 명백한 유사성이 있음을 지적한 바 있다. 그러나 문제의 핵심은, 중세 도시를 예외로 하더라도,[74] 이들 중 어느 것도 혁명 과정에서 자발적으로 평의회에 참여했던 인민들의 마음에 영향을 미치지 못했다는 점이다.

따라서 혁명 전통이나 혁명 이전 전통 모두 프랑스 혁명 이후 평의회 체계가 정규적으로 등장하고 재등장한 것을 설명한다고 할 수 없다. 정부 자체에 의해 설립된 노동자 평의회(commission pour les travailleurs)가 사회 입법 문제에 거의 배타적으로 관여하고 있었던 1848년 파리의 2월 혁명을 제외한다면, 이러한 활동 기구 및 새로운 국가의 핵심이 출현한 주요 날짜는 다음과 같다. 1870년 프러시아 군

---

74) 파리코뮌의 공식적 선언들 중 하나는 이 관계를 다음과 같이 강조하고 있다. "12세기 이후 도덕, 법과 과학에 의해 인정된 공동 모색의 이 이념은 1871년 3월 18일을 압도하게 되었다." Heinrich Koechlin, *Die Pariser Commune von 1871 im Bewusstsein ihrer Anhänger*(Basel, 1950), 66쪽.

대에 포위되었던 프랑스 수도는 '자발적으로 연방 조직의 축소판을 재구성했고, 이 조직은 이후 1871년 봄 파리코뮌 정부의 핵심을 구성했다.[75] 1905년 러시아에서는 자발적인 파업의 물결이 갑작스럽게 자체의 정치적 지도력을 발전시켰고, 모든 혁명 정당과 단체의 외부에서 공장 노동자들이 대의제적 자치를 목적으로 평의회, 소비에트로 조직화했다. 그리고 1917년 러시아의 2월 혁명 당시에는 러시아 노동자들 간의 상이한 정치적 성향에도 불구하고 소비에트라는 조직 자체가 논의에 영향을 받지는 않았다.[76] 1918년과 1919년 독일에서는 군대의 패배 후 공개적 반란에 참여한 노동자 및 병사들이 노동자·병사 평의회를 구성했다. 이들은 베를린에서 이러한 평의회 체계가 새로운 독일 헌법의 주춧돌이 되어야 한다고 요구했으며, 1919년 뮌헨에서는 커피점의 보헤미안들과 더불어 단명한 바바리아 평의회 공화국을 설립했다.[77] 마지막 날짜는 헝가리 혁명이 시초부터 부다페스트에서 새로이 평의회 체계를 설립하고 그 평의회가 믿을 수 없을 정도로 신속하게 나라 전체로 확산되었던 1956년 가을이다.[78]

이러한 날짜들의 단순한 열거는 실제로는 결코 존재하지 않았던 연속성을 암시한다. 정확히 연속성, 전통 그리고 조직화된 영향력의 부재가 현상의 동일성을 매우 두드러지게 만들었다. 평의회들의 공통된 특징들 가운데 특히 눈에 띄는 것은 물론 평의회가 형성되는 과정의 자발성이다. 그 이유는 이 과정이 '이론적인 20세기 혁명 모델'―직업 혁명가들이 냉정하게 과학적 엄밀성을 보일 정도로 기획하고, 준비하고, 실행한 모델―과 분명히 정면으로 대립했기 때

---

75) Jellinek, 앞의 책, 71쪽.

76) 안바일러는 앞의 책, 127쪽에서 트로츠키의 이 문장을 인용하고 있다.

77) 후자를 이해하기 위해서는 Neubauer, 앞의 책을 참조하라.

78) Oskar Anweiler, "Die Räte in der ungarischen Revolution", *Osteuropa*, vol. VIII, 1958.

문이다.[79] 혁명이 좌절되지 않고 일종의 복구를 수반하지 않는 곳에서는 일당 독재, 즉 직업적인 혁명 모델이 궁극적으로 확산되었으나 그것은 혁명 자체의 기구 및 제도와 치열한 투쟁을 치른 후의 일이다. 게다가 평의회는 항상 활동 조직일 뿐만 아니라 질서 조직이었다. 평의회는 실제로 새로운 질서를 확립하려는 열망 때문에, 자신을 혁명 활동의 단순한 집행 기구로 평가절하하고 싶어 했던 직업 혁명가 집단과 대립했다. 평의회 구성원들은 정당이나 의회가 채택한 조치에 대해 논의하고 스스로를 계몽하는 데 만족하지 않았던 것이 사실이다. 그들은 국가의 공적인 문제를 해결하는 데 모든 시민이 직접 참여할 수 있기를 의식적이고 명료하게 원했다.[80] 그들이 남아 있는 한, "모든 개개인은 자신의 행위 영역을 발견하고 사실상 그 당시의 사건에 대한 자신의 공헌을 자기 눈으로 주시했다."[81] 평의회 기능을 목격한 사람들은 혁명이 '민주주의를 직접 소생시키는' 원인을 제공한다는 점에 대해 종종 동의했다. 이는, 인민들이 공적 문제를 직접 관할하는 것이 근대의 조건 아래서는 불가능했기 때문에, 그러

---

79) Sigmund Neuman, "The Structure and Strategy of Revolution: 1848 and 1948", *The Journal of Politics*, August 1949.

80) 앞서 언급한 안바일러의 책 6쪽에서는 다음의 일반적 특징들을 열거하고 있다. 명백히 종속되어 있거나 제한된 사회 계층으로 고정됨, 형식으로서의 급진적 민주주의, 생성의 혁명적 특성이 그것이며 따라서 다음과 같은 결론에 도달하게 된다. "사람이 '평의회 이념'으로서 표시할 수 있는 성향, 즉 이 평의회를 기본으로 하는 성향은 공개적인 삶에…… 소수의 가장 가능한 직접적이고, 광범위하며, 무제한적인 관여를 위한 노력이다."

81) 『민주주의와 평의회제도』(*Demokratie and Rätesystem*, Vienna, 1919)라는 소책자에 나오는 오스트리아 사회주의자인 아들러(Max Adler)의 말. 혁명 기간에 쓰인 이 소책자는 상당한 관심을 끈다. 평의회가 왜 대중적 인기를 얻었는가를 아주 명료하게 이해했다고 하더라도, 그는 여전히 오래된 마르크스의 주장을 계속해서 반복하기 때문이다. 마르크스의 주장에 따르면, 평의회는 단지 '혁명적 과도기 형태'이거나 기껏해야 '사회주의적 계급 투쟁의 새로운 투쟁 형태'일 수 있을 뿐이다.

414

한 소생이 모두 미리 운명지어졌다는 것을 함의했다. 목격자들은 평의회를 낭만적인 꿈으로 간주했으며, 일종의 환상적인 유토피아는 삶의 진정한 사실을 아직 이해하지 못한 사람들의 무기력한 낭만적 열망을 보여주는 잠시 동안 현실이 되었다. 이 사실주의자들은 대의 정부의 다른 대안은 존재하지 않는다는 것을 당연시하고, 구체제가 다른 무엇보다도 정확히 이 체계 때문에 몰락했다는 것을 편리하게 망각하면서 자신들의 태도를 정당 체계에서 도출했다.

평의회와 관련해 괄목할 만한 것은 그것이 모든 당 노선을 초월했다는 점, 즉 다양한 정당의 당원이 평의회 안에 함께 앉아 있었다는 점뿐만 아니라 그러한 정당 소속이 아무런 역할도 하지 못했다는 점이다. 평의회는 사실 어느 정당에도 귀속되지 않은 사람들을 위한 유일한 정치 조직이었다. 따라서 평의회는 과거부터 존재했던 의회든 새로운 '제헌의회'든 모든 의회와 불가피하게 충돌했다. 그것은, 새로운 제헌의회가 평의회에 철저한 관할 아래 있더라도 여전히 정당 체계의 소산이라는 단순한 이유 때문이었다. 사건의 이 단계, 즉 혁명의 와중에서 다른 무엇도 아닌 당 강령이 평의회와 정당을 분리했다. 이러한 강령들은 그것이 아무리 혁명적이라 하더라도 행동이 아니라 집행 — 로자 룩셈부르크(Rosa Luxemburg)가 중대한 쟁점과 관련해 그토록 명료하게 지적했던 바와 같이 실제에서 열정적으로 수행되었던 — 을 요구하는 '기성의'(ready-made) 공식이었기 때문이다.[82] 오늘날 우리는 이론적 공식이 실제 집행에서 얼마나 신속하게

---

82) 내가 인용한 룩셈부르크의 팸플릿 『러시아 혁명』(*The Russian Revolution*, 1940) (울프[Bertram D. Wolfe]의 번역본)은 40년도 훨씬 더 전에 저술되었다. 그러나 '레닌-트로츠키의 독재론'에 관한 그의 비판은 그 적절성과 실재성을 상실하지 않았다. 확실히 그녀는 스탈린 전체주의 정권의 공포를 예견할 수 없었으나, 정치적 자유 및 공공생활의 억압에 관한 예언은 흐루쇼프 치하 소련에 관한 현실주의적 기술로 이해된다. "총선거가 없고, 언론과 집회의 자유가 없으며, 자유로운 의견 경쟁이 없을 경우 삶은 모든 공적인 제도에서 고사

사라지는가를 알고 있다. 그러나 그 공식이 집행되는 과정에서도 유지된다면, 그것이 결국 사회적·정치적 악을 모두 치유하는 만병통치약이라고 하더라도, 지식을 가진 당 전문가와 이러한 지식을 적용하고자 하는 국민 대다수 사이의 분열 자체가 일반 시민들의 행동 능력과 여론 형성 능력을 고려하지 않기 때문에 평의회는 그러한 정책에 대해 반기를 들어야만 했다. 달리 말하면, 혁명 정당의 정신이 확산되면, 평의회는 잉여적인 것으로 전락하지 않을 수 없었다. 인식과 행동이 분리되는 곳에서는 어디서나 *자유*의 공간이 상실된다.

평의회는 분명히 *자유*의 공간이었다. *자유*의 공간으로서 평의회는 자신들을 임시적인 혁명 조직으로 간주하는 것을 부단히 거부했으며, 도리어 스스로 항구적인 정부 조직으로 확립하려고 모든 노력을 다했다. 혁명의 영구화를 바라지 않았기 때문에, 평의회가 공표한 목표는 그 모든 결과에서 환영받는 공화국의 기초, 침략과 내란의 시대를 영원히 종결짓는 유일한 정부를 설립하는 것이었다. 지상의 천국, 무계급 사회, 사회주의 또는 공산주의식의 형제애라는 꿈이 아니라 '진정한 공화국'의 설립이 투쟁의 종결로서 기대되는 '보상'이었다.[83] 1871년 파리에서 일어났던 일은 1905년 러시아의 경우에도 타당했다. 이때 첫 번째 소비에트의 파괴적이면서도 건설적인 의도는 매우 명백했기 때문에 당시 목격자들은 언젠가 국가의 변혁에 영향을 미칠 수 있는 강제력이 나타나고 형성됨을 감지할 수 있었다.[84]

되고, 삶의 가상으로 전락할 뿐이다. 가상적 삶에서는 단지 관료제만이 활동적 요소로 남는다. 공적인 삶은 점차 수면 상태에 빠지고, 지칠 줄 모르는 정열과 무제약적인 경험을 지닌 소수의 당 지도자들이 지도하고 지배한다. 실제로 이들 중 단지 열두 명 정도의 탁월한 지도자만이 주도하고, 노동계급의 엘리트는 때때로 지도자들의 연설을 축하하고 — 따라서 기저에서 도당 문제가 불거진다 — 만장일치로 제안된 결의안을 승인하기 위해 초청받았을 뿐이다."

83) Jellinek, 앞의 책, 129쪽 이하 참조.

국가의 변혁에 대한 이러한 희망, 즉 현대 평등주의적 사회의 모든 구성원에게 공적 문제의 '참여자'가 되는 것을 허용하는 새로운 정부 형태에 대한 희망은 20세기 혁명의 재앙 속에 묻혀버렸다. 재앙의 원인은 여러 가지며 물론 국가에 따라 다양하지만, 통상 반동과 반혁명이라 명명되었던 것의 추동력은 그들 속에서 그리 두드러지지 않다. 20세기 혁명의 역사를 회고해볼 때, 인상적인 것은 혁명 추동력의 강력함보다는 오히려 나약함, 즉 패배의 빈도, 혁명의 완화, 히틀러 치하 유럽의 붕괴 이후 대부분 유럽 정부들이 드러낸 권위 부족과 예외적 불안정이다. 어쨌든 이러한 재앙 속에서 직업 혁명가들과 혁명 정당들이 수행했던 역할은 상당히 중요했으며, 우리의 맥락에서 볼 때 결정적인 것이었다. "모든 권력은 소비에트로"라는 레닌의 슬로건이 없었다면 러시아에서 10월 혁명은 없었을 것이다. 그러나 레닌이 소비에트 공화국을 주장하는 데 진지했든 진지하지 않았든, 중요한 사실은 그의 슬로건이 권력을 장악하고자 하는, 즉 국가 기구를 당 기구로 대체하려는 볼셰비키당의 공개적으로 천명된 목표와 뚜렷하게 대립했다는 사실이다. 레닌이 실제로 모든 권력을 소비에트에 부여하고자 했다면, 그는 볼셰비키당의 무기력도 또한 비판했을 것이다. 이러한 무기력은 이제 소비에트 의회의 두드러진 특징이기도 하다. 의회의 당 위원과 비당 위원은 당에 의해 지명되며, 여러 경쟁자 가운데 선택되는 것이 아니라 단지 투표자들에 의해 박수만으로 인정된다. 당과 평의회 간의 갈등은 그들이 서로 자신이야말로 혁명과 인민의 유일하게 '진실된' 대표자라고 주장하며 대립하는 동안 상당히 첨예해졌지만, 문제가 된 쟁점은 훨씬 더 중요한 의미를 갖는다.

평의회가 도전했던 것은 모든 형태의 당 체제 자체였으며, 이러한

---

84) Anwelier, 앞의 책, 110쪽 참조.

갈등은 혁명에서 태동한 평의회가 혁명을 항상 유일한 목적으로 삼았던 당에 등을 돌릴 때마다 강조되었다. 진정한 소비에트 공화국의 전위당이라는 관점에서 볼 때, 볼셰비키당은 사멸한 정권의 다른 어떤 정당들보다도 훨씬 더 위험했으며 그만큼 반동적이었다. 정부 형태에 관한 한, 모든 지역의 평의회는 혁명 정당과 달리 혁명의 사회적 측면보다 정치적 측면에 훨씬 더 관심을 가졌다.[85] 일당 독재는 일반적으로 국민국가, 특별하게는 다당 체계의 발전 과정에서 마지막 단계일 뿐이다. 이것은 모든 프랑스 또는 이탈리아 선거에서 "국가의 기초와 정권의 성격이 위기에 처할" 정도로까지 유럽의 다당 민주주의가 쇠퇴한 20세기의 와중에서 자명한 이치로 보인다.[86]

따라서 1871년 파리코뮌 당시에도 동일한 유형의 갈등이 존재했다는 점을 지적하는 것은 시사하는 바가 충분히 크다. 당시 바로(Odysse Barrot)는 코뮌이 목표로 했던 새로운 정부 형태와 비군주적인 가면을 하고 곧 부활할 수 있었던 구 정권 사이의 주요 차이를 프랑스 역사의 관점에서 다음과 같이 아주 정확하게 공식화했다. "사회 혁명의 범위 내에서 1871년의 혁명은 자신이 지속해 완수해나가야 할 1793년의 혁명에 연원을 두고 있다…… 반대로 정치 혁명의 범위 내에서 1871년의 혁명은 1793년 혁명에 대한 반발이며 1789년 혁명으로의 복귀다…… 1871년 혁명은 '불가분의 동일체'라는 용어를 강령에서 삭제하고, 왕정복고주의적 성향이 짙은 권위주의적 개념을 배격함으로써 전적으로…… 자유주의적이고 공화주의적인 연방주의 이념에 합류하는 결과를 초래했다.[87]

---

85) 1956년 12월 노동자 평의회의 해체를 정당화하는 과정에서 헝가리 정부가 다음과 같이 불평한 것은 매우 특징적이다. "부다페스트의 노동자 평의회는 전적으로 정치적 문제에 관심을 갖고자 했다." 이전에 인용된 안바일러의 논문을 참조하라.

86) Duverger, 앞의 책, 419쪽 참조.

이러한 발언은 매우 놀라운 것이다. 왜냐하면 이 말이 혁명 정신과 연방 원리 사이에 밀접한 연계성이 있었다는 어떠한 증거도—어쨌든 미국 혁명 과정에 익숙하지 않은 사람들에게는 아니지만—거의 존재하지 않았던 시기에 쓰였기 때문이다. 바로의 생각이 사실임을 증명하기 위해서는 1917년 러시아 2월 혁명과 1956년 헝가리 혁명에 관심을 가져야 한다. 두 혁명이 모두 평의회 체계의 원리 위에 형성되었다면, 이 혁명들은 드러난 윤곽을 통해 정부가 어떠한 모습을 띨 것이며 공화국이 어떻게 기능하게 될 것인가를 보여줄 정도로 충분히 지속되었다. 양자의 경우에 평의회 또는 소비에트는 전적으로 서로 무관하게 모든 곳에서 등장했다. 러시아에서는 노동자 평의회, 군인 평의회, 농민 평의회가, 헝가리에서는 대부분 본질적으로 상이한 형태의 평의회들이 나타났다. 모든 거주 지역에서 출현한 마을 평의회, 거리에서 함께 투쟁하는 과정에 발생한 이른바 혁명 평의회, 부다페스트의 커피점에서 등장한 작가 및 예술가 평의회, 대학의 학생 및 청년 평의회, 공장의 노동자 평의회, 군대 내의 군인 평의회, 공무원 평의회 등이 그것이다. 본질적으로 다른 이 각각의 집단에서 평의회의 구성은 상당히 우연하게 정치 제도로 바뀌었다. 이러한 자발적인 발전의 가장 두드러진 측면을 들자면, 독립적이며 본질적으로 상이한 기구들이 지역 또는 지방 성격의 상위 평의회를 형성해나가면서 조정과 통합 과정을 시작하는 데 러시아의 경우는 몇 주, 헝가리의 경우에는 며칠도 채 걸리지 않았다. 국가 전체를 대표하는 의회에 파견될 대표자들은 이 평의회를 통해 선정될 수 있었다.[88] 북아메리카 식민지 역사에서 초기의 조약, ‘공동 협회’ 및 연합에서 볼 수 있듯, 우리는 연방 원리, 즉 개별 단위 간 연맹과 동맹의 원리가 어떻

---

87) Heinrich Koechlin, 앞의 책, 224쪽.

88) 러시아에서 일어난 이러한 과정을 자세히 알기 위해서는 Anwelier, 앞의 책, 155~158쪽을 참조하고, 아울러 헝가리에 관한 이 저자의 논문을 참조하라.

게 대규모 지역에서의 공화주의 정부의 가능성에 관한 이론적 고찰에 영향을 받지 않은 채, 그리고 공동의 적 때문에 단결해야 한다는 위협에 직면하지 않은 채 행위의 기본적 조건에서 발생하는가를 여기서 고찰한다. 공동의 목표는 '기초 자치제들'에 기초를 두고 있는 새로운 정치체, 새로운 유형의 공화주의 정부를 형성하는 것이었다. 물론 이 과정에서 이 정치체의 중앙 권력은 유권자 고유의 헌법 제정 권력을 박탈하지 않는다. 달리 말하면, 행동하고 의견을 형성할 수 있는 그들의 능력을 시샘하는 평의회는 새로운 정치제의 가장 중요한 결과인 정부 내 권력의 필요한 분리뿐만 아니라 권력의 분리 가능성을 발견하게 되었다.

미국과 대영 제국이 정당 체계가 안정과 권위를 유지할 정도로 훌륭하게 운영되고 있는 몇몇 국가 가운데 하나라는 사실은 종종 지적되어왔다. 아주 우연히도, 양당 체제는 다양한 정부 부서 간의 권력 분리에 기반을 두고 있는 헌법과 일치하며, 그 안정의 주요 원인은 물론 반대파를 정부 제도로서 인정하는 것이다. 그러나 그러한 인정은 국가란 분리 불가능한 단일체가 아니며 권력 분리는 무기력을 야기하기는커녕 권력을 창출하고 안정시킨다는 가정 아래서만 가능하다. 궁극적으로 이 원리는 대영 제국이 자신의 광범위한 소유지와 식민지를 연방으로 조직할 수 있게 했으며, 북아메리카의 영국 식민지가 연방정부 체제로 통합하는 것을 가능케 했다. 모든 차이에도 불구하고 이 두 국가의 양당 체제와 유럽 국민국가들의 다당 체제를 매우 결정적으로 구별해주는 것은 결코 기술성이 아니라 정치체 전체에 스며 있는 근본적으로 상이한 권력 개념이다.[89] 우리가 현대 정권

---

89) 앞서 언급한 책 393쪽에서 안바일러는 다음과 같이 올바르게 지적하고 있다. "양당 체제를 택하고 있는 대영 제국과 영연방 국가들은 다당 체제를 택하고 있는 대륙계 국가들과 상당히 다르며, 오히려…… 대통령제를 택하고 있는 미국과 더 비슷하다. 사실, 단일 정당제, 양당제, 다당제 사이의 차이점은 현

들을 그것이 기반한 권력 원리에 의거해 분류할 수 있다면, 일당 독재와 다당 체제 사이의 구별은 양당 체제와 이들 사이의 구별만큼 결정적이지는 않은 것임을 알 수 있다. 19세기에 "국가가 절대군주의 후임으로 들어선 후", 20세기에는 당이 국가의 자리에 대신 들어서게 됐다. 그러므로 현대 정당의 두드러진 특징들—독재적·과두적 구조, 당내 민주주의 및 *자유*의 결여, 전체주의화 경향, 무오류성 주장—이 미국에 존재하지 않았으며, 영국에서도 거의 마찬가지여서 오히려 이상했다는 것은 당연한 일이라 할 수 있다.[90]

오직 양당 체제만이 정부의 장치로서 그 생존 가능성뿐만 아니라 헌법적 자유를 보장할 능력을 증명했다는 것이 사실이지만, 양당 체제가 성취했던 것 가운데 가장 훌륭한 결실은 피치자가 치자를 어느 정도 통제하게 되었다는 점이지 결코 시민들이 공적 문제의 참여자가 되지는 못했다는 점 역시 사실이다. 시민이 기대할 수 있는 대부분은 '대표되는' 것이며, 대표되고 위임될 수 있는 유일한 것은 이익, 또는 유권자들의 복지이지 그들의 행위나 의견이 아니라는 점은 명백하다. 이 체제에서 국민의 의견은 그것들이 실재하지 않는다는 단순한 이유 때문에 확인이 불가능하다. 의견은 공개적 토론과 공적 논쟁 과정에서 형성되며, 의견 형성의 기회가 존재하지 않는 곳에서는 분위기—대중의 분위기와 개인의 분위기, 전자 못지않게 후자 역시 변덕스럽고 신뢰할 수 없는 것이다—만 존재하지 의견은 존재하지 않는다. 따라서 유권자들이 마치 그렇게 행동할 기회를 갖고 있는 것

대 정권을 분류하는 근본적 양태가 되는 경향이다. 그러나 예컨대 현대 독일의 경우와 같이, 양당제가 정부의 기구로서 야당의 승인을 동반하지 않는 단순히 절차적 문제가 되는 곳에서, 그것은 결국 다당제보다 더 안정적일 수는 없다.

90) 내 생각에 앵글로색슨 국가들과 대륙계 국민국가들 사이의 이러한 차이를 지적한 뒤베르제는 양당 제도의 장점이 '진부한' 자유주의에 속한다고 주장한 데서 잘못을 범했다.

같이 행동하는 것이 대표자가 취할 수 있는 최선책이다. 객관적으로 확인될 수 있고 행위와 결정의 필요가 이익집단 간의 다양한 갈등에서 발생하는 이익과 복지의 문제에는 이 같은 상황이 적용되지 않는다. 유권자들은 압력단체, 로비, 그밖의 다른 방법을 통해 자신들의 이익과 관련해 대표자들의 행동에 실제로 영향을 미칠 수 있다. 즉 그들은 다른 유권자 집단의 소망이나 이익을 희생해 자신들의 소망을 실행하도록 대표자들을 강요할 수 있다. 이러한 모든 경우에 유권자는 자신의 사적 삶과 복지에 대한 관심에서 활동하며, 그가 여전히 수중에 쥐고 있는 잔여 권력은 공동의 행위와 공동의 심의에서 발생하는 권력이라기보다 오히려 협박자가 희생자들에게 복종을 강요할 때 행사하는 무분별한 강제력과 흡사하다.

어쨌든 일반적으로 국민이나 특별히 정치학자들은 정당들이 지명권을 독점한다는 점에서 대중 조직으로 간주될 수 없으며 반대로 국민의 권력을 제한하고 통제하는 매우 효율적인 도구라는 사실에 대해 그다지 의심하지 않는다. 실제로 대의정부가 과두 정부가 되었다는 점은 충분히 타당하다. 단 이러한 점은 소수를 위한 소수의 지배라는 고전적 의미에서는 타당하지 않다. 오늘날 우리가 말하는 민주주의는 소수가 적어도 가정상으로는 다수를 위해 지배하는 정부 형태다. 이 정부는 대중적 복지와 사적 행복을 주요 목표로 한다는 점에서 민주적이다. 그러나 공적 행복과 공적 *자유*가 다시 소수의 특권이 되었다는 점에서는 과두적이라고 할 수 있다.

실제로는 복지 국가인 이 체제의 옹호자들이 자유주의자이고 민주적 확신을 가지고 있다면, 이들은 공적 *자유*와 공적 행복의 존재 자체를 거부해야 한다. 그들은 정치란 부담이며 그 목적 자체는 정치적이지 않다고 주장해야 한다. 그들은 다음과 같은 생 쥐스트의 주장에 동의할 것이다. "인민의 자유는 그들의 사적 삶에 있다. 삶을 조금도 방해하지 말라. 통치는 이 단순한 상황을 강제력 자체로부터 보호하는 최소한의 강제력일 뿐이어야 한다." 다른 한편 이 세기의 심대한 소요에서 무엇인가를 배운 그들이 국민의 어느 정도 생득적인 선(자비)에 대한 자유주의적 환상을 상실했다면, 그들은 국민이 스스로 통치하는 법을 모른다고, 즉 국민의 의지가 심각하게 무정부적이라고 결론을 내리기 쉽다. 인민은 자신이 원하는 바에 따라 행하고 싶어한다. 정부와 제재는 분리 불가능하며, 제재는 정의상 제약받는 사람의 외부에 존재하기 때문에, 모든 정부에 대한 인민의 태도는 '적대적'이다.[91]

입증하기 어려운 이 진술은 반박하기가 훨씬 더 어려우나 이러한 진실들이 기반을 두고 있는 가정들을 정확히 지적하기는 어렵지 않다. 이론적으로 볼 때, 이 중 가장 중요하고 가장 해악스러운 것은 인민과 대중의 등식화다. 물론 이 등식화는 대중 사회에 살고 있으며 항상 수많은 자극에 노출되어 있는 모든 사람에게는 매우 설득력 있게 들린다. 이것은 우리 모두에게 타당하지만 내가 인용했던 저자는, 정당이 오래전부터 의회 밖에서 작동하고 가정 생활, 교육, 문화·경제적 조건이라는 사적·사회적 영역에 침투했던 대중 운동으로 퇴보한 그러한 국가들 중 한 국가에 살고 있다.[92] 그리고 이러한 경우에 등식화의 설득력은 결국 자명함일 것이다. 운동의 조직화 원리가 현대 대중의 존재에 상응한다는 것은 사실이지만, 운동의 엄청난 매력은 현존하는 정당 체제 및 의회의 광범위한 대표성에 대한 인민의 의혹과 적대감에 있다. 미국의 경우와 같이 이러한 불신이 존재하지 않

---

91) 나는 이 문장들에서 독창적이지는 않지만 전후 프랑스와 유럽의 전반적 분위기를 표현한 뒤베르제 ─ 앞의 책, 423쪽 이하 ─ 를 다시 활용하고 있다.

92) 뒤베르제의 책이 안고 있는 가장 크면서도 다소간 설명할 수 없는 결점은 당과 운동의 차별에 대한 그의 거부다. 그는 직업 혁명가들의 정당이 대중 운동으로 변신하는 계기를 지적하지 않고는 공산당에 관한 이야기를 언급할 수 없다는 것을 의식했음이 틀림없다. 파시스트 및 나치 운동과 민주 정권의 정당 사이의 엄청난 차이는 훨씬 더 명백하다.

는 곳에서는 대중 사회의 조건이 대중 운동의 형성으로 이어지지 않는다. 반면, 프랑스의 경우와 같이 대중 사회가 아직 발전되지 않은 나라들도 정당 및 의회 체제에 대한 충분한 적대감이 존재한다면 대중 운동의 희생물이 될 수 있다. 어의적으로 말하자면, 정당 체제의 오류들이 많이 드러나면 드러날수록 운동이 인민에게 호소해 그들을 조직화하는 것뿐 아니라 인민을 대중으로 전환하는 것도 더욱 쉬워질 것이다. 실천적으로 말하자면, 당대의 현실주의, 즉 인민의 정치적 능력에 대한 좌절은 생 쥐스트의 현실주의와 다를 것 없이, 평의회의 실재를 무시하고 현재의 제도에 대한 대안은 존재하지 않으며 이전에도 결코 존재한 적이 없었다는 것을 당연하게 인정하는 의식적 또는 무의식적 결정에 확고하게 기반을 두고 있다.

중요한 역사적 진실은 당과 평의회 체제가 거의 동시대에 등장했다는 점이다. 이들은 모두 혁명 전에는 존재하지 않았으며, 특정한 영토의 모든 주민이 공공 영역, 즉 정치 영역에 참여할 자격을 가지고 있다는 근대 혁명적 교의의 산물이다. 정당과 달리 평의회는 언제나 혁명 기간에 등장했으며, 행동과 질서의 자발적 기관인 인민으로부터 발생했다. 다음의 마지막 요지는 강조할 만한 가치가 있다. 정부의 제재가 없을 경우 인민은 '본질적으로' 무정부적이고 무법적인 성향을 가진다는 과거의 격언은 평의회의 출현과 가장 예리하게 대립되는데, 평의회가 출현하는 곳마다, 특히 헝가리 혁명 기간에 가장 두드러지게 나타난 바와 같이 그것은 국가의 정치·경제적 삶의 재조직화 및 새로운 질서의 확립과 연관되었다.[93] 세습적이든 대의적이든 모든 의회에 전형적으로 나타나는 분파들과 달리 정당들은 지금까지 혁명 기간에는 한번도 등장하지 않았다. 20세기의 정당들은

---

93) 이것은 유엔이 펴낸 『헝가리 문제에 관한 보고서』(*Report on the Problem of Hungary*, 1956)를 평가한 것이었다. 같은 방향에서 언급한 다른 사례들을 이해하기 위해서는 안바일러의 이미 인용한 논문을 참조하라.

혁명 전에 등장했거나 보통선거권의 확장과 더불어 발전했다. 따라서 정당은 의회 분파가 확장한 것이든 의회 밖에서 형성된 것이든 의회 정부에 그것이 필요로 하는 인민의 지지를 제공했던 반면 인민이 투표를 통해 지지를 제공함에도 불구하고 행동은 정부의 특권이라고 이해했다. 정당들이 호전적으로 변하고 정치 행위의 영역을 적극적으로 침투해 들어가게 되면, 의회 정부에서 자신들이 맡는 기능뿐 아니라 원리까지도 침해하고, 결국 교의 및 이데올로기와 관계없이 전복적 성격을 띠게 된다. 의회 정부의 해체 — 예컨대 제1차 세계대전 후의 이탈리아와 독일, 제2차 세계대전 후의 프랑스 — 는 현상을 유지하는 정당들조차 어떻게 자신들의 제도적 한계를 넘어서는 순간 실제로 정권을 침식하는 데 일조하는가를 반복적으로 증명해왔다. 행위 및 공적 문제에 참여하는 활동, 평의회의 열망은 명백히 건강 및 생명력의 징후가 아니라 대표성을 항상 일차적 기능으로 삼았던 제도의 쇠퇴 및 전도의 징표다.

정당 체제들이 선출 공직 및 대의정부 후보자를 '지명하는' 것은 그렇지 않았다면 완전히 상이했을 정당 체제들의 본질적 특성이며, 오히려 지명 행위 자체가 정당의 존재 이유라고 말하는 게 정확할 수도 있다.[94] 따라서 애초부터 하나의 제도로서 정당은 시민들의 공공 문제 참여가 다른 공공 기관에 의해 보장되었다는 것을 전제하거나 아니면 그러한 참여는 필요치 않고 새롭게 수용된 주민 계층은 대표성에 만족해야 한다는 것을 전제하거나, 마지막으로 복지 국가에서는 모든 정치적 문제가 궁극적으로 행정의 문제이며 전문가에 의해 조정되거나 결정되어야 한다는 것을 전제했다. 인민의 대표자들까지도 행정 문제에서는 명백한 행위 영역을 거의 보유하지 못했으며,

---

94) 앞서 언급한 카시넬리의 책 21쪽에 나오는 정당 체제에 관한 흥미로운 연구를 참조하라. 이 책은 미국 정치에 관한 한 적절하다. 반면 유럽 정당 체제에 관해 논의할 때는 너무나 기술적이면서도 다소 피상적이다.

공적 관심사에 속하기는 하지만 사적 경영 업무와 본질적으로 다르지 않은 업무를 담당하는 행정 관료일 뿐이다. 이러한 전제들 중 마지막 사항이 정확하다는 것이 증명된다면 우리 대중 사회에서 정치 영역이 고사하면서 그것이 엥겔스가 무계급 사회를 위해 예측했던 '사물의 관리'로 대체되는 범위를 그 누가 부정할 수 있는가? 확실히 평의회는 인간사 영역에서는 어떠한 적실성도 지니지 않은 격세유전적인 제도로 간주되어야 했다. 그러나 이러한 것 또는 이와 매우 유사한 것은 결국 정당 체제에도 유효한 것으로 곧 밝혀졌을 것이다. 평의회의 업무가 모든 경제 과정의 기초가 되는 필연성에 의해 지배되기 때문에 관리와 경영은 본질적으로 비정치적일뿐 아니라 비당파적이다. 풍요 상태에 있는 사회에서는 서로 대립하는 집단 이익이 더 이상 다른 집단을 희생하는 데 의존할 필요가 없으며, 전문가들의 객관적이고 증명될 수 있는 정당한 의견을 초월하는 명백한 선택이 존재하는 한 대립의 원리는 정당하다. 통치가 실제로 관리가 되었을 때, 정당 체제는 단지 무기력과 낭비만을 초래할 수 있을 뿐이다. 정당 체제가 그러한 정권에서 수행할 수 있을 법한 유일하게 진부하지 않은 기능은 공복(公僕)의 부패에서 정권을 보호하는 것이며, 이 기능조차 경찰이 더 훌륭하고 믿을 수 있게 수행할 수 있는 것이다.[95]

---

95) 카시넬리의 책 77쪽은 공적인 문제에 순수하며 공평한 관심을 가진 유권자 집단이 얼마나 적은가를 흥미로운 예로 설명하고 있다. 그가 말한 바와 같이, 정부에 중대한 스캔들이 있으며 그 결과로 야당이 투표를 통해 집권하게 된다고 가정해보자. 예컨대, "만약 유권자의 70퍼센트가 스캔들 이전과 이후에 두 번 투표하고 당이 스캔들 이전에 유효표의 55퍼센트를 획득하고, 이후에는 45퍼센트를 획득했다면, 통치의 정직성에 대한 일차적 관심은 유권자들의 7퍼센트 남짓 정도로 규정될 수 있으며, 이러한 계산은 선호 변경에 대한 다른 모든 가능한 동기를 무시하고 있다." 이것은 인정컨대 단순한 가정이지만 확실히 실재에 상당히 근접하고 있다. 문제의 핵심은 유권자가 명백히 정부의 부패를 발견할 준비가 되어 있지 않다는 것이 아니라 후보가 재직 중이 아닐 때 저지른 부패를 투표에 반영한다고 생각할 수 없다는 점이다.

두 제도, 즉 정당과 평의회 간의 갈등은 20세기의 모든 혁명에서 표면화되었다. 중대한 쟁점은 대표성 대 행위 및 참여 사이의 갈등이었다. 평의회는 행위 기구였으며, 혁명 정당은 대표 기구였다. 혁명 정당들이 반신반의하며 평의회를 '혁명 투쟁'의 도구로 인정했다 하더라도, 혁명 정당들은 심지어 혁명이 진행 중인 상황에서도 평의회를 내부에서 통제하고자 했다. 혁명 정당들은 아무리 자신들이 혁명적인 정당이라도 정부가 진정한 소비에트 공화국으로 변신한 후까지 살아남지는 못할 것임을 충분히 알고 있었다. 정당들에 행위 자체의 필요성은 잠정적이었으며, 그들은 혁명이 승리한 후에도 행위를 계속한다면 결과적으로 불필요하거나 전복적인 것이 될 것이라는 점을 의심하지 않았다. 잘못된 신념과 권력욕이 직업 혁명가들로 하여금 인민의 혁명 기구에 등을 돌리게 만든 결정적 요인은 아니었다. 혁명 정당들이 다른 모든 정당과 공유했던 기본적 확신이 오히려 더 결정적인 것이었다. 혁명 정당들은 정부의 목적이 인민의 복지이며, 정치의 실체가 행위가 아닌 관리라는 것에 동의했다. 이러한 측면에서 좌파에서 우파에 이르기까지 모든 정당은 혁명 단체들이 이제껏 평의회와 공유했던 것보다 더 많은 공통점을 지니고 있다고 말해도 무리가 없을 것이다. 게다가 궁극적으로 쟁점을 당 및 일당 독재에 유리한 방향으로 결정했던 것은 폭력 수단의 무법적 사용을 통해 평의회를 해체하려는 우월적 권력이나 결정만은 결코 아니었다.

혁명 정당들은 평의회 제도가 새로운 정부 형태의 출현과 얼마나 동일한가를 결코 이해하지 못했다는 게 사실이라면, 현대 사회에서 정부 기구가 실제로 얼마나 엄청난 행정 기능을 수행해야 하는가를 평의회가 이해할 수 없었다는 것 역시 적잖이 진실이다. 평의회의 숙명적 오류는 항상 공적 문제에 참여하는 것과 공적 관심을 끄는 사물들을 관리 또는 경영하는 것을 명백히 구분하지 않았다는 점이었다. 노동자 평의회는 공장 경영을 계속 담당하고자 여러 번 시도했으나,

이러한 시도들은 모두 낙담스러운 실패로 끝났다. 우리가 다음과 같은 소망을 들었다. "노동계급의 소망은 실현되었다. 공장들은 노동자 평의회에 의해 관리될 것이다."[96] 노동계급의 이러한 소망은 평의회의 정치적 열망에 대응하고, 정치 영역으로부터 이들을 이탈시켜 공장으로 되돌려보내려는 혁명 정당의 시도와 오히려 비슷한 것 같다. 그리고 이러한 의혹은 두 가지 사실에 의해 형성되었다. 평의회는 사회·경제적 주장과 관련해 작은 역할을 담당하기 때문에 언제나 일차적으로 정치적이며, 사회·경제 문제에 대한 이러한 관심 부족은 혁명 정당의 관점에서 볼 경우에 정확히 '중하층 계급의 추상적이고 자유방임적인 정신 상태'의 확실한 징표였다.[97] 사실 이것은 분명히 이들의 정치적 성숙을 보여주는 징표였으며, 스스로 공장을 운영하려는 노동자들의 소망은 당시까지 중간 계급에만 개방되었던 지위로 부상하려는, 이해할 만하지만 정치적으로는 부적절한 개개인의 욕구를 보여주는 징표였다.

분명히 노동계급 출신의 주민들에게 관리 능력이 부족하지는 않았다. 문제는 단지 노동자 평의회가 확실히 문제를 파악하는 데 최악의 기구였다는 점이다. 노동자 평의회가 신뢰해 자체 내에서 선출한 사람들은 신뢰성, 개인적 성실성, 판단 능력 그리고 육체적 용기 등의 정치적 기준에 따라 선출되었다. 전적으로 정치적 능력에 따라 행동할 수 있는 이 사람들도 공장 관리 또는 다른 행정 의무에 대해 신임을 받지 못하면 탈락하게 되어 있었다. 정치인 또는 정치적 인간의

---

96) 이러한 말과 더불어 헝가리 노동조합은 1956년 노동자 평의회에 가담했다. 우리는 물론 러시아 혁명과 에스파냐 내란에서 똑같은 현상이 일어났다는 사실을 알고 있다.

97) 이러한 것들은 유고슬라비아 공산당이 헝가리 혁명에 대해 가한 비난들이었다. 안바일러의 논문을 참조하라. 이러한 이의들은 러시아 혁명에서도 이미 여러 번 동일한 의미로 제기되었기 때문에 전혀 새롭지 않다.

자질과 관리자 또는 경영자의 자질은 같은 것이 아니기 때문에, 이러한 특성들이 한 인간에게서 모두 발견되기란 거의 드문 일이다. 전자는 *자유*를 원리로 하는 인간 관계 영역에서 인간들을 다루는 법을 알고 있어야 하며, 후자는 필요를 원리로 하는 삶의 영역에서 사물과 사람들을 관리하는 법을 알아야 한다. 공장 내 평의회는 행위의 요소를 사물의 관리에 끌어들였으며, 이것은 실제로 혼돈을 초래하지 않을 수 없었다. 이와 같이 미래가 예견된 시도들로 인해 평의회 제도는 오명을 얻게 됐다. 그러나 평의회가 국가의 경제 제도를 조직화하거나 재건설하지 못했던 것이 사실이기는 하지만, 평의회가 실패하게 된 주요 이유는 주민들의 무법성이 아니라 그들의 정치적 자질이었다는 것 역시 사실이다. 다른 한편 정당 기구들이 많은 결점에도 불구하고—부패, 무능력, 신뢰할 수 없을 정도의 낭비성—평의회가 실패했던 곳에서 궁극적으로 성공하게 된 이유는 정확하게 모든 정치적 목적 때문에 그들을 그렇게 신뢰할 수 없게 만들었던, 본래부터 과두적이고 심지어 독재적인 구조에 있다.

*자유*가 가시적인 실재로 존재하는 곳 어디서나 *자유*는 항상 공간적으로 제한됐다. 이것은 모든 소극적 자유 중 가장 중대하고 가장 기본적인 것인 운동의 *자유*와 관련해 특히 분명하다. 영토의 경계나 도시 국가의 성벽은 인간들이 자유롭게 이동할 수 있는 공간을 포괄하고 보호했다. 조약과 국제적 보장은 국가 밖에 있는 시민들을 위해 영토적으로 제한된 *자유*를 확장해주지만, 이러한 근대적 조건 아래서도 *자유*와 제한된 공간은 여전히 근본적으로 명백히 일치한다. 운동의 *자유*에 타당한 것은 대개 *자유* 일반에도 타당하다. 적극적 의미의 *자유*는 동등한 사람들 사이에서만 가능하며, 평등 자체는 결코 보편적으로 정당한 원리가 아니라 한계 내에서만, 심지어 공간적 한계 내에서만 적용될 수 있는 것이다. 우리가 이러한 *자유* 공간—존 애

덤스의 용어는 아니지만 그 핵심을 따르자면, 현상 공간이라고 명명할 수도 있는 공간——을 정치 영역 자체와 동일시한다면, 이들을 대양 속의 섬이나 사막 속의 오아시스로 생각하기가 쉽다. 내가 믿기로 이 이미지는 은유의 일관성을 통해서뿐만 아니라 역사 기록에 의해서도 암시되고 있다.

내가 여기서 관심을 가지고 있는 현상은 흔히 '엘리트'라고 불리는 것이다. 내가 이 용어에 트집을 잡는 것은 다음과 같은 사실에 이의가 있기 때문이 아니다. 정치적 임무가 정의상 다수, 즉 정확히 표현하자면 모든 시민 전체와 연관되더라도, 정치적 삶의 방식은 결코 다수의 삶의 방식이었던 적이 없으며 앞으로도 그럴 일은 없을 것이라는 사실 말이다. 정치적 정념들——용기, 공적 행복의 추구, 공적 *자유*의 향유, 사회적 지위와 행정직뿐만 아니라 성과 및 축하와도 무관하게 탁월성을 확보하려는 야망——은 어쩌면 모든 가치를 사회적 가치로 전도하는 사회에 사는 우리가 생각하는 것만큼 진귀하지는 않을 것이다. 그러나 이러한 것들은 확실히 모든 조건 아래서 일반적인 것으로부터 벗어나 있다. 내가 엘리트에 트집을 잡는 이유는 이 용어가 과두적 정부 형태, 소수의 통치에 의한 다수의 복종을 함의하고 있다는 사실에 있다. 사람들은 이 사실을 통해 정치의 본질이 지배이며 지배적인 정치적 정념은 지배하거나 통치하려는 열정이라고——실제 우리 정치사상의 전통이 결론을 내렸던 것과 같이——결론을 내릴 뿐이다.

나는 이것이 근본적으로 사실이 아니라고 생각한다. 정치 엘리트가 항상 다수의 정치적 운명을 결정해왔으며 대부분의 경우 다수에 대한 지배력을 행사해왔다는 사실은 다른 한편 소수가 다수로부터 자신들을 보호해야 하거나 필요라는 주변 바다로부터 자신들이 거주하게 될 *자유*의 섬을 보호해야 할 처절한 필요를 암시한다. 다른 한편 이것은 자신을 돌보지 않는 사람들의 운명을 배려할 사람들에게 자동으로 귀속되는 책임을 암시한다. 그러나 이러한 필요성이나 책임은 그들의 삶을 구성하는 본질, 실체인 자유에 영향을 미치지 않는다. 이것은 모두 제한된 섬 자체의 공간 내에서 실제로 진행되는 것과 관련해 부차적이고 이차적이다. 오늘날의 제도라는 측면에서 해석하면, 대의정부의 구성원이 선거 운동을 하고 표를 얻고자 노력하며 투표자들의 말에 귀를 기울이는 데 아무리 많은 시간을 소요하더라도 그의 정치적 삶이 실재화되는 곳은 그가 동료들 사이에서 활동하고 있는 의회다. 문제의 핵심은 단순히 (미국 예비 선거는 예외지만) 유권자가 자신이 없을 때 이루어진 선택에 동의하거나 비준하기를 거부하는 현대 정당 정부에서 이러한 대화가 가지는 명백한 허위성이 아니며, 대표자와 유권자의 관계가 판매자와 구매자 간의 관계로 변형되는 매디슨 애비뉴식의 정치를 도입하거나 하는 명백한 남용도 아니다. 대표자와 유권자, 국민과 의회 사이에 의사소통이 존재하더라도, ─그러한 의사소통의 존재가 한편으로 영국인 및 미국인, 다른 한편 서구 유럽 사람들 사이의 뚜렷한 차이를 보여준다─이러한 의사소통은 결코 동등한 사람들 사이의 의사소통이 아니라 지배하고자 하는 사람들과 지배받기로 동의한 사람들 사이의 의사소통이다. "'인민에 의한 인민의 정부'라는 공식을 '인민에서 배출된 엘리트에 의한 인민의 정부'라는 공식으로"[98] 대체하는 것이 정당 체제의 본질에 속한다.

"정당의 가장 심오한 의미는 대중이 자신들로부터 자신들의 엘리트를 배출할 수 있도록 하는 필요한 틀을 제공하는 데서 나타나야 한다"[99]는 말이 언급되어왔으며, 일차적으로 낮은 계급의 구성원들에게 정치적 경력의 기회를 개방한 것은 정당들이었다는 것이 사실이

---

98) Duverger, 앞의 책, 425쪽.
99) 같은 책, 426쪽.

다. 확실히 민주 정부의 탁월한 제도로서 정당은 현대의 주요 추세들 중 하나인 사회의 지속적이고 보편적으로 증대되는 평등화에 상응한다. 그러나 이것은 결코 정당이 현대에도 혁명의 심오한 의미에 조응한다는 것을 함의하지는 않는다. "인민에서 배출된 엘리트"는 근대 이전 출생과 부에 기초한 엘리트를 대체했다. 이 엘리트는 어디서도 인민들이 정치적 삶으로 진입할 수 있도록 하지 않았으며 공공 문제의 참여자가 될 수 있도록 하지 않았다. 지배 엘리트와 인민, 공적 공간을 구성하는 소수와 그 밖에서 삶을 영위하는 이름없는 다수 사이의 관계는 바뀌지 않았다.

혁명과 혁명 정신의 생존이라는 관점에서 볼 때, 문제는 새로운 엘리트의 부상에 있지 않다. 인민 대다수가 명백히 정치 문제 자체를 다룰 능력도, 그에 대한 관심도 부족하다는 것을 부정하는 것은 혁명 정신이 아니라 평등주의적 사회의 민주적 정신 상태다. 문제는 국민 다수가 참여하고 엘리트가 선출될 수 있는, 아니 엘리트가 자신을 선출할 수 있는 공적 공간이 부족하다는 데 있다. 달리 말하면, 정치가 직업과 경력이 되었다는 점, 따라서 엘리트가 심각하게 비정치적 기준과 범주에 따라 선정된다는 점이 문제다. 진정 정치적인 인사들이 드물게 자신들을 내세울 수 있는 것은 모든 정당 체제의 본질에 있으며, 특별한 정치적 자격 조건으로 평범한 판매 능력을 요구하는 정당 정치의 사소한 조작에서 살아남는 일은 훨씬 더 드물다.

물론 평의회에 앉아 있는 사람들 역시 엘리트였으며, 나아가 현대 세계가 지금까지 목격했던 인민의 유일한 정치 엘리트이며, 인민에서 배출된 유일한 정치 엘리트이기도 했다. 그러나 이들은 위로부터 지명되지도 밑으로부터 지지받지도 않았다. 인민들이 함께 살거나 활동하는 모든 곳에서 발생한 기초 평의회와 관련해, 우리는 그들이 그들 자신을 선택했다고 말하고 싶어 한다. 스스로 조직화한 사람들은 관심을 갖고 주도권을 행사하는 사람들이었으며, 혁명에 의해 공개적으로 노출된, 인민의 정치 엘리트였다.

따라서 이러한 '기초 자치체'로부터 평의회 구성원들은 다음 상위 평의회를 위한 대표를 선출했으며, 다시 동료들에 의해 선출된 이들 대표들은 위로부터나 아래로부터의 어떠한 압력에도 복종하지 않았다. 그들의 직위는 단지 동료들의 신임에 기반을 두고 있었고, 이 평등은 자연적인 것이 아니라 정치적인 것이었다. 그것은 그들이 태어날 때부터 가지고 있던 것이 아니었다. 그것은 공동 활동을 약속하고 그 활동에 참여하는 사람들의 평등이었다. 일단 선출되어 상위 평의회에 파견된 대표는 자신이 또다시 동료들 사이에 있음을 발견하게 되었다. 이 제도 안에서 어떤 지위에 있든 대표들은 특별한 신뢰를 받는 사람들이었기 때문이다. 이러한 정부 형태가 완전히 발전했다면 분명히 다시 피라미드 형태를 띠었을 것이다. 물론 피라미드 형태는 근본적으로 권위주의적 정부의 형태다. 그러나 우리가 알고 있는 모든 권위주의 정부에서는 권위가 위로부터 여과되는 데 반해, 이 경우의 권위는 상층이나 하층에서 발생하지 않고 피라미드 각 층에서 발생했을 것이다. 이것은 분명히 모든 현대 정치의 가장 심각한 문제들 중의 하나에 대한 해결책, 즉 *자유*와 평등을 조화시키는 방법이 아니라 평등과 권위를 조화시키는 방법이 될 수 있었다.

(오해를 피하기 위해 다음과 같은 사실을 밝혀둔다. 평의회 제도에서 제안된 최선의 선택을 위한 원리, 민초적 정치 조직에서 자기 선택의 원리, 연방적 정부 형태로의 발전에 대한 개인적 신뢰의 원리는 보편적으로 유효한 것이 아니다. 이러한 원리들은 정치 영역 내에서만 적용될 수 있다. 한 국가의 문화계, 문학계, 예술계, 과학계, 전문 직종에 종사하는 엘리트들은 심지어 사회 엘리트까지도 상이한 기준에 영향을 받는데, 평등의 기준은 명백히 그 기준들에 속하지 않는다. 권위의 원리도 마찬가지다. 예컨대, 시인의 등급은 동료 시인들의 신임 투표에 의해 결정되는 것도 아니고 인정받는 대가의 칭찬에 의해 결정되는 것도 아니며, 오

히려 반대로 시를 사랑하기는 하지만 정작 쓰지는 못하는 사람들에 의해 결정된다. 다른 한편, 과학자의 등급은 실제로 동료 과학자들에 의해 결정되지 매우 개인적 특성이나 자격에 기초해 결정되지는 않는다. 이 경우 기준은 객관적이며 논쟁과 설득의 범위를 벗어나는 것이다. 결과적으로 적어도 부와 가문이 중시되지 않는 평등주의 사회에서는 사회 엘리트가 차별화 과정을 통해 나타난다.)

평의회의 잠재력을 계속해서 설명하고 싶지만, "단 하나의 목적을 위해서만 평의회를 시도하라"는 제퍼슨의 주장을 언급하는 편이 더 현명할 것이다. 평의회는 왜 자신이 최선의 도구인가를 곧 보여줄 것이다. 평의회는 정치적임을 가장한 대중 운동을 형성하려는 위험한 성향을 지닌 대중 사회를 해체하는 최선의 도구다. 정확히 말하자면 어느 누구에 의해 선택된 것이 아니라 스스로 구성한 엘리트를 민초 차원의 대중 사회에 분산 배치하는 가장 자연스러운 방식이다. 따라서 공적 행복의 향유와 공공 업무에 대한 책임은 공적 *자유*에 대한 취미를 갖고 있고 그것 없이는 행복할 수 없는 사회 모든 분야의 소수의 몫이 된다. 정치적으로 말하자면, 평의회는 최선의 도구이며, 그들에게 공공 영역에 적절한 위치를 보장해주는 것은 선한 정부의 임무이자 질서 잡힌 공화국의 징표다. 확실히, 그러한 귀족주의적 정부 형태는 오늘날 우리가 이해하고 있는 보통선거권에 종말을 가져왔을 것이다. '기초 자치체'의 자발적 구성원으로서 자신이 사적 행복 이상의 것을 배려하고 있으며 세계의 상태에 관심이 있다는 사실을 증명했던 사람들만이 공화국의 업무를 수행하는 과정에서 의견을 제시할 권리를 가져야 할 것이다. 그러나 이렇게 정치로부터 배제하는 것은 경멸적인 것이 되어서는 안 된다. 정치 엘리트는 결코 사회·문화·학계 엘리트와 똑같지 않기 때문이다. 게다가 이러한 배제는 외곽 조직에 의존하지 않는다. 귀속된 사람들이 자발적으로 선택했다면, 귀속되지 않는 사람들은 자발적으로 배제되지 않는다. 그리고 사실 결코 임의적 차별이 아닌 이러한 자기 배제는, 고대 세계의 종말 이후 우리가 향유해왔던 중요한 소극적 자유 중 하나인 정치로부터의 *자유*에 실체와 실재를 부여하고 있다. 로마인이나 아테네인들에게는 이러한 *자유*가 알려지지 않았으며, 아마도 정치적으로 기독교적 유산과 가장 많이 연관된 부분일 것이다.

혁명 정신—새로운 정신과 새로운 것을 시작하는 정신—이 적절한 제도를 발견하는 데 실패했을 때, 이러한 자기 배제가 사라졌다. 이러한 오류를 보상하고 그 종말—기억과 회상을 제외한—을 막아줄 수 있는 것은 없다. 그리고 기억의 저장고는 살아가는 데 필요한 격언을 발견하고 만드는 것이 직업인 시인들에 의해 보존되고 주시되기 때문에, 우리의 상실된 보고의 실제적 내용을 적절하게 세련화하기 위해 결론적으로 이들 중 두 시대(하나는 현대, 다른 하나는 고대)에 관심을 갖는 편이 현명할 것이다. 르네 샤르(René Char)는 현대 시인으로서 제2차 세계대전 중 레지스탕스 운동에 참여한 수많은 프랑스 저술가 및 예술가들 중 가장 섬세한 사람이다. 그의 경구 모음집은 전쟁의 막바지 몇 년 사이 해방에 대해 솔직히 염려하는 기대 속에서 쓰였다. 그는 프랑스인들이 독일 점령 아래서 오래 기다려왔던 해방을 맞이하는 동시에 공공 업무의 부담에서도 해방된다는 것을 알고 있었기 때문이다. 이들은 사생활과 사적 업무의 어두운 심연으로 돌아가야 하며, 마치 그들이 행했던 모든 것에 저주가 드리우던 것 같았던, 전쟁 이전의 '삭막한 구렁'으로 돌아가야 했다. "살아남기 위해서는 이 중요한 몇 년간의 향기로부터 단절하고, 조용하게 나의 보물을 (억제하지 않고) 거부해야 한다는 것을 나는 알고 있다." 그의 생각에, 보물은 그가 '자신을 발견했다'는 것이며, 그가 더 이상 자신의 '불성실함'을 의심하지 않았다는 것이며, 그가 가면을 필요로 하지 않고 가장할 필요가 없다는 것이며, 어디를 가든 다른 사람과 자신에게 그가 의도한 대로 보인다는 것이며, 그가 '자신을 드러낼' 여유가 있다는 것이었다.[100] 이러한 성찰들은 비자발적인 자기 담화와 행동 속에 내재된 자기 성찰이나 얼버무림 없이 언행에서 드러나는 기쁨을 입증할 정도로 충분히 유의미하다. 그리고 이러한 성찰들은 "우리에게 아무런 유언도 남기지 않은 유산"의 중심부를 완전히 정확히 명중하기에는 지나치게 '현대적'이고 너무나 자기중심적인 것이었다.

소포클레스(Sophocles)는 만년의 희극 『오이디푸스』(*Oedipus at Colonus*)에서 다음과 같이 유명하면서도 놀라운 시구를 남겼다.

> Μὴ φῦναι τὸ ν ἆπαντα νι —
> κᾶ λόγον. τὸ δ ἐπεὶ φανῆ,
> βῆναι κεῖσ’ ὁπόθεν περ ἥ —
> κει πολὺ δεύτερονώς τάχιστα.

"태어나지 않은 것은 말로 표현할 수 있는 모든 의미를 능가한다. 일단 태어나면 삶의 차선책은 온 곳으로 가능한 한 신속히 가는 것이다." 소포클레스는 여기서 아테네의 전설적 건국자이며 대변자인 테세우스(Theseus)의 입을 통해 젊은이와 나이 든 이를 포함한 모든 보통 사람에게 삶의 부담을 견딜 수 있게 하는 것이 무엇인가를 알리고자 한다. 사람들의 자유로운 행위와 살아 있는 언어를 가능케 하는 공간인 **폴리스**는 삶에 우아함을 제공할 수 있었다.

---

100) René Char, *Feuillets d’Hypnos*, Paris, 1946. 영어판으로는 *Hypnos Waking: Poems and Prose*(New York, 1956).

참고문헌

Acton, Lord, *Lectures on the French Revolution*(1910), New York, 1959.

Adams, John, *Works*(10 vols.), Boston, 1851.

The Adams-Jefferson Letters, L. J. Cappon ed., Oxford, 1959.

Adler, Max, *Demokratie und Rätesystem*, vienna, 1919.

Anweiler, Oskar, "Die Räte in der ungarischen Revolution", *Osteuropa*, vol. VII, 1958.

——, *Die Rätebewegung in Russland 1905~1921*, Leiden, 1958.

Arendt, Hannah, *Origins of Totalitarianism*(revised ed.), London, 1958.

Aron, Raymond, "Political Action in the Shadow of Atomic Apocalypse," *The Ethics of Power*, Harold D. Lasswell and Harlan Cleveland eds., New York, 1962.

Aulard, Alphonse, *Études et leçons sur la Révolution Française*, Paris, 1921.

——, *The French Revolution: A Political History*, New York, 1910.

Bagehot, Walter, *The English Constitution and Other Political Essays*(1872), London, 1963.

Bancroft, George, *History of the United States*(1834ff.), New York, 1833~35.

Beard, Charles A., *An Economic Interpretation of the Constitution of the United States*(1913), New York, 1935.

Becker, Carl L., *The Declaration of Independence*(1922), New York, 1942.

Blanc, Louis, *Histoire de la Révolution Française*, Paris, 1847.

Boorstin, Daniel J., *The Americans: The Colonial Experience*, London, 1965.

————, *The Genius of American Politics*, Chicago, 1953.

————, *The Lost World of Thomas Jefferson*(1948), Boston, 1960.

Bousset, W., *Kyrios Christos*, Göttingen, 1913.

Brown, R.E., *Charles Beard and the Constitution*, Princeton, 1956.

Bryce, James, *The American Commonwealth*(1891), New York, 1950.

Burke, Edmund, *Reflections on the Revolution in France*(1790), London, 1969.

Carpenter, William S., *The Development of American Political Thought*, Princeton, 1930.

Cassinelli, C.W., *The Politics of Freedom: An Analysis of the Modern Democratic State*, Seattle, 1961.

Chateaubriand, *François René de, Essai sur les Révolutions*(1797), London, 1820.

Chinard, Gilbert, *The Commonplace Book of Thomas Jefferson*, Baltimore and Paris, 1926.

————, "Polybius and the American Constitution," *Journal of History of Ideas*, vol. I, 1940.

Cicero, *De Natura Deorum*, Loeb Classical Library edition, Cambridge and Mass., 1952.

————, *Academica*, Loeb Classical Library edition, Cambridge and Mass., 1952.

Cicero, *De Re Publica*, Artemis edition, Zürich, 1952.

Cohn, Norman, *The Pursuit of Millennium*, London, 1962.

Commager, Henry S., *Documents of American History*, 5th ed., New York, 1940.

Condorcet, Antoine Nicolas de, "Sur le Sens du Mot Révolutionnaire 184(1793), *Œuvres*, Paris, 1847~49.

————, "Influence de la Révolution d'Amerique sur l'Europe"(1786), *Œuvres*, Paris, 1847~49.

————, "Esquisse d'un Tableau Historique des Progés de l'Esprit Humain (1795)", *Œuvres*, Paris, 1847~49.

Cooper, James Fenimore, *The American Democrat*(1838), London, 1969.

Conford, F.M., *From Religion to Philosophy*(1912), New York, 1961.

Corwin, Edward S., *The Constitution and What It Means Today*, Oxford, 1958.

———, *The Doctorine of Judicial Review*, Princeton, 1914.

———, "The 'Higher Law' Background of American Constitutional Law," *Harvard Law Review*, vol. 42, 1928.

———, "The Progress of Constitutional Theory between the Declaration of Independence and the Meeting of the Philadelphia Convention," *American Historical Review*, vol. 30, 1925.

Craven, Wesley Frank, *The Legend of the Founding Fathers*, New York, 1956.

Crévecœur, J. Hector St John de, *Letters from an American Farmer*(1782), New York, 1957.

Crosskey, William W., *Politics and the Constitution in the History of the United States*, Chicago, 1935.

Curtis, Eugene N., *Saint-Just, Colleague of Robespierre*, New York, 1935.

Diamond, Martin, "Democracy and The Federalist: A Reconsideration of the Framers' Intent," *American Political Science Review*, March 1959.

Dostoyevsky, Feodor, *The Grand Inquisitor*(1880), Constance Garnett trans., New York, 1948.

Duverger, Maurice, *Political Parties: Their Organization and Activity in the Modern State*(Fench ed., 1951), London, 1954.

Echeverria, D., *Mirage in the West: a History of the French Image of American Society to 1815*, Oxford, 1969.

Ehrenberg, Victor, "Isonomia", Pauly-Wissowa, *Realenzyklopädie des klassischen Altertums*, Supplement, vol. VII.

Elliot, Jonathan, *Debates in the Several State Conventions on the Adoption of the Federal Constitution*, Philadelphia, 1861.

Emerson, Ralph Waldo, *Journal*(1853), Boston, 1909~14.

Farrand, Max, *The Records of the Federal Convention of 1787*, New Haven, 1937.

Fay, Bernard, *The Revolutionary Spirit in France and America*, New York, 1927.

J.E., Cooke ed., *The Federalist*(1787), New York, 1961.

Fink, Zera S., *The Classical Republicans*, Evanston, 1945.

Friedrich, Carl Joachim, *Constitutional Government and Democracy*(revised edition),

Boston, 1950.

Gaustad, E.S., *The Great Awakening in New England*, New York, 1957.

Gentz, Friedrich, *The French and American Revolutions Compared*, John Quincy Adams trans.(1810), Gateway edition, Chicago, 1959.

Gierke, Otto, *Natural Law and the Theory of Society 1500 to 1800*, Cambridge, 1950.

Göhring, Martin, *Geschichte der grossen Revolution*, Tübingen, 1950ff.

Gottschalk, L.R., *The Place of the American Revolution in the Causal Pattern of the French Revolution*, Easton, 1948.

Griewank, Karl, *Der neuzeitliche Revolutionsbegriff*, Jena, 1955.

———, "Staatsumwälzung und Revolution in der Auffassung der Renaissance und Barockzeit," *Wissenschaftliche Zeitschrift der Friedrich-Schiller-Universität*, Heft I, Jena, 1952~53.

Haines, C.G., *The American Doctrine of Judicial Supremacy*, Berkeley, Calif., 1932.

Hamilton, Alexander, *Works*, New York and London, 1885~86.

Handlin, Oscar, *This Was America*, London, 1965.

Haraszti, Zoltán, *John Adams and the Prophets of Progress*, Cambridge, 1952.

Harrington, James, *The Commonwealth of Oceana*(1656), Liberal Arts edition, Indianapolis; *Oceana*, Liljegren ed., Heidelberg, 1924.

Hawgood, John A., *Modern Constitutions Since 1787*, New York, 1939.

Heinze, Richard, "Auctoritas," *Hermes*, vol. LX.

Herodotus, *(The Persian Wars)*, *Historiae*, Teubner edition.

Hofstadter, Richard, *The American Political Tradition*, London, 1962.

Hume, David, *Essays, Moral and Political*, 1748.

Jachman, Günther, "Die Vierte Ekloge Vergils," *Annali della Scuola Normale Superiore di Pisa*, vol. XXI, 1952.

Jaspers, Karl, *The Future of Mankind*, Chicago, 1961.

Jefferson, Thomas, *The Complete Jefferson*, Saul K. Padover ed., New York, 1943.

———, *The Life and Selected Writings*, A. Koch and W. Peden, eds., Modern Library ed., 1944.

———, *The Writings*, P.L. Ford ed., 10 vols, New York, 1982~89.

440

Jellinek, Frank, *The Paris Commune of 1871*, London, 1937.

Jellinek, Georg, *The Declaration of the Rights of Man and of Citizen*, New York, 1901.

Jensen, Merrill, "Democracy and the American Revolution," *Huntington Library Quarterly*, vol. XX, No. 4, 1957.

――――, *New Nation*, New York, 1950.

Jones, Howard Mumford, *The Pursuit of Happiness*, Cambridge, 1953.

Joughin, Jean T., *The Paris Commune in French Politics*, 1871~80, Baltimore, 1955.

Kantorowicz, Ernst, *The King's Two Bodies: A Study in Medieval Theology*, Princeton, 1957.

――――, "Mysteries of State: An Absolute Concept and Its Late Medieval Origin," *Harvard Theological Review*, 1955.

Kerényi, Karl, *Vergil und Hölderlin*, Zürich, 1957.

Knollenberg, Bernhard, *The Origin of the American Revolution, 1759~1766*, London, 1961.

Koechlin, Heinrich, *Die Pariser Commune von 1871 im Bewusstsein ihrer Anhänger*, Basle, 1950.

Kraus, Wolfgang H., "Democratic Community and Publicity," *Nomos* (Community), vol. II, 1959.

La Rochefoucauld, *Maximes*, Louis Kronenberger trans., New York, 1959.

Lane, Robert E., "The Fear of Equality," *American Political Science Review*, vol. 53, March 1959.

Lefebvre, Georges, *The Coming of the French Revolution*, Oxford, 1968.

Lenin, V.I., *State and Revolution*(1918), *Collected Works*, London, 1969.

Lerner, Max, *America as a Civilization*, New York, 1957.

Levy, Ernst, "Natural Law in the Roman Period," *Proceedings of the Natural Law Institute of Notre Dame*, vol. II, 1948.

Lippmann, Walter, *Public Opinion*, New York, 1922.

Locke, John, *Two Treatises of Civil Government*(1690), Everyman's Library.

Loewenstein, Karl, *Beiträge zur Staatssoziologie*, Tübingen, 1961.

――――, *Volk und Parlament*, Munich, 1922.

Luther, Martin, "De Servo Arbitrio," *Werke*, vol. 18, Weimar edition.

Luxemburg, Rosa, *The Russian Revolution*, Bertram D. Wolfe trans., ann Arbor, 1940.

Machiavelli, Niccolò, *Œuvres complètes*, Plèides ed., 1952.

———, *The Letters*, A. Gilbert ed., New York, 1961.

———, *The Prince and other Works*, London, 1961.

Maistre, Joseph de, *Considérations sur la France*, 1796.

Markov, Walter, "Über das Ende der Pariser Sansculottenbewegung," *Beiträge zum neuen Geschichtsbild, Alfred Meusel Festschrift*, Berlin, 1956.

Markov, Walter and Soboul, Albert eds., *Die Sanskulotten von Paris. Dokumente zur Geschichte der Volksbewebung 1793~94*, Berlin(East), 1957.

Markov, Walter ed., *Jakobiner und Sanskulotten: Beiträge zur Geschichte der französischen Revolutionsregierung 1793~1794*, Berlin, 1956.

Marx, Karl, *Der Bürgerkrieg in Frankreich*(1871), Berlin, 1952.

———, "Enthüllungen über den Kommunistenprozess zu Köln," *Sozialdemokratische Bibliothek*, Bd IV, Hattingen and Zürich, 1885.

———, *Die Klassenkämpfe in Frankreich, 1840~1850*(1850), Berlin, 1951; H. Kuhn trans., New York, 1924.

———, *The Communist Manifesto*(1848).

———, *Das Kapital*(1873), London, 1960.

"Massachussetts" in *Encyclopaedia Britannica*, IIth ed., vol. XVII.

Mather, Cotton, *Magnalia*(1694).

Mathiez, Albert, *Girondins et Montagnards*, Paris, 1930.

———, *Autour de Robespierre*, Paris, 1957.

———, *The French Revolution*, New York, 1928.

McCloskey, Robert G. ed., *Essays in Constitutional Law*, New York, 1957.

McDonald, Forrest, *We the People: The Economic Origins of the Constitution*, London, 1958.

McIlwain, Charles Howard, *Constitutionalism Ancient and Modern*, Ithaca, 1940.

Melville, Herman, *Billy Budd*(1891), London, 1962.

Mercier de la Rivière, *L'Ordre naturel et essentiel des Sociétés politiques*(1767).

Michelet, Jules, *Histoire de la Révolution Française*, Paris(1847~50), 1868.

Mill, John Stuart, *On Liberty*(1859), Library of Liberal Arts edition, Indianapolis, 1956.

Miller, John C., *The Origins of the American Revolution*, Oxford, 1966.

Miller, Perry, *The New England Mind: the Seventeenth Century*, Cambridge, 1954.

Montesquieu, Charles de Secondat, *Esprit des Lois*(1748), Thomas Nugent trans., New York, 1949.

Morey, William C., "The First State Constitution," *Annals of the American Academy of Political Science*, vol. IV, September 1893.

——, "The Genesis of Written Constitution," *Annals of the American Academy of Political Science*, vol. I, April 1891.

Morgan, Edmund S., *The Birth of the Republic, 1763~1789*, Chicago, 1956.

Morgenthau, Hans J., *The Purpose of American Politics*, New York, 1960.

Mumford, Lewis, *The City in History*, London, 1966.

Neubauer, Helmut, "München und Moskau 1918~1919: Zur Geschichte der Rätebewegung in Bayern," *Jahrbücher für Geschichte Osteuropas*, Beiheft 4, 1958.

Neuman, Sigmund, "The Structure and Strategy of Revolution: 1848 and 1948," *The Journal of Politics*, August 1949.

Niles, Hezekiah, *Principles and Acts of the Revolution in America*(Baltimore, 1822), New York, 1876.

Norden, Eduard, *Die Geburt des Kindes: Geschichte einer religiösen Idee*, Leipzig, 1924.

Ollivier, Albert, *Saint-Just et la Force de des Choses*, Paris, 1954.

Paine, Thomas. *The Age of Reason*(1794~1811), *Common Sense*(1776), *The Rights of Man*(1791), *The Complete Writings*, New York, 1945.

Palmer, Robert R., *The Age of the Democratic Revolution*, Princeton, 1959.

——, *Twelve Who Ruled: The Year of the Terror in the French Revolution*, Princeton, 1941.

Parrington, Vernon L., *Main Currents in American Thought(1927~1930)*, London, 1963.

Plutarch, *The Lives of the Noble Grecians and Romans*, John Dryden trans., Modern Library edition, New York.

Poeschl, Viktor, *Römischer Staat und griechisches Staatsdenken bei Cicero*, Berlin, 1936.

Polybius, *The Histories*, Loeb Classical Library edition, Cambridge, Mass.

Raynal, Abbé, *Tableau et Révolutions des colonies anglaises dans l'Amérique du Nord*(1781).

Redslob, Robert, *Die Staatstheorien der Französischen National-versammlung von 1789*, Leipzig, 1912.

"Revolution" in *Oxford Dictionary*.

Robespierre, Maximilien, *Œuvres*, 3 vols., Laponneraye ed., 1840.

———, Maximillien, *Œuvres Complétes*, G. Laurent ed., 1939.

———, Maximillien, *Œuvres*, Lefebvre, Soboul eds., Paris, 1950ff.

Rosenstock, Eugen, *Die europäischen Revolutionen*, Jena, 1931.

Rossiter, Clinton, *The First American Revolution*, New York, 1956.

———, "The Legacy of John Adams," *Yale Review*, 1950.

Rousseau, Jean-Jacques, *A Discourse on the Origin of Inequality*(1755), G.D.H. Cole trans., New York, 1950.

———, *Social Contract*(1762), London, 1968.

Rowland, Kate Mason, *The Life of George Mason, 1725~1792*, New York, 1892.

Rush, Benjamin, *Selected Writings*, D.D. Runes ed., New York, 1947.

Ryffel, Heinrich, *Metabolé Politeion*, Berne, 1949.

Saint-Just, Louis de, *Œuveres Complétes*, Ch. Vellay ed., Paris, 1908.

Saint-Simon, *Mémoires*(1788), Pléiades ed., 1953.

Schieder, Theodor, "Das Problem der Revolution im 19. Jahrhundert," *Historische Zeitschrift*, vol. 170, 1950.

Schultz, Fritz, *Prinzipien des römischen Rechts*, Berlin, 1954.

Shattuck, Charles E., "The True Meaning of the Term 'Liberty'······ in the Federal and State Constitutions," *Harvard Law Review*, 1891.

Sieyès, Abbé, *Qu'est-ce que le Tiers État?*, 1789, 4th edition.

Soboul, Albert, "An den Ursprüngen der Volksdemokratie: Politische Aspekte der Sansculottendemokratie im Jahre II," *Beiträge zum neuen Geschichtsbild, Alfred Meusel Festschrift*, Berlin, 1956.

———, "Robespierre und die Volksgesellschaften," *Maximillien Robespierre, Beiträge zu seinem 200. Geburtstag*, Walter Markov ed., Berlin, 1958.

———, *Les Sans-Culottes Parisiens*, Paris, 1957.

Solberg, Winton U., *The Federal Convention and the Formation of the Union of the American States*, New York, 1958.

Sorel, Albert, *L'Europe et la Révolution Française*, Paris, 1903.

Spurlin, Paul Merrill, *Montesquieu in America, 1760~1801*, Baton Rouge and Louisiana, 1940.

Thomas Aquinas, *Summa Theologica*, Taurini, 1922~24.

Thompson, J. M., *Robespierre*, Oxford, 1939.

Tocqueville, Alexis de, *L'Ancien Régime et la Révolution*(1856), *Œuvres Complètes*, Paris, 1953.

———, *Democracy in America*(1838), London, 1968.

Trent, W.P., "The Period of Constitution-making in the American Churches," *Essay in the Constitutional History of the United States*, J.F. James ed., Boston, 1889.

Tyne, C.H. van, *The Founding of the American Republic*, Boston, 1922 and 1929.

United Nations, *Report on the Problem of Hungary*, New York, 1956.

Virgil, *The Aeneid, Eclogues, Georgics*, J.W. Mackail trans., *Works*, Modern Library edition, New York.

Voegelin, Eric, *A New Science of Politics*, Chicago, 1952.

Weinstock, S., "Penates", Pauly-Wissowa, *Realenzyklopädie des klassischen Altertums*.

Weiss, E., "Lex", Pauly-Wissowa, *op. cit.*, vol. XII.

Whitfield, J.H., *Machiavelli*, Oxford, 1947.

Wilson, Woodrow, *An Old Master and Other Political Essays*(1893).

———, *Congressional Government*(1885), New York, 1956.

Wright, Benjamin F., "The Origins of the Separation of Powers in America," *Economica*, May 1933.

찾아보기

지은이 한나 아렌트

한나 아렌트(Hannah Arendt, 1906~75)는 독일 하노버에서 출생하여 유년시절을
대부분 쾨니히스베르크에서 보냈는데, 이때 어머니를 통해 유대인의 삶을
이해하게 되었다. 그는 대학시절 하이데거와의 만남을 계기로 철학에 관심을 갖게
되었으며, 야스퍼스의 지도 아래 「아우구스티누스의 사랑 개념」이란 주제로
철학 박사학위를 받았다. 아렌트는 나치 체제의 등장으로 정치에 관심을 갖게 되면서
1933년 프랑스로 망명한 이후 발터 벤야민 등 많은 지식인을 만나 유대인
운동에 참여했다. 1941년 미국으로 이주한 그는 1951년 미국 시민권을 획득해
18년 동안의 무국적 상태를 벗어나게 되었는데, 이때의 경험을 바탕으로 쓴
그의 첫 번째 책이 『전체주의의 기원』(1951)이다. 이후 아렌트는 정치이론가로서
정치현상의 근본적 의미를 밝히는 데 전념해 『인간의 조건』(1958) 『과거와 미래
사이』(1961) 『예루살렘의 아이히만』(1963) 『혁명론』(1963) 등 주요 저작들을 연이어
출간했다. 이 가운데 『혁명론』에는 아렌트의 최종적인 '정치'사상이 담겨 있는데,
그가 1956년 헝가리 혁명을 계기로 혁명 연구에 관심을 갖게 되면서 프린스턴 대학
세미나에서 「미국과 혁명 정신」이란 주제로 강연한 것을 정리해서 완결지은 것이다.
『혁명론』은 '새로운 시작'과 자유를 기리는 혁명송이자, 정치학도들에게 다양한
정치적 통찰력을 제공하는 귀중한 교과서로서 의미 있는 저작이다.
만년의 아렌트는 정치적 삶보다 정신의 삶을 이해하는 데 전념했다.
그는 1970년부터 1975년 12월 심근경색으로 사망하기 직전까지 주로 뉴스쿨 세미나와
애버딘 대학의 기퍼드 강의를 통해 정신의 삶(사유, 의지, 판단)을 연구하는 데
전념함으로써 자신의 정치철학을 거의 완결하게 되었다.

옮긴이 홍원표

홍원표(洪元杓)는 한국외국어대학교 정치외교학과를 졸업하고,
같은 대학교 대학원에서 「고전적 합리주의의 현대적 해석: 스트라우스,
보에글린, 아렌트를 중심으로」라는 논문으로 정치학 박사학위를 받았다. 지금은
한국외국어대학교 사회과학대 교수로 있으면서 아렌트 정치철학 연구와 번역에
힘쓰고 있다. 저서로는『현대 정치철학의 지형: 언저리에서의 사유』『정치의
대전환』(공저) 등이 있으며, 역서로는 한길사에서 펴낸『혁명론』, 그 밖에『정신의 삶 1』
『자연권과 역사』『데리다와 푸코: 동일성의 차이』등이 있다.

HANGIL GREAT BOOKS 61

혁명론

지은이 한나 아렌트
옮긴이 홍원표
펴낸이 김언호

펴낸곳 (주)도서출판 한길사
등록 1976년 12월 24일
주소 10881 경기도 파주시 광인사길 37
홈페이지 www.hangilsa.co.kr
전자우편 hangilsa@hangilsa.co.kr
전화 031-955-2000~3 **팩스** 031-955-2005

부사장 박관순 **총괄이사** 김서영 **관리이사** 곽명호
영업이사 이경호 **경영이사** 김관영 **편집주간** 백은숙
편집 박희진 노유연 이한민 박홍민 배소현 임진영
마케팅 정아린 이영은 **관리** 이주환 문주상 이희문 원선아 이진아
디자인 창포 031-955-2097
CTP출력 블루엔 **인쇄** 오색프린팅 **제책** 경일제책사

제1판 제1쇄 2004년 6월 5일
제1판 제8쇄 2024년 6월 15일

값 32,000원

ISBN 978-89-356-5641-7 94160

● 잘못 만들어진 책은 구입하신 서점에서 바꿔드립니다.

한길그레이트북스 인류의 위대한 지적 유산을 집대성한다